Einführung in Python

Einführung in Python

Mark Lutz & David Ascher

Deutsche Übersetzung von
Christian Tismer

O'REILLY®

Beijing · Cambridge · Farnham · Köln · Paris · Sebastopol · Taipei · Tokyo

Kommentare und Fragen können Sie gerne an uns richten:
O'Reilly Verlag
Balthasarstr. 81
50670 Köln
Tel.: 0221/9731600
Fax: 0221/97316015
E-Mail: kommentar@oreilly.de

1. Auflage 2000
1., korrigierter Nachdruck November 2001

Die Originalausgabe erschien 1999 unter dem Titel
Learning Python im Verlag O'Reilly & Associates, Inc.

Die Deutsche Bibliothek - CIP - Einheitsaufnahme

Ein Titeldatensatz für diese Publikation ist
bei der Deutschen Bibliothek erhältlich.

Übersetzung und deutsche Bearbeitung: Christian Tismer, unterstützt von Karin Balster
Lektorat: Michael Gerth, Köln
Korrektorat: Oliver Mosler
Satz: Tung Huynh, reemers publishing services gmbh, Krefeld
Umschlaggestaltung: Edie Freedman, Ellie Volckhausen & Risa Graziano, Boston
Produktion: Geesche Kieckbusch, Köln
Belichtung, Druck und buchbinderische Verarbeitung: Druckerei Kösel, Kempten

ISBN 3-89721-129-7

Dieses Buch ist auf 100% chlorfrei gebleichtem Papier gedruckt

Inhalt

Vorwort

Über dieses Buch

Dieses Buch bietet Ihnen eine kurze Einführung in die Programmiersprache Python. Python ist eine beliebte, objektorientierte Sprache für eigenständige Programme und Scripting-Anwendungen in einer Vielzahl von Bereichen. Sie ist kostenlos, portabel und bemerkenswert einfach anzuwenden. Ob Sie Programmieranfänger oder professioneller Entwickler sind, das Ziel dieses Buches ist, Ihnen »auf die Schnelle« die Grundlagen von Python zu vermitteln. Bevor wir auf Details eingehen, möchten wir dieses Vorwort nutzen, um ein paar Worte über den Aufbau dieses Buches zu verlieren.

Der Umfang dieses Buches

Obwohl in diesem Buch alle Grundlagen von Python behandelt werden, haben wir den Rahmen möglichst klein gehalten. Anders ausgedrückt: Die Darstellung ist auf die Kernkonzepte fokussiert und manchmal bewußt einfach. Aus diesem Grunde ist dieses Buch vielleicht am besten als Einführung und gleichzeitig als Sprungbrett zu anspruchsvolleren und umfangreicheren Texten zu verstehen.

So werden wir beispielsweise die Python/C-Integration – ein umfangreiches, kompliziertes Thema mit zahlreichen komplizierten Beispielen, das nichtsdestotrotz von zentraler Bedeutung für viele auf Python basierende Systeme ist – nicht behandeln. Ebenso werden wir nicht viele Worte über die Python-Gemeinde, über Pythons Geschichte oder über die der Entwicklung von Python zugrundeliegenden Philosophien verlieren. Und beliebten Python-Anwendungen wie GUIs, System-Tools, Netzwerkprogrammierung und dem numerischen Programmieren wird nur ein kurzer Überblick am Ende gewidmet (wenn sie überhaupt Erwähnung finden). Natürlich geht so einiges vom großen Gesamtbild verloren.

Im großen und ganzen ist Python dabei, den Qualitätsmaßstab in der Programmierwelt um einige Klassen anzuheben. Einige der Ideen erfordern mehr Kontext, als in diesem Rahmen möglich ist, und es wäre nachlässig, Ihnen nicht ein weiterführendes Studium nach der Lektüre dieses Buches zu empfehlen. Wir hoffen, daß viele der Leser und

Leserinnen dieses Buches weiterlernen werden, um ein tieferes und vollständigeres Verständnis von Python aus Büchern wie O'Reillys *Programming Python* zu erlangen. Für eine tiefergehende Beschäftigung mit Python ist die Auseinandersetzung mit realistischen Beispielen, die den Umfang dieses Buches sprengen würden, erforderlich.[1]

Aber trotz (oder gerade wegen) des begrenzten Umfangs glauben wir, daß dieses ein großartiges Buch ist, um mit Python zu beginnen. Sie werden alles lernen, was Sie benötigen, um erste brauchbare Einzelprogramme oder Skripten in Python zu schreiben. Wenn Sie das Buch durchgearbeitet haben, beherrschen Sie nicht nur die Sprache als solche, sondern sind auch in der Lage, sie für alltägliche Aufgaben anzuwenden. Und Sie haben das Wissen, um anspruchsvollere Themen, die Ihnen begegnen werden, zu bewältigen.

Der Stil dieses Buches

Ein Großteil dieses Buches basiert auf Schulungsunterlagen, die für einen dreitägigen Python-Kurs entwickelt wurden. Am Ende der meisten Kapitel finden Sie Übungen, deren Lösungen finden Sie in Anhang C. Die Übungen sind so aufgebaut, daß Sie sofort anfangen können zu programmieren. Wir empfehlen Ihnen die kontinuierliche Bearbeitung der Übungen nicht nur, um das Programmieren in Python zu trainieren, sondern auch, weil in den Übungen Themen bearbeitet werden, die sonst nicht im Text behandelt werden. Die Lösungen am Ende sollen Ihnen helfen, wenn Sie nicht weiterkommen (wir ermutigen Sie zu »mogeln«, sooft und soviel Sie mögen). Selbstverständlich müssen Sie Python installieren, um die Übungen zu bearbeiten – dazu gleich mehr.

Da dieses Buch als schnelle Einführung in die Grundlagen der Sprache konzipiert ist, haben wir es nach den Hauptmerkmalen der Sprache gegliedert, nicht nach Beispielen. Unser Ansatz ist also von unten nach oben: von eingebauten Objekttypen zu Anweisungen, zu Programmeinheiten und so weiter (wenn Sie den Anhang E in *Programming Python* schon einmal gesehen haben, mag Ihnen dies in der Tat wie ein Déjàvu erscheinen). Die einzelnen Kapitel sind recht unabhängig voneinander, allerdings wird in späteren Kapiteln auf Themen Bezug genommen, die in früheren Kapiteln vorgestellt wurden (z.B. setzen wir voraus, daß Sie wissen, wie Funktionen geschrieben werden, wenn wir zu den Klassen kommen), so daß es am sinnvollsten ist, ein Kapitel nach dem anderen zu lesen.

Das Buch ist in drei Teile gegliedert:

Teil I: Der Python Kern

Dieser Teil des Buches stellt die Python-Sprache vor. Ein Kapitel behandelt jeweils ein Hauptmerkmal der Sprache – Typen, Funktionen und so weiter –, wobei die meisten der Beispiele klein und unabhängig sind (einige mögen die Beispiele in diesem Teil als

1 Siehe *http://www.ora.com* und *http://www.python.org* für weiterführende Python-Literatur. *Programming Python* wurde von einem der Autoren dieses Buches geschrieben. Wie der Titel erkennen läßt, behandelt es detailliert praktische Programmierfragen.

konstruiert empfinden, aber sie illustrieren sehr gut die Punkte, um die es uns geht). Dieser Teil macht den Großteil des Buches aus (was einiges über den Schwerpunkt dieses Buches aussagt).

Kapitel 1, *Einleitung*
: Wir beginnen mit einer kurzen Einführung in Python und erläutern, wie Python-Programme funktionieren, so daß Sie sofort mit dem Codieren der Beispiele und Übungen beginnen können.

Kapitel 2, *Typen und Operatoren*
: Danach beschäftigen wie uns mit den wichtigsten eingebauten Objekttypen: Zahlen, Listen, Dictionaries usw. Allein mit diesen Tools können Sie schon einiges in Python bewerkstelligen.

Kapitel 3, *Elementare Anweisungen*
: Das nächste Kapitel widmet sich der Einführung von Anweisungen – dem Code zum Kreieren und Bearbeiten von Objekten in Python.

Kapitel 4, *Funktionen*
: In diesem Kapitel beginnt unser Einblick in anspruchsvollere Werkzeuge zur Programmstrukturierung. Funktionen erweisen sich als einfacher Weg, Code zur Wiederverwendung einzupacken.

Kapitel 6, *Module*
: Python-Module ermöglichen es, Anweisungen und Funktionen als größere Komponenten zu organisieren. Dieses Kapitel beschreibt, wie man Module schreibt, benutzt und auf die Schnelle neu lädt.

Kapitel 6, *Klassen*
: Hier lernen Sie Pythons objektorientiertes Programmierwerkzeug (OOP) kennen – die Klasse. Sie werden sehen, daß es bei OOP in Python vornehmlich darum geht, Namen in verknüpften Objekten zu suchen.

Kapitel 7, *Ausnahmen*
: Wir beschließen diesen Teil mit einem Blick auf Pythons Ausnahmebehandlungsmodell. Dies zum Schluß, da Ausnahmen auch Klassen sein können, wenn Sie es möchten.

Teil II: Die Hülle

In diesem Abschnitt geben wir Beispiele für eingebaute Werkzeuge und benutzen sie in einer mehr oder weniger zufälligen Auswahl kleiner Beispielprogramme.

Kapitel 8, Eingebaute Werkzeuge
: Dieses Kapitel stellt Ihnen eine Auswahl der Module und Funktionen vor, die in der Python-Standardinstallation enthalten sind. Per definitionem umfassen sie das Minimum an Modulen, das sie realistischerweise bei jedem Python-Benutzer als vorhanden erwarten dürfen. Den Inhalt dieser Standardwerkzeuge zu kennen wird Ihnen wahrscheinlich wochenlange Arbeit ersparen.

Kapitel 9, *Typische Aufgaben in Python*
: In diesem Kapitel lernen Sie einige nichttriviale Programme kennen. Aufbauend auf den Kern der Sprache, wie in Teil I erläutert, und die eingebauten Werkzeuge, wie in Kapitel 8 dargelegt, präsentieren wir viele kleine, aber nützliche Programme, die zeigen, wie man alles zusammenfügt. Wir behandeln dabei drei Bereiche, die für die meisten Python-Anwender von Interesse sind: grundlegende Aufgaben, Textverarbeitung und Systemschnittstellen.

Kapitel 10, *Strukturgerüste und Applikationen*
: Dieses letzte Kapitel zeigt Ihnen, wie reale Anwendungen erstellt werden können, die etwas speziellere Bibliotheken, die entweder standardmäßiger Bestandteil von Python oder anderweitig frei erhältlich sind, benutzen. Die Programme in diesem Kapitel sind sehr komplex, aber auch sehr ergiebig. Wir schließen mit einer kurzen Erläuterung von JPython, der Java-Portierung von Python, sowie einem umfangreicheren JPython-Programm.

Teil III: Anhänge

Das Buch endet mit drei Anhängen, die Python-Ressourcen im Internet aufführen (Anhang A), Tips zur Benutzung von Python auf Unix-, Windows- und Macintosh-Rechnern geben (Anhang B) und Lösungen zu den Übungen am Ende der jeweiligen Kapitel enthalten (Anhang C).

Beachten Sie: Der Index kann benutzt werden, um nach Details zu suchen, aber das Buch enthält keine Referenz per se. *Python – kurz & gut* von O'Reilly und die kostenlosen Python-Referenzhandbücher, die unter *http://www.python.org* zu finden sind, sind geeignete Nachschlagewerke.

Voraussetzungen

Sie sind wirklich nicht der Rede wert, denn dieses Buch wendet sich an Anfänger. Es mag nicht gerade ein idealer Text für jemanden sein, der vorher nie etwas mit Computern zu tun hatte (wir werden beispielsweise nicht viel Zeit darauf verwenden, zu erklären, was ein Computer ist), aber wir haben keine umfangreichen Programmierfähigkeiten vorausgesetzt. Andererseits wollen wir die Leser auch nicht dadurch verletzen, daß sie sich wie »Dummies« behandelt fühlen. Es ist einfach, sinnvolle Dinge in Python zu tun, und wir hoffen, es gelingt uns zu zeigen, wie. Im Text wird Python gelegentlich anderen Sprachen wie C, C++ und Pascal gegenübergestellt, aber diese Vergleiche können Sie unbesorgt ignorieren, wenn Sie die anderen Sprachen noch nicht benutzt haben.

Eine Sache sollten wir vielleicht zu Beginn erwähnen: Der Schöpfer von Python, Guido van Rossum, hat die Sprache nach der BBC-Comedy-Serie *Monty Python's Flying Circus* benannt. Wegen dieses Vermächtnisses nehmen viele Beispiele in diesem Buch Bezug auf diese Show. So werden die traditionellen »foo« und »bar« in der Python-Welt zu »spam« und »eggs«. Sie müssen allerdings nicht mit der Serie vertraut sein, um den Sinn dieser Beispiele zu verstehen (Symbole sind Symbole), aber es kann auch nicht schaden.

Aktualisierungen des Buches

Verbesserungen gibt es immer (so wie Tüp^H^H^H Tippfehler). Aktualisierungen, Ergänzungen und Korrekturen für dieses Buch werden im Internet auf den folgenden Seiten gepflegt:

- *http://rmi.net/~lutz* (Marks Site)
- *http://starship.skyport.net/~da* (Davids Site)
- *http://www.python.org* (Pythons Haupt-Site)

Konventionen

Dieses Buch benutzt die folgenden typographischen Konventionen:

Kursiv
Für E-Mail-Adressen, Dateinamen, URLs, um neue Begriffe hervorzuheben, wenn sie erstmalig benutzt werden, und für Kommentare innerhalb von Codeabschnitten.

`Nichtproportionalschrift`
Um den Inhalt einer Datei oder das Ergebnis von Kommandos zu zeigen und um Module, Methoden, Anweisungen und Kommandos zu kennzeichnen.

`Nichtproportionalschrift, fett`
In Codeabschnitten, um Kommandos zu kennzeichnen oder Text, der eingegeben wird.

`Nichtproportionalschrift, kursiv`
Um austauschbare Komponenten innerhalb von Codeabschnitten zu markieren.

Das Eulen-Symbol hebt eine Notiz hervor, die eine wichtige Randbemerkung zum nebenstehenden Text ist.

Die Programme in diesem Buch

Dieses Buch und alle Programmbeispiele darin basieren auf Python Version 1.5. Aber da wir uns hier an die Kernsprache halten, können Sie ziemlich sicher sein, daß der größte Teil dessen, was wir Ihnen mitteilen möchten, für spätere Versionen von Python nicht viel anders sein wird.[2] Der Großteil dieses Buches ist auf frühere Python-Versionen ebenso anwendbar. Natürlich ist jede Wette verloren, wenn Sie versuchen, Erweiterungen zu benutzen, die erst in späteren Versionen als der Ihrigen hinzugefügt wurden.

Als Faustregel gilt: Das neueste Python ist das beste Python! Da dieses Buch auf die Kernsprache fokussiert ist, ist fast alles auch für JPython, der neuen, auf Java basierenden Python-Implementierung, gültig.

Die (englischsprachigen Original-)Quellcodes für die Beispiele in diesem Buch sowie die Lösungen der Übungen können über die Website *http://www.oreilly.de/catalog/einpythonger/* geholt werden.

Wie führt man nun die Beispiele aus? Wir werden die Startdetails ein paar Seiten später beschreiben, aber der allererste Schritt ist, Python zu installieren, wenn es nicht ohnehin bereits auf Ihrem PC ist. Sie können sich immer die letzte und beste Python-Release unter *http://www.python.org* holen, Pythons offizieller Website. Dort finden Sie vorkompilierte, ausführbare Python-Dateien (die Sie einfach entpacken und starten) und die komplette Quellcode-Distribution (die Sie auf Ihrem PC kompilieren).

Sie können Python auch auf CD-ROMs erhalten, wie sie beispielsweise von Walnut Creek zusammen mit Linux-Distributionen vertrieben werden, oder Sie erhalten solche CDs beim Erwerb umfangreicherer Python-Bücher. Die Installationsschritte sind sowohl für die ausführbare als auch für die Quell-Form sehr gut dokumentiert, so daß wir in diesem Buch (über einen kleinen Überblick in Kapitel 1 hinaus) nicht näher darauf eingehen.

Danksagungen

Wir möchten unsere Dankbarkeit gegenüber allen Menschen, die zur Entstehung dieses Buches beigetragen haben, zum Ausdruck bringen – leider ist dieses Buch zu kurz, um sie alle aufzuführen. Besonderen Dank möchten wir unserem Herausgeber Frank Willison und O'Reilly im allgemeinen für die Unterstützung eines weiteren Python-Buches aussprechen.

2 Ja, wahrscheinlich. Davon ausgehend, daß *Programming Python* über die letzten Jahre aktuell blieb, hat die Sprache sich im Laufe der Zeit nur wenig verändert, und wenn sie es tut, ist sie üblicherweise mit früheren Ausgaben kompatibel (Guido fügt Dinge hinzu, aber ändert nur selten Vorhandenes). Umgebungswerkzeuge wie Python/C API und das Tkinter GUI Interface scheinen mehr dazu zu neigen, sich zu verändern, aber wir werden dies hier vornehmlich ignorieren. Trotzdem sollten Sie immer die Anmerkungen zu späteren Versionen prüfen, um zu sehen, was neu ist.

Vielen Dank auch allen Korrekturlesern – Eric Raymond, Guido van Rossum, Just van Rossum, Andrew Kuchling, Dennis Allison, Greg Ward und Jennifer Tanksley. Und für die Erschaffung einer so angenehmen und nützlichen Sprache stehen wir gegenüber Guido und dem Rest der Python-Gemeinde in besonders großer Schuld; wie die meisten kostenlosen Programme ist Python ein Produkt vieler heroischer Anstrengungen.

Mark merkt an:

Seitdem ich *Programming Python* geschrieben habe, hatte ich oft Gelegenheit, durch das Land zu reisen, um Anfängerkurse in Python zu geben. Abgesehen davon, daß ich Vielflieger-Meilen sammeln konnte, haben mir diese Kurse geholfen, das Material für die Kernsprache, das Sie im ersten Teil des Buches finden, zu verfeinern. Ich möchte den ersten Studenten meiner Kurse, besonders jenen in Badger, Lawrence Livermore und Fermi Labs, danken. Ihr Feedback spielte eine große Rolle bei der Gestaltung meiner Beiträge zu diesem Buch. Ein besonderer Dank geht an Softronex für die Chance, Python in diesem Sommer in Puerto Rico zu unterrichten (eine bessere Vergünstigung ist kaum vorstellbar).

Zum Schluß einige persönliche Anmerkungen und Danksagungen. Ich danke dem Koautor David Ascher für seine harte Arbeit und seine Geduld bei diesem Projekt. Dank den Menschen, mit denen ich in Lockheed Martin arbeitete, während ich dieses Buch schrieb, einschließlich meiner Teamkollegin Linda Cordova, an die ich ein oder zwei Wetten verlor. Dank an den späten Carl Sagan für Inspiration. Danke an Lao Tzu für tiefgründige Gedanken. Danke den Denver Broncos, daß sie das große Finale gewonnen haben.

Und am meisten von allen danke ich meiner Frau Lisa und meinen Kindern Michael, Samantha und Roxanne dafür, daß sie ein weiteres Buchprojekt toleriert haben. Ich schulde ihnen eine Reise nach Wally World.

November 1998
Longmont, Colorado

David merkt an:

Ich möchte die obigen Danksagungen um speziellen Dank an einige Menschen erweitern.

Zunächst bedanke ich mich bei Mark Lutz für die Einladung, mit ihm an diesem Buch zu arbeiten, und für seine Unterstützung meiner Bemühungen als Python-Lehrer. Verspätete Dankeschöns gehen an die Leute von Python, die mich in meinen Anfangstagen in der Sprache und ihren Werkzeugen ermutigt haben, insbesondere Guido, Tim Peters, Don Beaudry und Andrew Mullhaupt.

Wie Mark habe ich einen Kurs entwickelt, in dem ich Python und JPython unterrichte. Die Schüler dieser Kurse haben mir geholfen, die Teile von Python zu identifizieren, die am schwierigsten zu lernen sind (glücklicherweise sind es nur wenige). Sie haben mich auch an die Aspekte der Sprache erinnert, die sie so angenehm in ihrer Anwendung machen. Ich danke ihnen für ihr Feedback. Ich möchte mich ebenso bei jenen bedanken, die mir die Chance gaben, diese Kurse zu entwickeln: Jim Anderson (Brown University), Cliff Dutton (damals bei Distributed Data Systems), Geoffrey Philbrick (Hibbitt, Karlsson & Sorensen, Inc.), Paul Dubois (Lawrence Livermore National Labs) und Ken Swisz (KLA-Tencor).

Dank meinen wissenschaftlichen Beratern Jim Anderson, Leslie Welch und Norberto Grzywacz, die mich alle bei meinen Arbeiten mit Python im allgemeinen und an diesem Buch im besonderen freundlich unterstützten, obwohl sie nicht unbedingt verstanden, warum ich das tat, mir aber trotzdem vertrauten.

Die ersten Opfer meiner Python-Bekehrungsbemühungen verdienen goldene Sterne für ihre Toleranz in meinen höchst enthusiastischen (manche würden sagen: fanatischen) Anfängen: Thanassi Protopapas, Gary Strangman und Steven Finney. Thanassi half mir überdies mit seinem nützlichen Feedback zum ersten Entwurf dieses Buches.

Schließlich danke ich meiner Familie: meinen Eltern JacSue und Philippe dafür, daß sie mich immer ermutigten zu tun, was ich tun wollte; meinem Bruder Ivan dafür, daß er mich an einige meiner ersten Programmierversuche erinnerte; meiner Frau Emily für ihre gleichbleibende Unterstützung und ihren unumstößlichen Glauben daran, daß ich ein Buch schreiben kann. Ich danke unserem Sohn Hugo, daß er mich die Tastatur wenigstens für eine Weile bedienen ließ und daß er erst in der letzten Phase des Projektes gelernt hat, wie man den Computer ausschaltet. Er war drei Tage alt, als ich die erste E-Mail von Mark zu diesem Buch erhielt. Er ist jetzt 18 Monate alt – es waren wunderbare eineinhalb Jahre.

An den Leser dieses Buches: Ich hoffe, Ihnen mit Hilfe dieses Buches Python näherzubringen. Durch Python habe ich mehr, als ich mir jemals vorstellen konnte, über viele Aspekte der Computerwissenschaft, die mir früher unheimlich waren, gelernt. Meine Motivation, an diesem Buch mitzuarbeiten, war, anderen dieselbe Erfahrung zu ermöglichen. Wenn Sie Python erlernen, um mit seiner Hilfe spezielle Probleme zu lösen, hoffe ich, daß Ihnen die Sprache so in Fleisch und Blut übergeht, daß Sie sich voll auf Ihre eigentlichen Probleme konzentrieren können.

Ich vermute jedoch, daß wenigstens einige Leser genauso reagieren werden wie ich, als ich Python entdeckte: Python als eigene Welt zu sehen, die es wert ist, mehr über sie zu erfahren. Wenn das bei Ihnen der Fall ist, seien Sie sich darüber im klaren, daß die Entdeckung von Python nicht unbedingt ein kurzes Unterfangen ist. Nach unzähligen Stunden stöbere ich noch immer herum und habe noch immer Spaß dabei.

November 1998
San Francisco, California

I

Der Python Kern

In diesem ersten Abschnitt studieren wir Python an sich. Wir nennen diesen Teil »Der Python Kern«, weil unser Augenmerk auf das Essentielle der Python-Programmierung gerichtet sein wird: eingebaute Typen, Anweisungen und Werkzeuge zum Zusammenpacken von Programmkomponenten. Wenn Sie sich durch diesen Teil und seine Übungen hindurchgearbeitet haben, werden Sie in der Lage sein, Ihre eigenen Skripten zu schreiben.

Das Wort »Kern« im Titel haben wir mit Absicht gewählt, weil dieser Teil keine erschöpfende Behandlung aller erdenklichen Details von Python sein will. Wenn wir auch unterwegs Licht in das eine oder andere Dunkel bringen werden, so sollen die hier gezeigten Grundlagen Ihnen vor allem helfen, sich selbst einen Reim auf die Ausnahmen zu machen, wenn sie denn auftreten.

In diesem Kapitel:

- *Warum Python?*
- *Wie man Python-Programme ausführt*
- *Ein erster Blick auf Moduldateien*
- *Konfigurationsdetails*
- *Zusammenfassung*
- *Übungen*

1 Einleitung

Dieses Kapitel beginnt mit einer nichttechnischen Einführung in Python und behandelt dann kurz die verschiedenen Möglichkeiten, Python-Programme ablaufen zu lassen. Das Hauptziel ist, Ihnen zu erklären, wie Sie Python-Code auf Ihrem eigenen Rechner starten, so daß Sie problemlos die Beispiele und Übungen der nachfolgenden Kapitel ausführen können. Bei dieser Gelegenheit werden wir auch die allerwichtigsten Grundlagen der Python-Konfiguration erlernen – gerade so viel, um beginnen zu können.

Wir werfen in diesem Kapitel auch einen kurzen Blick auf die Moduldateien. Die meisten Beispiele, die Sie anfangs in diesem Buch sehen werden, sind in Pythons interaktive Interpreter-Kommandozeile eingegeben worden. Auf diese Weise eingegebener Code verschwindet, sobald Sie Python verlassen. Wenn Sie Ihren Code in einer Datei speichern möchten, müssen Sie ein wenig über Python-Module wissen – deshalb werden die Grundlagen der Module hier vorgestellt. Den Großteil der Details über Module heben wir uns aber für ein späteres Kapitel auf.

Warum Python?

Falls Sie sich dieses Buch gekauft haben, können wir annehmen, daß Sie bereits wissen, was Python ist und warum es ein wichtiges Tool ist, das man erlernen sollte. Falls nicht, werden Sie wahrscheinlich erst von Python begeistert sein, wenn Sie die Sprache durch die Lektüre dieses Buches gelernt haben. Bevor wir auf Details eingehen, möchten wir ein paar Seiten darauf verwenden, Ihnen kurz einige der Hauptgründe für Pythons Popularität vorzustellen. (Selbst wenn nichttechnische Überblicke Sie nicht interessieren – Ihren Chef vielleicht schon.)

Eine ausführliche Zusammenfassung

Python ist vielleicht am besten als objektorientierte Skriptsprache zu beschreiben. Ihr Design mischt Merkmale der Softwaretechnik traditioneller Sprachen mit der Verwendbarkeit von Skriptsprachen. Aber einige von Pythons besten Eigenschaften erzählen eine vollständigere Geschichte.

Python ist objektorientiert

Python ist eine von Grund auf objektorientierte Sprache. Ihr Klassenmodell unterstützt anspruchsvolle Ideen wie Polymorphismus, Operatoren-Überladung und Mehrfachvererbung; selbst im Kontext von Pythons dynamischer Typisierung ist objektorientiertes Programmieren (OOP) bemerkenswert einfach anzuwenden. Wenn Sie diese Begriffe noch nicht verstehen, werden Sie feststellen, daß sie mit Python viel leichter zu erlernen sind als mit irgendeiner anderen verfügbaren OOP-Sprache.

Neben ihrem starken Einsatz zur Codestrukturierung und -wiederverwendung macht Pythons OOP-Natur sie zu einem idealen Programmierwerkzeug für objektorientierte Systemsprachen wie C++ und Java. Mit dem geeigneten Verbindungscode können Python-Programme von Klassen ableiten, die in C++ oder Java implementiert wurden. Von ähnlicher Bedeutung ist, daß OOP nur eine Option in Python ist; Sie können sehr weit kommen, ohne sofort zum »Objekt-Guru« werden zu müssen.

Python ist kostenlos

Python ist *Open Source Software*. Wie Tcl und Perl können Sie das gesamte System umsonst im Internet erhalten. Es gibt keinerlei Restriktionen, es zu kopieren, in Ihre Systeme einzubetten oder es mit Ihren Produkten zu verschicken. Sie können Python sogar verkaufen, wenn Sie Lust dazu haben.

Aber lassen Sie sich nicht irreführen: »kostenlos« bedeutet nicht »ohne Unterstützung«. Im Gegenteil, die Online-Python-Gemeinde antwortet mit einer Geschwindigkeit auf Anwenderfragen, von der die meisten kommerziellen Softwarehäuser sich eine Scheibe abschneiden sollten. Da Python seinen kompletten Quellcode mitbringt, überträgt es darüber hinaus den Entwicklern sämtliche Vollmachten und schafft ein großes Team von Implementierungsexperten. Auch wenn das Studieren oder Ändern einer Programmsprachen-Implementierung nicht jedermanns Sache ist, so ist es doch beruhigend zu wissen, daß es als letzte Rettung und ultimative Dokumentationsquelle verfügbar ist.

Python ist portabel

Python wurde in portablem ANSI C geschrieben und läuft auf praktisch jeder größeren, heute gebräuchlichen Plattform. Es läuft zum Beispiel auf Unix-Systemen, Linux, MS-DOS, MS Windows (95, 98, NT), Macintosh, Amiga, Be-OS, OS/2, VMS, QNX usw. Weiterhin werden Python-Programme automatisch zu portablem *Bytecode* kompiliert, der auf die gleiche Weise auf jeder Plattform abläuft, auf der eine kompatible Python-Version installiert ist (mehr dazu im Abschnitt »Python ist einfach anzuwenden«).

Das bedeutet, daß Python-Programme, die die Kernsprache benutzen, genausogut auf Unix, MS Windows und anderen Systemen mit einem Python-Interpreter laufen. Die meisten Python-Portierungen enthalten auch plattformspezifische Erweiterungen (z.B. COM-Unterstützung für MS Windows), aber die Python-Kernsprache und die Bibliotheken funktionieren überall gleich.

Python enthält ebenso eine Standardschnittstelle zum Tk-GUI-System, Tkinter genannt, das zu den X-Window-Systemen, MS Windows und Macintosh portabel ist und ein natürliches Aussehen auf jeder Plattform ermöglicht. Benutzt man Pythons Tkinter API, können die Python-Programme graphische Benutzeroberflächen implementieren, die auf den großen GUI-Plattformen ohne Programmänderungen laufen.

Python ist mächtig

Von den Merkmalen ausgehend, ist Python so etwas wie ein Hybrid. Seine Werkzeuge plazieren Python zwischen die traditionellen Skriptsprachen (wie Tcl, Scheme und Perl) und die Systemsprachen (wie C, C++ und Java). Python bietet die ganze Einfachheit und Anwenderfreundlichkeit einer Skriptsprache, gepaart mit anspruchsvolleren Programmierwerkzeugen, die man üblicherweise eher in Systementwicklungssprachen findet. Anders als einige Skriptsprachen macht diese Kombination Python für substantielle Entwicklungsprojekte zweckmäßig. Hier sind einige der Dinge, die wir in Pythons anspruchsvoller Werkzeugkiste finden werden:

Dynamische Typisierung
: Python »merkt sich«, welche Objektarten Ihr Programm benutzt, während es läuft; es sind keine komplizierten Typen- und Größendeklarationen in Ihrem Code erforderlich.

Eingebaute Objekttypen
: Python stellt ständig benutzte Datenstrukturen, wie Listen, Dictionaries und Strings, als wesentliche Teile der Sprache zur Verfügung; wie wir noch sehen werden, sind sie sowohl flexibel als auch einfach zu benutzen.

Eingebaute Werkzeuge
: Um all diese Objekttypen zu bearbeiten, enthält Python starke Standardoperationen, inkl. Verketten (führt Sammlungen zusammen), Zerteilen (extrahiert Abschnitte), Sortieren, Abbilden und mehr.

Bibliotheks-Hilfsmittel
: Für speziellere Aufgaben verfügt Python über eine umfangreiche Sammlung vorprogrammierter Bibliothekswerkzeuge, die alles – von der Mustererkennung regulärer Ausdrücke über Netzwerkaufgaben bis zur Objekt-Persistenz – unterstützen.

Hilfsmittel Dritter
: Da Python Freeware ist, werden Entwickler ermutigt, vorprogrammierte Werkzeuge beizusteuern, die Aufgaben unterstützen, die weit über Pythons eingebaute Fähigkeiten hinausgehen; Sie werden kostenlose Unterstützung für COM, Imaging, CORBA ORBs, XML und viele andere finden.

Automatische Speicherverwaltung
: Python verteilt und recycelt automatisch Objekte (»Garbage Collection«), wenn sie nicht mehr benutzt werden, und die meisten wachsen oder schrumpfen nach Bedarf. Python, nicht Sie, merkt sich die niederen Speicherdetails.

Unterstützung des Programmierens großer Projekte
: Schließlich enthält Python für das Erstellen größerer Systeme Werkzeuge wie Module, Klassen und Ausnahmen. Diese erlauben Ihnen, Systeme in Komponenten zu organisieren, OOP zu benutzen und Ereignisse elegant zu behandeln.

Trotz des Aufgebots an Werkzeugen behält Python seine bemerkenswert einfache Syntax und sein klares Design. Wie wir sehen werden, ist das Ergebnis ein mächtiges Programmierwerkzeug, das weiterhin als Skriptsprache benutzt werden kann.

Python ist kombinierbar

Python-Programme können leicht mit Komponenten, die in anderen Sprachen geschrieben wurden, verbunden (»zusammengeklebt«) werden. Technisch ausgedrückt: Indem Sie die Python/C-Integration-APIs benutzen, können Python-Programme sowohl um Komponenten, die in C oder C++ geschrieben wurden, erweitert (Aufrufen von) als auch in C- oder C++-Programme eingebettet werden (Aufrufen durch). Das bedeutet, daß Sie dem Python-System nach Bedarf Funktionalität hinzufügen können und Python-Programme innerhalb anderer Umgebungen oder Systeme benutzen können.

Obwohl wir nicht näher auf die Python/C-Integration eingehen wollen, ist sie ein Hauptcharakteristikum der Sprache und ein Grund dafür, daß Python üblicherweise als Skriptsprache bezeichnet wird. Kombiniert man Python mit Komponenten, die in anderen Sprachen wie C oder C++ erstellt wurden, wird es zu einer leicht zu handhabenden Frontend-Sprache und zu einem Werkzeug für individuelle Anpassung. Dadurch wird Python auch anwendbar für schnelles Generieren von Prototypen: Systeme können in Python implementiert werden, um zunächst die Entwicklungsgeschwindigkeit auszunutzen und um später zur Auslieferung nach C gebracht zu werden – eines nach dem anderen, passend zu den Leistungsanforderungen.

Da wir von »Zusammenkleben« sprechen: Die Python-Win-Portierung von Python für MS-Windows-Plattformen läßt Python-Programme auch mit anderen Komponenten, die für das COM API geschrieben wurden, kommunizieren. Dadurch kann Python als Alternative zu Visual Basic benutzt werden. Eine neue, alternative Implementierung von Python, JPython genannt, läßt Python-Programme mit Java-Programmen kommunizieren, was Python zu einem idealen Werkzeug zur Programmierung von auf Java basierenden Internet-Anwendungen macht.

Python ist einfach anzuwenden

Vielen sehen das Programmieren durch Pythons Kombination von schnellem Bearbeitungszyklus und Einfachheit der Sprache mehr als Spaß denn als Arbeit. Um ein Python-Programm zu starten, geben Sie es einfach ein und lassen es laufen. Es gibt keinerlei Zwischenschritte zum Überstzen und Binden (wie bei C oder C++). Wie bei anderen interpretierten Sprachen führt Python Programme sofort aus, was zu einem interaktiven Programmiererlebnis als auch zur schnellen Weiterbearbeitung nach Programmänderungen beiträgt.

Genau genommen sind Python-Programme als eine Zwischenform, *Bytecode* genannt, kompiliert (übersetzt), die dann vom Interpreter ausgeführt wird. Aber da der Kompilierungsschritt automatisch erfolgt und dem Programmierer verborgen bleibt, erreicht Python die Entwicklungs-Geschwindigkeit eines Interpreters ohne den Leistungsverlust, der rein textuell interpretierten Sprachen eigen ist.

Natürlich ist der Entwicklungsdurchsatz nur ein Aspekt von Pythons Anwenderfreundlichkeit. Python liefert auch eine bewußt einfache Syntax und starke, eingebaute Werkzeuge auf hohem Niveau. Python wird »ausführbarer Pseudocode« genannt: Weil es einen Großteil der Komplexität anderer Werkzeuge eliminiert, werden Sie sehen, daß Python-Programme oft nur einen Bruchteil der Größe equivalenter Programme in Sprachen wie C, C++ und Java haben.

Python ist einfach zu erlernen

Dies bringt uns wieder zum Thema dieses Buches: Verglichen mit anderen Programmiersprachen, ist der Kern von Python erstaunlich einfach zu erlernen. Tatsächlich können Sie erwarten, innerhalb von wenigen Tagen bereits wesentliche Python-Programme codieren zu können (vielleicht schon nach Stunden, wenn Sie bereits ein erfahrener Programmierer sind). Das sind gute Nachrichten sowohl für professionelle Entwickler, die die Sprache für ihre Arbeit erlernen möchten, als auch für Endnutzer, die es zur Konfigurierung und Kontrolle von Systemen, die eine Python-Oberfläche haben, benutzen wollen.[1]

Python bei der Arbeit

Außer daß es eine sehr gut gestaltete Programmiersprache ist, ist Python auch zur Bewältigung alltäglicher Aufgaben nützlich – die Art Dinge, die Entwickler tagein, tagaus tun. Python wird gemeinhin in einer Vielzahl von Bereichen benutzt, als Werkzeug zum Programmieren anderer Komponenten und zur Implementierung von Einzelprogrammen. Einige der Hauptaufgaben von Python helfen bei der Definition dessen, was Python eigentlich ist.

System-Hilfsmittel

Pythons eingebaute Schnittstellen zu Betriebssystem-Funktionen machen es ideal zum Schreiben von portablen, wartbaren Systemadministrations-Werkzeugen (manchmal Shell-Skripten genannt). Python hat POSIX-Anbindungen und unterstützt die üblichen OS-Werkzeuge: Umgebungsvariablen, Dateien, Sockets, Pipes, Prozesse, Threads, reguläre Ausdrücke etc.

1 Sie mögen sich nun fragen, wie in aller Welt Python-Lehrer Geschäfte machen? Eine Sache ist, daß es in Python noch immer Herausforderungen jenseits der Kernsprache gibt, die einen über die ersten Tage hinaus beschäftigen. Wie wir sehen werden, haben Python-Bibliotheken und periphere Werkzeuge (z.B. das Tkinter-GUI und Python/C-Integration-APIs) einen großen Anteil am wirklichen Programmieren mit Python.

GUIs

Durch seine Einfachheit und den kurzen Arbeitszyklus ist Python auch eine gute Wahl für die GUI-Programmierung. Wie schon erwähnt, ist Python mit einer standard-objektorientierten Schnittstelle zum Tk GUI API – Tkinter genannt – ausgestattet, das Python-Programmen erlaubt, portable GUIs mit natürlichem Aussehen zu implementieren. Falls Portabilität keine Priorität hat, können Sie ebenso die MFC-Klassen benutzen, um GUIs mit der Python-Win-Portierung für MS Windows, X-Window-System-Schnittstellen auf Unix, Mac-Toolbox-Anbindungen auf dem Macintosh und KDE- und GNOME-Schnittstellen für Linux zu bilden. Für Anwendungen, die in Internet-Browsern laufen, bietet JPython eine weitere GUI-Option.

Komponenten-Integration

Die Fähigkeit, um C- und C++-Systeme erweitert oder in sie eingebettet zu werden, macht Python als Verbindungssprache (»Glue-Language«) anwendbar, um das Verhalten anderer Systeme und Komponenten zu programmieren. Wenn man beispielsweise eine C-Bibliothek in Python integriert, kann Python deren Komponenten testen und starten. Wenn Python in ein Produkt eingebettet wird, kann es installationsspezifische Konfigurationen codieren, ohne das gesamte Produkt rekompilieren zu müssen (oder dessen Quellcode an alle Kunden schicken zu müssen). Pythons COM-Unterstützung aus MS Windows und das JPython-System verfügen über mehrere Wege, um Anwendungen zu programmieren.

Schnelle Prototyp-Erstellung

Für Python-Programme sehen Komponenten, die in Python oder in C geschrieben wurden, gleich aus. Aus diesem Grund ist es möglich, zunächst Prototyp-Systeme in Python zu schreiben und dann diese Komponenten für die Auslieferung in eine kompilierte Sprache wie C oder C++ zu übertragen. Anders als einige Prototyp-Werkzeuge erfordert Python keine komplette Neufassung, wenn sich der Prototyp einmal gefestigt hat. Teile des Systems, die nicht die Effizienz einer Sprache wie C++ benötigen, können für einfachere Pflege und Benutzung in Python codiert bleiben.

Internet-Programmierung

Python enthält standardisierte Internet-Programm-Module, die es Python-Programmen gestatten, über Sockets zu kommunizieren, Formular-Informationen zu extrahieren, die an ein Server-seitiges CGI-Skript geschickt wurden, HTML zu parsen, Dateien via FTP zu transferieren, XML-Dateien zu verarbeiten und vieles mehr. Es gibt auch zahlreiche periphere Werkzeuge zur Internet-Programmierung in Python. Beispielsweise generieren die HTMLGen- und Pythondoc-Systeme HTML-Dateien aus klassenbasierten Python-Beschreibungen. Und das bereits erwähnte JPython-System erlaubt nahtlose Python/Java-Integration.[2]

---

2 Wir gehen näher auf JPython und andere Systeme in Kapitel 10, *Grundstrukturen und Applikationen*, ein. Unter anderem kann JPython Python-Programme in Javas virtuellem Rechnercode kompilieren (und damit können sie als Client-Applets in jedem Java unterstützenden Browser laufen), und es erlaubt Python-Programmen, mit Java-Bibliotheken zu kommunizieren (z.B. um AWT-GUIs auf einem Client zu kreieren).

Numerisches Programmieren

Die NumPy-Erweiterung für numerisches Programmieren in Python beinhaltet so anspruchsvolle Werkzeuge wie ein Array-Objekt, Schnittstellen zu mathematischen Standardbibliotheken und etliches mehr. Durch die Integration von Python mit (in einer kompilierten Sprache codierten) numerischen Routinen macht NumPy Python zu einem raffinierten, aber anwenderfreundlichen Werkzeug für numerisches Programmieren.

Datenbank-Programmierung

Pythons Standard-pickle-Modul liefert ein einfaches Objekt-Speicherungssystem: Es erlaubt Programmen, auf einfache Weise ganze Python-Objekte in Dateien zu speichern und wiederherzustellen. Für traditionellere Datenbank-Anforderungen gibt es Python-Schnittstellen zu Sybase, Oracle, Informix, ODBC und anderen. Es gibt sogar eine portable SQL-Datenbank-API für Python, die gleichermaßen auf einer Vielzahl von zugrundeliegenden Datenbanksystemen läuft, und ein System namens *gadfly*, das eine SQL-Datenbank für Python-Programme implementiert.

Und mehr: Bildbearbeitung, AI, verteilte Objekte etc.

Python wird üblicherweise in mehr Bereichen angewendet, als hier erwähnt werden können. Aber im allgemeinen sind viele nur Ausprägungen von Pythons Rolle zur Komponentenintegration. Indem man Python an Komponenten-Bibliotheken, die in einer anderen Sprache wie C geschrieben wurden, als Frontend anfügt, wird es für die Programmierung in einer Vielzahl von Gebieten anwendbar.

Bildbearbeitung in Python beispielsweise ist implementiert als eine Menge von Bibliotheks-Komponenten, implementiert in einer kompilierten Sprache wie C, die – gemeinsam mit einer Frontend-Schicht obendrauf – dazu benutzt werden, um die kompilierten Komponenten zu konfigurieren und zu starten. Die anwenderfreundliche Python-Schicht rundet die Effizienz der zugrundeliegenden Komponenten der kompilierten Sprache ab. Da der Großteil des »Programmierens« in so einem System in der Python-Schicht erfolgt, brauchen die meisten Anwender sich nie mit der Komplexität der optimierten Komponenten zu beschäftigen (und kommen mit der Kernsprache, die wir hier behandeln, aus).

Python in kommerziellen Produkten

Aus einer konkreteren Perspektive betrachtet, wird Python auch von richtigen Firmen in echten, gewinnbringenden Produkten angewendet. Hier ist ein Auszug aus der Liste der aktuellen Python-Anwender:

- Red Hat benutzt Python in seinen Linux-Installations-Tools.
- Microsoft hat ein Produkt, das teilweise in Python geschrieben wurde, ausgeliefert.
- Infoseek benutzt Python als Implementierung und als Konfigurationssprache für Anwender in Internet-Suchprodukten.
- Yahoo! benutzt Python in einer Vielzahl von Internet-Diensten.

- NASA benutzt Python für die Implementierung von Missions-Kontrollsystemen.
- Lawrence Livermore Labs benutzen Python für zahlreiche numerische Programmieraufgaben.
- Industrial Light and Magic und andere benutzen Python zur Produktion von hochwertigen Animationen.

Es gibt noch viel mehr aufregende Anwendungen von Python, die wir hier gerne erwähnen möchten, aber – leider! – ziehen einige Firmen es vor, ihren Gebrauch von Python nicht öffentlich zu machen, weil sie das für einen Konkurrenzvorteil halten. Eine vollständigere und aktuelle Liste aller Unternehmen, die Python nutzen, finden Sie auf Pythons Website (*http://www.python.org*).

Python im Vergleich zu ähnlichen Werkzeugen

Python wird, wie Sie wahrscheinlich bereits wissen, gelegentlich mit Sprachen wie Perl, Tcl und Java verglichen. Während diese ebenso nützliche Werkzeuge sind, die man auch kennen und benutzen sollte, glauben wir, daß Python

- mächtiger als Tcl ist, was es für die Entwicklung größerer Systeme geeigneter macht;
- eine klarere Syntax und ein einfacheres Design als Perl hat, was es einfacher zu lesen und zu pflegen macht;
- nicht direkt mit Java konkurriert; Python ist eine Skriptsprache, Java ist eine Systemsprache wie C++.

Insbesondere für Programme, die mehr können, als Textdateien zu durchsuchen, und die später eventuell von anderen (oder von Ihnen!) gelesen werden müssen, glauben wir, daß Python viel besser geeignet ist als irgendeine andere heute verfügbare Skriptsprache. Natürlich sind beide Autoren ausgewiesene Python-Prediger – nehmen Sie diese Kommentare also, wie Sie wollen!

Und damit beschließen wir den Publicity-Teil dieses Buches. Der beste Weg, eine Sprache zu beurteilen, ist, sie in Aktion zu sehen – also wenden wir uns nun einer streng technischen Einführung in die Sprache zu. Im Rest dieses Kapitels werden wir Möglichkeiten, Python-Programme ablaufen zu lassen, beschreiben, einen Blick auf einige nützliche Konfigurations- und Installationsdetails werfen und Ihnen die Idee der Moduldateien vermitteln, um Code permanent zu machen. Nochmals, unser Ziel ist es, Ihnen gerade genug Informationen zu geben, daß Sie die Beispiele und Übungen im Rest des Buches ausführen können. Wir werden zwar nicht vor *Kapitel 2, Typen und Operatoren,* richtig mit dem Programmieren beginnen, aber stellen Sie bitte sicher, daß Sie die hier besprochenen Anfangsdetails im Griff haben, bevor Sie fortfahren.

Wie man Python-Programme ausführt

Bis jetzt haben wir vornehmlich über Python als Programmiersprache gesprochen. Aber sie ist ebenso ein Softwarepaket, *Interpreter* genannt. Ein Interpreter ist ein Programm, das andere Programme ausführt. Wenn Sie Python-Programme schreiben, liest der Python-Interpreter Ihr Programm und führt die Anweisungen, die es enthält, aus.[3] In diesem Abschnitt zeigen wir Ihnen, wie man dem Python-Interpreter mitteilt, welche Programme geladen werden sollen.

Andere Wege, Python-Programme zu starten

Vorbehalt: Um die Dinge einfach zu belassen, ist die Beschreibung der Interpreter-Benutzung in diesem Kapitel recht allgemeingültig und betont den kleinsten gemeinsamen Nenner der Startmethoden von Python-Programmen (z.B. die Kommandozeile, die überall, wo Python läuft, gleich funktioniert). Für Informationen über andere Möglichkeiten, Python auf spezifischen Plattformen zu starten, blättern Sie vorwärts zu Anhang B, *Plattformspezifische Themen*. Die Python-Portierungen für MS Windows und den Macintosh beispielsweise enthalten graphische Schnittstellen zum Editieren und Laden von Code, was vielleicht mehr nach Ihrem Geschmack ist.

Abhängig von Ihrer Plattform und Ihrem Hintergrund, könnte Sie eventuell auch eine Beschreibung des neuen IDLE (Integrated Development Environment) für Python interessieren – eine graphische Schnittstelle zum Editieren, Laden und Debuggen von Python-Code, die auf jeder Plattform, auf der Pythons Tk-Support installiert ist, läuft (IDLE ist ein Python-Programm, das die Tkinter-Erweiterung, der wir in Teil II begegnen werden, nutzt). Sie können diese Beschreibung in Anhang A, *Python-Ressourcen*, finden. Emacs-Anwender finden Unterstützung zum Ausführen von Python-Code in der Emacs-Umgebung auf Pythons Website; auch hierzu finden Sie Details in Anhang A.

Wenn das Python-Paket auf Ihrem Computer installiert ist, generiert es einige Komponenten. Abhängig davon, wie Sie ihn benutzen, hat der Python-Interpreter das Aussehen eines ausführbaren Programms oder einer Reihe von Bibliotheken, die mit einem anderen Programm verknüpft sind. Im allgemeinen gibt es mindestens fünf Möglichkeiten, Programme durch den Python-Interpreter zu starten:

3 Technisch gesehen, werden Python-Programme zunächst in eine Zwischenform kompiliert (d.h. übersetzt), den Bytecode, der dann vom Python-Interpreter gelesen wird. Dieser Kompilierungsschritt geschieht verborgen und automatisch. Er macht Python schneller als reine Interpreter, die ständig Text analysieren müssen.

- Interaktiv
- Als Python-Moduldateien
- Als Skriptdateien im Unix-Stil
- Eingebettet in ein anderes System
- Plattformspezifische Startmethoden

Lassen Sie uns jede dieser Strategien der Reihe nach betrachten.

Die interaktive Kommandozeile

Vielleicht ist die einfachste Art, Python-Programme auszuführen, sie in die interaktive Kommandozeile zu schreiben. Davon ausgehend, daß der Interpreter als ausführbares Programm auf Ihrem System installiert ist, startet die Eingabe von `python` in der Eingabeaufforderung Ihres Betriebssystems ohne Parameter den interaktiven Interpreter. Zum Beispiel:

```
% python
>>> print 'Hallo Welt!'
Hallo Welt!
>>> lumberjack = "okay"
>>>                     # STRG-D zum Beenden (STRG-Z auf manchen Plattformen)
```

Hier wurde `python` als eine Unix-(oder MS-DOS-)Eingabe eingegeben, um eine interaktive Python-Sitzung zu starten. Python fordert mit >>> zur Eingabe auf, wenn es darauf wartet, daß Sie eine neue Python-Anweisung schreiben (manchmal auch *Prompt* genannt). Wenn Sie interaktiv arbeiten, werden die Ergebnisse der Anweisungen hinter den >>>-Zeilen angezeigt. Auf den meisten Unix-Rechnern beendet die Kombination STRG-D (die STRG-Taste drücken und dann Taste D, während STRG gedrückt bleibt) die interaktive Kommandozeile und kehrt zur Kommandozeile Ihres Betriebssystems zurück. Auf MS-DOS- und Windows-Systemen müssen Sie STRG-Z eingeben, um etwas zu beenden.

Nun, viel machen wir nicht in dem vorigen Beispiel: Wir geben `print` und Zuweisungsanweisungen ein, die wir uns später im Detail ansehen werden. Aber beachten Sie, daß Code, den wir eingegeben haben, umgehend vom Interpreter ausgeführt wird. So wird zum Beispiel, nachdem Sie eine `print`-Anweisung in die >>>-Eingabe geschrieben haben, das Ergebnis (ein Python-String) sofort zurückgemeldet. Es ist nicht erforderlich, den Code erst durch einen Compiler und Linker zu schicken, wie Sie es bei C oder C++ normalerweise tun.

Da der Code sofort ausgeführt wird, ist die interaktive Eingabeaufforderung ein praktischer Ort, um mit der Sprache zu experimentieren, und wir werden sie in diesem Teil des Buches oft benutzen, um kleine Beispiele zu demonstrieren. Dies ist in der Tat die erste Faustregel: Wenn Sie jemals unsicher sind, wie ein Python-Code funktioniert, nehmen Sie die interaktive Kommandozeile und probieren Sie es aus. Dazu ist sie da.

Die interaktive Eingabeaufforderung wird ebenso gemeinhin als Ort zum Testen von Komponenten größerer Systeme benutzt. Wie Sie sehen werden, kann man mit der interaktiven Kommandozeile einzelne Komponenten importieren und ihre Schnittstellen schnell testen. Teilweise aufgrund dieser interaktiven Natur unterstützt Python einen experimentellen und explorativen Programmier-Stil, den Sie als angenehm empfinden werden, wenn Sie richtig loslegen.

Ein Wort zu Prompts (Eingabeaufforderung): Wir würden an sich keine zusammengesetzten (mehrzeiligen) Anweisungen antreffen bis zu Kapitel 3, *Elementare Anweisungen*, aber als Vorgeschmack sollten Sie wissen, daß wenn Sie die zweite und folgende Zeilen interaktiv eingeben, sich der Prompt in `...` statt >>> ändert. Beim `...`-Prompt teilt eine Leerzeile (Enter drücken) Python mit, daß Sie mit dieser zusammengesetzten Anweisung fertig sind. Dies steht im Unterschied zu zusammengesetzten Anweisungen in Dateien, bei denen Leerzeilen einfach ignoriert werden. Warum das etwas ausmacht, werden Sie in Kapitel 3 sehen. Diese beiden Prompts können auch abgeändert werden (in Teil II werden Sie sehen, daß sie eingebaute Attribute im Modul `sys` sind).

Moduldateien ausführen

Obwohl die interaktive Eingabeaufforderung zum Experimentieren und Testen gut geeignet ist, hat sie einen großen Nachteil: Programme, die Sie dort schreiben, gehen immer verloren, sobald der Python-Interpreter sie ausführt. Code, den Sie interaktiv schreiben, wird nie in einer Datei gespeichert, so daß Sie ihn nicht noch einmal laufen lassen können, ohne ihn nochmals ganz von vorne zu schreiben. Ausschneiden-und-Kopieren und Kommando-Puffer können hier manchmal helfen, aber nicht sehr, insbesondere wenn Sie beginnen, grössere Programme zu schreiben.

Um Programme dauerhaft zu speichern, brauchen Sie *Moduldateien*. Moduldateien sind einfach Textdateien, die Python-Anweisungen enthalten. Sie können eine solche Datei über den Python-Interpreter ausführen, indem Sie deren Namen in einem `python`-Kommando angeben. Nehmen wir beispielsweise an, wir starten unseren Lieblings-Texteditor und schreiben zwei Python-Anweisungen in eine Textdatei, die *spam.py* heißt:

```
import sys
print sys.argv                    # mehr darüber später
```

Wir erwähnen es nochmals, im Moment ignorieren wir die Syntax der Anweisungen in dieser Datei, machen Sie sich also keine Gedanken über die Details. Der wesentliche Punkt ist, daß wir Code in eine Datei geschrieben haben und nicht in die interaktive Eingabeaufforderung. Sobald wir die Textdatei gespeichert haben, können wir Python auffordern, die Datei zu laden, indem wir den Dateinamen als Argument eines `python`-Kommandos in der Betriebssystem-Eingabezeile angeben:

```
% python spam.py -i eggs -o bacon
['spam.py', '-i', 'eggs', '-o', 'bacon']
```

Beachten Sie, daß wir die Moduldatei *spam.py* genannt haben – wir könnten sie auch einfach *spam* nennen, aber aus Gründen, die wir später erklären werden, sollen Dateien mit Code, den wir in einen Client importieren möchten, mit einem *.py*-Suffix enden. Wir haben auch vier Kommandozeilen-Argumente angegeben, die vom Python-Programm benutzt werden sollen (die Eintragungen hinter `python spam.py`); sie werden an das Python-Programm weitergegeben und sind über den Namen `sys.argv` verfügbar, der wie das C-`argv`-Array funktioniert. Übrigens, falls Sie auf einer Windows- oder MS-DOS-Plattform arbeiten, funktioniert dieses Beispiel genauso, nur die System-Eingabeaufforderung ist normalerweise anders:

```
C:\book\tests> python spam.py -i eggs -o bacon
['spam.py', '-i', 'eggs', '-o', 'bacon']
```

Ausführen von Skripten im Unix-Stil

Bisher haben wir gesehen, wie man Code interaktiv schreibt und wie man Dateien mit Code, der von einem Texteditor kreiert wurde (Module), startet. Wenn Sie Python auf einem Unix-, Linux-, oder Unix-ähnlichem System benutzen wollen, können Sie Python-Code-Dateien auch in ausführbare Programme umwandeln, ähnlich wie Sie es bei Programmen, die in einer Shell-Sprache wie *csh* oder *ksh* codiert wurden, tun würden. Solche Dateien werden üblicherweise *Skripten* genannt. Skripten im Unix-Stil sind Textdateien, die Python-Anweisungen enthalten, aber mit zwei speziellen Eigenschaften:

Sie haben eine spezielle erste Zeile

Skripten beginnen üblicherweise mit einer ersten Zeile, die mit den Zeichen `#!` beginnt, gefolgt von dem Pfad zum Python-Interpreter auf Ihrem PC.

Sie haben üblicherweise das Privileg »ausführbar«

Skriptdateien sind üblicherweise als ausführbar markiert, um dem Betriebssystem mitzuteilen, daß sie als eigenständige Programme ausgeführt werden können. Auf Unix-Systemen wird dies gewöhnlich mit einem Kommando wie `chmod +x file.py` gemacht.

Lassen Sie uns ein Beispiel betrachten. Angenommen, wir benutzen wieder unseren Lieblings-Texteditor, um eine Python-Code-Datei mit dem Namen *brian* zu schreiben:

```
#!/usr/local/bin/python
print 'The Bright Side of Life...'          # und noch ein Kommentar
```

Wir setzen die spezielle Zeile an den Anfang der Datei, um dem System zu sagen, wo der Interpreter zu finden ist. Technisch gesehen ist die erste Zeile ein Python-Kommentar. Alle Kommentare in Python-Programmen beginnen mit einem # und gehen bis zum Ende der Zeile. Sie bilden eine Möglichkeit, Extrainformationen für Leser Ihres Codes einzufügen. Aber wenn ein Kommentar wie der in der ersten Zeile dieser Datei auftaucht, ist es ein spezieller Kommentar, da das Betriebssystem ihn benutzt, um den Interpreter zum Ausführen des Programmcodes im Rest der Datei zu finden.

Wir haben diese Datei auch einfach *brian* genannt, ohne das *.py*- Suffix, das wir vorhin für die Moduldatei verwendet haben. Ein *.py* an den Namen zu hängen würde nicht schaden, (und könnte uns helfen, daran zu denken, daß es sich um eine Python-Programmdatei handelt); aber da wir nicht planen, andere Module den Code aus dieser Datei importieren zu lassen, ist der Dateiname hier irrelevant. Wenn wir unserer Datei Ausführbar-Privilegien mit einem `chmod +x brian`-Shell-Kommando geben, können wir sie von der Betriebssystemebene aus starten, als wenn sie ein binäres Programm wäre:

```
f% brian
The Bright Side of Life...
```

Eine Anmerkung für Windows- und MS-DOS-Nutzer: Die hier beschriebene Methode ist ein Unix-Trick und funktioniert vielleicht nicht auf Ihrer Plattform. Keine Sorge: Benutzen Sie einfach die Moduldatei-Technik aus dem vorigen Abschnitt. Geben Sie den Dateinamen auf einer expliziten `python`-Kommandozeile an:

```
C:\book\tests> python brian
The Bright Side of Life...
```

In diesem Fall brauchen Sie nicht den speziellen Kommentar `#!` am Anfang (obwohl Python ihn einfach ignoriert, wenn er da ist), und Ihre Datei braucht nicht ausführbar zu sein. Falls Sie Dateien portabel zwischen Unix und MS Windows laufen lassen wollen, mag es Ihr Leben in der Tat erleichtern, wenn Sie immer anstelle von Skripten im Unix-Stil den Moduldatei-Ansatz wählen, um Programme zu starten.

Auf einigen Systemen können Sie es vermeiden, den Pfad zum Python-Interpreter fest einzucodieren, indem Sie die spezielle erste Kommentarzeile so schreiben wie hier: `#!/usr/bin/env python`. Wenn es so codiert wird, schaut das `env`-Kommando entsprechend Ihrem System-Suchpfad nach, wo Python zu finden ist (z.B. in den meisten Unix-Shells durch Durchsuchen aller Verzeichnisse, die in der `PATH`-Umgebungsvariable aufgeführt sind). Dieses auf `env` basierende Schema kann portabler sein, weil Sie nicht den Python-Installationspfad in die erste Zeile aller Ihrer Skripten fest einzubauen brauchen. Vorausgesetzt Sie haben überall Zugang zu `env`, werden Ihre Skripten immer laufen, egal wo Python auf Ihrem System liegt. Bitte verzichten Sie jedoch auf diesen bequemen Weg, wenn Sie Skripten für's Internet schreiben. Er macht Ihr System leichter von außen angreifbar.

Eingebetteter Code und Objekte

Wir haben gesehen, wie man Code interaktiv ausführt und wie man Moduldateien und Skripten im Unix-Stil startet. Das deckt die meisten der Fälle, die wir in diesem Buch sehen werden, ab. Aber in einigen speziellen Bereichen kann Python-Code auch durch ein umschließendes System ausgeführt werden. In solchen Fällen sagen wir, daß Python-Programme in andere Programme eingebettet sind (d.h. von diesen gestartet werden). Der Python-Code selbst kann in eine Textdatei eingegeben, in einer Datenbank gespeichert, von einer HTML-Seite genommen werden und so weiter. Aber aus einer operationalen Perspektive heraus könnte ein anderes System – nicht Sie – Python den Befehl geben, Code zu starten, den Sie kreiert haben.

Es ist zum Beispiel möglich, Strings mit Python-Code von einem C-Programm aus zu schreiben und auszuführen, indem man Funktionen in der Python-Laufzeit-API (eine Anzahl von exportierten Diensten aus den Bibliotheken, die während der Kompilierung von Python auf Ihrem Rechner erstellt wurden) benennt:

```
#include <Python.h>
. . .
Py_Initialize();
PyRun_SimpleString("x = brave + sir + robin");
```

In diesem Codeschnipsel bettet ein Programm, das in C (`somefile.c`) codiert wurde, den Python-Interpreter durch Anbinden seiner Bibliotheken ein und gibt ihm einen String mit einer Zuweisungsanweisung zur Ausführung mit. C-Programme können auch Zugriff auf Python-Objekte bekommen und sie durch Anwendung anderer Python-API-Werkzeuge bearbeiten oder ausführen.

In diesem Buch wird die Python/C-Integration nicht behandelt, also gehen wir hier nicht auf Einzelheiten der tatsächlichen Geschehnisse ein.[4] Aber Sie sollten sich darüber im klaren sein, daß Sie – abhängig davon, wie Sie Python anwenden wollen – derjenige sein könnten oder auch nicht, der tatsächlich die Python-Programme startet, die Sie geschrieben haben! Ungeachtet dessen, können Sie ruhig die interaktiven und dateibasierten Starttechniken, die wir hier beschrieben haben, benutzen, um Code isoliert von jenen einbettenden Systemen zu testen, die ihn später eventuell benutzen werden.

Plattformspezifische Startmethoden

Schließlich gibt es – abhängig vom PC, den Sie benutzen – spezifischere Möglichkeiten, Python-Programme zu starten, als die hier beschriebenen allgemeinen Techniken. Auf einigen Windows-Portierungen von Python können Sie zum Beispiel Code entweder von einer Unix-artigen Kommandozeilen-Schnittstelle aus starten oder indem Sie auf Python-Programmsymbole doppelklicken. Und auf Macintosh-Portierungen kann es möglich sein, Python-Programm-Icons zum Interpreter-Icon zu ziehen, um Programmdateien auszuführen. Im Anhang erfahren Sie mehr über plattformspezifische Details wie diese.

Was Sie schreiben und wo Sie es schreiben

Mit all diesen Optionen und Kommandos können Anfänger leicht durcheinander kommen, welches Kommando in welche Eingabeaufforderung eingegeben werden muß. Deshalb hier eine kurze Zusammenfassung.

4 Siehe *Programming Python* für Details zum Einbetten von Python in C/C++.

Starten des interaktiven Python

Der Python-Interpreter wird üblicherweise von der Kommandozeile des Systems gestartet:

```
% python
```

Code interaktiv eingeben

Programme können in der Kommandozeile von Pythons interaktivem Interpreter angegeben werden:

```
>>> print X
```

Code in Dateien für späteren Gebrauch eingeben

Programme können auch in Textdateien geschrieben werden, indem man seinen Lieblings-Texteditor benutzt:

```
print X
```

Skriptdateien starten

Skriptdateien im Unix-Stil werden von der Systemoberfläche gestartet:

```
% brian
```

Programm-(Modul-)Dateien starten

Moduldateien werden von der Systemoberfläche gestartet:

```
% python spam.py
```

Eingebetteten Code starten

Wenn Python eingebettet ist, kann Python-Code auf verschiedene Weise eingegeben werden.

Wenn Sie Python-Programme schreiben (interaktiv oder in eine Textdatei), stellen Sie sicher, daß alle nicht-verschachtelten Anweisungen in Spalte 1 anfangen. Falls nicht, zeigt Python einen »SyntaxFehler« an. Bis Mitte des dritten Kapitels werden alle unsere Anweisungen unverschachtelt sein, so daß dies zunächst auf alles zutrifft. Wir werden Ihnen später erklären, weshalb – es hat mit Pythons Regeln zum Einrücken zu tun –, aber dies scheint immer wieder für Verwirrung in Einführungskursen zu sorgen.

Ein erster Blick auf Moduldateien

Weiter oben in diesem Kapitel haben wir gesehen, wie Moduldateien (d.h. Textdateien, die Python-Anweisungen enthalten) von der Kommandozeile auf der Oberfläche des Betriebssystems ausgeführt werden. Es stellt sich heraus, daß wir Moduldateien ebenso von der interaktiven Kommandozeile aus starten können, indem wir sie importieren oder neu laden, wie wir es normalerweise von anderen Systemkomponenten aus tun würden. Die Details dieses Vorgangs werden in *Kapitel 6, Module,* erläutert, aber da dies eine hervorragende Möglichkeit ist, Beispiele zu speichern und zu starten, geben wir Ihnen hier eine kurze Einführung.

Die Grundidee hinter dem Import von Modulen ist, daß man als Importeur Zugriff auf Namen erhalten kann, die auf der obersten Ebene einer Moduldatei zugewiesen wurden. Die Namen sind üblicherweise Diensten zugeordnet, die von den Modulen exportiert werden. Nehmen wir beispielsweise unseren Texteditor, um die einzeilige Moduldatei *myfile.py* zu schreiben, wie in dem folgenden Codeschnipsel gezeigt. Das mag eines der simpelsten Python-Module der Welt sein, aber es genügt, um die grundsätzliche Benutzung von Modulen zu illustrieren:

```
title = "The Meaning of Life"
```

Beachten Sie, daß der Dateiname ein *.py*-Suffix hat: Diese Namenskonvention wird für Dateien, die von anderen Komponenten importiert wurden, gefordert. Nun können wir in anderen Komponenten auf die Variable `title` dieses Moduls auf zwei verschiedene Arten zugreifen: entweder indem das Modul als Ganzes mit einer `import`-Anweisung importiert und mit dem Namen der Variable, auf die wir zugreifen möchten, qualifiziert wird:

```
% python                          Starte Python
>>> import myfile                 Starte Datei, lade Modul als Ganzes
>>> print myfile.title            Benutze seine Namen: '.' -Qualifikation
The Meaning of Life
```

oder indem wir die Namen mit `from`-Anweisungen aus einem Modul holen (eigentlich kopieren):

```
% python                          Starte Python
>>> from myfile import title      Starte Datei, lade Namen aus dem Modul
>>> print title                   Benutze die Namen direkt: keine Qualifikation nötig.
The Meaning of Life
```

Wie wir später sehen werden, ist `from` einem `import` sehr ähnlich, allerdings mit einer zusätzlichen Zuweisung zu Namen in der importierenden Komponente. Beachten Sie, daß beide Anweisungen den Namen der Moduldatei einfach als *myfile* angeben, ohne ihr *.py*-Suffix. Wenn Python die aktuelle Datei sucht, kann es das Suffix mit einschließen.

Ob wir nun `import` oder `from` benutzen, die Anweisungen in der Moduldatei *myfile.py* werden ausgeführt, und die importierende Komponente (hier die interaktive Eingabeaufforderung) bekommt Zugang zu Namen, die der obersten Ebene der Datei zugeordnet sind. In diesem einfachen Beispiel gibt es nur einen solchen Namen – die Variable `title`, einem String zugewiesen –, aber das Konzept zeigt seinen wahren Nutzen, wenn wir anfangen, Objekte, wie Funktionen und Klassen, zu definieren. Solche Objekte werden zu Diensten, auf die man über Namen von einem oder mehreren Client-Modulen aus Zugriff erhält.

Wenn eine Moduldatei zum erstenmal in einer Sitzung importiert wird, führt Python den gesamten in ihr enthaltenen Code nacheinander, von der ersten bis zur letzten Zeile der Datei, aus. Deshalb gibt es als andere Möglichkeit das interaktive Importieren von Modulen, um ihren Code auf einmal auszuführen (anstatt es z.B. von der Systemoberfläche aus mit einem Befehl wie `python myfile.py` zu starten). Aber es gibt dabei einen Haken: Python führt Code einer Moduldatei nur beim ersten Importieren aus. Wenn Sie sie nochmal während derselben interaktiven Sitzung importieren, führt Python den Code nicht noch einmal aus, auch dann nicht, wenn Sie ihn mit dem Editor geändert haben. Um den Code der Datei wirklich noch einmal zu starten, ohne abzubrechen und den interaktiven Interpreter erneut zu starten, können Sie Pythons `reload`-Funktion wie folgt benutzen:

```
% python                        Starte Python
>>> import myfile               Starte/lade Modul
>>> print myfile.title          Qualifizierter Namenszugriff
The Meaning of Life
```

Ändern Sie myfile.py in Ihrem Texteditor

```
>>> import myfile               Wird den Code der Datei NICHT erneut ausführen
>>> reload(myfile)              WIRD den (aktuellen) Code der Datei ausführen
```

Während dieses Schema funktioniert, ist bei `reload` jedoch mit ein paar Komplikationen zu rechnen, und wir schlagen vor, es zunächst zu vermeiden (verlassen Sie einfach den Interpreter bei einer Dateiänderung, und starten Sie erneut). Andererseits hat sich dies als beliebte Test-Methode in Python-Kursen erwiesen, also entscheiden Sie für sich selbst!

Ein erster Blick auf die Untersuchung von Namensräumen

Ein anderer beliebter Trick ist, die eingebaute Funktion `dir` zu benutzen, um definierte Namen während des interaktiven Programmierens im Auge zu behalten. Wir werden später näher darauf eingehen, aber bevor Sie beim Bearbeiten der Übungen Probleme bekommen, an dieser Stelle eine kurze Einführung. Wenn Sie die `dir`-Funktion ohne Parameter aufrufen, bekommen Sie eine Python-Liste (beschrieben in Kapitel 2), die alle Namen enthält, die Sie im interaktiven Namensraum definiert haben:

```
>>> x = 1
>>> y = "shrubbery"
>>> dir()
['__builtins__', '__doc__', '__name__', 'x', 'y']
```

Hier ist der Ausdruck `dir()` ein *Funktionsaufruf*; es fordert Python auf, die Funktion mit dem Namen `dir` zu starten. Wir werden in Kapitel 4, *Funktionen*, wieder auf Funktionen treffen, aber für's erste merken Sie sich bitte, daß Sie hinter einen Funktionsnamen Klammern setzen müssen, um ihn aufzurufen (ob er Parameter braucht oder nicht).

Wenn `dir` aufgerufen wird, sind einige der Namen, die Sie erhalten, »gratis«. Dabei handelt es sich um eingebaute Namen, die immer in Python vordefiniert sind. Zum Beispiel ist `__name__` der Dateiname des Moduls, und `__builtins__` ist ein Modul, das alle in Python eingebauten Namen (inkl. `dir`) enthält. Andere Namen sind Variablen, denen Sie Werte zugewiesen haben (hier `x` und `y`). Wenn Sie `dir` mit einem Modul als *Parameter* aufrufen, bekommen Sie die Namen, die innerhalb des Moduls definiert sind:[5]

```
% cat threenames.py
a = 'dead'
b = 'parrot'
c = 'sketch'
% python
>>> import threenames
>>> dir(threenames)
['__builtins__', '__doc__', '__file__', '__name__', 'a', 'b', 'c']
>>> dir(__builtins__)
All die Namen, die Python vordefiniert
```

Später werden wir sehen, daß einige Objekte über zusätzliche Wege verfügen, um ihren Clients mitzuteilen, welche Namen sie zur Verfügung stellen (z.B. spezielle Attribute wie `__methods__` und `__members__`). Aber für's erste reicht die `dir`-Funktion völlig aus, um Sie nach Herzenslust herumstöbern zu lassen.

Konfigurationsdetails

Bis jetzt haben wir gesehen, wie man mit dem Python-Interpreter Programme ausführt, die man eingegeben hat. Außer dem Interpreter bietet Python aber noch eine Reihe von Hilfsprogrammen, die in der Quell-Bibliothek gespeichert sind. Darüber hinaus erkennt der Python-Interpreter Einstellungen in der Systemumgebung, die es uns ermöglichen, das Verhalten des Interpreters zu bestimmen (z.B. wo er die Quellcode-Dateien findet). In diesem Abschnitt stellen wir Ihnen Umgebungsvariablen vor, wie sie gemeinhin von Python-Programmierern benutzt werden, werfen einen kurzen Blick auf die Installationsdetails von Python und präsentieren ein Beispielskript, das die meisten der Konfigurationsschritte, die sie kennen sollten, illustriert. Wenn Sie Python bereits fertig installiert haben, können Sie die nächsten Abschnitte in diesem Kapitel wahrscheinlich überblättern oder später lesen.

---

5 Technisch gesehen, im *Namensraum* des Moduls – ein Begriff, den wir bald so häufig benutzen werden, daß es Sie wahrscheinlich langweilen wird, ihn dauernd zu hören. Da wir schon mal dabei sind: Die interaktive Kommandozeile ist tatsächlich auch ein Modul, `__main__` genannt. Code, den Sie dort eingeben, funktioniert, als ob er sich in einer Moduldatei befinden würde, außer daß Ergebnisse an Sie ausgegeben werden. Beachten Sie, daß das Ergebnis eines `dir`-Aufrufs eine Liste ist, die von einem Python-Programm verarbeitet werden könnte. Merken Sie sich zunächst einfach: Namensräume können auch auf andere Art und Weise geholt werden.

Umgebungsvariablen

Der Python-Interpreter erkennt zahlreiche Umgebungsvariablen, aber nur wenige werden so häufig benutzt, daß sie hier einer Erklärung bedürfen. Tabelle 1-1 faßt die wichtigsten Variablen-Belegungen für Python zusammen.

Tabelle 1-1: Wichtige Umgebungsvariablen

Rolle	Variable
Suchpfad der Systemoberfläche (um »python« zu finden)	`PATH` (oder `path`)
Suchpfad der Python-Module (für Importe)	`PYTHONPATH`
Pfad zur interaktiven Startup-Datei	`PYTHONSTARTUP`
Variablen der GUI-Erweiterung (Tkinter)	`TCL_LIBRARY`, `TK_LIBRARY`

Diese Variablen sind einfach zu benutzen, aber hier sind einige Hinweise:

- Die `PATH`-Variable führt eine Reihe von Verzeichnissen auf, die das Betriebssystem nach ausführbaren Programmen durchsucht. Normalerweise sollte das Verzeichnis, in dem sich der Python-Interpreter befindet, enthalten sein (das `python`-Programm unter Unix oder die *python.exe*-Datei unter Windows). Auf dem Macintosh brauchen Sie dies nicht einzurichten (die Installation handhabt die Pfaddetails).
- Die `PYTHONPATH`-Variable spielt eine ähnliche Rolle wie `PATH`: Der Python-Interpreter befragt die `PYTHONPATH`-Variable bei der Suche nach Moduldateien, wenn Sie sie in ein Programm importieren. Diese Variable verweist auf eine Liste von Verzeichnissen, die Python der Reihe nach absucht, um ein importiertes Modul zur Laufzeit zu finden. Normalerweise werden Sie Ihre eigenen Quellcode-Verzeichnisse und das Verzeichnis der Quell-Bibliothek einschließen wollen (wenn es nicht bereits in Ihrer Python-Installation voreingestellt ist).
- Falls `PYTHONSTARTUP` auf den Pfadnamen einer Python-Codedatei gesetzt ist, führt Python den Code der Datei immer, wenn Sie den interaktiven Interpreter starten, automatisch aus, so, als ob Sie ihn in die interaktive Befehlszeile eingegeben hätten. Dies läßt Sie auf angenehme Art sicherstellen, daß bestimmte Hilfsmittel immer geladen werden, wenn Sie interaktiv arbeiten.
- Vorausgesetzt Sie möchten die Tkinter-GUI-Erweiterung benutzen (siehe *Kapitel 10, Strukturgerüste und Applikationen*), dann sollten die beiden GUI-Variablen in Tabelle 1-1 auf die Namen der Quell-Bibliotheks-Verzeichnisse der Tcl- und Tk-Systeme gesetzt sein (ähnlich wie `PYTHONPATH`).

Unglücklicherweise ist die Art und Weise, wie Sie diese Variablen setzen, und das, was Sie ihnen zuweisen, von Ihrer Systemkonfiguration abhängig. Auf einem Unix-System beispielsweise ist die Art, Variablen zu setzen, von der benutzten Shell abhängig. Unter der *csh*-Shell könnten sie dies dem Python-Modulsuchpfad zuordnen:

```
setenv PYTHONPATH .:/usr/local/lib/python:/usr/local/lib/python/tkinter
```

Dies weist Python an, in drei Verzeichnissen nach importierten Modulen zu suchen: im aktuellen Verzeichnis (.), in dem Verzeichnis, in dem die Quell-Bibliothek von Python auf Ihrem Rechner installiert ist (hier: */usr/local/lib/python*), und im Quell-Bibliotheks-Unterverzeichnis `tkinter`, in dem der Hilfscode für die GUI-Erweiterung von Python liegt. Aber wenn Sie die `ksh`-Shell benutzen, könnte die Einstellung auch so aussehen:

```
export PYTHONPATH=".:/usr/local/lib/python:/usr/local/lib/python/tkinter"
```

Und falls Sie MS-DOS haben, könnte eine Umgebungskonfiguration wieder ganz anders aussehen:[6]

```
set PYTHONPATH=.;c:\python\lib;c:\python\lib\tkinter
```

Da dies aber kein Buch über Betriebssystem-Oberflächen ist, verweisen wir Sie für weitere Details auf andere Quellen. Befragen Sie die Manpages Ihres Oberflächensystems oder andere Dokumentationen nach Einzelheiten. Und wenn Sie Probleme haben herauszufinden, wie Ihre Einstellungen sein müssen, bitten Sie Ihren Systemadministrator (oder Ihren Guru vor Ort) um Hilfe.

Ein Beispiel für ein Startup-Skript

Der untenstehende Code, nennen wir ihn *runpy*, führt einige dieser Details in einem einfachen Startup-Skript zusammen. Es ordnet den notwendigen Umgebungsvariablen vernünftige Werte zu (zumindest auf Marks PC) und startet den interaktiven Interpreter. Um es zu benutzen, geben Sie `runpy` an der Eingabeaufforderung ein.

```
#!/bin/csh
# Gib dieser Datei Ausführungsrechte (chmod +x runpy).
# Schreibe folgendes in Deine .cshrc-Datei, um es permanent zu machen.

# 1) Füge Pfad zum Kommandozeilen-Interpreter hinzu
set path = (/usr/local/bin $path)

# 2) Setze die Suchpfade der Python-Bibliotheken (soweit nicht vordefiniert)
# Füge die Verzeichnisse von weiteren Moduldateien nach Wunsch hinzu
setenv PYTHONPATH \
     .:/usr/local/lib/python:/usr/local/lib/python/tkinter

# 3) Setze die Suchpfade der Tk-Bibliothek für GUIs (soweit nicht vordefiniert)
setenv TCL_LIBRARY /usr/local/lib/tcl8.0
setenv TK_LIBRARY  /usr/local/lib/tk8.0

# 4) Starte die interaktive Kommandozeile
python
```

6 Ein Tip: Passen Sie auf, daß Sie keine Leerzeichen vor und nach »=« eingeben. Unter DOS/Windows sind diese leider Teil des Namens und damit eine subtile Fehlerquelle.

runpy illustriert eine typische Python-Konfiguration, aber es hat einige Nachteile:

- Es ist so geschrieben, daß es nur auf der *csh*-Shell, einem Kommandozeilen-Prozessor, wie er auf Unix- und Linux-Plattformen üblich ist, funktioniert. Sie müssen etwas ändern, wenn Sie *csh* nicht benutzen.
- Die Einstellungen, die es illustriert, werden üblicherweise ein einziges Mal in der Startup-Datei Ihrer Shell gemacht (*~/.cshrc* für *csh*-Benutzer) statt jedesmal, wenn Sie Python starten.
- Abhängig davon, wie Ihr Python aufgebaut ist, brauchen Sie die Pfade zu den Standard-Quell-Bibliotheken möglicherweise nicht aufzuführen, da sie in Ihrer Installation fest »verdrahtet« sein könnten.

Ein Hinweis für Benutzer von MS Windows: Eine ähnliche Konfiguration kann in einer MS-DOS-Batch-Datei kreiert werden, die ganz ähnlich aussehen kann wie diese, abhängig davon, welche Windows-Portierung von Python Sie installiert haben:

```
PATH c:\python;%PATH%
set PYTHONPATH=.;c:\python\lib;c:\python\lib\tkinter
set TCL_LIBRARY=c:\Program Files\Tcl\lib\tcl8.0
set TK_LIBRARY=c:\Program Files\Tcl\lib\tk8.0
python
```

Eine GUI-Test-Sitzung

Wenn Sie oder Ihr Administrator Python mit der GUI-Erweiterung Tkinter installiert haben, zeigt Ihnen die folgende interaktive Sitzung eine Methode, Ihre Python/GUI-Konfiguration zu testen. (Sie können dieses Kapitel auslassen, wenn Sie Tkinter nicht benutzen werden.)

```
% runpy
Version/Copyright-Informationen ...
>>> from Tkinter import *
>>> w = Button(text="Hallo", command='exit')
>>> w.pack()
>>> w.mainloop()
```

Geben Sie `runpy` auf der Systemoberfläche ein und dann all den Python-Code, der nach den >>>-Eingabeaufforderungen gezeigt wird. Ignorieren Sie zunächst die Details im Code des Beispiels; Tkinter behandeln wir in Kapitel 10. Wenn alles ordentlich eingerichtet ist, sollten Sie auf Ihrem Bildschirm ein Fenster finden, das so ähnlich wie das in Abbildung 1-1 aussieht (auf einem MS-Windows-Rechner; auf dem X Window System oder einem Macintosh sieht es etwas anders aus, da Tkinter das natürliche Aussehen bereitstellt).

Abbildung 1-1: Tkinter-Testbildschirm

Falls dieser Test nicht funktioniert, überprüfen Sie die Pfad-Einstellungen Ihrer Umgebungsvariablen und/oder die Python-Installation. Tkinter ist eine optionale Erweiterung, die explizit aktiviert werden muß, also vergewissern Sie sich, daß dies in Ihrer Python-Version der Fall ist. Stellen Sie ebenfalls sicher, daß Sie Zugang zu den Tcl/Tk-Quell-Bibliotheken haben; sie werden von der aktuellen Tkinter-Implementierung benötigt.

Installations-Überblick

Der Vollständigkeit halber gibt Ihnen dieser Abschnitt auch einige Hinweise für die Python-Installation. Wenn Sie gerade mit Python beginnen, brauchen Sie sich normalerweise nicht um Installationsprozeduren zu kümmern. Hoffentlich hat jemand anderes – vielleicht Ihr Systemadministrator – Python bereits auf Ihrer Plattform installiert, so daß Sie einen Großteil der Informationen hier überspringen können.

Aber das ist nicht immer der Fall, und selbst wenn Python bereits auf Ihrem PC installiert ist, können Installationsdetails wichtiger werden, je mehr Ihr Wissen über Python wächst. In einigen Szenarien ist es wichtig zu wissen, wie man Python aus dem Quellcode erstellt, so daß Sie Ihre eigenen statischen Erweiterungen einbinden können. Aber nochmals: Dies ist kein Buch über die Python/C-Integration, falls Python also bereits für Sie installiert wurde, können Sie diesen Abschnitt auch für später zur Seite legen.

Python gibt es binär oder als C-Quellcode

Sie können Python entweder als vorgefertigte binäre Datei (das »wie es kommt« funktioniert) oder als C-Quellcode (den Sie auf Ihrem Rechner kompilieren müssen, bevor er ausgeführt werden kann) erhalten. Beide Formen können auf einer Vielzahl von Medien gefunden werden – FTP- und Websites (siehe Anhang A), CDs, die mit Python-Büchern geliefert werden, unabhängige CD-Distributionen, Linux-Distributionen und so weiter. Wenn Sie das binäre Format haben möchten, müssen Sie natürlich eins nehmen, das mit Ihrem PC kompatibel ist; wenn Sie den C-Quellcode benutzen, brauchen Sie eine C-Entwicklungsumgebung auf Ihrem Rechner. Beide Formen werden üblicherweise als komprimierte Archiv-Dateien geliefert, was bedeutet, daß Sie Hilfsmittel wie `gzip` und `tar` benötigen, um die Dateien auf Ihrem Computer zu entpacken (obwohl einige Windows-Portierungen sich selbst installieren).

C-Quellcode konfiguriert und erstellt automatisch

Python in binärer Form zu erhalten bedeutet zwar, daß Sie nicht selbst kompilieren müssen, aber es bedeutet auch, daß Sie nur wenig Kontrolle darüber haben, welche Erweiterungen aktiviert werden. Sie werden die Erweiterungen bekommen, die die Person, die das ausführbare Programm geschrieben hat, gerade für wichtig hielt. Zudem ist es notwendig, neben dem Python-Binärprogramm als solchem die Python-Quell-Bibliothek, die nicht unbedingt in einem Binär-Paket enthalten ist, zu besorgen und zu installieren.

Um mehr Kontrolle zu haben, holen Sie sich die komplette C-Quellcode-Distribution und kompilieren sie auf Ihrem Rechner. Wir werden hier nicht die Kompilierbefehle aufzählen, aber die Erstellung aus Quellcode erfolgt größtenteils automatisch. Python konfiguriert seine eigenen `makefiles` entsprechend Ihrer Plattform und kompiliert ohne eine Funktionsstörung auf nahezu jeder erdenklichen Plattform.

Erstellen Sie nicht aus Quellcode, wenn Sie vorher noch nie einen C-Compiler benutzt haben
Nachdem wir das gesagt haben, sollten wir auch erwähnen, daß sogar automatisierte C-Kompilierungen eines großen Systems wie Python nicht auf die leichte Schulter genommen werden sollen. Wenn Sie nie zuvor einen C-Compiler benutzt haben, raten wir Ihnen, zunächst zu versuchen, ein binäres Python-Paket für Ihre Plattform zu bekommen, bevor Sie darauf zurückgreifen, Python aus Quellcode auf Ihrem Rechner zu erstellen. Und wie üblich können Sie immer Ihren lokalen C-Guru um Hilfe beim Erstellen oder Installieren bitten.

Vorgefertigte Python-Binärdateien existieren mittlerweile für die meisten Plattformen, inklusive MS Windows, Macintosh und die meisten Geschmacksrichtungen von Unix (siehe auch Pythons Website). Wir sollten auch betonen, daß der komplette Quellcode das gesamte Python-System enthält und echte Freeware ist. Es gibt keinerlei Copyright-Einschränkungen, die Sie davon abhalten, sie in Ihren Produkten zu benutzen. Obwohl es nicht jedermanns Sache ist, im Quellcode eines Interpreters herumzuhacken, ist es doch beruhigend zu wissen, daß Sie die Kontrolle über allen Quellcode in Ihrem Python-System haben.

Für weitere Details zur Installation und Erstellung von Python sehen Sie auch in die *README*-Dateien in der C-Quellcode-Distribution, die Python-Website und andere Python-Publikationen wie *Programming Python*. Hinweise auf die zahlreichen Python-Distributionen finden sich auf den URLs, die in Anhang A angegeben sind.

Zusammenfassung

In diesem Kapitel haben wir die Möglichkeiten, Python-Programme zu starten, Grundlagen der Moduldateien und der Namensraum-Untersuchung und Details zur Konfiguration und Installation von Python erkundet. Wir hoffen, Sie haben nun ausreichend Informationen, um mit dem Python-Interpreter interaktiv loslegen zu können. In Kapitel 2 werden wir uns mit den einfachen Objekttypen in Python beschäftigen, bevor wir uns Anweisungen und größeren Programm-Komponenten zuwenden.

Übungen

Okay: Es ist Zeit, selbst ein wenig mit Codieren anzufangen. Diese Sitzung ist ziemlich simpel, aber einige der Fragen betreffen Themen, die in späteren Kapiteln wieder auftauchen. Zur Erinnerung: Schauen Sie für die Antworten in Anhang C, *Lösungen der Übungen*. Diese Antworten enthalten manchmal zusätzliche Informationen, die in den Kapiteln selbst nicht besprochen wurden. Mit anderen Worten: Sie sollten einen Blick darauf werfen, selbst wenn Sie es schaffen, alle Lösungen eigenständig herauszufinden.

1. *Interaktion*. Starten Sie die Befehlszeile, und geben Sie den Ausdruck `"Hallo Welt!"` (einschließlich der Anführungszeichen) ein. Der String sollte zu Ihnen als Echo zurückkommen. Das Ziel dieser Übung ist, Ihre Umgebung zum Ausführen von Python zu konfigurieren. Sie müssen eventuell den Pfad zum Python-Interpreter zu Ihrer `PATH`-Umgebungsvariable hinzufügen. Auf Unix-Systemen legen Sie ihn in Ihrer *.cshrc*- oder *.kshrc*-Datei fest, unter Windows in der *setup.bat*- oder *autoexec.bat*-Datei.
2. *Programme*. Schreiben Sie eine einfache Moduldatei mit dem Texteditor Ihrer Wahl – eine Datei, die die einzige Anweisung `print 'Hallo Modulwelt!'` enthält. Speichern Sie diese Anweisung in einer Datei namens *module1.py*. Nun führen Sie diese Datei aus, indem Sie sie auf der Kommandozeile der Shell dem Python-Interpreter-Programm übergeben.
3. *Module*. Als nächstes starten Sie die Kommandozeile von Python und importieren das Modul, das Sie in der vorherigen Übung geschrieben haben. Enthält Ihre `PYTHONPATH`-Einstellung das Verzeichnis, in dem die Datei gespeichert ist? Versuchen Sie, die Datei in ein anderes Verzeichnis zu verschieben, und importieren Sie sie wieder; was passiert? (Hinweis: Gibt es noch eine Datei mit dem Namen *module1.pyc* im Originalverzeichnis?)
4. *Skripten*. Wenn Ihre Plattform es unterstützt, ergänzen Sie die `#!`-Zeile am Anfang Ihres *module1.py*-Moduls, geben Sie der Datei Ausführbarkeit-Privilegien und starten Sie sie direkt als ein ausführbares Programm. Was muß die erste Zeile enthalten?
5. *Fehler*. Experimentieren Sie mit dem Eingeben von mathematischen Ausdrücken und Zuweisungen auf der Python-Befehlszeile. Geben Sie zunächst den Ausdruck `1 / 0` ein; was passiert? Als nächstes geben Sie einen Variablennamen ein, dem Sie noch keinen Wert zugeordnet haben; was passiert in diesem Fall? Sie werden es vielleicht noch nicht wissen, aber Sie praktizieren gerade Ausnahmenbehandlung, ein Thema, das wir in *Kapitel 7, Ausnahmen,* vertiefen werden. Wir werden auch Pythons Quell-Debugger `pdb` in *Kapitel 8, Eingebaute Werkzeuge,* sehen; wenn Sie nicht solange warten können, blättern Sie entweder zu diesem Kapitel vor oder sehen Sie in anderen Python-Dokumentationsquellen nach. Pythons voreingestellte Fehlermeldungen werden wahrscheinlich gerade soviel Fehlerbehandlung bieten, wie Sie anfangs benötigen.

6. *Unterbrechungen.* Geben Sie folgendes in die Python-Befehlszeile ein:

```
L = [1, 2]
L.append(L)
L
```

Was passiert? Wenn Sie eine ältere Python-Version als 1.5.1 haben, wird eine STRG-C-Tastenkombination wahrscheinlich auf den meisten Plattformen helfen. Was denken Sie, weshalb das passiert? Was gibt Python aus, wenn Sie STRG-C eingeben? *Warnung:* Falls Ihr Python älter als Ausgabe 1.5.1 ist, stellen Sie sicher, daß Ihr Rechner ein Programm mit irgendeiner Tastenkombination stoppen kann, bevor Sie diesen Test ausführen, oder Sie werden vielleicht sehr lange warten.

In diesem Kapitel:

- *Programmstruktur*
- *Warum eingebaute Typen benutzen?*
- *Zahlen*
- *Strings*
- *Listen*
- *Dictionaries*
- *Tupel*
- *Dateien*
- *Allgemeine Objekteigenschaften*
- *Eingebaute Typen-Gotchas*
- *Zusammenfassung*
- *Übungen*

2 Typen und Operatoren

Mit diesem Kapitel beginnt unsere Reise durch Python. Abstrakt gesehen, schreiben wir in Python Programme, die *Dinge mit Zeugs*[1] tun. Programme nehmen die Form von Anweisungen an, die wir später kennenlernen werden. Hier sind wir an dem *Zeug* interessiert, mit dem unsere Programme *Dinge* machen. Und in Python hat dieses *Zeug* immer die Form von *Objekten*. Dies können eingebaute Objektarten sein, die Python uns zur Verfügung stellt, oder Objekte, die wir selbst mit Python oder den C-Werkzeugen erstellen. Egal wie, in Python bearbeiten wir immer Objekte.

Natürlich gibt es bei der Python-Entwicklung mehr, als nur »*Dinge* mit *Zeug* zu machen«, aber da die Gegenstände der Python-Programme die elementarste Idee des Python-Programmierens darstellen, beginnen wir mit einem Überblick über die eingebauten Objekttypen von Python.

Programmstruktur

Lassen Sie uns zunächst im Sinne einer Einführung ein klares Bild davon bekommen, wie das, was wir in diesem Kapitel lernen, in das Gesamtbild von Python paßt. Konkreter: Python-Programme können in Module, Anweisungen und Objekte zerlegt werden:

1. Programme bestehen aus Modulen.
2. Module enthalten Anweisungen.
3. Anweisungen bilden und verarbeiten *Objekte*.

1 Entschuldigen Sie unsere Förmlichkeit, wir sind Computer-Wissenschaftler.

Warum eingebaute Typen benutzen?

Wenn Sie bereits mit Sprachen auf niedrigerem Niveau, wie C oder C++, gearbeitet haben, wissen Sie, daß sich ein Großteil Ihrer Arbeit darauf konzentriert, Objekte zu implementieren – was einige Leute *Datenstrukturen* nennen –, um die Komponenten im Bereich Ihrer Anwendung darzustellen. Sie müssen Speicherstrukturen anlegen, Speicher-Zuordnungen verwalten, Such- und Zugangsroutinen implementieren und so weiter. Diese lästigen Pflichten sind etwa so langweilig (und zu Fehlern neigend), wie sie sich anhören, und lenken meistens von den eigentlichen Zielen Ihres Programms ab.

In typischen Python-Programmen erübrigt sich das meiste dieser lästigen Arbeit. Weil Python über starke Objekttypen als wesentlichen Teil der Sprache verfügt, ist es nicht notwendig, erst Objekt-Implementierungen zu erstellen, bevor Sie damit beginnen können, Probleme zu lösen. Sie sind wirklich besser bedient, wenn Sie die eingebauten Objekte benutzen, anstatt Ihre eigenen zu implementieren – es sei denn, Sie haben Bedarf an spezieller Bearbeitung, die die eingebauten Typen nicht bieten. Hier sind einige Gründe dafür:

Eingebaute Objekte machen es einfach, simple Programme zu schreiben
: Für einfache Aufgaben sind eingebaute Typen oft alles, was Sie brauchen, um die Struktur von Problembereichen darzustellen. Weil Dinge wie Sammlungen (Listen) und Suchtabellen (Dictionaries) bereits zur Verfügung stehen, können Sie sie sofort benutzen. Sie können eine Menge Arbeit allein mit den eingebauten Objekttypen erledigen.

Python stellt Objekte zur Verfügung und unterstützt Erweiterungen
: In gewisser Weise borgt sich Python sowohl von Sprachen, die sich auf eingebaute Werkzeuge verlassen (z.B. LISP), als auch von solchen, die auf den Programmierer, der Werkzeug-Implementierungen liefert, oder auf ihre eigenen Grundgerüste (Frameworks) angewiesen sind (z.B. C++). Obwohl Sie einzigartige Objekttypen in Python implementieren können, sind diese jedoch nicht erforderlich, um überhaupt erst einmal anfangen zu können. Darüber hinaus sind Pythons eingebaute Typen immer gleich, weil sie standardisiert sind; Grundgerüste neigen dazu, unterschiedlich zu sein.

Eingebaute Objekte sind Komponenten von Erweiterungen
: Für komplexere Aufgaben müssen Sie vielleicht doch Ihre eigenen Objekte erstellen, wozu Sie Python-Anweisungen und C-Sprachen-Schnittstellen benutzen. Aber wie wir in späteren Kapiteln sehen werden, basieren manuell implementierte Objekte oft auf eingebauten Typen wie Listen und Dictionaries. Eine Stapel-Datenstruktur kann als eine Klasse implementiert werden, die eine eingebaute Liste verwaltet.

Eingebaute Objekte sind oft effizienter als gewöhnliche Datenstrukturen
Eingebaute Typen wenden bereits optimierte Datenstruktur-Algorithmen an, die wegen der Geschwindigkeit in C implementiert werden. Obwohl Sie selbst ähnliche Objekttypen schreiben können, werden Sie üblicherweise Mühe haben, den Leistungsgrad zu erreichen, den eingebaute Objekttypen haben.

Mit anderen Worten: Eingebaute Objekttypen machen nicht nur das Programmieren einfacher, sie sind auch stärker und effizienter als fast alles, was von Grund auf neu erstellt wird. Unabhängig davon, ob Sie neue Objekttypen implementieren oder nicht, bilden die eingebauten Objekttypen das Kernstück eines jeden Python-Programms.

Tabelle 2-1 gibt eine Vorschau auf die eingebauten Objekttypen in diesem Kapitel. Einige werden Ihnen wahrscheinlich bekannt vorkommen, wenn Sie schon mit anderen Sprachen gearbeitet haben (z.B. Zahlen, Strings und Dateien), aber andere sind allgemeingültiger und mächtiger, als Sie vielleicht gewohnt sind. Sie werden beispielsweise feststellen, daß Listen und Dictionaries einen Großteil der Arbeit, die Sie in Sprachen mit niedrigerem Niveau darauf verwenden, Sammlungen und Suchen zu unterstützen, überflüssig machen.

Tabelle 2-1: Eingebaute Objekte – Vorschau

Objekttypen	Beispiel Konstante/Verwendung
Zahlen	`3.1415, 1234, 999L, 3+4j`
Strings	`'spam', "guido's"`
Listen	`[1, [2, 'three'], 4]`
Dictionaries	`{'food':'spam', 'taste':'yum'}`
Tupel	`(1,'spam', 4, 'U')`
Dateien	`text = open('eggs', 'r').read()`

Zahlen

Kommen wir nun zur Sache. Der erste Objekttyp auf unserer Reise sind die Python-Zahlen. Im allgemeinen werden Ihnen Pythons Zahlentypen vertraut vorkommen, wenn Sie schon irgendeine andere Programmiersprache benutzt haben. Python unterstützt die üblichen numerischen Typen (ganze Zahlen und Gleitkomma-Zahlen), Konstanten und Ausdrücke. Zusätzlich bietet Python eine anspruchsvollere numerische Programmier-Unterstützung, inklusive eines komplexen Zahlen-Typs, eines Integers mit unbegrenzter Genauigkeit und einer Vielzahl von numerischen Werkzeug-Bibliotheken. Die nächsten Abschnitte geben einen Überblick über die numerische Unterstützung in Python.

Standardmäßige numerische Typen

Python unterstützt die üblichen Verdächtigen: sowohl Integer- als auch Gleitkomma-Zahlen und ihre gesamte assoziierte Syntax und Operationen. Wie C erlaubt Python, Integer zu schreiben, indem man hexadezimale und oktale Konstanten einsetzt. Anders als C hat Python aber auch einen komplexen Zahlen-Typ (eingeführt mit Python 1.4) und einen langen Integer-Typ mit unbegrenzter Genauigkeit (er kann sich auf so viele Ziffern vergrößern, wie es Ihre Speicherkapazität erlaubt). Tabelle 2-2 zeigt, wie die numerischen Typen von Python aussehen, wenn sie in einem Programm ausgeschrieben werden (d.h. als Konstante).

Tabelle 2-2: Numerische Konstanten

Konstante	Bedeutung
`1234, -24, 0`	Normale Integer (in C: longs)
`999999999999L`	Lange Integer (unbegrenzt)
`1.23, 3.14e-10, 4E210, 4.0e+210`	Gleitkomma-Zahl (in C: double)
`0177, 0x9ff`	Oktale und hexadezimale Konstanten
`3+4j, 3.0+4.0j, 3J`	Komplexe Zahlenkonstanten

Im großen und ganzen sind die numerischen Typen von Python einfach, aber ein paar sollen hier doch hervorgehoben werden:

Integer- und Gleitkomma-Konstanten

Integer sind als Folge dezimaler Ziffern geschrieben. Gleitkomma-Zahlen haben einen eingebetteten Dezimalpunkt und/oder einen optionalen markierten Exponenten, eingefügt durch ein `e` oder `E`. Wenn Sie eine Zahl mit einem Dezimalpunkt oder Exponenten schreiben, macht Python sie zu einem Gleitkomma-Objekt und benutzt Gleitkomma- (nicht Integer-) Mathematik, wenn sie in einem Ausdruck benutzt wird. Die Regeln zum Schreiben von Gleitkomma-Zahlen sind dieselben wie in C.

Numerische Präzision

Einfache Integer (Zeile 1) werden intern als C `longs` implementiert (d.h., es gibt mindestens 32 Bits), und Gleitkomma-Zahlen werden als C `doubles` implementiert. Python-Zahlen bekommen so viel Präzision, wie der C-Compiler, mit dem der Python-Interpreter erstellt wurde, den `longs` und `doubles` zugesteht. Andererseits wird eine Integer-Konstante, wenn sie mit `l` oder `L` endet, zu einem Long-Integer (nicht zu verwechseln mit einem `C long`) und kann so groß werden wie nötig.

Hexadezimale und oktale Konstanten

Die Regeln zum Schreiben von hexadezimalen (auf der Zahl 16 basierenden) und oktalen (auf der Zahl 8 basierenden) Integern sind dieselben wie in C: Oktale Konstanten beginnen mit einer führenden Null (`0`), und hexadezimale beginnen mit einem führenden `0x` oder `0X`. Beachten Sie, daß Sie dadurch keine normalen, auf der Zahl 10 basierenden Integer mit einer führenden Null (z.B. `01`) schreiben können. Python interpretiert sie als oktale Konstanten, die dann nicht so funktionieren, wie Sie es erwarten!

Komplexe Zahlen
: Komplexe Konstanten in Python werden als `real-part + imaginary-part` geschrieben und mit einem `j` oder `J` beendet. Intern werden sie als ein Paar Gleitkomma-Zahlen implementiert, aber alle numerischen Operationen führen komplexe Mathematik durch, wenn sie auf komplexe Zahlen angewendet werden.

Eingebaute Werkzeuge und Erweiterungen

Neben den eingebauten Zahlen-Typen, dargestellt in Tabelle 2-2, stellt Python eine Reihe von Werkzeugen zum Bearbeiten numerischer Objekte zur Verfügung:

Ausdrucksoperatoren
: `+`, `*`, `>>`, `**` usw.

Eingebaute mathematische Funktionen
: `pow`, `abs` usw.

Hilfsmodule
: `rand`, `math` usw.

Wir werden allen begegnen. Und schließlich, falls Sie anspruchsvolle Zahlenoperationen durchführen müssen, bietet eine optionale Erweiterung von Python, das *Numerische Python*, zusätzliche numerische Programmier-Werkzeuge, wie einen Matrix-Datentyp und ausgeklügelte Kalkulations-Bibliotheken. Weil es so anspruchsvoll ist, gehen wir in diesem Kapitel nicht weiter auf Numerisches Python ein; die Beispiele finden Sie später im Buch und in Anhang A, *Python-Ressourcen*. Beachten Sie auch, daß Numerisches Python, jedenfalls zur Zeit dieses Schreibens, eine optionale Erweiterung ist; es ist nicht in Python enthalten und muß separat installiert werden.

Ausdrucksoperatoren

Das vielleicht elementarste Werkzeug zum Bearbeiten von Zahlen ist der *Ausdruck*: eine Kombination aus Zahlen (oder anderen Objekten) und Operatoren, die einen Wert berechnet, wenn sie von Python ausgeführt wird. In Python werden Ausdrücke unter Verwendung der üblichen mathematischen Notationen und Operatoren-Symbole geschrieben. Zum Beispiel: Um die Zahlen `X` und `Y` zu addieren, sagen wir `X + Y`, dies weist wiederum Python an, den Operator `+` auf die Werte `X` und `Y` anzuwenden. Das Ergebnis dieses Ausdrucks ist die Summe von `X` und `Y`, ein weiteres Zahlen-Objekt.

In Tabelle 2-3 sind alle in Python verfügbaren Operatorenausdrücke aufgeführt. Viele sind selbsterklärend; z.B. werden die üblichen mathematischen Operatoren unterstützt: `+`, `-`, `*`, `/` usw. Einige werden Ihnen geläufig sein, wenn Sie bereits C benutzt haben: `%` berechnet einen Teilungsrest, `<<` führt eine bitweise Linksverschiebung durch, `&` berechnet ein bitweises and-Ergebnis usw. Andere sind mehr Python-spezifisch, und nicht alle sind numerischer Natur: Der is-Operator testet Objekt-Identitäts-(d.h. Adressen-) Gleichheit, lambda bildet unbenannte Funktionen usw.

Tabelle 2-3: Ausdrucksoperatoren und Vorrang

Operator	Beschreibung
`x or y`, `lambda args: expression`	Logisches oder (y wird nur ausgewertet, wenn x falsch ist), anonyme Funktion
`x and y`	Logisches und (y wird nur ausgewertet, wenn x wahr ist)
`not x`	Logische Negation
`<, <=, >, >=, ==, <>, !=`, `is, is not`, `in, not in`	Vergleichsoperatoren, Identitätstests, in Sequenz enthalten
`x | y`	Bitweises oder
`x ^ y`	Bitweises entweder oder
`x & y`	Bitweises und
`x << y, x >> y`	Verschiebe x nach links oder rechts um y Bits
`x + y, x - y`	Addition/Verkettung, Subtraktion
`x * y, x / y, x % y`	Multiplikation/Wiederholung, Division, Rest/Format
`-x, +x, ~x`	Negation, Identität, bitweises Komplement
`x[i], x[i:j], x.y, x(...)`	Indizieren, Teilbereich, Qualifikation, Funktionsaufruf
`(...), [...], {...}, ` `` `...` ``	Tupel, Liste, Dictionary, Konversion zum String

Tabelle 2-3 ist vornehmlich als Referenz gedacht; da wir alle in ihr enthaltenen Operatoren später in Aktion sehen werden, werden wir hier nicht jeden Eintrag beschreiben. Aber es gibt einige grundlegende Punkte, die wir über Ausdrücke klarstellen möchten, bevor wir fortfahren.

Gemischte Operatoren: Operatoren im unteren Teil der Tabelle binden stärker

Wie in den meisten Sprachen werden komplexere Ausdrücke codiert, indem man Ausdrucksoperatoren der Tabelle aneinanderreiht. Zum Beispiel kann die Summe zweier Multiplikationen als `A * B + C * D` geschrieben werden. Wie soll Python nun wissen, welcher Operator zuerst ausgeführt werden soll? Wenn Sie einen Ausdruck mit mehr als einem Operator schreiben, gruppiert Python seine Bestandteile nach dem, was wir *Vorrangs-Regeln* nennen, und diese Gruppierung bestimmt die Reihenfolge, in der Bestandteile von Ausdrücken berechnet werden. In der Tabelle haben die Operatoren weiter unten höheren Vorrang und binden daher in gemischten Ausdrücken fester. Wenn Sie zum Beispiel `X + Y * Z` eingeben, bewertet Python zuerst die Multiplikation (`Y * Z`) und addiert danach das Ergebnis zu `X`, weil `*` Vorrang vor `+` hat (`*` steht weiter unten in der Tabelle).

Klammern gruppieren Teilausdrücke

Falls der vorige Absatz verwirrend erschien, entspannen Sie sich: Sie können Vorrangsregeln komplett vergessen, wenn Sie die Bestandteile von Ausdrücken sorgfältig mit Klammern gruppieren. Wenn Sie Teilausdrücke in Klammern setzen, überschreiben Sie Pythons Vorrangsregeln. Python berechnet umklammerte Ausdrücke immer zuerst und benutzt dann deren Ergebnisse in dem umschließenden Ausdruck. Zum Beispiel: Schreiben Sie `(X + Y) * Z` statt `X + Y * Z` oder für diesen Zweck `X + (Y * Z)`, um Python zu zwingen, den Ausdruck in der gewünschten Reihenfolge zu bearbeiten. Im ersten Beispiel wird + zuerst auf `X` und `Y` angewendet; im letzten Beipiel wird das `*` zuerst ausgeführt (als ob keine Klammern da wären). Im allgemeinen ist es eine gute Idee, in langen Ausdrücken Klammern anzuwenden; es erzwingt nicht nur die von Ihnen gewünschte Bearbeitungs-Reihenfolge, es unterstützt auch die Lesbarkeit.

Gemischte Typen: Hochkonvertiert wie in C

Außer Operatoren in Ausdrücken können Sie auch numerische Typen mischen. Zum Beispiel können Sie ein Integer zu einer Gleitkommazahl addieren, was allerdings zu einem anderen Dilemma führt: Was für ein Typ ist das Ergebnis – Integer oder Gleitkommazahl? Die Antwort ist einfach, besonders wenn Sie schon fast jede andere Sprache kennen: In Ausdrücken mit gemischten Typen konvertiert Python zunächst Operanden zu dem Typ des komplexesten Operanden hoch und rechnet dann mit Operanden desselben Typs. Python bewertet die Komplexität numerischer Typen so: Integer sind simpler als lange Integer, die wiederum simpler sind als Gleitkommazahlen, die simpler als komplexe Zahlen sind. Wenn also ein Integer mit einer Gleitkommazahl gemischt ist, wird zuerst der Integer zu einer Gleitkommazahl hochkonvertiert, und die Gleitkommazahl-Berechnung ergibt dann das Gleitkommazahl-Ergebnis. Analog wird in jedem gemischten Ausdruck, in dem ein Operand eine komplexe Zahl ist, der andere Operand in eine komplexe Zahl hochkonvertiert, was wiederum ein Ergebnis als komplexe Zahl hervorbringt.

Vorschau: Operator-Überladung

Obwohl wir uns gerade auf eingebaute Zahlen konzentrieren, behalten Sie im Hinterkopf, daß alle Python-Operatoren durch Python-Klassen und C-Erweiterungen überladen werden können, um mit Objekten zu arbeiten, die Sie selbst implementieren. Sie werden beispielsweise später sehen, daß durch Klassen codierte Objekte mit +-Ausdrücken hinzugefügt, mit `[i]`-Ausdrücken indiziert werden können usw. Darüber hinaus sind einige Operatoren bereits durch Python selbst überladen; sie führen verschiedene Aktionen durch, je nach Typ der eingebauten Objekte, die bearbeitet werden. Zum Beispiel führt der +-Operator *Addition* aus, wenn er auf Zahlen angewendet wird, aber (wie wir gleich sehen werden) *Verkettung*, wenn er auf Sequenz-Objekte wie Strings und Listen angewendet wird.[2]

2 Dies wird üblicherweise *Polymorphismus* genannt – die Bedeutung einer Operation ist abhängig von der Art des Objekts, auf das sie angewendet wird. Aber wir sind, was objektorientierte Ideen wie diese angeht, noch nicht ganz so weit, also behalten Sie vorerst nur diesen Gedanken.

Zahlen in Aktion

Vielleicht ist der beste Weg, numerische Objekte und Ausdrücke zu verstehen, sie in Aktion zu sehen. Nehmen wir die interaktive Befehlszeile und geben einige grundlegende, anschauliche Befehle ein.

Basis-Operationen

Lassen Sie uns als erstes ein wenig Elementarmathematik üben: Addition und Division. In der folgenden Interaktion *weisen* wir zunächst *zwei Variablen* (`a` und `b`) Integer zu, so daß wir sie später in einem längeren Ausdruck benutzen können. Wir werden dazu später mehr sagen, aber in Python werden Variablen gebildet, wenn sie zum erstenmal zugewiesen werden; es besteht keine Notwendigkeit, die Namen `a` und `b` zu definieren, bevor man sie benutzt. Mit anderen Worten: Durch die Zuweisungen werden diese Variablen automatisch existent.

```
% python
>>> a = 3              # Name erzeugt
>>> b = 4
```

Wir haben hier auch einen *Kommentar* benutzt. Kommentare wurden in Kapitel 1, *Einführung*, vorgestellt, aber zur Auffrischung: In Python-Code wird Text nach einem #-Zeichen bis zum Zeilenende als Kommentar betrachtet, den der Python-Interpreter ignoriert. (An dieser Stelle können Sie für Anwender Notizen zu Ihrem Code machen. Da interaktiv geschriebener Code temporär ist, würden Sie hier aber normalerweise keine Kommentare schreiben, wir haben sie unserem Beispiel nur zur Beschreibung des Codes beigefügt.) Lassen Sie uns nun unsere Integer-Objekte in Ausdrücken benutzen; Variablen werden durch ihre Werte ersetzt und die Ausdrucksergebnisse werden uns zurückgegeben:

```
>>> b / 2 + a          # dasselbe wie ((4 / 2) + 3)
5
>>> b / (2.0 + a)      # dasselbe wie (4 / (2.0 + 3))
0.8
```

Im ersten Ausdruck befinden sich keine Klammern, so daß Python die Komponenten automatisch entsprechend der Vorrangsregeln gruppiert. Da `/` in der Tabelle 2-3 weiter unten steht als `+`, bindet es stärker und wird zuerst bearbeitet. Das Ergebnis ist so, als hätten wir den Ausdruck, wie im Kommentar rechts vom Code gezeigt, eingeklammert. Beachten Sie auch, daß alle Zahlen im ersten Ausdruck Integer sind und Python daher Integer-Division und -Addition durchführt.

Im zweiten Ausdruck setzen wir den `+`-Teil in Klammern, um Python zu veranlassen, ihn zuerst (d.h. vor dem `/`) zu berechnen. Zusätzlich haben wir einen der Operanden zu einer Gleitkommazahl gemacht, indem wir einen Dezimalpunkt hinzugefügt haben: `2.0`. Aufgrund dieses gemischten Typs wandelt Python den durch `a` dargestellten Integer zu einem Gleitkomma-Wert (`3.0`) um, bevor `+` ausgeführt wird. Ebenso wird `b` zu einem Gleitkomma-Wert (`4.0`) hochkonvertiert und dann eine *Gleitkommazahl-Division* durchgeführt: `(4.0 / 5.0)` resultiert in einem Gleitkommazahl-Ergebnis von `0.8`. Wäre dies eine Integer-Division, wäre das Ergebnis eine abgeschnittene Integer-Null.

Bitweise Operationen

Neben den normalen numerischen Operationen (Addition, Subtraktion usw.) unterstützt Python die meisten der in der C-Sprache verfügbaren numerischen Ausdrücke. Hier zum Beispiel eine bitweise Verschiebung und eine Boolesche Operation:

```
>>> x = 1          # 0001
>>> x << 2         # verschiebe nach links um 2 Bits: 0100
4
>>> x | 2          # bitweises ODER: 0011
3
>>> x & 1          # bitweises UND: 0001
1
```

Im ersten Ausdruck wird eine binäre 1 (zur Basis 2, `0001`) um zwei Stellen nach links verschoben, um eine binäre 4 zu kreieren (`0100`). Die letzten beiden Operationen führen ein binäres `oder` (`0001 | 0010 = 0011`) und ein binäres `und` durch (`0001 & 0001 = 0001`). Wir werden hier nicht viel mehr auf die Details der Bit-Spielereien eingehen. Es wird unterstützt, falls Sie es benötigen, aber seien Sie sich bewußt, daß es in einer Hochsprache wie Python oftmals nicht so wichtig ist wie in einer Primitivsprache wie C. Als Faustregel gilt: Wenn Sie feststellen, daß Sie gerne Bits in Python vertauschen möchten, sollten Sie lange und gründlich darüber nachdenken, welche Sprache Sie eigentlich benutzen. Im allgemeinen gibt es in Python oft bessere Wege, Informationen zu codieren, als Bit-Strings.[3]

Lange Integer

Nun zu etwas Exotischerem: Hier zeigen wir Ihnen lange Integer in Aktion. Wenn eine Integer-Konstante mit einem `L` (oder kleinem `l`) endet, bildet Python einen langen Integer, der willkürlich lang sein kann:

```
>>> 9999999999999999999999999999 + 1
OverflowError: integer literal too large
>>> 9999999999999999999999999999L + 1
10000000000000000000000000000L
```

Hier schlägt der erste Ausdruck fehl und erzeugt einen Fehler, weil normale Integer sich so einer großen Zahl nicht anpassen können. Andererseits funktioniert der zweite Ausdruck wunderbar, weil wir Python angewiesen haben, ein langes Integer-Objekt zu erzeugen.

Lange Integer sind ein praktisches Werkzeug. Sie können sie benutzen, um die nationalen Schulden in Pfennigen zu zählen, wenn Sie dazu Lust haben. Aber weil Python Extraarbeit leisten muß, um ihre erweiterte Präzision zu unterstützen, ist Langzahl-Arithmetik üblicherweise viel langsamer als normale Integer-Arithmetik. Falls Sie die Präzision benötigen, so ist sie eingebaut und für Sie verfügbar. Aber wie üblich gibt es nichts umsonst.

3 Üblicherweise. Wie bei jeder Regel gibt es auch hier Ausnahmen. Zum Beispiel: Wenn Sie eine Schnittstelle mit C-Bibliotheken haben, die Bit-Strings erwarten, helfen auch unsere Gebete nicht.

Komplexe Zahlen

Komplexe Zahlen wurden Python erst kürzlich hinzugefügt. Falls Sie wissen, was sie sind, wissen Sie auch, weshalb sie nützlich sind; falls nicht, ist es Ihnen freigestellt, diesen Abschnitt zu lesen.[4] Komplexe Zahlen werden als zwei Gleitkommazahlen dargestellt – die *realen* und die *imaginären* Teile – und werden durch Hinzufügen eines `j`-oder `J`- Suffix an den imaginären Teil gebildet. Man kann auch komplexe Zahlen mit einem Realteil ungleich null schreiben, indem man die beiden Teile mit einem `+` verbindet. Zum Beispiel wird die komplexe Zahl mit dem Realteil `2` und dem Imaginärteil `-3` als `2 + -3j` geschrieben. Einige Beispiele von komplexer Mathematik in Aktion:

```
>>> 1j * 1J
(-1+0j)
>>> 2 + 1j * 3
(2+3j)
>>> (2+1j)*3
(6+3j)
```

Komplexe Zahlen erlauben uns auch, ihre Teile als Attribute zu extrahieren, aber da komplexe Mathematik ein anspruchvolles Werkzeug ist, schlagen Sie weitere Details bitte in der Python-Sprachreferenz nach.

Andere numerische Werkzeuge

Wie weiter oben bereits erwähnt, stellt Python sowohl eingebaute Funktionen als auch eingebaute Module für die numerische Verarbeitung zur Verfügung. Hier sind das eingebaute Modul `math` und einige eingebaute Funktionen dargestellt; wir werden weiteren eingebauten Werkzeugen in Kapitel 8 begegnen.

```
>>> import math
>>> math.pi
3.14159265359
>>>
>>> abs(-42), 2**4, pow(2, 4)
(42, 16, 16)
```

Beachten Sie, daß eingebaute Module wie `math` importiert und qualifiziert werden müssen, aber eingebaute Funktionen wie `abs` ohne Importe immer verfügbar sind. Tatsächlich sind Module externe Komponenten, aber eingebaute Funktionen befinden sich in einem impliziten Namensraum, den Python absucht, um in Ihrem Programm benutzte Namen zu finden. Dieser Namensraum korrespondiert mit dem Modul, das `__builtin__` genannt wird. Wir sprechen in Kapitel 4, *Funktionen*, über Namens-Auflösungen; zunächst gilt: Denken Sie an »Importieren«, wenn wir »Modul« sagen.

4 Einer unserer Autoren ist immer schnell dabei zu betonen, daß er nie in seiner etwa 15jährigen Tätigkeit als Entwickler komplexe Zahlen benötigt hätte. Der andere Autor hatte nicht soviel Glück.

Strings

Der nächste wichtige eingebaute Typ ist der *String* – eine geordnete Sammlung von Zeichen, die benutzt wird, um auf Text basierende Informationen zu speichern und darzustellen. Aus funktionaler Sicht können Strings benutzt werden, um ungefähr alles, was als Text codiert werden kann, darzustellen: Symbole und Worte (z.B. Ihren Namen), den Inhalt einer Textdatei, die in den Speicher geladen wurde, usw.

Möglicherweise haben Sie Strings auch schon in anderen Sprachen benutzt. Pythons Strings haben dieselbe Funktion wie Zeichenfelder in Sprachen wie C, aber die Strings sind ein Werkzeug höheren Niveaus. Anders als bei C gibt es keinen `char`-Typ in Python, nur Ein-Zeichen-Strings. Und strenggenommen sind die Python-Strings als *unveränderliche Sequenzen* kategorisiert – große Worte, die einfach nur bedeuten, daß sie auf allgemeine Sequenzoperationen reagieren, aber nicht an Ort und Stelle verändert werden können. Tatsächlich sind Strings Vertreter der größeren Klasse von Objekten, die Sequenzen genannt werden. Wir werden gleich erläutern, was das bedeutet, aber achten Sie auf die hier vorgestellten Operationen, weil sie bei Typen, die wir später sehen werden, genauso funktionieren.

In Tabelle 2-4 werden geläufige String-Konstanten und -Operationen vorgestellt. Strings unterstützen Ausdrucks-Operationen wie *Verkettung* (Kombinieren von Strings), *Slicing* (Ausschneiden von Abschnitten), *Indizierung* (Auswahl nach Position) usw. Python liefert auch eine Reihe von Hilfsmodulen zur Bearbeitung importierter Strings. Das `string`-Modul beispielsweise exportiert die meisten der String-Verarbeitungswerkzeuge der C-Standardbibliothek, und die `regex`- und `re`-Module ergänzen Mustererkennung auf Strings (was alles in Kapitel 8 erläutert wird).

Tabelle 2-4: Häufige String-Konstanten und -Operationen

Operation	Bedeutung
`s1 = ''`	Leerer String
`s2 = "spam's"`	Doppelte Anführungszeichen
`Block = """..."""`	Dreifach quotierte Blöcke
`s1 + s2,` `s2 * 3`	Verkettung, Wiederholung

`s2[i],`
`s2[i:j],`
`len(s2)`
	Index,
	Slice,
	Länge

`"a %s parrot" % 'dead'`	String-Formatierung
`for x in s2,` `'m' in s2`	Iteration, Element-Test

Leere Strings werden als zwei Anführungszeichen ohne Inhalt geschrieben. Beachten Sie, daß String-Konstanten in einfachen oder in doppelten Anführungszeichen geschrieben werden können. Die beiden Arten funktionieren gleich, aber beide zu haben ermöglicht es, ein Anführungzeichen innerhalb eines Strings zu schreiben, ohne es durch einen Backslash zu markieren (später mehr zum Backslash). In der dritten Zeile der Tabelle wird auch die dreifach quotierte Form aufgeführt. Wenn Strings in drei Anführungszeichen eingeschlossen sind, können sie eine beliebige Anzahl von Zeilen umfassen. Python faßt alle dreifach quotierten Textblöcke in einem mehrzeiligen String mit eingebetteten Newline-Zeichen zusammen.

Strings in Aktion

Bevor wir gleich auf zu viele Details eingehen, lassen Sie uns lieber mit dem Python-Interpreter arbeiten, um die Operationen in Tabelle 2-4 zu illustrieren.

Grundlegende Operationen

Strings können mit dem +-Operator verkettet und mit dem *-Operator wiederholt werden. Formal bildet die Addition zweier String-Objekte ein neues String-Objekt mit dem Inhalt ihrer vereinigten Operanden; Wiederholung ist in etwa die mehrfache Addition eines Strings zu sich selbst. In beiden Fällen erlaubt Python es, Strings von willkürlicher Größe zu bilden; in Python ist es grundsätzlich nicht notwendig, etwas vorher zu deklarieren, inklusive der Größe von Datenstrukturen.[5] Python verfügt auch über eine eingebaute Funktion `len`, die die Länge von Strings (und anderer langer Objekte) wiedergibt:

```
% python
>>> len('abc')          # Länge: Anzahl der Einträge
3
>>> 'abc' + 'def'       # Verkettung: ein neues String-Objekt
'abcdef'
>>> 'Ni!' * 4           # Wie "Ni!" + "Ni!" + ...
'Ni!Ni!Ni!Ni!'
```

Beachten Sie, daß wir hier bereits eine Operatoren-Überladung haben: Wir benutzen dieselben Operatoren, die Addition und Multiplikation genannt wurden, als wir uns mit Zahlen beschäftigt haben. Python kann die korrekte Operation ausführen, weil es die Typen der Objekte, die addiert und multipliziert werden, kennt. Aber Vorsicht, Python erlaubt es nicht, Zahlen und Strings in +- und *-Ausdrücken zu mischen: `'abc' + 9` erzeugt einen Fehler, statt die 9 automatisch in einen String zu konvertieren. Wie in der letzten Zeile von Tabelle 2-4 gezeigt, können Sie über Strings auch in Schleifen *iterieren*, indem Sie `for`-Anweisungen und Element-Test mit dem `in`-Operator benutzen:

5 Anders als bei C-Datenfeldern brauchen Sie keine Speicherfelder zuzuordnen oder zu verwalten, wenn Sie Python-Strings benutzen. Bilden Sie einfach nach Bedarf String-Objekte, und lassen Sie den zugrundeliegenden Speicherplatz von Python verwalten. Intern gewinnt Python unbenutzten Objektspeicherplatz automatisch zurück, indem es eine *Speicherbereinigungs*-Strategie mit Verweiszählung (Reference-Counting) benutzt. Jedes Objekt verfolgt die Anzahl der Namen, Datenstrukturen etc., die sich auf es beziehen; geht die Anzahl gegen null, macht Python den Platz des Objekts frei. Dieses Schema bedeutet, daß Python nicht stoppen und den ganzen Speicher absuchen muß, um freien Platz zu finden; es bedeutet auch, daß Objekte, die sich auf sich selbst beziehen, nicht automatisch eingesammelt werden können.

```
>>> myjob = "hacker"
>>> for c in myjob: print c,        # Durchlaufe elementweise
...
h a c k e r
>>> "k" in myjob                    # 1 bedeutet wahr
1
```

Aber da Sie etwas über Anweisungen und die Bedeutung von Wahrheit in Python wissen müssen, um `for` und `in` wirklich zu verstehen, lassen Sie uns Details zu diesen Beispielen auf später verschieben.

Indizierung und Slicing

Weil Strings als eine geordnete Sammlung von Zeichen definiert sind, können wir auf ihre Komponenten über die Position zugreifen. In Python werden Zeichen in einem String durch *Indizierung* abgerufen – das Bereitstellen des numerischen Versatzes (*Offset, Position*) der gewünschten Komponenten in eckigen Klammern hinter dem String. Wie in C beginnen Offsets in Python bei null und enden bei eins weniger als der Länge des Strings. Anders als C erlaubt es Python, Elemente von Sequenzen wie Strings unter Benutzung von negativen Offsets zu holen. Technisch gesehen, werden negative Offsets zu der Länge des Strings addiert, um eine positive Position herzuleiten. Aber Sie können sich negative Offsets auch als vom Ende aus (oder rechts, wenn Ihnen das lieber ist) gezählt vorstellen.

```
>>> S = 'spam'
>>> S[0], S[-2]                # Indizieren von vorn oder hinten
('s', 'a')
>>> S[1:3], S[1:], S[:-1]      # Slicing: extrahiere Teilbereich
('pa', 'pam', 'spa')
```

In der ersten Zeile definieren wir unseren 4-Zeichen-String und geben ihm den Namen S. Dann indizieren wir ihn auf zwei Arten: `S[0]` holt den Gegenstand an Position 0 von links (den Ein-Zeichen String `'s'`), und `S[-2]` holt das Element an Offset 2 vom Ende aus (oder äquivalent: an Offset (4 + -2) vom Anfang). Positionen und Slices bilden sich auf Speicherzellen ab, wie in Abbildung 2-1 gezeigt.

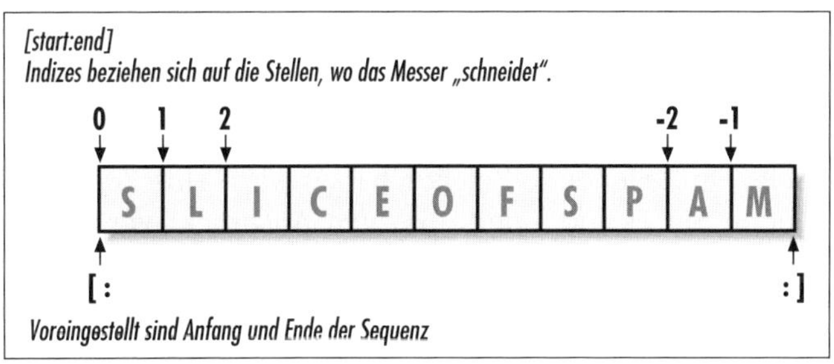

Abbildung 2-1: Anwendung von Offsets und Slices

Die letzte Zeile in unserem Beispiel ist unser erster Blick auf Slicing. Wenn wir ein Sequenz-Objekt wie einen String mit einem Paar von Offsets indizieren, gibt Python ein neues Objekt zurück, das den durch das Offset-Paar identifizierten, zusammenhängenden Abschnitt enthält. Das linke Offset wird als untere Grenze genommen und das rechte als obere Grenze. Python holt alle Elemente von der unteren Grenze bis zur oberen Grenze (ausschließlich) und liefert ein neues Objekt zurück, das die »eingesammelten« Teile enthält.

Anwendung: Slices

Überall in diesem Teil des Buches haben wir Einschübe wie diesen eingefügt, um Ihnen einen Eindruck zu vermitteln, wie einige der bisher vorgestellten Merkmale der Sprache üblicherweise in richtigen Programmen angewendet werden. Da wir nicht viel von der realen Anwendung zeigen können, bevor Sie nicht den größten Teil des Python-Bildes gesehen haben, enthalten diese Einschübe notwendigerweise viele Referenzen zu Themen, die wir noch nicht behandelt haben. Sie sollten sie vornehmlich als Ausblick auf Wege verstehen, um diese abstrakten Sprachkonzepte für allgemeine Programmier-Aufgaben zu nutzen.

Beispielsweise werden Sie später sehen, daß die Parameter, die in einer Befehlszeile für den Programmstart angegeben sind, im `argv`-Attribut des eingebauten `sys`-Moduls verfügbar gemacht werden:

```
% cat echo.py
import sys
print sys.argv

% python echo.py -a -b -c
['echo.py', '-a', '-b', '-c']
```

Üblicherweise sind wir nur daran interessiert, die Argumente hinter dem Programmnamen zu untersuchen. Dies führt zu einer sehr typischen Anwendung von Slices: Ein einzelner Slice-Ausdruck kann alle Elemente (bis auf das erste) einer Liste entfernen. In unserem Fall gibt `sys.argv[1:]` die gewünschte Liste `['-a', '-b', '-c']` zurück. Sie können dann weiterarbeiten, ohne den Programmnamen am Anfang berücksichtigen zu müssen.

Slices werden auch häufig benutzt, um Zeilen von Eingabedateien zu bereinigen. Wenn Sie wissen, daß eine Zeile ein Zeilenende-Zeichen haben wird (eine Zeilenende-Markierung `'\n'`), können Sie es mit einem einzigen Ausdruck wie `line [:-1]`, der alle bis auf das letzte Zeichen der Zeile extrahiert (die untere Grenze ist mit 0 vorgegeben), loswerden. In beiden Fällen erfüllen die Slices eine logische Aufgabe, die in einer primitiveren Sprache explizit angegeben werden müßte.

Zum Beispiel: `S[1:3]` extrahiert Elemente an Position 1 und 2, `S[1:]` bekommt alle Elemente hinter dem ersten (die obere Grenze ist entsprechend der Länge des Strings vorgegeben), und `S[:-1]` erhält alle außer dem letzten Element (die untere Grenz ist mit null vorgegeben). Das mag sich auf den ersten Blick verwirrend anhören, aber Indizierung und Slicing sind einfach und effizient zu benutzen, wenn Sie es einmal verstanden haben. Nachfolgend eine Zusammenfassung der Details und denken Sie daran: Wenn Sie sich unsicher sind, was Slice bedeutet, probieren Sie es interaktiv aus.

Indizieren (`S[i]`):

- Holt Komponenten von Positionen (erste Position ist null)
- Negative Indizes zählen vom Ende her (addiert zur positiven Länge)
- `S[0]` holt das erste Element
- `S[-2]` holt das vorletzte Element (es ist dasselbe wie `S[len(S) - 2]`)

Slicing (`S[i:j]`):

- Extrahiert zusammenhängende Abschnitte von Sequenzen
- Slice-Grenzen sind mit null und der Länge der Sequenz vorgegeben
- `S[1:3]` geht von Index 1 bis 3 (ausschließlich)
- `S[1:]` geht von Index 1 bis zum Ende (Länge)
- `S[:-1]` holt alles von Index 0 bis zum letzten Element (ausschließlich)

Später in diesem Kapitel werden wir sehen, daß die Syntax zum Indizieren nach Offsets (die eckigen Klammern) auch benutzt wird, um Dictionaries nach *Schlüsseln* zu indizieren. Die Operationen sehen gleich aus, haben aber unterschiedliche Bedeutungen.

Ändern und Formatieren

Erinnern Sie sich an diese großen Worte – unveränderliche Sequenz? Der unveränderliche Teil bedeutet, daß Sie einen String nicht an Ort und Stelle verändern können (z.B. durch Zuweisung über einen Index). Wie verändern wir also Text-Informationen in Python? Um einen String zu verändern, brauchen wir nur unter Verwendung von Werkzeugen wie Verkettung und Slicing einen neuen String zu bilden und zuzuweisen:

```
>>> S = 'spam'
>>> S[0] = "x"
Erzeugt einen Fehler!
>>> S = S + 'Spam!'        # Um einen String zu ändern, erzeuge einen neuen
>>> S
'spamSpam!'
>>> S = S[:4] + 'Burger' + S[-1]
>>> S
'spamBurger!'
>>> 'That is %d %s bird!' % (1, 'dead')      # wie C's sprintf
That is 1 dead bird!
```

Python überlädt ebenso den `%`-Operator, um ihn auf Strings arbeiten zu lassen (bedeutet Divisionsrest bei Zahlen). Bei Strings erfüllt er dieselbe Rolle wie die `sprintf`-Funktion von C: Er liefert einen einfachen Weg, Strings zu formatieren. Damit es funktioniert, geben Sie einfach einen Format-String auf der linken Seite (mit eingebetteten Konversions-Zielen – z.B. `%d`), zusammen mit einem Objekt (oder Objekten) auf der Rechten, das Sie von Python in den linken String eingefügt haben möchten, an die Konversions-Ziele. Zum Beispiel ist in der letzten Zeile oben der Integer 1 an der Stelle in den String eingefügt, wo `%d` auftaucht, und der String `'dead'` ist bei `%s` eingefügt.

String-Formatierung ist so wichtig, daß sie noch einige Beispiele verdient:

```
>>> exclamation = "Ni"
>>> "The knights who say %s!" % exclamation
'The knights who say Ni!'
>>> "%d %s %d you" % (1, 'spam', 4)
'1 spam 4 you'
>>> "%s -- %s -- %s" % (42, 3.14159, [1, 2, 3])
'42 -- 3.14159 -- [1, 2, 3]'
```

Im ersten Beispiel stecken Sie den String `"Ni"` in das Ziel auf der linken Seite, wo er den `%s`-Marker ersetzt. Im zweiten fügen Sie drei Werte in den Ziel-String ein. Wenn mehr als ein Wert eingefügt wird, müssen Sie die Werte auf der Rechten in Klammern setzen (wie wir gleich sehen, bedeutet das, daß sie in ein *Tupel* gepackt werden).

Der `%`-Operator gibt immer einen neuen String als Ergebnis wieder, den Sie ausgeben können oder auch nicht. Er unterstützt auch alle üblichen `printf`-Formatcodes aus C. Tabelle 2-5 zeigt die gebräuchlicheren Formatierungscodes. Ein spezieller Fall, den man sich merken sollte, ist, daß `%s` *jedes* Objekt zu seiner String-Darstellung konvertiert, so daß dies oft der einzige Konversionscode ist, den Sie sich zu merken brauchen. So konvertiert die letzte Zeile im vorigen Beispiel Integer, Gleitkommazahlen und Listen-Objekte zu Strings, indem `%s` angewendet wird (Listen sind als nächstes dran). Formatierung erlaubt es auch, ein Werte-Dictionary auf der rechten Seite zu haben, aber da wir Ihnen noch nicht erklärt haben, was Dictionaries sind, werden wir diese kleine Ausschweifung hier beenden.

Tabelle 2-5: Code zur String-Formatierung

%s	String (oder jegliches Druckformat des Objekts)	%X	Hexadezimale Integer (Großbuchstaben)
%c	Zeichen	%e	Gleitkomma-Format 1[a]
%d	Dezimal (int)	%E	Gleitkomma-Format 2
%i	Integer	%f	Gleitkomma-Format 3
%u	ohne Vorzeichen[b] (int)	%g	Gleitkomma-Format 4
%o	Oktale Integer	%G	Gleitkomma-Format 5
%x	Hexadezimale Integer	%%	Zeichen %

a. Die Gleitkomma-Codes produzieren alternative Darstellungen für Gleitkomma-Zahlen. Siehe auch die `printf`-Dokumentation; besser noch: Probieren Sie diese Formate in Pythons interaktivem Interpreter aus, um zu sehen, wie alternative Gleitkomma-Formate aussehen (z.B. `"%e %f %g" % (1.1, 2.2, 3.3)`).
b. Das »u« stammt von »unsigned integer«

Allgemeine String-Werkzeuge

Wie bereits erwähnt, stellt Python Hilfsmodule zum Bearbeiten von Strings zur Verfügung. Das string-Modul ist vielleicht das gebräuchlichste und nützlichste. Es enthält Werkzeuge, um Groß-/Kleinschreibung zu konvertieren, Strings nach Teil-Strings zu durchsuchen, Strings in Zahlen umzuwandeln und vieles mehr (das Python-Bibliotheks-Referenzhandbuch enthält eine lange Liste von String-Werkzeugen).

```
>>> import string                # Standard-Hilfsmodul
>>> S = "spammify"
>>> string.upper(S)              # In Großbuchstaben umwandeln
'SPAMMIFY'
>>> string.find(S, "mm")         # Index eines Teil-Strings
3
>>> string.atoi("42"), `42`      # Von/zu einem String konvertieren
(42, '42')
>>> string.join(string.split(S, "mm"), "XX")
'spaXXify'
```

Das letzte Beispiel ist komplexer, und wir werden eine ausführlichere Beschreibung auf später verschieben. Aber die Kurzversion ist, daß die split-Funktion einen String in eine Reihe von Substrings um ein eingeführtes Begrenzungszeichen oder Leerzeichen aufspaltet; join fügt sie, mit einem eingeführten Begrenzungszeichen oder Leerzeichen dazwischen, wieder zusammen. Das mag wie ein Umweg wirken, um "mm" durch "XX" zu ersetzen, aber es ist lediglich eine Möglichkeit, willkürliche globale Substring-Ersetzungen vorzunehmen. Wir werden diese und andere anspruchsvollere Textverarbeitungs-Werkzeuge später erläutern.

Übrigens, beachten Sie die vorletzte Zeile des vorigen Beispiels: Die atoi-Funktion konvertiert einen String in eine Zahl, und Backquotes (rückwärtige Anführungszeichen) um irgendein Objekt herum konvertieren das Objekt zu seiner String-Darstellung (hier konvertiert `42` eine Zahl zu einem String). Erinnern Sie sich daran, daß man Strings und Zahlen-Typen um Operatoren wie + nicht mischen kann, aber Sie können vor dieser Operation eine manuelle Umwandlung durchführen, wenn erforderlich:

```
>>> "spam" + 42
Gibt einen Fehler aus
>>> "spam" + `42`
'spam42'
>>> string.atoi("42") + 1
43
```

Später begegnen wir einer eingebauten Funktion, die eval heißt und Strings in *jede* Art von Objekt konvertiert. string.atoi und seine Verwandten konvertieren nur zu Zahlen, aber diese Einschränkung bedeutet auch, daß sie üblicherweise schneller sind.

Varianten von String-Konstanten

Schließlich möchten wir Ihnen einige Möglichkeiten zeigen, String-Konstanten zu schreiben; alle produzieren dieselbe Art von Objekt (einen String), deshalb ist die spezielle Syntax nur zu unserer Bequemlichkeit. Vorher haben wir erwähnt, daß Strings in einfache oder doppelte Anführungszeichen eingeschlossen sein können, was eingebettete Anführungszeichen der jeweils anderen Sorte erlaubt. Hier ist ein Beispiel:

```
F>>> mixed = "Guido's"         # einfach in doppelt
>>> mixed
"Guido's"
>>> mixed = 'Guido"s'          # doppelt in einfach
>>> mixed
'Guido"s'
>>> mixed = 'Guido\'s'         # Backslash-Escape
>>> mixed
"Guido's"
```

Beachten Sie die letzten beiden Zeilen: Sie können Anführungszeichen auch *schützen* (um Python mitzuteilen, daß dies noch nicht das Ende des Strings ist), indem Sie einen Backslash voranstellen. Mehr noch, Sie können alle Arten von speziellen Zeichen innerhalb eines Strings entwerten, wie in Tabelle 2-6 aufgeführt. Python ersetzt den Escape-Code durch das Sonderzeichen, das er darstellt. Im allgemeinen sind die Regeln für Escape-Code in Python-Strings die gleichen wie in C-Strings.[6] Ebenso wie C verkettet Python angrenzende String-Konstanten für uns:

```
>>> split = "Dies" "ist" "zusammengesetzt"
>>> split
'diesistzusammengesetzt'
```

Und last but not least, ist hier Pythons dreifach-quotierte String-Konstante in Aktion: Python faßt alle Zeilen in einem so quotierten Block zusammen und verkettet sie in einem einzigen mehrzeiligen String mit Zeilenende-Zeichen zwischen den Zeilen. Das Zeilenende schreibt sich hier als ein `"\012"` (erinnern Sie sich: dies ist ein oktaler Integer); man kann es auch `"\n"` nennen wie in C. Zum Beispiel könnte eine Textzeile mit einem eingebetteten Tabulator und einem Zeilenvorschub (LF) am Ende in einem Programm als `python\tstuff\n` (siehe Tabelle 2-6) geschrieben werden:

```
>>> big = """Dies ist
... ein mehrzeiliger Text-
... Block; Python fügt
... ein Zeilenende-Zeichen
... nach jeder Zeile an."""
>>>
>>> big
'Dies ist\012ein mehrzeiliger Text-\012Block; Python f\374gt\012ein Zeilenende-
Zeichen\012nach jeder Zeile an.'
```

Python hat auch eine spezielle Form von String-Konstanten, *Rohe Strings* genannt, die Backslashes nicht als potentielle Escape-Codes bewerten (siehe Tabelle 2-6). Die

6 Aber beachten Sie, daß Sie Python-Strings normalerweise nicht mit einem \0-(Null-)Zeichen beenden müssen, wie Sie es in C tun würden. Da Python intern die String-Länge überwacht, ist es nicht notwendig, Ende-Zeichen in Ihrem Programm zu verwalten. Tatsächlich können Python-Strings das Null-Byte \0 enthalten, anders als üblicherweise in C. Wir sehen beispielsweise gleich, daß Daten in Verzeichnissen in Python-Programmen als Strings dargestellt werden. Binäre Daten, die in Verzeichnisse geschrieben oder aus ihnen gelesen werden, können Nullen enthalten, weil Strings es auch können.

Strings `r'a\b\c'` und `R"a\b\c"` zum Beispiel behalten ihre Backslashes als wirkliche (literale) Backslash-Zeichen. Da rohe Strings meistens benutzt werden, um reguläre Ausdrücke zu schreiben, werden wir weitere Details auf später verschieben, bis wir in Kapitel 8 reguläre Ausdrücke besprechen.

Tabelle 2-6: Escape-Zeichen in Strings

`\newline`	Ignoriert (Fortsetzung)	`\n`	Newline
`\\`	Backslash (erhält ein \)	`\v`	Vertikal-Tabulator
`\'`	einfaches Anführungszeichen (erhält ')	`\t`	Horizontal-Tabulator
`\"`	doppeltes Anführungszeichen (erhält ")	`\r`	Wagenrücklauf
`\a`	Glocke	`\f`	Seitenvorschub
`\b`	Zurück (Backspace)	`\0XX`	Oktaler Wert XX
`\e`	Escape (üblicherweise)	`\xXX`	Hexadezimaler Wert XX
`\000`	Null (kein String-Ende)	`\other`	andere Zeichen (zurückgehalten)

Generische Typen-Konzepte

Nachdem wir nun unseren ersten zusammengesetzten Datentyp gesehen haben, lassen Sie uns eine kurze Pause machen, um einige generelle Typen-Konzepte zu definieren, die von jetzt an auf die meisten unserer Typen anwendbar sind. Eine der netten Eigenschaften von Python ist, daß einige wenige generelle Ideen auf viele Situationen anwendbar sind. Hinsichtlich der eingebauten Typen stellt sich heraus, daß Operationen für alle Typen einer Kategorie gleich funktionieren, so daß wir die meisten Grundsätze nur einmal definieren müssen. Wir haben bis jetzt nur Zahlen und Strings gesehen, aber sie repräsentieren zwei der drei Haupt-Typenkategorien in Python, also wissen Sie bereits mehr über andere Typen, als Sie denken.

Typen teilen Operations-Gruppen nach Kategorien auf

Als wir Strings vorgestellt haben, erwähnten wir, daß sie unveränderliche Sequenzen sind: Sie können nicht an Ort und Stelle verändert werden, und sie sind geordnete Sammlungen, auf die über Offsets zugegriffen wird. Nun ist es so, daß alle Sequenzen in diesem Kapitel auf dieselben Sequenz-Operationen reagieren, die wir vorher bei den Strings gesehen haben – Verkettung, Indizierung, Wiederholung usw. Es gibt drei Kategorien von Typen (und Operationen) in Python:

- Zahlen unterstützen Addition, Multiplikation etc.
- Sequenzen unterstützen Indizierung, Slicing, Verkettung etc.
- Abbildungen unterstützen Indizierung durch Schlüssel etc.

Wir haben bisher noch keine Abbildungen gesehen (wir kommen ein paar Seiten weiter zu den Dictionaries), aber andere Typen werden ziemlich ähnlich sein. Zum Beispiel gilt für alle Sequenz-Objekte `X` und `Y`:

- `X + Y` erzeugt ein neues Sequenz-Objekt mit dem Inhalt der beiden Operanden.
- `X * N` erzeugt eine neues Sequenz-Objekt mit `N` Kopien des Sequenz-Operanden `X`.

Mit anderen Worten: Diese Operationen funktionieren bei jeder Art von Sequenz gleich. Der einzige Unterschied ist, daß man ein neues Ergebnis-Objekt erhält, das vom selben Typ wie die Operanden `X` und `Y` ist (wenn man Strings verkettet, erhält man einen neuen String, keine Liste). Indizieren, Slicing und andere Sequenz-Operationen funktionieren auch bei allen Sequenzen gleich; der Typ der verarbeiteten Objekte verrät Python, was gemeint ist.

Veränderliche Typen können an Ort und Stelle verändert werden

Die Klassifikation als unveränderlich mag sich abstrakt anhören, aber es ist eine wichtige Beschränkung, über die neue Anwender oft stolpern. Wenn wir sagen, ein Objekttyp ist unveränderlich, sollten Sie ihn nicht verändern, ohne eine Kopie zu machen; Python meldet einen Fehler, wenn Sie das tun. Im allgemeinen geben uns unveränderliche Typen etwas Einheitlichkeit, indem sie garantieren, daß ein Objekt nicht durch einen anderen Teil des Programms verändert wird. Wir werden sehen, weshalb dies eine Rolle spielt, wenn wir uns später in diesem Kapitel mit gemeinsamen Objektverweisen beschäftigen.

Listen

Der nächste Halt auf unserer Tour durch die eingebauten Objekte ist die Python-*Liste*. Listen sind Pythons flexibelster Typ von geordneten Sammlungs-Objekten. Anders als Strings können Listen jegliche Art von Objekten enthalten: Zahlen, Strings, sogar andere Listen. Python-Listen erfüllen die Aufgaben der meisten Sammlungs-Datenstrukturen, die Sie in primitiveren Sprachen wie C manuell implementieren müßten. Im Sinne einiger ihrer Haupteigenschaften sind Python-Listen:

Geordnete Sammlungen beliebiger Objekte
: Aus funktionaler Sicht sind Listen nur Orte, um andere Objekte zu sammeln, so daß Sie sie wie eine Gruppe behandeln können. Listen definieren auch eine Ordnung der Listenelemente von links nach rechts.

Zugriff über Offsets
: Genauso wie bei Strings können Sie ein Komponenten-Objekt aus der Liste holen, indem Sie die Liste am Offset des Objekts indizieren. Da Listen geordnet sind, können Sie auch Aufgaben wie Slicing und Verkettungen durchführen.

Von variabler Länge, heterogen, beliebig verschachtelbar
: Anders als Strings können Listen an Ort und Stelle wachsen und schrumpfen (sie sind variabel in ihrer Länge) und können jede Art von Objekt enthalten, nicht nur Ein-Zeichen-Strings (sie sind heterogen). Weil Listen andere, komplexe Objekte enthalten können, unterstützen Listen auch jegliches Verschachteln. Sie können Listen von Listen von Listen usw. bilden.

Veränderliche Sequenzen

Im Sinne unserer Typen-Kategorisierung können Listen sowohl an Ort und Stelle verändert werden (sie sind veränderlich) als auch auf alle Sequenz-Operationen, die wir im letzten Abschnitt bei den Strings in Aktion gesehen haben, reagieren. Sequenz-Operationen funktionieren tatsächlich genauso bei Listen, so daß wir hier nicht viel darüber zu sagen brauchen. Andererseits unterstützen sie, weil sie veränderlich sind, andere Operationen, die von Strings nicht unterstützt werden, wie Löschen, Index-Zuweisung und Methoden.

Felder von Objektverweisen

Technisch beinhalten Python-Listen keine oder mehr Verweise auf andere Objekte. Falls Sie schon mit einer Sprache wie C gearbeitet haben, könnten Listen Sie an Felder aus Zeigern erinnern. Ein Element von einer Python-Liste zu holen ist etwa genauso schnell, wie ein C-Feld zu indizieren; eigentlich sind Listen C-Felder innerhalb des Python-Interpreters. Darüber hinaus sind Verweise so etwas wie Zeiger (Adressen) in einer Sprache wie C, außer daß Sie nie einen Verweis als solchen verarbeiten. Python folgt einer Referenz auf ein Objekt, wann immer der Verweis benutzt wird, so daß Ihr Programm nur mit Objekten arbeitet. Wann auch immer Sie ein Objekt in eine Datenstruktur packen oder an einen Variablennamen anhängen, speichert Python immer einen Verweis auf das Objekt, nicht eine Kopie davon (es sei denn, Sie möchten explizit eine Kopie).

Tabelle 2-7 faßt allgemeine Listen-Objektoperationen zusammen.

Tabelle 2-7: Allgemeine Listen-Konstanten und -Operationen

Operation	Bedeutung
`L1 = []`	Eine leere Liste
`L2 = [0, 1, 2, 3]`	Vier Elemente: Indizes 0..3
`L3 = ['abc', ['def', 'ghi']]`	Verschachtelte Sub-Listen

`L2[i], L3[i][j]`
`L2[i:j],`
`len(L2)`
	Index,
	Slice,
	Länge

`L1 + L2,` `L2 * 3`	Verkettung, Wiederholung
`for x in L2,` `3 in L2`	Iteration, Enthaltensein

`L2.append(4),`
`L2.sort(),`
`L2.index(1),`
`L2.reverse()`
	Methoden: wachsen,
	sortieren,
	suchen,
	umkehren etc.

`del L2[k],` `L2[i:j] = []`	Schrumpfen
`L2[i] = 1,` `L2[i:j] = [4,5,6]`	Index-Zuweisung, Slice-Zuweisung
`range(4), xrange(0, 4)`	Erzeuge Listen/Tupel von Integern

Listen werden als Serie von Objekten in eckigen Klammern, durch Kommata unterteilt, geschrieben (wirklich: Ausdrücke, die Objekte zurückgeben). Verschachtelte Listen sind als verschachtelte Folgen in eckigen Klammern codiert, und die leere Liste ist einfach eine leere eckige Klammer ([ ]).[7]

Die meisten der Operationen in Tabelle 2-7 sollten Ihnen bekannt vorkommen, da sie dieselben Sequenz-Operationen darstellen, die wir weiter oben bei Strings angewendet haben – Indizierung, Verkettung, Iteration usw. Die letzten paar Tabelleneinträge sind neu. Listen reagieren auch auf *Methodenaufrufe* (die Hilfsmittel wie Sortierung, Umkehrung, Hinzufügen von Elementen am Ende etc. liefern) sowie auf *Änderungen an Ort und Stelle* (Löschen von Elementen, Zuweisung von Indizes und Slices usw.). Zur Erinnerung: Listen erhalten die beiden letzteren Mengen von Operationen, da sie zu den veränderlichen Objekttypen gehören.

Listen in Aktion

Vielleicht ist die beste Art, Listen zu verstehen, sie in Aktion zu sehen. Lassen Sie uns wieder einige einfache Interpreter-Interaktionen anwenden, um die Operationen aus Tabelle 2-7 zu verdeutlichen.

Grundlegende Operationen

Listen reagieren auf +- und *-Operatoren wie Strings; sie bedeuten hier ebenso *Verkettung* und *Wiederholung*, außer daß das Ergebnis eine neue Liste ist, kein String. Und wie Forrest Gump immer sagte: »Das ist alles, was wir dazu zu sagen haben«. Typen in Kategorien zu gruppieren stellt intellektuell keine Herausforderung dar (und macht das Leben für Autoren wie uns einfach).

```
% python
>>> len([1, 2, 3])                    # Länge
3
>>> [1, 2, 3] + [4, 5, 6]             # Verkettung
[1, 2, 3, 4, 5, 6]
>>> ['Ni!'] * 4                       # Wiederholung
['Ni!', 'Ni!', 'Ni!', 'Ni!']
>>> for x in [1, 2, 3]: print x,      # Iteration
...
1 2 3
```

Wir sprechen in *Kapitel 3, Elementare Anweisungen,* über Iterationen (und auch über das eingebaute `range`). Aber eine Ausnahme soll hier erwähnt werden: + erwartet dieselbe Art von Sequenz auf beiden Seiten, sonst erhalten Sie einen Typen-Fehler, wenn der Code läuft. Zum Beispiel können Sie eine Liste und einen String nicht verketten, es

7 Aber wir sollten beachten, daß Sie in der Praxis nicht viele Listen sehen werden, die wie diese mit Programmen zur Listenbearbeitung geschrieben wurden. Sie werden eher auf Code treffen, der Listen verarbeitet, die dynamisch (zur Laufzeit) konstruiert wurden. Obwohl es wichtig ist, die konstante Syntax zu meistern, werden die meisten Datenstrukturen in Python durch Ausführen von Programmcode zur Laufzeit gebildet.

sei denn, Sie konvertieren die Liste zunächst in einen String, indem Sie Backquotes oder %-Formatierungen (wir haben sie im letzen Abschnitt behandelt) benutzen. Sie könnten auch den String in eine Liste konvertieren; die eingebaute Funktion list führt dies aus:

```
>>> `[1, 2]` + "34"          # dasselbe wie "[1, 2]" + "34"
'[1, 2]34'
>>> [1, 2] + list("34")      # dasselbe wie [1, 2] + ["3", "4"]
[1, 2, '3', '4']
```

Indizierung und Slicing

Weil Listen Sequenzen sind, funktionieren Indizierung und Slicing auf gleiche Art und Weise, aber das Ergebnis einer Listen-Indizierung entspricht dem Objekttyp, der sich an dem angegebenen Offset befindet, und das Slicing einer Liste generiert immer eine neue Liste:

```
>>> L = ['spam', 'Spam', 'SPAM!']
>>> L[2]                             # Zählung beginnt bei 0
'SPAM!'
>>> L[-2]                            # negativ: zähle von rechts
'Spam'
>>> L[1:]                            # Slicing holt Abschnitte
['Spam', 'SPAM!']
```

Verändern von Listen an Ort und Stelle

Zum Schluß etwas Neues: Da Listen veränderlich sind, unterstützen sie Operationen, die ein Listen-Objekt an Ort und Stelle verändern. Das bedeutet, die Operationen in diesem Abschnitt verändern alle direkt das Listen-Objekt, ohne daß Sie eine neue Kopie machen müssen wie bei Strings. Aber da Python nur mit Objektverweisen arbeitet, kann die Unterscheidung von Veränderungen an Ort und Stelle und neuen Objekten wichtig sein. Wenn Sie ein Objekt an Ort und Stelle verändern, können Sie eventuell mehr als einen Verweis darauf gleichzeitig beeinträchtigen. Mehr dazu später in diesem Kapitel.

Wenn Sie eine Liste benutzen, können Sie ihren Inhalt verändern, indem Sie ein bestimmtes Element (Position) zuordnen oder einen ganzen Abschnitt (Slice):

```
>>> L = ['spam', 'Spam', 'SPAM!']
>>> L[1] = 'eggs'                 # indizierte Zuweisung
>>> L
['spam', 'eggs', 'SPAM!']
>>> L[0:2] = ['eat', 'more']      # Slice-Zuweisung: Löschen und Einfügen
>>> L                             # ersetzt Elemente 0,1
['eat', 'more', 'SPAM!']
```

Element-Zuweisung funktioniert ähnlich wie in C: Python ersetzt den Objektverweis am Zielort durch einen neuen. Slice-Zuweisung kann man sich am besten in zwei Schritten vorstellen: Python löscht zunächst den Slice, den Sie auf der linken Seite des = bestimmt haben, und fügt (spleisst) die neuen Elemente an der Stelle, wo der alte Slice gelöscht wurde, in die Liste ein. Die Anzahl der eingefügten Elemente muß nicht genauso groß sein wie die der gelöschten Elemente. Nehmen wir beispielsweise an, eine Liste L hat den Wert `[1, 2, 3]`, dann macht die Zuweisung `L[1:2] = [4, 5]` L zu der Liste `[1, 4, 5, 3]`. Python löscht zunächst die 2 (ein Slice aus einem Element) und fügt dann an ihrer Position die Elemente 4 und 5 ein. Python-Listen-Objekte unterstützen auch *Methoden*-Aufrufe:

```
>>> L.append('please')              # Methodenaufruf von append
>>> L
['eat', 'more', 'SPAM!', 'please']
>>> L.sort()                        # sortiere Listenelemente ('S' < 'e')
>>> L
['SPAM!', 'eat', 'more', 'please']
```

Methoden sind wie Funktionen, außer daß sie mit einem bestimmten Objekt assoziiert sind. Die Syntax, die benutzt wird, um Methoden aufzurufen, ist auch ähnlich (ihnen folgen in Klammern stehende Argumente), aber Sie *qualifizieren* den Methoden-Namen mit dem Listen-Objekt, um daran zu gelangen. Qualifikation wird als Punkt, gefolgt vom Namen der gewünschten Methode, codiert. Dies veranlaßt Python, den Namen im *Namensraum* – eine Reihe von qualifizierten Namen – des Objekts zu suchen. Technisch werden Namen wie `append` und `sort` *Attribute* genannt – Namen, die mit einem Objekt assoziiert sind. Wir werden im Verlauf des Buches noch viele Objekte, die Attribute exportieren, sehen.

Die `append`-Methode heftet einfach ein einzelnes Element (Objektreferenz) an das Ende der Liste. Anders als Verkettungen erwartet `append`, daß wir ein einzelnes Objekt, nicht eine Liste, einfügen. Der Effekt von `L.append(X)` ist ähnlich wie der von `L+[X]`, aber das erste verändert `L` an Ort und Stelle, und letzteres erzeugt eine neue Liste.[8] Die `sort`-Methode ordnet eine Liste an Ort und Stelle. Per Voreinstellung benutzt sie Pythons Standard-Vergleichstests (hier String-Vergleiche, Sie können auch eine eigene Vergleichsfunktion einfügen, aber diese Option wollen wir hier ignorieren).

Hier ist noch etwas, was Anfänger scheinbar häufig stolpern läßt: `append` und `sort` verändern das assoziierte Listen-Objekt an Ort und Stelle, aber geben die Liste nicht als Ergebnis zurück (technisch gesehen, geben sie beide einen Wert namens `None` zurück, auf den wir gleich treffen werden). Falls Sie so etwas wie `L = L.append(X)` sagen, werden Sie nicht den veränderten Wert von `L` erhalten (Sie werden die Referenz auf die Liste insgesamt verlieren). Wenn Sie Attribute wie `append` und `sort` benutzen, werden Objekte als Nebeneffekt verändert, es gibt also keinen Grund zur Neuzuweisung.

8 Auch anders als +-Verkettungen muß `append` keine neuen Objekte generieren und ist so normalerweise viel schneller. Andererseits können Sie `append` mit cleveren Slice-Zuweisungen imitieren: `L[len(L):]=[X]` ist wie `L.append(X)` und `L[:0]=[X]` wie eine Erweiterung am Listenanfang. Beide löschen einen leeren Slice und fügen X ein, verändern L damit ähnlich schnell wie `append`. Für C-Programmierer mag es interessant sein zu wissen, daß Python-Listen als zusammenhängende Speicherblöcke implementiert werden (anstatt verketteter Listen) und daß `append` hinter den Kulissen tatsächlich ein Aufruf von `realloc` ist. Vorausgesetzt Ihr Speicherverwalter ist schlau genug, Kopieren und Neuanlegen zu vermeiden, kann `append` sehr schnell sein. Verkettung andererseits wird immer neue Listen-Objekte erzeugen und die Elemente beider Operanden kopieren.

Schließlich können Sie, weil Listen veränderbar sind, auch die `del`-Anweisung benutzen, um ein Element oder einen Abschnitt zu löschen. Da eine Slice-Zuweisung eine Löschung und eine Einfügung darstellt, können Sie auch Teile von Listen löschen, indem Sie einem Slice (`L[i:j] = []`) eine leere Liste zuweisen. Python löscht den benannten Slice auf der Linken und fügt dann nichts ein. Einem Index eine leere Liste zuzuweisen speichert lediglich einen Verweis auf die leere Liste in dem bestimmten Platz: `L[0] = []` setzt das erste Element von `L` zu dem Objekt `[]`, anstatt es zu löschen (`L` wird dann so etwas wie `[[],...]`):

```
>>> L
['SPAM!', 'eat', 'more', 'please']
>>> del L[0]                        # Lösche ein Element
>>> L
['eat', 'more', 'please']
>>> del L[1:]                       # Lösche ganzen Bereich
>>> L                               # genau wie  L[1:] = []
['eat']
```

Hier noch einige Hinweise, bevor wir fortfahren. Obwohl alle oben genannten Operationen typisch sind, gibt es zusätzliche Listen-Methoden und -Operationen, die wir hier nicht beschreiben wollen (inklusive der Methoden zum Umkehren und Suchen). Für eine umfassende, aktuelle Liste der Typen-Werkzeuge sollten Sie immer in Python-Handbüchern oder in der Python-Referenz nachschlagen. Auch wenn dieses Buch vollständig wäre, könnte es dennoch nicht immer auf dem jeweils aktuellen Stand sein (neue Werkzeuge können jederzeit hinzukommen). Wir möchten Sie auch nochmals daran erinnern, daß alle oben genannten direkten Änderungsoperationen nur bei veränderlichen Objekten anwendbar sind; sie funktionieren nicht bei Strings (oder Tupeln, wie nachfolgend besprochen), egal wie sehr Sie es versuchen.

Dictionaries

Neben Listen sind Dictionaries vielleicht der flexibelste Datentyp in Python. Wenn Sie sich Listen als geordnete Sammlungen von Objekten vorstellen, sind Dictionaries ungeordnete Sammlungen; der Hauptunterschied ist, daß Elemente anhand von Schlüsseln statt anhand ihrer Position in Dictionaries gespeichert und aus ihnen geholt werden. Wie wir sehen werden, können eingebaute Dictionaries viele der Such-Algorithmen und Datenstrukturen, die Sie in niedrigeren Sprachen manuell implementieren müßten, ersetzen. Dictionaries übernehmen auch manchmal die Funktion von Strukturen und Symboltabellen, wie sie in anderen Sprachen benutzt werden. Nach ihren Haupteigenschaften sind Dictionaries:

Über Schlüssel und nicht über Position zugreifbar

Dictionaries werden manchmal *assoziative Arrays* oder *Hashes* genannt. Sie assoziieren eine Reihe von Werten mit Schlüsseln, so daß Sie ein Element aus dem Dictionary holen können, indem Sie den Schlüssel, der es speichert, benutzen. Sie benutzen dieselbe Indizierungs-Operation, um Komponenten in ein Dictionary zu stellen, aber der Index bekommt die Form eines Schlüssels, nicht eine relative Position.

Ungeordnete Sammlungen beliebiger Objekte
Anders als Listen werden in einem Dictionary gespeicherte Elemente nicht in einer bestimmten Reihenfolge behalten; Python legt ihre Reihenfolge willkürlich fest, um ein schnelles Wiederfinden zu gewährleisten. Schlüssel geben den symbolischen (nicht physischen) Standort von Elementen in einem Dictionary wieder.

Von variabler Länge, heterogen, beliebig verschachtelbar
Wie Listen können Dictionaries an Ort und Stelle wachsen und schrumpfen (ohne eine Kopie zu machen), sie können Objekte jeglichen Typs enthalten und unterstützen Verschachtelung bis zu jeglicher Tiefe (sie können Listen enthalten, andere Dictionaries usw.).

Veränderliche Abbildungen
Sie können vor Ort durch Zuweisung zu Indizes verändert werden, unterstützen aber nicht die Sequenz-Operationen, die wir bei Strings und Listen gesehen haben. Sie können es einfach nicht: Da Dictionaries ungeordnete Sammlungen sind, machen Operationen, die von einer bestimmten Reihenfolge (z.B. Verkettung, Slicing) abhängig sind, keinen Sinn. Statt dessen sind Dictionaries die einzigen eingebauten Vertreter der Abbildungstypen-Kategorie-Objekte, die Schlüssel auf Werte abbilden.

Tabellen mit Objektreferenzen (Hash-Tabellen)
Wenn Listen Arrays von Objektverweisen sind, so sind Dictionaries ungeordnete Tabellen von Objektreferenzen. Intern werden Dictionaries als Hash-Tabellen (Datenstrukturen, die sehr schnelles Abfragen unterstützen) implementiert, die klein anfangen und nach Bedarf wachsen. Darüber hinaus benutzt Python optimierte Hash-Algorithmen, um Schlüssel zu finden, so daß Abfragen sehr schnell sind. Aber im Grunde speichern Dictionaries Objektreferenzen (nicht Kopien) genauso wie Listen.

Tabelle 2-8 faßt einige der gebräuchlichsten Dictionary-Operationen zusammen (siehe das Bibliotheks-Handbuch für eine komplette Liste). Dictionaries sind als Reihe von `key:value`-Paaren geschrieben, durch Kommata getrennt und in geschweifte Klammern eingeschlossen.[9] Ein leeres Dictionary ist ein leeres Paar Klammern, und Dictionaries können verschachtelt werden, indem ein Dictionary als Wert in ein anderes Dictionary eingetragen wird. Ebenso kann es als Element in einer Liste oder einem Tupel vorkommen.

Wie Tabelle 2-8 zeigt, werden Dictionaries durch *Schlüssel* indiziert, in diesem Fall ist der Schlüssel `'eggs'`, und auf verschachtelte Dictionary-Einträge wird durch eine Reihe von Indizes (Schlüssel in eckigen Klammern) verwiesen. Wenn Python ein Dictionary erzeugt, speichert es seine Elemente in irgendeiner Reihenfolge. Um einen Wert zurückzuholen, liefern Sie den Schlüssel, unter dem er gespeichert ist.

9 Dieselbe Anmerkung zum relativ seltenen Vorkommen von Konstanten gilt auch hier: Wir erstellen oft neue Dictionaries durch Zuweisung zu neuen Schlüsseln zur Laufzeit, anstatt Konstanten zu schreiben. Aber im folgenden Abschnitt über das Verändern von Dictionaries werden wir sehen, daß Listen und Dictionaries auf unterschiedliche Arten wachsen. Die Zuweisung zu neuen Schlüsseln funktioniert bei Dictionaries, aber nicht bei Listen (Listen wachsen mit `append`).

Tabelle 2-8: Häufige Dictionary-Konstanten und -Operationen

Operation	Bedeutung
`d1 = {}`	Leeres Dictionary
`d2 = {'spam': 2, 'eggs': 3}`	Dictionary aus zwei Elementen
`d3 = {'food': {'ham': 1, 'eggs': 2}}`	Verschachtelung
`d2['eggs'], d3['food']['ham']`	Indizierung durch Schlüssel

`d2.has_key('eggs'),`
`d2.keys(),`
`d2.values()`
	Methoden: Element-Test,
	Schlüssel-Liste,
	Werte-Liste etc.

`len(d1)`	Länge (Anzahl gespeicherter Einträge)
`d2[key] = new,` `del d2[key]`	Hinzufügen/Ändern, Löschen

Dictionaries in Aktion

Lassen Sie uns zum Interpreter zurückkehren, um ein Gefühl für einige der Dictionary-Operationen aus Tabelle 2-8 zu bekommen.

Grundlegende Operationen

Grundsätzlich können Sie durch Schlüssel Dictionaries bilden und auf Elemente zugreifen. Die eingebaute `len`-Funktion funktioniert auch in Dictionaries; sie gibt die Anzahl der im Dictionary gespeicherten Elemente oder entsprechend die Länge seiner Schlüssel-Liste zurück. Da wir von der Schlüssel-Liste sprechen: Die `keys`-Methode liefert Ihnen alle Schlüssel im Dictionary zusammengefaßt zu einer Liste. Das kann für sequenzielles Bearbeiten von Dictionaries nützlich sein, aber Sie sollten nicht von der Reihenfolge der Schlüssel-Liste abhängig sein (erinnern Sie sich: Die Reihenfolge von Dictionaries ist zufällig).

```
% python
>>> d2 = {'spam': 2, 'ham': 1, 'eggs': 3}
>>> d2['spam']                # Hole Wert von Schlüssel
2
>>> len(d2)                   # Anzahl Einträge im Dictionary
3
>>> d2.has_key('ham')         # Ist Schlüssel enthalten? (1 bedeutet wahr)
1
>>> d2.keys()                 # Liste meiner Schlüssel
['eggs', 'spam', 'ham']
```

Verändern von Dictionaries

Dictionaries sind veränderbar, so daß Sie sie an Ort und Stelle verändern, erweitern und schrumpfen können, ohne neue Dictionaries zu bilden, genau wie bei Listen. Weisen Sie einfach einem Schlüssel einen Wert zu, um einen Eintrag zu ändern oder zu bilden. Die `del`-Anweisung funktioniert auch hier; sie löscht den Eintrag, der mit dem als Index spezifizierten Schlüssel assoziiert ist. Beachten Sie, daß wir in diesem simplen Beispiel eine Liste in ein Dictionary verschachteln (den Wert des Schlüssels "ham"):

```
>>> d2['ham'] = ['grill', 'bake', 'fry']      # Ändere Eintrag
>>> d2
{'eggs': 3, 'spam': 2, 'ham': ['grill', 'bake', 'fry']}

>>> del d2['eggs']                            # Lösche Eintrag
>>> d2
{'spam': 2, 'ham': ['grill', 'bake', 'fry']}

>>> d2['brunch'] = 'Bacon'                    # Neuen Eintrag hinzufügen
>>> d2
{'brunch': 'Bacon', 'spam': 2, 'ham': ['grill', 'bake', 'fry']}
```

Wie bei Listen *verändert* die Zuweisung zu einem existierenden Index in einem Dictionary seinen assoziierten Wert. Anders als bei Listen erzeugen Sie immer einen neuen Eintrag im Dictionary, wenn Sie einen neuen Dictionary-Schlüssel (d.h. einen, der noch nie vorher zugewiesen wurde) zuweisen, wie wir es für 'brunch' getan haben. Das geht nicht bei Listen, weil Python eine Position als außerhalb der Grenzen betrachtet, wenn sie sich hinter dem Listenende befindet. Um eine Liste zu erweitern, brauchen Sie Werkzeuge wie die append -Methode oder eine Slice-Zuweisung.

Ein geringfügig realistischeres Beispiel

Hier ist ein realistischeres Dictionary-Beispiel: Es erstellt eine Tabelle, die Programmiersprachen-Namen (die Schlüssel) ihren Schöpfern (die Werte) zuordnet. Sie bekommen einen Entwickler, indem Sie den Namen der Sprache indizieren:

```
>>> table = {'Python':  'Guido van Rossum',
...          'Perl':    'Larry Wall',
...          'Tcl':     'John Ousterhout' }
...
>>> language = 'Python'
>>> creator  = table[language]
>>> creator
'Guido van Rossum'
>>> for lang in table.keys(): print lang, '\t', table[lang]
...
Tcl     John Ousterhout
Python  Guido van Rossum
Perl    Larry Wall
```

Beachten Sie den letzten Befehl. Weil Dictionaries keine Sequenzen sind, können Sie sie nicht direkt mit einer for-Anweisung durchlaufen wie bei Strings und Listen. Aber wenn Sie durch alle Elemente eines Dictionaries gehen müssen, ist auch das einfach zu bewerkstelligen: Der Aufruf der keys-Methode des Dictionaries liefert Ihnen eine Liste aller gespeicherten Schlüssel, die Sie mit for durchlaufen können. Wenn gewünscht, können Sie vom Schlüssel zum Wert innerhalb der for-Schleife indizieren, wie wir es schon vorher getan haben. Wir werden die print- und for-Anweisungen detailliert in Kapitel 3 besprechen.

Gebrauchshinweise für Dictionaries

Bevor wir zu weiteren Typen übergehen, noch ein paar zusätzliche Details, die Sie wissen sollten, wenn Sie Dictionaries benutzen:

Sequenz-Operationen funktionieren nicht
: Wir wiederholen uns hier absichtlich, weil dies eine weitere häufige Frage von Anfängern ist. Dictionaries sind Abbildungen, keine Sequenzen. Es gibt überhaupt keine Ordnung auf ihren Elementen, Dinge wie Verkettung (eine geordnete Zusammenführung) und Slicing (Herausnehmen zusammenhängender Abschnitte) sind einfach nicht anwendbar. Python meldet einen Fehler, falls Sie es versuchen sollten.

Zuweisung zu neuen Indizes fügt Einträge hinzu
: Schlüssel können gebildet werden, wenn Sie eine Dictionary-Konstante schreiben (wobei sie in die Konstante selbst eingebettet sind) oder wenn Sie Werte an neue Schlüssel eines existierenden Dictionary-Objekts zuweisen. Das Endergebnis ist dasselbe.

Anwendung: Dictionary-Schnittstellen

Einige Python-Erweiterungen bieten außer einer angenehmen Art, Informationen mit Hilfe von Schlüsseln in Ihren Programmen zu speichern, auch Schnittstellen, die genauso aussehen und funktionieren wie Dictionaries. Pythons Schnittstelle zu *dbm*-Schlüsselzugriffs-Dateien zum Beispiel sieht ähnlich wie ein zu öffnendes Dictionary aus; Strings werden durch Schlüssel-Indizes gespeichert und geholt:

```
import anydbm
file = anydbm.open("filename")      # verbinde mit externer Datei
file['key'] = 'data'                # speichere Daten über Schlüssel
data = file['key']                  # hole Daten über Schlüssel
```

Später werden wir sehen, daß wir auf diese Art und Weise auch ganze Python-Objekte speichern können, wenn wir `anydbm` im obigen Beispiel durch `shelve` ersetzen (das `shelve`-Modul implementiert Datenbanken von dauerhaften Python-Objekten). Pythons CGI-Skript-Unterstützung stellt für Internet-Arbeiten auch eine Dictionary-ähnliche Schnittstelle zur Verfügung. Ein Aufruf von *cgi.FieldStorage* erzeugt ein Dictionary-ähnliches Objekt mit einem Eintrag pro Eingabefeld auf der Webseite des Kunden:

```
import cgi
form = cgi.FieldStorage()       # Zerlege Formulardaten (stdin, environ)
if form.has_key('name'):
    showReply('Hello, ' + form['name'].value)
```

All dies (und Dictionaries) sind Beispiele für Abbildungen. Mehr über CGI-Skripten in Kapitel 9, *Allgemeine Aufgaben in Python*.

Schlüssel müssen nicht immer Strings sein
Wir haben hier Strings als Schlüssel benutzt, aber andere unveränderliche Objekte (keine Listen) funktionieren genausogut. Sie können auch Integer als Schlüssel benutzen, was ein Dictionary wie eine Liste aussehen läßt (wenn auch ohne die Ordnung). Tupel (werden im folgenden Abschnitt besprochen) werden auch manchmal als Dictionary-Schlüssel benutzt, sie erlauben zusammengesetzte Schlüsselwerte. Auch Klassen-Instanzen (besprochen in Kapitel 6, *Klassen*) können als Schlüssel eingesetzt werden, solange sie die richtigen Protokoll-Methoden haben; sie müssen Python mitteilen, daß ihre Werte sich nicht verändern werden, ansonsten wären sie nutzlos als feste Schlüssel.

Tupel

Der letzte Sammlungs-Typ in unserem Überblick ist das Python-*Tupel*. Tupel bilden einfache Objektgruppen. Sie funktionieren genauso wie Listen, außer daß Tupel nicht an Ort und Stelle verändert werden können (sie sind unveränderlich) und üblicherweise als Reihe von Elementen in Klammern (nicht in eckigen Klammern) geschrieben werden. Tupel teilen die meisten ihrer Eigenschaften mit Listen. Sie sind:

Geordnete Sammlungen beliebiger Objekte
Wie Strings und Listen sind Tupel eine geordnete Sammlung von Objekten; wie Listen können sie jede Art von Objekt einbetten.

Über Positionen zugreifbar
Wie bei Strings und Listen erfolgt der Zugriff auf Elemente in einem Tupel über die Position (nicht über Schlüssel); sie unterstützen alle die auf Position basierenden Zugriffsoperationen, die wir schon gesehen haben, wie Indizierung und Slicing.

Unveränderliche Sequenzen
Wie Strings sind Tupel unveränderlich; sie unterstützen keine der direkten Veränderungs-Operationen, die wir auf Listen angewendet haben. Wie Strings und Listen sind Tupel Sequenzen; sie unterstützen viele derselben Operationen.

Von fester Länge, heterogen, beliebig verschachtelbar
Weil Tupel unveränderlich sind, können sie nicht wachsen oder schrumpfen, ohne ein neues Tupel zu bilden; andererseits können Tupel ihre Komponenten-Objekte (z.B. Strings, Dictionaries, andere Tupel) halten und so Verschachtelung unterstützen.

Arrays auf Objektverweise
Wie Listen kann man sich Tupel am besten als Objektreferenz-Arrays vorstellen; Tupel speichern Zugriffspunkte auf andere Objekte (Verweise), und es geht relativ schnell, einen Tupel zu indizieren.

Tabelle 2-9 stellt gebräuchliche Tupel-Operationen dar. Tupel werden als Reihe von Objekten (eigentlich: Ausdrücke) geschrieben, unterteilt durch Kommata und in Klammern eingeschlossen. Ein leeres Tupel ist einfach ein Paar Klammern ohne Inhalt.

Tabelle 2-9: Gebräuchliche Tupel-Konstanten und -Operationen

Operation	Bedeutung
`()`	Ein leeres Tupel
`t1 = (0,)`	Ein Tupel mit einem Element (kein Ausdruck)
`t2 = (0, 1, 2, 3)`	Ein Tupel mit vier Elementen
`t2 = 0, 1, 2, 3`	Weiteres Tupel mit vier Elementen (dasselbe wie vorher)
`t3 = ('abc', ('def', 'ghi'))`	Verschachtelte Tupel

`t1[i], t3[i][j]`
`t1[i:j],`
`len(t1)`
	Index,
	Slice,
	Länge

`t1 + t2` `t2 * 3`	verkette, wiederhole
`for x in t2,` `3 in t2`	Schleife Mitgliedschaft

Der zweite und vierte Eintrag in Tabelle 2-9 verdienen ein wenig mehr Erklärung. Weil Klammern auch Ausdrücke einschließen können (siehe den vorangegangenen Abschnitt »Zahlen«), müssen Sie etwas Besonderes tun, um Python zu sagen, wann ein einzelnes Objekt in Klammern ein Tupel-Objekt und kein einfacher Ausdruck ist. Wenn Sie wirklich ein Tupel mit einem Element möchten, fügen Sie einfach ein Komma nach dem Einzelelement und vor die schließende Klammer ein.

Als Ausnahme gestattet es Python, in einem Kontext, wo es syntaktisch eindeutig ist, die Klammern bei einem Tupel wegzulassen. In der vierten Zeile der Tabelle sind beispielsweise einfach vier durch Kommata getrennte Elemente aufgeführt. Im Kontext einer Zuweisungs-Anweisung erkennt Python dies als ein Tupel, obwohl wir keine Klammern verwendet haben. Für Anfänger ist es wahrscheinlich einfacher, immer Klammern zu benutzen, als jeweils herauszubekommen, ob sie optional sind.

Abgesehen von unvermeidlichen Syntax-Unterschieden, sind Tupel-Operationen (die letzten drei Zeilen der Tabelle) identisch zu Strings und Listen, weshalb wir hier keine Beispiele zeigen werden. Die einzigen bemerkenswerten Unterschiede sind, daß die `+`-, `*`- und Slicing-Operationen neue Tupel erzeugen, wenn sie auf Tupel angewendet werden, und daß Tupel nicht über die Methoden verfügen, die wir bei Listen und Dictionaries gesehen haben. Allgemein gesagt, exportieren nur veränderliche Objekte aufrufbare Methoden in Python.

Warum Listen und Tupel?

Dies scheint immer die erste Frage zu sein, wenn Anfänger von Tupeln hören: Warum brauchen wir Tupel, wenn wir Listen haben? Einiges davon mag historisch bedingt sein. Aber die beste Antwort ist wohl, daß die Unveränderlichkeit von Tupeln Integrität schafft. Sie können sicher sein, daß Tupel nicht durch einen anderen Verweis an anderer Stelle im Programm verändert werden. Diese Garantie gibt es nicht für Listen, wie wir gleich sehen werden. Einige eingebaute Operationen erfordern auch Tupel, keine Listen. Zum Beispiel: Argument-Listen werden als Tupel konstruiert, wenn Funktionen dynamisch mit eingebauten Funktionen wie `apply` (natürlich haben wir `apply` noch nicht kennengelernt, so daß Sie uns für den Moment einfach glauben müssen) aufgerufen werden. Als Faustregel gilt, daß Listen das Werkzeug ihrer Wahl für geordnete Sammlungen, die verändert werden sollen, sind und Tupel die anderen Fälle behandeln.

Dateien

Wir hoffen, daß die meisten unserer Leser mit dem Prinzip von Dateien – mit Namen versehene Speicher-Abteilungen auf Ihrem Rechner, die vom Betriebssystem verwaltet werden – vertraut sind. Unser letzter eingebauter Objekttyp bietet eine Möglichkeit, auf diese Dateien innerhalb von Python-Programmen zuzugreifen. Die eingebaute `open`-Funktion erzeugt ein Python-Dateiobjekt, das als Verknüpfung zu einer Datei auf Ihrem Rechner dient. Nachdem Sie `open` aufgerufen haben, können Sie die verknüpfte externe Datei lesen und verändern, indem Sie Datei-Objektmethoden aufrufen.

Verglichen mit den Typen, die wir bisher gesehen haben, sind Dateiobjekte ein wenig ungewöhnlich. Sie sind keine Zahlen, Sequenzen oder Abbildungen; statt dessen exportieren sie lediglich Methoden zur allgemeinen Dateiverarbeitung. Technisch sind Dateien ein voreingestellter C-Erweiterungs-Typ, der eine dünne Hülle über das darunterliegende `stdio`-Dateisystem von C legt. Datei-Objektmethoden entsprechen tatsächlich nahezu 1:1 den Dateifunktionen in der C-Standardbibliothek.

Tabelle 2-10 faßt die gebräuchlichsten Dateioperationen zusammen. Um eine Datei zu öffnen, ruft ein Programm die `open`-Funktion auf, und zwar zunächst den externen Namen, gefolgt von der Bearbeitungsart (`'r'` bedeutet »Öffnen für Eingabe«, `'w'` bedeutet »Erstellen und Öffnen für Ausgabe«, `'a'` bedeutet »Öffnen, um das Ende zu erweitern«, weitere werden wir hier ignorieren). Beide Parameter müssen Python-Strings sein.

Wenn Sie ein Dateiobjekt haben, rufen Sie seine Methoden zum Lesen oder Schreiben einer externen Datei auf. In jedem Fall nimmt Dateitext in Python-Programmen die Form von *Strings* an. Das Lesen einer Datei gibt ihren Text als String wieder, und Text wird als String an die `write`-Methode übergeben. Lesen und Schreiben kommen in zahlreichen Variationen vor. In Tabelle 2-10 sind die gebräuchlichsten aufgeführt.

Das Aufrufen der `close`-Methode beendet die Verknüpfung mit der externen Datei. Wir haben bereits in einer Fußnote die *Speicherbereinigung* erwähnt; in Python wird der Speicherplatz eines Objekts automatisch wiederverwertet, sobald an keiner Stelle im

Programm mehr darauf Bezug genommen wird. Wenn Dateiobjekte recycelt werden, schließt Python die Datei automatisch, wenn nötig. Deshalb brauchen Sie Ihre Dateien nicht ständig manuell zu schließen, besonders bei einfachen Skripten, die nicht lange laufen. Andererseits kann ein manuelles `close` nicht schaden und ist in größeren Systemen üblicherweise anzuraten.

Tabelle 2-10: Gebräuchliche Dateioperationen

Operation	Bedeutung
`ausgab = open('/tmp/spam', 'w')`	Erzeuge Ausgabedatei (`'w'` für write/schreiben)
`eingab = open('data', 'r')`	Erzeuge Eingabedatei (`'r'` für read/lesen)
`S = eingab.read()`	Lies die gesamte Datei in einen einzigen String
`S = eingab.read(N)`	Lies N Bytes (1 oder mehr)
`S = eingab.readline()`	Lies nächste Zeile (bis zur Zeilenende-Markierung)
`L = eingab.readlines()`	Lies gesamte Datei als eine Liste von Zeilen-Strings
`ausgab.write(S)`	Schreibe String S in die Datei
`ausgab.writelines(L)`	Schreibe alle Zeilen-Strings in eine Liste L in die Datei
`ausgab.close()`	Manuelles Schließen (oder automatisch, bei der Wiederverwertung)

Dateien in Aktion

Hier ist ein einfaches Beispiel, das die Grundlagen der Dateibearbeitung demonstriert. Wir öffnen zunächst eine neue Datei für die Ausgabe, schreiben einen String (beendet mit der Zeilenende-Markierung `'\n'`) und schließen die Datei. Später werden wir dieselbe Datei im Eingabe-Modus öffnen und die Zeile wieder lesen. Beachten Sie, daß der zweite `readline`-Aufruf einen leeren String zurückgibt; auf diese Weise zeigen die Python-Dateimethoden an, daß das *Dateiende* erreicht ist (leere Zeilen sind Strings, die nur ein Zeilenende-Zeichen enthalten, keine leeren Strings).

```
>>> myfile = open('myfile', 'w')          # Öffnen zur Ausgabe (erzeugt)
>>> myfile.write('hello text file\n')     # Schreibe eine Zeile Text
>>> myfile.close()

>>> myfile = open('myfile', 'r')          # Öffnen für Eingabe
>>> myfile.readline()                     # Lies Zeile wieder ein
'hello text file\012'
>>> myfile.readline()                     # Leer-String, Dateiende
''
```

Dieses sind zusätzliche, anspruchsvollere Dateimethoden, die nicht in Tabelle 2-10 aufgeführt sind; `seek` z.B. setzt die aktuelle Position in einer Datei zurück, `flush` bewirkt das Wegschreiben zwischengespeicherter Dateiausgabe usw. Eine komplette Liste aller Dateimethoden finden Sie im Bibliotheks-Handbuch oder in anderen Python-Büchern. Da wir Beispiele für Dateien in Kapitel 9 sehen werden, zeigen wir an dieser Stelle keine weiteren Beispiele.

Verwandte Python-Werkzeuge

Dateiobjekte, die durch die `open`-Funktion zurückgegeben werden, erledigen die wesentlichen Hausarbeiten von Dateischnittstellen. In Kapitel 8 werden Sie eine Handvoll verwandter, aber anspruchsvollerer Python-Werkzeuge kennenlernen. Hier ist ein kurzer Überblick über alle verfügbaren dateiähnlichen Werkzeuge:

Dateideskriptor-basierte Dateien
: Das `os`-Modul stellt Schnittstellen zur Benutzung von primitiven, Deskriptor-basierten Dateien zur Verfügung.

DBM-verschlüsselte Dateien
: Das `anydbm`-Modul liefert eine Schnittstelle zu Dateien mit Schlüsselzugriff.

Beständige Objekte
: Die `shelve`- und `pickle`-Module unterstützen das Speichern ganzer Objekte (über einfache Strings hinaus).

Filter
: Das `os`-Modul liefert auch POSIX-Schnittstellen, um Filter zu verarbeiten.

Andere
: Es gibt auch optionale Schnittstellen zu Datenbanksystemen, auf B-Trees basierende Dateien und mehr.

Allgemeine Objekteigenschaften

Nachdem wir nun alle eingebauten Typen von Python gesehen haben, lassen Sie uns einen kurzen Blick auf die Eigenschaften werfen, die allen gemein sind. Ein Teil dieses Abschnitts ist ein Rückblick auf Gedanken und Ideen, die wir bereits gesehen haben.

Typen-Kategorien

Tabelle 2-11 klassifiziert alle Typen, die wir kennengelernt haben, nach den Typen-Kategorien, die vorgestellt wurden. Wie schon gesagt, haben Objekte gleiche Operationen entsprechend ihrer Kategorie – z.B. haben sowohl Strings als auch Listen und Tupel die gleichen Sequenz-Operationen. Wir haben ebenso gesehen, daß nur veränderliche Objekte an Ort und Stelle verändert werden können. Sie können Listen und Dictionaries ändern, aber keine Zahlen, Strings oder Tupel.[10] Dateien exportieren lediglich Methoden, so daß Veränderlichkeit nicht wirklich zutrifft (sie können verändert werden, wenn sie geschrieben sind, aber das ist nicht dasselbe wie Pythons Typen-Beschränkungen).

10 Sie mögen denken, die Unveränderlichkeit von Zahlen sei selbstverständlich, aber das ist nicht in jeder Programmiersprache der Fall. Einige frühe Versionen von FORTRAN beispielsweise erlaubten den Anwendern, den Wert einer Integer-Konstante durch Zuweisung zu verändern. Das würde in Python nicht funktionieren, weil Zahlen unveränderlich sind. Sie können sicher sein, daß 2 immer 2 bleiben wird.

Tabelle 2-11: Objekt-Klassifizierungen

Objekttyp	Kategorie	Veränderlich?
Zahlen	Numerisch	Nein
Strings	Sequenz	Nein
Listen	Sequenz	Ja
Dictionaries	Mapping	Ja
Tupel	Sequenz	Nein
Dateien	Erweiterung	-

Anwendung: Operatoren-Überladung

Später werden wir sehen, daß Objekte, die wir selbst mit Klassen implementieren, willkürlich aus diesen Kategorien auswählen können. Wenn Sie z.B. ein neuartiges, spezialisiertes Sequenz-Objekt, das eingebauten Sequenzen entspricht, zur Verfügung stellen möchten, codieren Sie eine Klasse, die Dinge wie Indizierung, Slicing und Verkettung überlädt:

```
class MySequence:
    def __getitem__(self, index):
        # aufgerufen bei self[index]
    def __getslice__(self, low, high):
        # aufgerufen bei self[low:high]
    def __add__(self, other):
        # aufgerufen bei self + other
```

und so weiter. Sie können das neue Objekt veränderlich machen oder nicht, indem Sie selektiv Methoden, die für Veränderungsoperationen aufgerufen werden, implementieren (z.B. wird `__setitem__` bei `self[index]=value`-Zuweisungen aufgerufen). Obwohl dies kein Buch über C-Integration ist, sei trotzdem erwähnt, daß es auch möglich ist, neue Objekte als *C-Erweiterungs-Typen* in C zu implementieren. Dabei füllen Sie C-Schablonen mit Funktionszeigern aus, um zwischen Zahlen-, Sequenz- und Abbildungs-Funktionsgruppen zu wählen. Pythons eingebaute Typen sind eigentlich vorprogrammierte C-Erweiterungs-Typen. Wie Guido müssen Sie sich der Typen-Kategorien bewußt sein, wenn Sie Ihre eigenen programmieren.

Allgemeinheit

Wir haben einige zusammengesetzte Objekttypen (Sammlungen mit Komponenten) gesehen. Im allgemeinen:

- Listen, Dictionaries und Tupel können jede Art von Objekt aufnehmen.
- Listen, Dictionaries und Tupel können beliebig verschachtelt werden.
- Listen und Dictionaries können dynamisch wachsen und schrumpfen.

Weil sie willkürliche Strukturen unterstützen, sind Pythons zusammengesetzte Objekttypen gut geeignet, um komplexe Informationen in einem Programm darzustellen. Die folgende Interaktion beispielsweise definiert einen Baum verschachtelter, zusammengesetzter Sequenz-Objekte. Um auf ihre Komponenten zuzugreifen, reihen wir so viele Index-Operationen wie nötig aneinander. Python wertet die Indizes von links nach rechts aus und holt bei jedem Schritt einen Verweis auf ein tiefer verschachteltes Objekt. (Das mag eine krankhaft komplizierte Datenstruktur sein, aber es verdeutlicht die Syntax, mit der im allgemeinen auf verschachtelte Objekte zugegriffen wird.)

```
>>> L = ['abc', [(1, 2), ([3], 4)], 5]
>>> L[1]
[(1, 2), ([3], 4)]
>>> L[1][1]
([3], 4)
>>> L[1][1][0]
[3]
>>> L[1][1][0][0]
3
```

Gemeinsame Verweise

Wir haben vorher erwähnt, daß Zuordnungen immer die Verweise auf Objekte speichern, nicht Kopien. In der Praxis möchten Sie dies üblicherweise auch. Aber da Zuordnungen mehrere Verweise auf dasselbe Objekt ergeben können, sollten Sie sich bewußt sein, daß die Veränderung eines Objekts an Ort und Stelle andere Verweise auf dieses Objekt mit beeinflussen kann. Im nachfolgenden Beispiel erstellen wir eine Liste, der `X` zugeordnet ist, und eine weitere, der `L` zugeordnet ist und die einen Verweis zurück zu Liste `X` enthält. Wir erstellen auch ein Dictionary `D`, das einen weiteren Verweis auf Liste `X` enthält:

```
a>>> X = [1, 2, 3]
>>> L = ['a', X, 'b']
>>> D = {'x':X, 'y':2}
```

Nun haben wir drei Verweise auf die zuerst erstellte Liste: vom Namen `X`, von der Liste, der `L` zugeordnet ist, und vom Dictionary `D`. Die Situation ist in Abbildung 2-2 dargestellt:

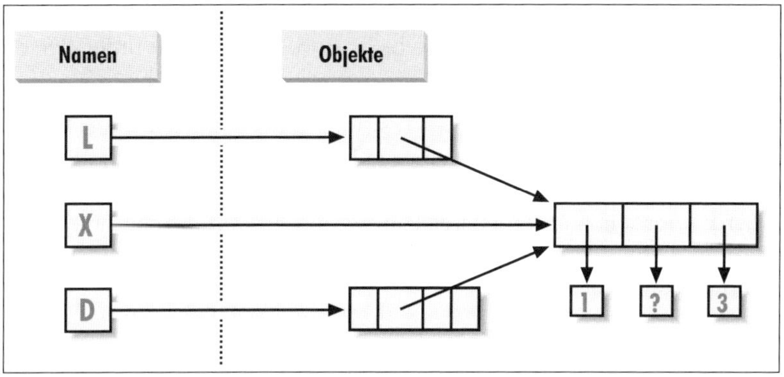

Abbildung 2-2: Gemeinsame Objektverweise

Da Listen veränderlich sind, verändert die Änderung des gemeinsamen Listen-Objekts von einem der drei Verweise das, worauf die beiden anderen verweisen:

```
>>> X[1] = 'surprise'          # Ändert alle drei Verweise!
>>> L
['a', [1, 'surprise', 3], 'b']
>>> D
{'x': [1, 'surprise', 3], 'y': 2}
```

Um dies zu verstehen, muß man wissen, daß Verweise eine höhere Ebene darstellen, analog zu Zeigern in Sprachen wie C. Obwohl man den Verweis als solchen nicht fassen kann, ist es möglich, denselben Verweis an mehreren Stellen zu speichern.

Vergleiche, Gleichheit und Wahrheit

Alle Python-Objekte reagieren auf Vergleiche: Test auf Gleichheit, relative Größe usw. Anders als in Sprachen wie C prüfen die Python-Vergleiche alle Teile von Komponenten-Objekten, bis ein Ergebnis festgestellt werden kann. Tatsächlich traversiert Python bei verschachtelten Objekten automatisch die Datenstrukturen und wendet die Vergleiche rekursiv an. Ein Vergleich von Listen-Objekten beispielsweise vergleicht alle ihre Komponenten automatisch:

```
>>> L1 = [1, ('a', 3)]         # Gleicher Wert, eigenständige Objekte
>>> L2 = [1, ('a', 3)]
>>> L1 == L2, L1 is L2         # Äquivalent, gleiches Objekt?
(1, 0)
```

Hier sind `L1` und `L2` zugeordnete, gleichwertige Listen, aber unterschiedliche Objekte. Aufgrund der Art der Python-Verweise gibt es zwei Arten, die Gleichheit zu testen:

Der Operator == testet die Äquivalenz von Werten
: Python führt einen Gleichheits-Test durch und vergleicht alle verschachtelten Objekte rekursiv.

Der Operator `is` *prüft auf Objekt-Identität*
: Python testet, ob beide tatsächlich dasselbe Objekt sind (d.h., ob sie unter derselben Adresse zu finden sind).

In unserem Beispiel bestehen `L1` und `L2` den ==-Test (sie haben gleichwertige Werte, weil alle ihre Komponenten gleichwertig sind), aber fallen beim `is`-Test durch (sie sind zwei verschiedene Objekte). Als Faustregel gilt, daß der Operator == in fast allen Gleichheits-Tests benutzt wird, aber wir werden später Fälle sehen, in denen beide Operatoren angewendet werden. Vergleiche der relativen Größe werden bei verschachtelten Datenstrukturen auch rekursiv angewendet:

```
>>> L1 = [1, ('a', 3)]
>>> L2 = [1, ('a', 2)]
>>> L1 < L2, L1 == L2, L1 > L2  # kleiner, gleich, größer: ein Ergebnis-Tupel
(0, 0, 1)
```

Hier ist `L1` größer als `L2`, weil die verschachtelte `3` größer als `2` ist. Beachten Sie, daß das Ergebnis der letzten Zeile tatsächlich ein *Tupel* der drei Objekte ist – die Ergebnisse der drei Ausdrücke, die wir geschrieben haben (ein Beispiel für ein Tupel ohne seine einschließenden Klammern). Die drei Werte stellen wahre und falsche Werte dar; in Python wie in C steht Integer 0 für *falsch* und ein Integer 1 für *wahr*. Anders als C erkennt Python auch alle leeren Datenstrukturen als falsch und alle nichtleeren Datenstrukturen als wahr. Tabelle 2-12 enthält Beispiele wahrer und falscher Objekte in Python.

Tabelle 2-12: Wahrheitswerte für Beispielobjekte

Objekt	Wert
`"spam"`	wahr
`""`	falsch
`[]`	falsch
`{}`	falsch
`1`	wahr
`0.0`	falsch
`None`	falsch

Python bietet auch ein spezielles Objekt, `None` genannt (letzter Punkt in Tabelle 2-12), das immer als falsch angenommen wird. `None` ist der einzige Wert eines speziellen Datentyps in Python; es dient üblicherweise als leerer Platzhalter, sehr ähnlich dem NULL-Zeiger in C. Im allgemeinen vergleicht Python die Typen, die wir in diesem Kapitel gesehen haben, folgendermaßen:

- Zahlen werden nach relativer Größe verglichen.
- Strings werden lexikographisch verglichen, Zeichen für Zeichen (»abc« < »ac«).
- Listen und Tupel werden durch Vergleich jeder Komponente von links nach rechts verglichen.
- Dictionaries werden verglichen, als ob sie sortierte Listen wären (Schlüssel, Wert).

In späteren Kapiteln werden wir andere Objekttypen kennenlernen, die die Art, auf die sie verglichen werden, verändern können. Zum Beispiel werden Klassen-Objekte zunächst nach ihren Adressen verglichen, es sei denn, sie besitzen spezielle Methoden des Vergleichs-Protokolls.

Typen-Hierarchien

Schließlich faßt Abbildung 2-3 alle in Python verfügbaren, eingebauten Objekttypen und ihre Beziehungen zusammen. In diesem Kapitel haben wir die bekanntesten kennengelernt; andere Arten von Objekten in Abbildung 2-3 beziehen sich entweder auf Programmeinheiten (z.B. Funktionen und Module) oder auf bereitgestellte Interna des Interpreters (z.B. Stack Frames[11] und kompilierten Code).

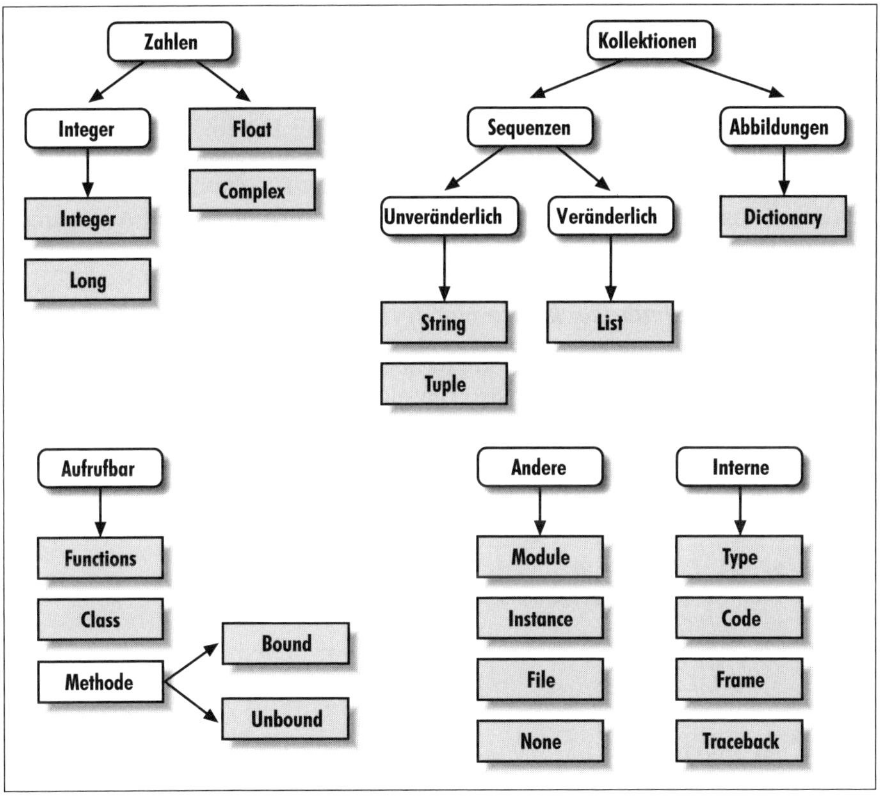

Abbildung 2-3: Eingebaute Typen-Hierarchien

11 Anm. d. Ü.: Eine korrekte Übersetzung würde den Rahmen dieses Buches sprengen. Nur soviel: Es handelt sich um interne Verwaltungsstrukturen, die den Programmablauf steuern, quasi Instanzen von Codeobjekten.

Der wichtigste Punkt ist hier, daß im Python-System alles einen Objekttyp hat und mit Ihren Python-Programmen verarbeitet werden kann. Sie können zum Beispiel einen Stack Frame an eine Funktion übergeben, ihn einer Variable zuordnen, ihn in eine Liste oder ein Dictionary stecken usw. Sogar Typen selbst sind Objekte in Python: Ein Aufruf der eingebauten Funktion `type(X)` gibt Ihnen das Typen-Objekt von Objekt `X` wieder. Außer als erstaunliche Zungenbrecher können Typen-Objekte auch zum manuellen Typen-Vergleich in Python benutzt werden.

Eingebaute Typen-Gotchas

In diesem und den meisten der folgenden Kapitel werden wir auch die häufigsten Probleme, mit denen Anfänger (und der gelegentliche Experte) sich plagen, und ihre Lösungen behandeln. Wir nennen sie *Gotchas* – eine abgeleitete Form von »got you«/»hab' ich dich«–, weil einige dieser Probleme Sie völlig unerwartet überraschen, besonders wenn Sie gerade erst mit Python zu arbeiten beginnen. Andere repräsentieren esoterisches Verhalten von Python, das allerdings beim richtigen Programmieren nur selten vorkommt (wenn überhaupt!), aber es scheint eine ungeheure Menge an Aufmerksamkeit von Sprachen-Liebhabern (wie uns) im Internet zu bekommen.[12] Wie auch immer, alle diese Dinge lehren uns etwas über Python, und wenn Sie die Ausnahmen verstehen, ist der Rest ganz einfach.

Zuordnung erzeugt Verweise, keine Kopien

Wir haben dieses Thema schon früher gestreift, aber wir wollen es hier noch einmal erwähnen, um zu unterstreichen, daß es sich um ein Gotcha handeln kann, wenn Sie nicht wirklich verstehen, was mit gemeinsamen Verweisen in Ihrem Programm geschieht. Im folgenden Beispiel wird auf das dem Namen `L` zugeordnete Listen-Objekt sowohl von `L` als auch aus der dem Namen `M` zugeordneten Liste verwiesen. Eine Veränderung von `L` an Ort und Stelle verändert auch den Verweis von `M`:

```
>>> L = [1, 2, 3]
>>> M = ['X', L, 'Y']          # Verschachteln einer Referenz auf L
>>> M
['X', [1, 2, 3], 'Y']

>>> L[1] = 0                   # ändert auch M
>>> M
['X', [1, 0, 3], 'Y']
```

12 Wir sollten auch erwähnen, daß Guido einige der Gotchas, die wir hier beschreiben, in zukünftigen Python-Ausgaben verschwinden lassen könnte, aber die meisten reflektieren grundlegende Eigenschaften der Sprache, die wir nicht ändern möchten (aber zitieren Sie uns hiermit nicht).

Lösungen

Dieser Effekt wird für gewöhnlich nur in größeren Programmen relevant, und manchmal sind gemeinsame Verweise genau das, was Sie möchten. Wenn nicht, können Sie das Mehrfachnutzen von Objekten vermeiden, indem Sie sie explizit kopieren. Bei Listen können Sie immer eine Top-Level-Kopie machen, indem Sie ein Slice mit leeren Grenzen benutzen:

```
>>> L = [1, 2, 3]
>>> M = ['X', L[:], 'Y']          # Verschachteln einer Kopie von L
>>> L[1] = 0                      # ändert nur L, nicht M
>>> L
[1, 0, 3]
>>> M
['X', [1, 2, 3], 'Y']
```

Erinnern Sie sich: Slice-Grenzen sind auf null und die Länge der Sequenz voreingestellt. Werden beide weggelassen, extrahiert ein Slice jedes Element in der Sequenz und macht somit eine Kopie auf der obersten Ebene (ein neues, nicht mehrfach genutztes Objekt).[13]

Wiederholung geht eine Ebene tief

Als wir die Sequenz-Wiederholung vorstellten, sagten wir, daß dies einem wiederholten Hinzufügen der Sequenz zu sich selbst entspricht. Das ist richtig, aber wenn veränderliche Sequenzen verschachtelt sind, könnte der Effekt nicht immer so ausfallen, wie Sie es erwarten. Z.B. ist im folgenden Beispiel `X` viermal `L` zugeordnet, während `Y` einer Liste, die `L` viermal *enthält*, zugeordnet ist:

```
>>> L = [4, 5, 6]
>>> X = L * 4             # wie [4, 5, 6] + [4, 5, 6] + ...
>>> Y = [L] * 4           # [L] + [L] + ... = [L, L,...]

>>> X
[4, 5, 6, 4, 5, 6, 4, 5, 6, 4, 5, 6]
>>> Y
[[4, 5, 6], [4, 5, 6], [4, 5, 6], [4, 5, 6]]
```

Weil `L` in der zweiten Wiederholung verschachtelt war, windet `Y` sich hoch, indem es lauter Verweise auf dieselbe *Original*-Liste, die `L` zugeordnet wurde, ansammelt. Sie ist damit offen für dieselbe Art von Nebeneffekten, die wir im letzten Abschnitt gesehen haben:

```
>>> L[1] = 0              # beeinflußt Y, aber nicht X
>>> X
[4, 5, 6, 4, 5, 6, 4, 5, 6, 4, 5, 6]
>>> Y
[[4, 0, 6], [4, 0, 6], [4, 0, 6], [4, 0, 6]]
```

13 Slices mit leeren Grenzen machen nur eine Kopie der obersten Ebene. Wenn Sie eine komplette Kopie einer tief verschachtelten Datenstruktur benötigen, können Sie auch das Standard-Kopier-Modul copy benutzen, das rekursiv durch Objekte geht. Siehe auch das Bibliotheks-Handbuch für Details.

Lösungen

Dies ist tatsächlich nur ein weiterer Weg, das Problem der gemeinsamen Objektverweise auszulösen, also treffen auch hier die obengenannten Lösungen zu. Und wenn Sie sich erinnern, daß Wiederholung, Verkettung und Slicing nur die obere Schicht ihrer Operanden-Objekte kopieren, machen derartige Fälle viel mehr Sinn.

Zyklische Datenstrukturen können nicht gedruckt werden

Wir sind diesem Gotcha bereits in der vorherigen Übung begegnet: Wenn ein Komponenten-Objekt einen Verweis auf sich selbst enthält, wird es *zyklisches* Objekt genannt. In Python-Versionen vor 1.5.1 schlug das Drucken solcher Objekte fehl, weil der Python-Drucker nicht gewieft genug war, den Zyklus zu erkennen (er hat denselben Text unaufhörlich immer und immer wieder gedruckt, bis man die Ausführung abgebrochen hat). Dieses wurde nun zwar behoben, aber es ist trotzdem gut, darüber Bescheid zu wissen. Zyklische Strukturen können Ihren eigenen Code auch in unerwartete Schleifen geraten lassen, wenn Sie nicht aufpassen. Für weitere Details lesen Sie bitte in den Lösungen zu Kapitel 1 nach.

```
>>> L = ['hi.']; L.append(L)    # Hänge Referenz an das gleiche Objekt
>>> L                           # vor 1.5.1: eine Schleife! (STRG-C hilft)
```

Lösungen

Tun Sie es nicht. Es gibt gute Gründe, Zyklen zu erstellen, aber wenn Sie nicht über Code verfügen, der sie handhaben kann, werden Sie in der Praxis wahrscheinlich nicht sehr oft Ihre Objekte auf sich selbst verweisen lassen wollen (außer es handelt sich um einen Salontrick).

Unveränderliche Typen können nicht an Ort und Stelle verändert werden

Und abschließend, was wir bis jetzt schon viele Male erwähnt haben: Man kann unveränderliche Typen nicht an Ort und Stelle verändern:

```
T = (1, 2, 3)
T[2] = 4              # Fehler!
T = T[:2] + (4,)      # Gut: (1, 2, 4)
```

Lösungen

Bilden Sie ein neues Objekt mit Slicing, Verkettung usw., und ordnen Sie es dem Original-Verweis zu, falls nötig. Das mag wie zusätzliche Codierarbeit aussehen, aber der Vorteil ist, daß die vorherigen Gotchas nicht passieren können, wenn Sie unveränderliche Objekte wie Tupel und Strings benutzen. Weil sie nicht vor Ort verändert werden können, sind sie nicht wie Listen offen für Nebeneffekte.

Zusammenfassung

In diesem Kapitel haben wir uns mit Pythons eingebauten Objekttypen – Zahlen, Strings, Listen, Dictionaries, Tupeln und Dateien – und den Befehlen, die Python für ihre Bearbeitung bietet, vertraut gemacht. Wir haben auch einige der den Objekten zugrundeliegenden Themen gestreift; speziell die Ideen der Operatoren-Überladung und Typen-Kategorien helfen, Typen in Python zu vereinfachen. Schließlich haben wir einige typische Fallstricke der eingebauten Typen kennengelernt.

Fast alle Beispiele in diesem Kapitel waren zur Illustration der Grundlagen absichtlich künstlich gehalten. Im nächsten Kapitel werden wir mit den Anweisungen beginnen, die Objekte erstellen und bearbeiten und es uns ermöglichen, Programme für realistischere Arbeiten zu schreiben.

Andere Typen in Python

Außer den Kernobjekten, die wir in diesem Kapitel kennengelernt haben, sind in einer typischen Python-Installation Dutzende anderer Objekttypen als eingebundene C-Erweiterungen oder Python-Klassen verfügbar. Wir werden einige Beispiele im Verlauf des Buches sehen – reguläre Ausdrucks-Objekte, DBM-Dateien, GUI-Schaltflächen usw. Der Hauptunterschied zwischen diesen Extra-Werkzeugen und den eingebauten Typen, die wir gerade gesehen haben, besteht darin, daß die Eingebauten eine spezielle Spracherstellungs-Syntax für ihre eigenen Objekte (z.B. `4` für einen Integer, `[1,2]` für eine Liste, die `open`-Funktion für Dateien) zur Verfügung stellen. Andere Werkzeuge werden meistens in ein eingebautes Modul exportiert, das Sie zunächst importieren müssen, um es zu benutzen. Einen vollständigen Führer durch alle in Python verfügbaren Programme finden Sie in Pythons Bibliotheks-Handbuch.

Übungen

Diese Sitzung ermuntert Sie zu eigenen Gehversuchen mit den Grundlagen der eingebauten Objekte. Wie schon vorher, können einige neue Ideen auftauchen, weshalb Sie bitte Anhang C aufschlagen, wenn Sie fertig sind (und auch wenn Sie nicht fertig sind).

1. *Die Grundlagen.* Experimentieren Sie interaktiv mit den Befehlen für grundlegende Typen aus den Tabellen dieses Kapitels. Als erstes werfen Sie den interaktiven Interpreter an und geben die untenstehenden Ausdrücke ein. Versuchen Sie jedesmal selbst zu erklären, was passiert:

```
w2 ** 16
2 / 5, 2 / 5.0
```

```
"spam" + "eggs"
S = "ham"
"eggs " + S
S * 5
S[:0]
"green %s and %s" % ("eggs", S)

('x',)[0]
('x', 'y')[1]

L = [1,2,3] + [4,5,6]
L, L[:], L[:0], L[-2], L[-2:]
([1,2,3] + [4,5,6])[2:4]
[L[2], L[3]]
L.reverse(); L
L.sort(); L
L.index(4)

{'a':1, 'b':2}['b']
D = {'x':1, 'y':2, 'z':3}
D['w'] = 0
D['x'] + D['w']
D[(1,2,3)] = 4
D.keys(), D.values(), D.has_key((1,2,3))

[[]], ["",[],(),{},None]
```

2. *Indizierung und Slicing*. Definieren Sie eine Liste namens `L` in der interaktiven Eingabeaufforderung, die vier Strings oder Zahlen (z.B. `L=[0,1,2,3]`) enthält. Nun lassen Sie uns mit einigen Grenzfällen experimentieren.
   a. Was passiert, wenn Sie außerhalb der Grenzen indizieren wollen (z.B. `L[4]`)?
   b. Was passiert beim Slicing außerhalb der Grenzen (z.B. `L[-1000:100]`)?
   c. Abschließend, wie reagiert Python, wenn Sie versuchen, eine Sequenz rückwärts zu extrahieren – mit einer unteren Grenze, die höher liegt als die obere Grenze (z.B. `L[3:1]`)? Hinweis: Versuchen Sie, diesem Slice (`L[3:1] = ['?']`) etwas zuzuordnen, und sehen Sie, wohin der Wert gesetzt wird. Glauben Sie, daß es sich um dasselbe Phänomen handelt wie beim Slicing außerhalb der Grenzen?

3. *Indizierung, Slicing und die del-Anweisung*. Definieren Sie wieder eine Liste `L` mit vier Elementen, und ordnen Sie einer ihrer Positionen eine leere Liste zu (z.B. `L[2] = []`) – was passiert? Versuchen Sie dann, eine leere Liste einem Slice zuzuordnen (`L[2:3] = []`) – was geschieht nun? Erinnern Sie sich, daß Slice-Zuordnung den Slice löscht und den neuen Wert an seine alte Stelle einfügt. Die `del`-Anweisung löscht Positionen, Schlüssel, Attribute und Namen – versuchen Sie, damit ein Element Ihrer Liste zu löschen (z.B. `del L[0]`). Was passiert, wenn Sie ein ganzes Slice löschen (`del L[1:]`)? Und wenn Sie eine Nicht-Sequenz einem Slice zuordnen (`L[1:2] = 1`)?

4. *Tupel-Zuordnung.* Was, glauben Sie, geschieht mit `X` und `Y`, wenn Sie diese Sequenz eingeben? Wir werden in Kapitel 3 auf dieses Konstrukt zurückkommen, aber es hat etwas mit den Tupeln zu tun, die wir hier gesehen haben.

```
>>> X = 'spam'
>>> Y = 'eggs'
>>> X, Y = Y, X
```

5. *Dictionary-Schlüssel.* Denken Sie über die folgenden Codefragmente nach:

```
>>> D = {}
>>> D[1] = 'a'
>>> D[2] = 'b'
```

Wir haben gelernt, daß auf Dictionaries nicht über Positionen zugegriffen werden kann; was ist hier los? Wirft das folgende Licht auf diese Frage? (Hinweis: Strings, Integer und Tupel haben welche Art von Kategorie gemeinsam?)

```
>>> D[(1, 2, 3)] = 'c'
>>> D
{1: 'a', 2: 'b', (1, 2, 3): 'c'}
```

6. *Dictionary-Indizierung.* Erstellen Sie ein Dictionary `D` mit drei Einträgen für die Schlüssel `a`, `b`, und `c`. Was passiert, wenn Sie versuchen, einen nichtexistenten Schlüssel `d` (`D['d']`) zu indizieren? Was tut Python, wenn Sie versuchen, einem nichtexistenten Schlüssel `d` etwas zuzuordnen (z.B. `D['d'] = 'spam'`)? Wie ist dies im Vergleich zu Zuordnungen außerhalb der Grenzen und Verweise auf Listen zu sehen? Klingt dies vielleicht wie eine Regel für Variablennamen?

7. *Generische Operationen.* Führen Sie interaktiv Tests durch, um die folgenden Fragen zu beantworten.

   a. Was passiert, wenn Sie versuchen, den `+`-Operator auf verschiedene/gemischte Typen anzuwenden (z.B. String + Liste, Liste + Tupel)?

   b. Funktioniert `+`, wenn einer der Operanden ein Dictionary ist?

   c. Ist die `append`-Methode sowohl für Listen als auch für Strings anwendbar? Wie steht es mit der Anwendung der `keys`-Methode auf Listen? (Hinweis: Was nimmt `append` über sein Gegenstands-Objekt an?)

   d. Und abschließend: Welche Art von Objekt erhalten Sie, wenn Sie Slices bilden oder zwei Listen oder Strings verketten?

8. *String-Indizierung.* Definieren Sie einen String `S` mit vier Zeichen: `S = "spam"`. Dann schreiben Sie den folgenden Ausdruck: `S[0][0][0][0][0]`. Haben Sie eine Idee, was diesmal geschieht? (Hinweis: Rufen Sie sich in Erinnerung, daß ein String eine Sammlung von Zeichen ist, Python-Zeichen jedoch Strings aus einem Zeichen sind.) Funktioniert dieser Indizierungs-Ausdruck auch noch, wenn sie ihn auf eine Liste wie `['s', 'p', 'a', 'm']` anwenden? Weshalb?

9. *Unveränderliche Typen.* Definieren Sie wieder einen String `S` mit 4 Zeichen: `S = "spam"`. Schreiben Sie eine Zuweisung, die den String zu `"slam"` ändert, indem Sie nur Slicing und Verkettung benutzen. Könnten Sie dieselbe Operation durchführen, indem Sie nur Indizierung und Verkettung anwenden? Wie steht es mit Index-Zuweisung?
10. *Verschachteln.* Schreiben Sie eine Datenstruktur, die Ihre persönlichen Daten enthält: Name, Vorname, Alter, Beruf, Adresse, E-Mail-Kennung und Telefonnummer. Sie können diese Datenstruktur mit jeglicher Kombination von eingebauten Objekttypen, die Ihnen gefällt, erstellen: Listen, Tupel, Dictionaries, Strings, Zahlen. Dann greifen Sie durch Indizierung auf die einzelnen Komponenten Ihrer Datenstruktur zu. Sind einige Strukturen für dieses Objekt sinnvoller als andere?
11. *Dateien.* Schreiben Sie ein Skript, das eine neue Ausgabedatei namens *myfile.txt* anlegt und den String `"Hallo Datei-Welt!"` hineinschreibt. Schreiben Sie dann ein weiteres Skript, das *myfile.txt* öffnet, liest und den Inhalt druckt. Starten Sie Ihre beiden Skripten von der Befehlszeile aus. Erscheint die neue Datei in dem Verzeichnis, in dem Sie Ihre Skripten starteten? Was geschieht, wenn Sie dem an `open` übergebenen Dateinamen einen anderen Verzeichnispfad hinzufügen?
12. *Die dir-Funktion.* Versuchen Sie, die folgenden Ausdrücke in die interaktive Eingabeaufforderung einzugeben. Beginnend mit Version 1.5, wurde die `dir`-Funktion, der wir in Kapitel 1 begegnet sind, verallgemeinert, um alle Attribute eines *jeden* Python-Objekts, das von Interesse sein könnte, anzuzeigen. Wenn Sie eine frühere Version als 1.5 benutzen, hat das Schema `__methods__` denselben Effekt.

```
[].__methods__       # 1.4 oder 1.5
dir([])              # 1.5 und später
{}.__methods__
dir({})
```

In diesem Kapitel:
- *Zuweisung*
- *Ausdrücke*
- *Print*
- *if-Tests*
- *while-Schleifen*
- *for-Schleifen*
- *Allgemeine Codierungs-Gotchas*
- *Zusammenfassung*
- *Übungen*

3 Elementare Anweisungen

Nachdem wir nun die grundlegenden eingebauten Objekttypen von Python kennengelernt haben, werden wir uns in diesem Kapitel den wesentlichen Anweisungsarten zuwenden. Einfach ausgedrückt sind Anweisungen Teile, die Sie schreiben, um Python mitzuteilen, was Ihre Programme tun sollen. Wenn Programme *Dinge* mit *Zeugs* machen, dann bieten Anweisungen eine Möglichkeit, festzulegen, welche Art von *Dingen* das Programm tut. Im großen und ganzen ist Python eine prozedurale, auf Anweisungen basierende Sprache. Durch die Kombination verschiedener Anweisungen spezifizieren Sie eine Anweisungsfolge, die Python ausführt, um ein Programmziel zu erreichen.

Eine andere Möglichkeit, sich die Rolle von Anweisungen zu verdeutlichen, ist, sich noch einmal mit der Konzepthierarchie, die wir in Kapitel 2, *Typen und Operatoren*, vorgestellt haben, auseinanderzusetzen. In dem Kapitel behandelten wir die eingebauten Objekte; nun erklimmen wir die nächste Hierarchiestufe:

1. Programme bestehen aus Modulen.
2. Module beinhalten *Anweisungen*.
3. Anweisungen erstellen und bearbeiten Objekte.

Anweisungen verarbeiten die Objekte, die uns bereits bekannt sind. Außerdem werden Objekte in Anweisungen realisiert (z.B. in der Zuweisung von Anweisungsausdrücken), und einige Anweisungen erstellen völlig neue Arten von Objekten (Funktionen, Klassen usw.). Obwohl wir dies erst in Kapitel 5, *Module*, detailliert behandeln werden, sei hier bereits erwähnt, daß Anweisungen immer in Modulen existieren, die ihrerseits durch Anweisungen verwaltet werden.

Tabelle 3-1 faßt die Anweisungen von Python zusammen. Einige von ihnen haben wir bereits vorgestellt: In Kapitel 2 haben wir beispielsweise gesehen, daß die `del`-Anweisung Komponenten von Datenstrukturen löscht, daß die Zuweisungsanweisung Verweise auf Objekte bildet usw. In diesem Kapitel werden wir die Details besprechen, die wir vorher ausgelassen haben, und wir stellen die restlichen grundlegenden prozeduralen Anweisungen von Python vor. Bei den Anweisungen, die mit größeren Programmeinheiten – Funktionen, Klassen, Module und Ausnahmen – zu tun haben, werden wir haltmachen. Da diese Anweisungen zu ausgeklügelteren Programmierkonzepten führen, besprechen wir jede in einem eigenen Kapitel. Exotischere Anweisungen wie `exec` (die als String erstellten Code übersetzt und ausführt) und `assert` werden weiter hinten im Buch besprochen.

Tabelle 3-1: Python-Anweisungen

Anweisung	Rolle	Beispiele
Zuweisung	Referenzen erzeugen	`curly, moe, larry = 'good', 'bad', 'ugly'`
Aufruf	Funktionen ausführen	`stdout.write("spam, ham, toast\n")`
Drucken	Objekte drucken	`print 'The Killer', joke`
if/elif/else	Aktionen selektieren	`if "python" in text: print text`
for/else	Sequenzwiederholung	`for x in mylist: print x`
while/else	generelle Schleifen	`while 1: print 'hello'`
pass	leerer Platzhalter	`while 1: pass`
break, continue	Schleifensprünge	`while 1:` `    if not line: break`
try/except/finally	Abfangen von Ausnahmen	`try: action()` `except: print 'action error'`
raise	Auslösen von Ausnahmen	`raise endSearch, location`
import, from	Modulzugriff	`import sys; from sys import stdin`
def, return	Erstellen von Funktionen	`def f(a, b, c=1, *d): return a+b+c+d[0]`
class	Erstellen von Objekten	`class subclass: staticData = []`
global	Namensräume	`def function(): global x, y; x = 'new'`
del	Löschen	`del data[k]; del data[i:j]; del obj.attr`
exec	Codetext ausführen	`exec "import " + modName in gdict, ldict`
assert	Test zur Fehlerbeseitigung	`assert X > Y`

Zuweisung

Wir haben die Zuweisungsanweisung bereits benutzt, um Objekte an Namen zuzuweisen. In der einfachsten Form schreiben Sie das Ziel einer Zuweisung auf die linke Seite eines Gleichheitszeichens und ein zuzuweisendes Objekt auf die rechte Seite. Das Ziel auf der Linken kann ein Name oder eine Objektkomponente, das Objekt auf der Rechten ein beliebiger Ausdruck mit einem Objekt als Ergebnis sein. Größtenteils sind Zuweisungen ganz einfach anzuwenden, aber hier sind einige Eigenschaften, die man sich merken sollte:

Zuweisungen erzeugen Objektverweise
: Wie wir bereits wissen, speichert die Zuweisung Verweise auf Objekte in Namen oder Datenstrukturen. Sie erstellt immer *Verweise* auf Objekte, statt Objekte zu kopieren. Deshalb sind Python-Variablen viel eher wie Zeiger in C und nicht wie Datenspeicherplätze.

Namen werden mit der ersten Zuweisung erzeugt
: Wir wissen auch schon, daß Python Variablennamen erzeugt, wenn Sie ihnen zum erstenmal einen Wert (einen Objektverweis) zuweisen. Sie brauchen Namen also nicht vorher zu deklarieren. Auch einige (aber nicht alle) Datenstruktur-Plätze werden mit der ersten Zuweisung erstellt (z.B. Dictionary-Einträge, einige Objektattribute). Einmal zugewiesen, wird ein Name durch den Wert ersetzt, auf den er verweist, sobald er in einem Ausdruck auftaucht.

Namen müssen zugewiesen sein, bevor sie verwendet werden
: Umgekehrt ist es ein Fehler, einen Namen zu benutzen , dem noch kein Wert zugewiesen wurde. Wenn Sie es versuchen, erzeugt Python eine Ausnahme, anstatt irgendeinen zweifelhaften (und schwer erkennbaren) Standardwert zurückzugeben.

Implizite Zuweisungen: import, from, def, class, for, function arguments usw.
: In diesem Abschnitt setzen wir uns mit der =-Anweisung auseinander, Zuweisung taucht jedoch in allerhand Zusammenhängen in Python auf. Zum Beispiel werden wir später sehen, daß Modulimporte, Funktion- und Klassendefinitionen, `for`-Schleifenvariablen und Funktionsparameter alles implizite Zuweisungen sind. Da die Zuweisung überall, wo sie auftaucht, gleichermaßen funktioniert, werden in all diesen Fällen einfach nur Namen zur Laufzeit an Objektverweise gebunden.

In Tabelle 3-2 sind die verschiedenen Arten von Zuweisungsanweisungen in Python dargestellt.

Tabelle 3-2: Formen der Zuweisungsanweisung

Operation	Bedeutung
`spam = 'Spam'`	Grundform
`spam, ham = 'yum', 'YUM'`	Tupel-Zuweisung (der Reihe nach)
`[spam, ham] = ['yum', 'YUM']`	Listenzuweisung (der Reihe nach)
`spam = ham = 'lunch'`	mehrere Ziele

Die erste Zeile ist die bei weitem gebräuchlichste: das Binden eines einzigen Objekts an einen Namen (oder einen Datenstruktur-Platz). Die anderen Einträge stellen eher spezielle Formen dar:

Zuweisungen, die Tupel und Listen auspacken

Die zweite und dritte Zeile gehören zusammen. Wenn Sie Tupel oder Listen auf der linken Seite des = benutzen, paart Python die Objekte auf der rechten Seite mit den Zielen auf der Linken und weist sie von links nach rechts zu. Zum Beispiel ist in der zweiten Zeile der Tabelle der Name `spam` dem String `'yum'` zugeordnet, und der Name `ham` ist an den String `'YUM'` gebunden. Intern erzeugt Python zunächst ein Tupel aus den Elementen auf der Rechten, deshalb wird dies oft »auspackende« Tupel-(und Listen-)Zuweisung genannt.

Mehrfachziel-Zuweisungen

In der letzten Zeile ist die Mehrfachziel-Form von Zuweisungen dargestellt. In dieser Form weist Python allen Zielen auf der Linken einen Verweis auf dasselbe Objekt (das Objekt am weitesten rechts) zu. In der Tabelle wird den beiden Namen `spam` und `ham` ein Verweis auf den String `'lunch'` zugeordnet, und beide teilen sich dasselbe Objekt. Der Effekt ist übrigens derselbe, als wenn Sie `ham='lunch'`, gefolgt von `spam=ham`, geschrieben hätten, da die Auswertung von `ham` zu dem originalen String-Objekt führt.

Hier ist ein einfaches Beispiel einer »auspackenden« Zuweisung in Aktion. Wir haben den Effekt der letzten Zeile in der Lösung zu einer Übung aus Kapitel 2 eingeführt: Da Python temporäre Tupel erstellt, die die Elemente auf der Rechten festhalten, ermöglichen »auspackende« Zuweisungen, die Werte zweier Variablen zu vertauschen, ohne erst selbst eine temporäre Variable erstellen zu müssen.

```
>>> nudge = 1
>>> wink  = 2
>>> A, B = nudge, wink              # Tupeln
>>> A, B
(1, 2)
>>> [C, D] = [nudge, wink]          # Listen
>>> C, D
(1, 2)
>>> nudge, wink = wink, nudge       # Tupeln: tauscht Werte
>>> nudge, wink                     # Wie T=nudge; nudge=wink; wink=T
(2, 1)
```

Regeln für Variablennamen

Nachdem wir Ihnen nun alles über Zuweisungsanweisungen beigebracht haben, sollten wir auch in unserem Gebrauch von Variablennamen etwas formeller werden. In Python entstehen Namen, wenn ihnen Werte zugewiesen werden, aber es gibt bei der Auswahl von Namen einige Regeln zu beachten. Die Namensregeln von Python für Variablen sind ähnlich wie in C:

Syntax: (Unterstrich oder Buchstabe) + (beliebige Anzahl von Buchstaben, Ziffern oder Unterstrichen)

Variablennamen müssen mit einem Unterstrich oder einem Buchstaben beginnen, gefolgt von einer beliebigen Anzahl von Buchstaben, Ziffern oder Unterstrichen. `_spam`, `spam` und `Spam_1` sind erlaubte Namen, aber `1_Spam`, `spam$` und `@#!` sind es nicht.

Groß-/Kleinbuchstaben: SPAM ist nicht dasselbe wie spam

Python unterscheidet in Progammtext immer zwischen Groß- und Kleinschreibung, sowohl bei benutzerdefinierten Namen als auch bei reservierten Wörtern. Die Namen `X` und `x` verweisen beispielsweise auf zwei verschiedene Variablen.

Reservierte Wörter: Sperrgebiet

Benutzerdefinierte Namen können keine Wörter sein, die in Python bereits eine bestimmte Bedeutung haben. Wenn wir zum Beispiel versuchen, einen Variablennamen wie `class` zu benutzen, wird Python einen Syntaxfehler melden, aber `klass` und `Class` funktionieren problemlos. In der folgenden Liste sind die in Python reservierten Wörter (sozusagen Sperrgebiet für uns) zusammengefaßt.

and	assert	break	class	continue
def	del	elif	else	except
exec	finally	for	from	global
if	import	in	is	lambda
not	or	pass	print	raise
return	try	while		

Bevor wir fortfahren, möchten wir nochmals daran erinnern, wie wichtig es ist, deutlich zwischen *Namen* und *Objekten* zu unterscheiden. Wie wir in Kapitel 2 gesehen haben, haben Objekte einen Typ (z.B. Integer oder Liste) und sind veränderlich oder unveränderlich. Namen andererseits sind einfach nur Verweise auf Objekte. Sie haben überhaupt keine Veränderlichkeit und keinerlei angeschlossene Typinformationen außer der Typinformation über das Objekt, an das sie irgendwann gebunden wurden. Es ist völlig in Ordnung, denselben Namen verschiedenen Arten von Objekten zu verschiedenen Zeiten zuzuweisen:

```
>>> x = 0             # x an ein Integer-Objekt gebunden
>>> x = "Hello"       # jetzt ist es ein String
>>> x = [1, 2, 3]     # und nun ist es eine Liste
```

In späteren Beispielen werden wir sehen, daß diese allgemeine Natur von Namen ein entschiedener Vorteil des Programmierens in Python sein kann.[1]

1 Wenn Sie in der Vergangenheit C++ benutzt haben, könnte es Sie interessieren, daß es in Python keinen Begriff für die const-Vereinbarung von C++ gibt. Bestimmte Objekte können unveränderlich sein, aber Namen können immer zugewiesen werden. Wie wir in späteren Kapiteln sehen werden, hat Python üblicherweise immer Möglichkeiten, Namen in Klassen oder Modulen zu verbergen, aber sie sind nicht dasselbe wie die Vereinbarungen von C++.

Ausdrücke

In Python können Sie auch Ausdrücke als Anweisungen benutzen. Aber da das Ergebnis des Ausdrucks nicht gepeichert werden würde, macht es nur Sinn, dieses zu tun, wenn der Ausdruck einen sinnvollen Nebeneffekt hat. Ausdrücke werden gemeinhin in zwei Situationen als Anweisung benutzt:

Um Funktionen und Methoden aufzurufen
: Einige Funktionen und Methoden erfüllen viele Aufgaben, ohne einen Wert zurückzugeben. Da Sie nicht daran interessiert sind, den Rückgabewert[2] aufzuheben, können Sie solche Funktionen mit einer *Ausdrucks-Anweisung* aufrufen. Solche Funktionen werden in anderen Sprachen manchmal *Prozeduren* genannt. In Python nehmen sie die Gestalt von Funktionen an, die keinen Wert zurückgeben.

Um Werte an der interaktiven Eingabeaufforderung auszugeben
: Wie wir bereits gesehen haben, meldet Python das Ergebnis von Ausdrücken zurück, die auf der interaktiven Befehlszeile eingegeben wurden. Technisch gesehen sind diese Ausdrücke auch Anweisungen; sie dienen als Abkürzung, um nicht immer `print`-Anweisungen schreiben zu müssen.

Tabelle 3-3 zeigt einige der üblichen Ausdrucksanweisungen, von denen wir die meisten schon kennen. Aufrufe von Funktionen und Methoden werden mit einer Liste von Objekten in Klammern hinter der Funktion oder der Methode (genauer: Ausdrücke, die zu Objekten ausgewertet werden) codiert.

Tabelle 3-3: Beispiele für Ausdrucksanweisungen

Operation	Bedeutung
`spam(eggs, ham)`	Funktionsaufrufe
`spam.ham(eggs)`	Methodenaufrufe
`spam`	Interaktive Ausgabe
`spam < ham and ham != eggs`	Zusammengesetzte Ausdrücke
`spam < ham < eggs`	Bereichstests

Die letzte Zeile der Tabelle zeigt eine spezielle Form: Python läßt uns Größen-Vergleichstests aneinanderreihen, um verkettete Vergleiche wie den *Bereichs*-Test zu formulieren. Zum Beispiel testet der Ausdruck `(A < B < C)`, ob `B` zwischen `A` und `C` liegt. Dies ist äquivalent zu dem Booleschen Test `(A < B und B < C)`, aber einfacher zu lesen (und zu schreiben). Zusammengesetzte Ausdrücke werden normalerweise nicht als Anweisungen geschrieben, aber es ist syntaktisch richtig und kann in der interakiven Eingabeaufforderung sogar nützlich sein, wenn Sie sich über das Ergebnis eines Ausdrucks nicht sicher sind und mal eben nachsehen möchten.

---

2 Funktionen geben immer etwas zurück, zumindest `None`, wenn Sie nichts anderes angeben. Dadurch erhalten Sie prozedurale Funktionen. – Anm.d.Ü.

Obwohl in Python Ausdrücke als Anweisungen auftauchen können, können Anweisungen nicht als Ausdrücke benutzt werden. Anders als bei C erlaubt Python es beispielsweise nicht, Zuweisungsanweisungen (=) in andere Ausdrücke einzubetten. Der Grund dafür ist, daß dadurch allgemeine Codierfehler vermieden werden sollen; denn Sie können nicht versehentlich eine Variable duch Eingabe von = verändern, wenn Sie eigentlich == als Gleichheits-Test hatten schreiben wollen.

Print

Die `print`-Anweisung druckt einfach Objekte. Technisch gesehen schreibt sie die Textdarstellung von Objekten in den Standard-Ausgabestrom. Dieser ist nämlich genau derselbe wie `stdout` (in C) und wird normalerweise auf das Fenster abgebildet, in dem Sie Ihr Python-Programm gestartet haben (es sei denn, Sie haben ihn in eine Datei Ihrer Systemoberfläche umgeleitet).

In Kapitel 2 haben wir auch die Dateimethoden zum Schreiben von Text gesehen. Die `print`-Anweisung ist ähnlich, aber zielgerichteter: `print` schreibt Objekte in den `stdout`-Strom (mit etwas Standardformatierung), während die `write`-Methoden Strings in Dateien schreiben. Da der Standard-Ausgabestrom in Python als `stdout`-Objekt im eingebauten `sys`-Modul (`sys.stdout`) verfügbar ist, kann man `print` mit `write`-Dateimethoden nachbauen (siehe unten). `print` ist eben einfacher anzuwenden.

Tabelle 3-4 gibt die verschiedenen Formen der `print`-Anweisung wieder.

Tabelle 3-4: Formen der print-Anweisung

Operation	Bedeutung
`print spam, ham`	Druckt Objekte zu `sys.stdout` mit einem Leerzeichen dazwischen
`print spam, ham,`	Ebenso, aber ohne Newline am Ende

Per Voreinstellung werden Leerzeichen zwischen Werten, die durch Kommata getrennt sind, eingefügt sowie ein Zeilenvorschub (LF) am Ende der aktuellen Ausgabezeile. Um den Zeilenvorschub (LF) zu unterdrücken (so daß Sie dieser Zeile später noch Text hinzufügen können), beenden Sie die `print`-Anweisung mit einem Komma, wie in der zweiten Zeile der Tabelle gezeigt. Um die Leerzeichen zwischen den Werten zu unterdrücken, können Sie aber auch einen Ausgabe-String erzeugen, indem Sie die String-Verkettung und die Formatierungswerkzeuge aus Kapitel 2 anwenden:

```
>>> print "a", "b"
a b
>>> print "a" + "b"
ab
>>> print "%s...%s" % ("a", "b")
a...b
```

Das »Hallo Welt«-Programm in Python

Und nun kommt endlich, ohne weitere Verzögerung, das Skript, auf das Sie alle gewartet haben (Trommelwirbel, bitte!) – das *Hallo Welt*-Programm in Python. Leider ist es mehr als enttäuschend. Um eine *Hallo Welt*-Nachricht in Python zu drucken, geben Sie sie einfach aus:

```
>>> print 'Hallo Welt'                # drucke ein String-Objekt
Hallo Welt

>>> 'Hallo Welt'                      # interaktiv druckt es von allein
'Hallo Welt'

>>> import sys                        # Drucken der dritten Art (umständlich)
>>> sys.stdout.write('Hallo Welt\n')
Hallo Welt
```

Anwendung: print und stdout

Es ist wichtig zu erkennen, daß die `print`-Anweisung und das Schreiben nach `sys.stdout` gleichwertig sind. Sie können `sys.stdout` ein benutzerdefiniertes Objekt, das dieselben Methoden wie Dateien (z.B. `write`) bietet, zuweisen. Da die print-Anweisung einfach nur Texte an die `sys.stdout.write`–Methode schickt, können Sie gedruckten Text abfangen, indem Sie an `sys.stdout` ein Objekt zuweisen, das mit seiner `write`-Methode Text abspeichert. Beispielsweise können Sie einen Ausgabetext an ein GUI-Fenster schicken, indem Sie ein Objekt mit einer `write`-Methode definieren, das dann die Weiterleitung übernimmt. Wir sehen später ein Beispiel für diesen Trick, aber ganz abstrakt sieht das so aus:

```
class FileFaker:
    def write(self, string):
        # mit dem String etwas tun

import sys
sys.stdout = FileFaker()
print someObjects              # sendet an die write-Methode der Klasse
```

Die eingebaute Funktion `raw_input()` liest von `sys.stdin`, so daß Sie Leseanforderungen auf ähnliche Weise abfangen können (indem Sie Klassen benutzen, die dateiähnliche Lesemethoden implementieren). Beachten Sie bitte, daß dies die Methode ist, um HTML in CGI-Skripten zu drucken, da der `print`-Text zu `stdout` geht (siehe Kapitel 9, *Allgemeine Aufgaben in Python*). Es bedeutet auch, daß Sie wie gewohnt Ein- und Ausgabe von Python-Skripten auf der Befehlszeile des Betriebssystems umleiten können:

```
python script.py < inputfile > outputfile
python script.py | filter
```

In Python ist Drucken so simpel, wie es besser überall sein sollte. Sie können allerdings durch Aufrufen der `write`-Methode des `sys.stdout`-Dateiobjekts denselben Effekt erreichen. Die `print`-Anweisung wird als einfacheres Werkzeug für einfache Duckaufgaben bereitgestellt. Da Ausdrucksergebnisse in der interaktiven Befehlszeile wiedergegeben werden, müssen Sie hier oftmals überhaupt keine `print`-Anweisung benutzen – schreiben Sie einfach Ausdrücke, die Sie angezeigt haben möchten.

if-Tests

Die `if`-Anweisung entscheidet über auszuführende Aktionen. Sie ist das Haupt-Entscheidungswerkzeug in Python und stellt einen Großteil der in einem Python-Programm verborgenen Logik dar. Sie ist auch unsere erste zusammengesetzte Anweisung. Wie alle zusammengesetzten Anweisungen kann die `if`-Anweisung andere Anweisungen inklusive anderer `if`-Anweisungen enthalten. Tatsächlich erlaubt Python Ihnen, Anweisungen in einem Programm entweder *sequentiell* (so daß eine nach der anderen ausgeführt werden kann) oder willkürlich *verschachtelt* (so daß sie nur unter bestimmten Bedingungen ausgeführt werden) zu kombinieren.

Generelles Format

Die `if`-Anweisung ist typisch für die meisten prozeduralen Programmiersprachen. Sie nimmt die Form eines `if`-Tests, gefolgt von einem oder mehreren optionalen `elif`-Tests (kurz für »else if«), an und endet mit einem optionalen `else`-Block. Jeder Test und das `else` haben unter der Kopfzeile einen eingerückten Block verschachtelter Anweisungen. Wenn die Anweisung ausgeführt wird, führt Python denjenigen eingerückten Anweisungsblock aus, dessen Test als erstes als »wahr« berechnet wird, oder – wenn alle Tests »falsch« ergeben haben – den `else`-Block. Die allgemeine Form eines `if` sieht folgendermaßen aus:

```
if <test1>:                 # if-Abfrage
    <anweisungen1>          # dazugehöriger Block
elif <test2>:               # optionales elif
    <anweisungen2>
else:                       # optionales else
    <anweisungen3>
```

Beispiele

Hier sind zwei einfache Beispiele für eine `if`-Anweisung. Alle Bestandteile sind optional – außer dem anfänglichen `if` -Test und seinen dazugehörigen Anweisungen. Hier ist das erste Beispiel:

```
>>> if 1:
...     print 'true'
...
true
>>> if not 1:
```

```
...     print 'true'
... else:
...     print 'false'
...
false
```

Nun ein Beispiel der kompliziertesten Art von if-Anweisung – mit allen optionalen Bestandteilen. Die Anweisung reicht von der if-Zeile bis zum else-Block. Python führt zuerst die Anweisungen, die unter dem ersten Test mit dem Ergebnis »wahr« verschachtelt sind, oder den else-Block aus. In der Praxis können sowohl der elif- als auch der else-Teil weggelassen werden, und es kann mehr als eine verschachtelte Anweisung in jedem Abschnitt vorhanden sein:

```
>>> x = 'killer rabbit'
>>> if x == 'roger':
...     print "how's jessica?"
... elif x == 'bugs':
...     print "what's up doc?"
... else:
...     print 'Run away! Run away!'
...
Run away! Run away!
```

Wenn Sie Sprachen wie C oder Pascal kennen, wird es Sie interessieren, daß Python keine switch-(oder case-)Anweisung kennt. Statt dessen wird *Mehrwegverzweigung* (multiway branching) als Abfolge von if/elif-Tests codiert (wie oben) oder aber durch Indizierung von Dictionaries oder Suchlisten. Da Dictionaries und Listen zur Laufzeit erstellt werden können, sind sie manchmal flexibler als fest verdrahtete Logik.

```
>>> choice = 'ham'
>>> print {'spam':  1.25,          # ein Dictionary-basierter 'switch'
...        'ham':   1.99,          # benutze has_key(), um nicht enthaltene
...        'eggs':  0.99,          # Werte abzufangen (wie ein else)
...        'bacon': 1.10}[choice]
1.99
```

Eine beinahe gleichwertige if -Anweisung könnte folgendermaßen aussehen:

```
>>> if choice == 'spam':
...     print 1.25
... elif choice == 'ham':
...     print 1.99
... elif choice == 'eggs':
...     print 0.99
... elif choice == 'bacon':
...     print 1.10
... else:
...     print 'Bad choice'
...
1.99
```

Dictionaries eignen sich gut, um Werte mit Schlüsseln zu verbinden, aber was ist mit den komplizierteren Aktionen, die Sie mit `if`-Anweisungen formulieren können? Wir können jetzt noch nicht allzusehr ins Detail gehen, aber in Kapitel 4, *Funktionen*, werden wir sehen, daß Dictionaries auch *Funktionen* enthalten können, um komplexere Aktionen darzustellen.

Syntaxregeln

Da die `if` -Anweisung unsere erste zusammengesetzte Anweisung war, sollten wir nun einige Worte über die Syntaxregeln von Python verlieren. Im allgemeinen hat Python eine einfache, anweisungsbasierte Syntax. Einige Eigenschaften sollte man jedoch kennen:

Anweisungen werden nacheinander ausgeführt, es sei denn, Sie bestimmen es anders
: Python führt Anweisungen in einer Datei oder in einem verschachtelten Block normalerweise eine nach der anderen aus, aber Anweisungen wie `if` (und – wie wir gleich sehen werden – Schleifen) lassen den Interpreter in Ihrem Code hin und her springen. Weil der Weg durch ein Programm *Kontrollfluß* genannt wird, werden Dinge wie `if`, die ihn beeinflussen, Kontrollflußanweisungen genannt.

Blöcke und Anweisungsgrenzen werden automatisch erkannt
: Es gibt keine Klammern oder Anfang/Ende-Begrenzungszeichen, um Codeblöcke zu umschließen. Statt dessen benutzt Python das Einrücken von Anweisungen unter einer Kopfzeile, um sie in einem verschachtelten Block zu gruppieren. Ganz ähnlich werden Python-Anweisungen normalerweise nicht (wie in C) mit einem Semikolon beendet, sondern das Zeilenende markiert auch das Ende der meisten Anweisungen.

Zusammengesetzte Anweisungen = Kopfzeile, ':', eingerückte Anweisungen
: Alle zusammengesetzten Anweisungen in Python folgen demselben Muster: eine mit einem Doppelpunkt abgeschlossene Kopfzeile, gefolgt von einer oder mehreren unter einer Kopfzeile eingerückten, verschachtelten Anweisungen. Die eingerückten Anweisungen werden *Block* (oder manchmal auch Folge) genannt. In der `if`-Anweisung sind die `elif`- und `else`-Klauseln Teil des `if`, stellen selbst aber auch wieder Kopfzeilen dar und unterliegen deren Regeln.

Leerstellen und Kommentare werden normalerweise ignoriert
: Leerstellen in Anweisungen und Ausdrücken werden fast immer ignoriert (außer in String-Konstanten und Einrückungen). Nicht anders die Kommentare: Sie beginnen mit einem `#`-Zeichen (nur außerhalb von String-Konstanten) und reichen bis zum Ende der jeweiligen Zeile. Python bietet auch Unterstützung für etwas, das sich »mit Objekten verbundene Dokumentations-Strings« nennt, aber das werden wir fürs erste ignorieren.

Wie wir gesehen haben, gibt es keine Typ-Vereinbarungen für Variablen in Python. Diese Tatsache allein führt zu einer wesentlich vereinfachten Syntax, als Sie es gewohnt sein mögen. Allerdings scheint für die meisten Neuanwender das Fehlen von Klammern und Semikola zum Markieren von Blöcken und Anweisungen das erstaunlichste Feature von Python zu sein. Lassen Sie uns deshalb genauer untersuchen, was es damit auf sich hat.[3]

Block-Begrenzungszeichen

Wie gesagt, werden Block-Begrenzungen durch Zeileneinrückung erkannt: Alle um den gleichen Abstand nach rechts eingerückten Anweisungen gehören zum gleichen Block, bis der Block durch eine weniger eingerückte Zeile beendet wird. Einrückungen können aus beliebigen Kombinationen von Leerstellen und Tabulatoren bestehen. Tabulatoren stehen für entsprechend viele Leerzeichen, um die jeweilige Spaltenzahl auf ein Vielfaches von 8 zu erhöhen (aber es ist meistens keine so tolle Idee, Leerzeichen und Tabulatoren zu mischen). Codeblöcke können verschachtelt werden, indem man sie weiter einrückt als den einschließenden Block. In Abbildung 3-1 wird die Blockstruktur dieses Beispiels skizziert:

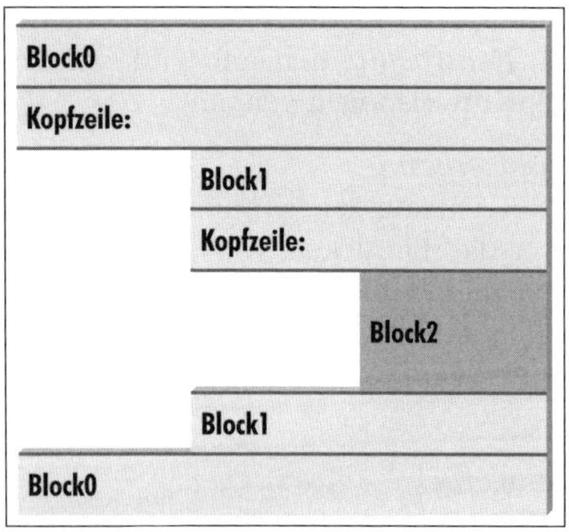

Abbildung 3-1: Verschachtelte Codeblöcke

```
x = 1
if x:
    y = 2
    if y:
        print 'block2'
    print 'block1'
print 'block0'
```

3 Dies ist vielleicht noch neuartiger, wenn Sie ein C- oder Pascal-Programmierer sind. Pythons auf Einrükkungen basierende Syntax resultiert tatsächlich aus den Ergebnissen einer Anwendungsstudie bei Nicht-Programmierern, die für die ABC-Sprache durchgeführt wurde. Pythons Syntax wird oft »What you see is what you get«-Sprache genannt; sie schafft ein konsistentes Erscheinungbild, das der Lesbarkeit dient und dabei hilft, die typischen C- und C++-Fehler zu vermeiden.

Beachten Sie, daß Code im äußersten Block in Spalte 1 beginnen muß, da er nicht verschachtelt ist. Verschachtelte Blöcke können in jeder beliebigen Spalte beginnen, aber 4 und Vielfache davon sind allgemein üblicher Einrückungsstil. Wenn dies alles kompliziert klingt, codieren Sie Blöcke einfach so, wie Sie es in C oder Pascal tun würden, und lassen Sie die Begrenzungszeichen weg. Ordentlich eingerückter Code erfüllt immer die Python-Regeln.[4]

Anweisungs-Begrenzungszeichen

Wie ebenfalls bereits erwähnt, enden Anweisungen normalerweise am Ende der Zeile, in der sie erscheinen. Aber wenn Anweisungen zu lang für eine Zeile sind, können folgende spezielle Regeln angewendet werden:

Anweisungen können mehrere Zeilen umfassen, wenn Sie ein offenes syntaktisches Paar fortsetzen

Anweisungen, die zu lang für eine Zeile sind, können in der nächsten Zeile weitergeschrieben werden, wenn Sie sie in `()`-, `{}`- oder `[]`-Paare einschließen. Geklammerte Ausdrücke sowie Dictionary- und Listen-Konstanten können jede Anzahl von Zeilen umfassen. Fortsetzungszeilen können bei jeder Einrückungstiefe beginnen.

Anweisungen können Zeilen umfassen, wenn sie mit einem Backslash enden

Dies ist eine leicht veraltete Funktion, aber wenn eine Anweisung mehrere Zeilen umfassen muß, können Sie auch einen Backslash (\) an das Ende der vorherigen Zeile setzen, um anzuzeigen, daß es in der nächsten Zeile weitergeht (ganz ähnlich wie bei `#define`-Makros in C). Aber da Sie auch eine Zeile fortsetzen können, indem Sie lange Konstrukte einfach klammern, werden Backslashes an sich kaum benötigt.

Andere Regeln

Sehr lange String-Konstanten können sich über beliebig viele Zeilen erstrecken. Die dreifach quotierten String-Blöcke in Kapitel 2 sind absichtlich so konstruiert, daß dies passiert. Sie können Anweisungen auch durchaus mit einem Semikolon beenden, wenn Sie möchten.[5] Das macht eigentlich nur Sinn, wenn mehr als eine Anweisung in einer Zeile vorkommt; mehr dazu gleich. Und zum guten Schluß: Kommentare dürfen überall auftauchen. Machen Sie viel Gebrauch davon!

Einige spezielle Fälle

Hier ist dargestellt, wie eine Fortsetzungszeile aussieht, wenn Sie die Regel für offene Paare anwenden. Mit derartigen Begrenzern können wir mehrere Zeilen überbrücken:

```
L = ["Good",
     "Bad",
     "Ugly"]                  # Offene Paare können mehrere Zeilen umfassen
```

4 Bei hinreichend strenger Definition von »ordentlich«...

5 Aber man wird Ihren Stil als »un-pythonesque« diffamieren. – Anm.d.Ü.

Dies funktioniert bei allem, was eingeklammert wurde: Ausdrücke, Funktionsbefehle, Funktions-Kopfzeilen (siehe Kapitel 4) usw. Wenn Sie gerne Backslashes benutzen, können Sie es tun, aber es erfordert mehr Arbeit und ist nicht notwendig:

```
if a == b and c == d and    \
    d == e and f == g:
    print 'alt'                 # Backslashes erlauben Fortsetzungen...

if (a == b and c == d and
    d == e and e == f):
    print 'neu'                 # ...aber Klammern reichen meist auch
```

Als Sonderfall erlaubt es Python, mehrere Anweisungen (jedoch ohne Verschachtelungen) getrennt durch Semikola in dieselbe Zeile zu schreiben. Einige Programmierer benutzen diese Form, um etwas Bauland in ihren Dateien einzusparen:

```
x = 1; y = 2; print x           # mehr als 1 einfache Anweisung
```

Und schließlich läßt Python Sie den Inhalt einer zusammengesetzten Anweisung in die Kopfzeile verschieben; vorausgesetzt, es ist nur eine einfache Anweisung. Sie werden dies am häufigsten bei einfachen `if` -Anweisungen mit nur einem Test und einer einzigen Aktion finden:

```
if 1: print 'hello'             # einfache Anweisung in Kopfzeile
```

Sie können einige dieser Spezialfälle entsprechend kombinieren, um damit wirklich unleserlichen Code zu schreiben; empfehlen können wir dies aber nicht. Als Faustregel gilt: Versuche, jeder Anweisung ihre eigene Zeile zu lassen. Sechs Monate später werden Sie dankbar sein, daß Sie es so gemacht haben.

Wiedersehen mit Wahrheitstests

In Kapitel 2 haben wir die Begriffe Vergleich, Gleichheit und Wahrheitswerte vorgestellt. Da `if`-Anweisungen die ersten Konstrukte sind, die Testergebnisse wirklich nutzen, werden wir hier auf einige dieser Ideen näher eingehen. Insbesondere sind die Booleschen Operatoren in Python ein wenig anders als ihre Gegenstücke in Sprachen wie C. In Python:

- »wahr« bedeutet jede Zahl außer Null sowie jedes nichtleere Objekt.
- »falsch« bedeutet »nicht wahr«: eine Null, eine leeres Objekt oder `None`.
- Vergleiche und Gleichheitstests geben 1 oder 0 (»wahr« oder »falsch«) zurück.
- Boolesche `and`- und `or`-Operatoren geben ein wahres oder falsches Operanden-Objekt zurück.

Das letzte Element hier ist neu. Kurz gesagt, Boolesche Operatoren werden zum Kombinieren von Ergebnissen anderer Tests benutzt. Es gibt in Python drei Boolesche Ausdrucksoperatoren:

`X and Y`
: Ist wahr, wenn sowohl `X` als auch `Y` wahr sind

`X or Y`
: Ist wahr, wenn entweder `X` oder `Y` wahr ist

`not X`
: Ist genau dann wahr, wenn `X` falsch ist (der Ausdruck ergibt `1` oder `0`)

Hier können `X` und `Y` jeder Wahrheitswert sein oder ein Ausdruck, der einen Wahrheitswert ergibt, etwa ein Gleichheitstest, Bereichsvergleich usw. Anders als in C werden Boolesche Operatoren in Python als Wörter eingegeben (anstelle von `&&`, `||` und `!` in C). Ebenso geben die Booleschen `and`- und `or` -Operatoren in Python ein wahres oder falsches Objekt zurück, nicht einen Integer 1 oder 0. Lassen Sie uns einige Beispiele näher betrachten, um zu sehen, wie das funktioniert:

```
>>> 2 < 3, 3 < 2          # kleiner-gleich: ergibt 1 oder 0
(1, 0)
```

Größenvergleiche wie diese geben einen Integer 1 oder 0 als Ergebnis zurück. Aber `and`- und `or` -Operatoren liefern statt dessen immer eines der Objekte ab. Für `or` -Tests wertet Python die Operanden-Objekte von links nach rechts aus und gibt das erste wahre zurück. Darüber hinaus stoppt Python beim ersten wahren Operanden. Der Fachjargon bezeichnet dies als *Kurzschluß*auswertung[6], da die Berechnung des Ergebnisses den Rest der Anweisung kurzschließt und nicht zu Ende auswertet:

```
>>> 2 or 3, 3 or 2        # gib linken Operanden zurück, wenn er wahr ist,
(2, 3)                    # ansonsten den rechten (egal, ob wahr oder falsch)
>>> [] or 3
3
>>> [] or {}
{}
```

In der ersten Zeile des obigen Beispiels sind beide Operanden wahr (`2, 3`), so daß Python immer anhält und den linken zurückgibt. Bei den anderen beiden Tests ist der linke Operand falsch, so daß Python den rechten Operanden auswertet und zurückgibt (egal, ob der nun einen wahren Wert hat oder nicht). `and`-Operationen stoppen ebenfalls, sobald das Ergebnis ermittelt ist. In diesem Fall wertet Python die Operanden von links nach rechts aus und stoppt beim ersten falschen Objekt:

```
>>> 2 and 3, 3 and 2      # gib linken Operanden zurück, wenn er falsch ist,
(3, 2)                    # ansonsten den rechten (egal, ob wahr oder falsch)
>>> [] and {}
[]
>>> 3 and []
[]
```

6 »short-circuit evaluation« ist auch im Deutschen eine übliche Bezeichnung.

Beide Operanden der ersten Zeile sind wahr, daher wertet Python beide Seiten aus und gibt das rechte Objekt zurück. Im zweiten Test ist der linke Operand falsch (`[]`), also stoppt Python und gibt ihn als Testergebnis zurück. Im letzten Test ist die linke Seite wahr (`3`), und Python bewertet das Objekt auf der rechten und liefert es ab (ungeachtet dessen, daß es falsch ist). Das Endergebnis ist letzlich dasselbe wie in C (wahr oder falsch), aber es basiert auf Objekten, nicht auf Integer-Kennzeichen.[7]

while-Schleifen

Die `while`-Anweisung ist Pythons allgemeinstes Konstrukt zur Schleifenbildung. Einfach ausgedrückt, führt sie immer wieder einen Block eingerückter Anweisungen aus, solange der Test in der Kopfzeile einen wahren Wert ergibt. Ergibt der Test »falsch«, wird die Programmkontrolle nach allen Anweisungen der while-Schleife fortgesetzt. Wenn der Test gleich zu Beginn falsch ist, läuft der Schleifenkörper überhaupt nie.

Die `while`-Anweisung ist eine der beiden Schleifenanweisungen (neben der `for`-Anweisung, die gleich besprochen wird). Wir nennen sie *Schleife*, weil die Steuerung ständig an den Anfang der Anweisung zurückkehrt, bis der Test einmal »falsch« wird. Im Endeffekt wird der Schleifenkörper so lange ausgeführt, wie der Test am Anfang wahr ergibt. Python stellt auch eine Reihe von Werkzeugen zur Verfügung, die implizit Schleifen bilden (wiederholen), wie die `map`-, `reduce`- und `filter`-Funktionen und den Mitgliedschaftstest mit `in`. Später werden wir einige von ihnen in Augenschein nehmen.

Allgemeines Format

In ihrer komplexesten Form besteht die `while`-Anweisung aus einer Kopfzeile mit einem Testausdruck, einem Inhalt von einer oder mehreren eingerückten Anweisungen und einem optionalen `else`-Teil, der ausgeführt wird, wenn die Ablaufsteuerung die Schleife ohne eine `break`-Anweisung zu Ende bringt (mehr dazu gleich). Python hört nicht auf, den am Anfang stehenden Test auszuwerten und die im `while`-Teil eingeschlossenen Anweisungen auszuführen, bis der Test einen falschen Wert ergibt:

```
while <test>:           # Schleifentest
    <statements1>       # Schleifenkörper
else:                   # wahlweises else
    <statements2>       # dies nur, wenn Schleife ohne break beendet wird
```

Beispiele

Zur Verdeutlichung zeigen wir hier einige einfache `while`-Schleifen in Aktion. Die erste druckt einfach auf ewig eine Botschaft, da eine `print`-Anweisung in die `while`-Schleife verschachtelt ist. Erinnern Sie sich: Ein Integer 1 bedeutet »wahr«. Da der Test immer wahr

---

7 Eine übliche Anwendung von Booleschen Operatoren ist, mit einem `or` aus einem oder mehreren Objekten auszuwählen. Eine Anweisung wie `X = A or B or C` setzt `X` auf das erste nichtleere (wahre) Objekt aus `A`, `B` und `C`.

ergibt, wird der Schleifenkörper immer wieder von Python ausgeführt, bis Sie die Ausführung von Hand stoppen. Diese Art wird üblicherweise *Endlosschleife* genannt (und ist meist am wenigsten willkommen, wenn sie Sie unerwartet trifft):

```
>>> while 1:
...     print 'Drücke STRG-C, um mich zu stoppen!'
```

Das nächste Beispiel schneidet ein Zeichen nach dem anderen von einem String ab, bis dieser leer ist. Später in diesem Kapitel werden wir direktere Methoden kennenlernen, durch die Elemente eines Strings zu gehen.

```
>>> x = 'spam'
>>> while x:
...     print x,
...     x = x[1:]        # spalte erstes Zeichen von x ab
...
spam pam am m
```

Und schließlich zählt der Code im untenstehenden Beispiel vom Wert `a` bis ausschließlich `b`. Er funktioniert ähnlich wie eine `for`-Schleife in C. Wie man das mit `for` und `range` einfacher haben kann, besprechen wir gleich danach.

```
>>> a=0; b=10
>>> while a < b:         # einer der Wege, Zählschleifen zu bauen
...     print a,
...     a = a+1
...
0 1 2 3 4 5 6 7 8 9
```

break, continue, pass und else

Nachdem Sie nun unsere erste Python-Schleife kennengelernt haben, sollten wir zwei einfache Anweisungen vorstellen, die nur dann einen Sinn ergeben, wenn sie innerhalb von Schleifen auftauchen – die `break`- und `continue`-Anweisungen. Wenn Sie C kennen, können Sie den größten Teil dieses Abschnitts überspringen, da diese Anweisungen in Python genauso funktionieren. Da `break`- und loop-`else`-Klauseln zusammenhängen, werden wir an dieser Stelle auch gleich auf `else` eingehen. Und wenn wir schon dabei sind, werfen wir noch einen Blick auf die leere Anweisung von Python – die `pass`-Anweisung, die wie die leere Anweisung von C (ein einzelnes Semikolon) funktioniert. In Python gilt folgendes:

`break`
: Springt aus der innersten umgebenden Schleife (hinter die gesamte loop-Anweisung).

`continue`
: Springt zum Anfang der innersten umgebenden Schleife (zur Kopfzeile der Schleife).

`pass`
: Tut überhaupt nichts, ist eine leere Platzhalteranweisung.

loop `else` *block*
: Startet, wenn und nur wenn die Schleife normal beendet wird – z.B. ohne auf ein `break` zu stoßen.

Allgemeine Schleifenformate

Wenn wir nach `break`- und `continue`-Anweisungen unterteilen, sieht das allgemeine Schleifenformat der `while`-Schleife so aus:

```
while <test>:
    <statements>
    if <test>: break          # verlasse Schleife jetzt, überspringe else
    if <test>: continue       # gehe jetzt zum Anfang der Schleife
else:
    <statements>              # wenn wir nicht auf ein 'break' gestoßen sind
```

`break`- und `continue`-Anweisungen können an jeder Stelle innerhalb der `while`-Schleife auftauchen, aber – wie schon gezeigt – werden sie zumeist in weitere `if`-Tests verschachtelt, um erst als Reaktion auf irgendeine Art Bedingung aktiv zu werden.

Beispiele

Wir wollen uns nun einigen einfachen Beispielen zuwenden, um zu sehen, wie diese Anweisungen in der Praxis zusammenarbeiten. Die `pass`-Anweisung wird oft benutzt, um einen leeren Körper für eine zusammengesetzte Anweisung zu codieren. Wenn Sie z.B. eine Endlosschleife codieren wollen, die nichts tut außer fleißig Däumchen zu drehen, nehmen Sie ein `pass`:

```
while 1: pass   # drücke STRG-C, um mich zu stoppen!
```

Da der Körper einfach nur eine leere Anweisung ist, bleibt Python in dieser Schleife stekken, leise die CPU-Zyklen verputzend.[8] `pass` ist für Anweisungen wie `None` für Objekte – ein explizites Nichts. Beachten Sie, daß der Körper der `while`-Schleife oben auf derselben Zeile wie die Kopfzeile steht. Wie in der `if`-Anweisung funktioniert dies nur, wenn der Körper keine zusammengesetzte Anweisung ist.

Die `continue`-Anweisung ermöglicht es Ihnen manchmal, Verschachtelung von Anweisungen zu vermeiden. Nachfolgend ein Beispiel, bei dem sie benutzt wird, um alle ungeraden Zahlen auszulassen. Es druckt alle geraden Zahlen unter 10 und größer oder gleich 0. Erinnern Sie sich: 0 bedeutet falsch, und `%` ist der Teilungsrestoperator, also zählt diese Schleife abwärts bis null, wobei sie die Zahlen, die kein Vielfaches von zwei sind, ausläßt (sie druckt `8 6 4 2 0`):

```
x = 10
while x:
    x = x-1
    if x % 2 != 0: continue   # ungerade? -- überspringe print
    print x,
```

8 Dies ist wahrscheinlich nicht das allernützlichste Python-Programm, das je geschrieben wurde, aber offengestanden ist uns kein besseres `pass`-Beispiel eingefallen. Wir werden später im Buch Stellen sehen, wo es Sinn macht (z.B. um leere Klassen zu definieren).

Weil continue zum Anfang der Schleife springt, brauchen Sie die print-Anweisung nicht in einen if-Test zu verschachteln. print wird nur erreicht, wenn continue nicht ausgeführt wurde. Wenn Ihnen das wie ein goto in anderen Sprachen vorkommt, ist das auch genauso beabsichtigt. Python kennt kein goto als solches, aber weil continue ermöglicht, kontrolliert im Programm herumzuspringen, treffen viele Warnungen zur Lesbarkeit, die Sie goto betreffend gehört haben mögen, zu. Wenden Sie es sparsam an, insbesondere, wenn Sie gerade erst beginnen, mit Python zu arbeiten.

Die break-Anweisung kann oftmals die Suchstatus-Schalter, die man in anderen Sprachen braucht, überflüssig machen. Der folgende Code bestimmt, ob eine Zahl y eine Primzahl ist, indem er nach Faktoren größer als eins sucht:

```
x = y / 2
while x > 1:
    if y % x == 0:                  # Rest
        print y, 'hat faktor', x
        break                       # überspringe else-Teil
    x = x-1
else:                               # normaler Ausgang
    print y, 'ist prim'
```

Anstatt eine Schaltervariable zu setzen, die am Schleifenende überprüft werden muß, fügen Sie einfach an der Stelle, wo ein Faktor gefunden wurde, ein break ein. Auf diese Weise kann das Schleifen-else davon ausgehen, daß es nur dann ausgeführt wird, wenn kein Faktor gefunden wurde. Wenn Sie auf kein break treffen, ist die Zahl eine Primzahl. Beachten Sie, daß ein Schleifen-else auch abläuft, wenn der Schleifenkörper nie zum Zuge kam, weil in diesem Fall auch kein break ausgeführt wurde. In einer while-Schleife passiert dies, wenn der Test in der Kopfzeile von vornherein falsch ergibt. Im obigen Beispiel bekommen Sie immer noch die ist prim-Nachricht, wenn x ursprünglich kleiner oder gleich 1 ist (z.B. wenn y gleich 2 ist).

for-Schleifen

Die for-Schleife ist ein genereller *Sequenz-Iterator* in Python: Sie kann durch die Elemente eines jeden Objekts marschieren, sofern dieses auf sequenzindizierende Operationen anspricht. Die for-Schleife funktioniert bei Strings, Tupeln und neuen Objekten, die wir später mit Klassen bilden werden. Wir haben sie bereits in Aktion gesehen, als wir die Wiederholungsoperation für Sequenzen in Kapitel 2 besprochen haben. Hier nun die vorhin ausgelassenen Details:

Allgemeines Format

Die for-Schleife beginnt mit einer Kopfzeile, die das Zuweisungsziel (oder die Ziele) zusammen mit einem Objekt, durch das Sie gehen möchten, spezifiziert. Auf die Kopfzeile folgt ein Block eingerückter Anweisungen, die Sie wiederholen möchten:

```
for <target> in <object>:     # weise Elemente von object einzeln an target zu
    <statements>              # wiederhole Schleifenkörper: benutze target
else:
    <statements>              # wenn wir nicht auf ein 'break' gestoßen sind
```

Wenn Python die `for`-Schleife ausführt, weist es dem *Ziel* ein Element des Sequenz-Objekts nach dem anderen zu und führt jeweils den Schleifeninhalt aus.[9] Der Schleifeninhalt benutzt üblicherweise das Zuweisungsziel, um auf das aktuelle Element der Sequenz zu verweisen, als ob es ein Cursor wäre, mit dem man durch die Sequenz geht. Technisch gesehen, funktioniert die `for`-Schleife durch wiederholtes Indizieren des Sequenz-Objekts mit sukzessiv aufsteigenden Indizes (beginnend mit null), bis ein Index als außerhalb der Grenzen gemeldet wird. Weil die `for`-Schleifen die Sequenzindizierung automatisch im Hintergrund verwalten, ersetzen sie die meisten der Schleifen im Zählstil, die Sie vielleicht aus Sprachen wie C kennen.

Die `for`-Schleife unterstützt auch einen optionalen `else`-Block, der hier genauso funktioniert wie bei `while`-Schleifen. Er wird ausgeführt, wenn die Schleife – ohne in eine `break`-Anweisung zu geraten – abläuft. Auch die `break`- und `continue`-Anweisungen, die wir oben vorgestellt haben, funktionieren in der `for`-Schleife genauso wie in der `while`-Schleife. Wir werden deren Beschreibungen deshalb hier nicht wiederholen. Das komplette Format der `for`-Schleifen kann so beschrieben werden:

```
for <target> in <object>:     # weise Elemente von object einzeln an target zu
    <statements>
    if <test>: break          # verlasse Schleife jetzt, überspringe else
    if <test>: continue       # gehe jetzt zum Anfang der Schleife
else:
    <statements>              # wenn wir nicht auf ein 'break' gestoßen sind
```

Beispiele

Lassen Sie uns einige `for`-Schleifen interaktiv probieren. In dem ersten untenstehenden Beispiel wird der Name `x` jedem der drei Elemente der Reihe nach von links nach rechts zugewiesen, und die `print`-Anweisung wird für jedes ausgeführt. Innerhalb der `print`-Anweisung (dem Schleifenkörper) verweist der Name `x` auf das jeweils aktuelle Element der Liste:

```
>>> for x in ["spam", "eggs", "ham"]:
...     print x,
...
spam eggs ham
```

9 Der Name, der in einer `for`-Kopfzeile als Zuweisungsziel benutzt wird, ist einfach eine (möglicherweise neue) Variable im Namensraum (Sichtbarkeitsbereich), in dem die `for`-Anweisung steht. Es gibt dabei nichts Spezielles zu beachten, die Variable darf sogar innerhalb des Schleifenkörpers geändert werden, aber sie wird automatisch dem nächsten Element der Sequenz zugeordnet, wenn die Schleife in die nächste Runde geht.

Die nächsten beiden Beispiele berechnen die Summe und das Produkt aller Elemente einer Liste. In Kapitel 8, *Eingebaute Werkzeuge*, werden wir eingebaute Funktionen sehen, die Operationen wie + und * auf Elemente einer Liste anwenden; aber es ist für gewöhnlich genauso einfach, eine `for`-Schleife zu benutzen:

```
>>> sum = 0
>>> for x in [1, 2, 3, 4]:
...     sum = sum + x
...
>>> sum
10
>>> prod = 1
>>> for item in [1, 2, 3, 4]: prod = prod * item
...
>>> prod
24
```

Wie gesagt, funktionieren `for`-Schleifen auch bei Strings und Tupeln. Eine Sache, die wir noch nicht erwähnt haben, ist, daß das Schleifenziel auch ein *Tupel* von Zielen sein kann, wenn Sie durch eine Sequenz von Tupeln laufen. Dies ist einfach eine andere Form des Tupel-Auspackens. Denken Sie daran, daß die `for`-Schleife Elemente der Sequenz einem Ziel zuweist und daß Zuweisungen überall gleich funktionieren:

```
>>> S, T = "lumberjack", ("and", "I'm", "okay")

>>> for x in S: print x,
...
l u m b e r j a c k

>>> for x in T: print x,
...
and I'm okay

>>> T = [(1, 2), (3, 4), (5, 6)]
>>> for (a, b) in T:                    # Tupel-Zuweisung in Aktion
...     print a, b
...
1 2
3 4
5 6
```

Lassen Sie uns nun etwas Raffinierteres anschauen. Das nächste Beispiel illustriert die Verschachtelung des Schleifen-`else` in einer `for`-Schleife und die Verschachtelung von Anweisungen. Hat man eine Liste von Objekten (`items`) und eine Liste von Schlüsseln (`tests`), sucht dieser Code nach jedem Schlüssel in der Objektliste und berichtet über den Erfolg der Suche:

```
>>> items = ["aaa", 111, (4, 5), 2.01]      # eine Menge von Objekten
>>> tests = [(4, 5), 3.14]                  # zu suchende Schlüssel
>>>
>>> for key in tests:                       # für alle Schlüssel
...     for item in items:                  # für alle Elemente
...         if item == key:                 # prüfe auf Übereinstimmung
```

```
...               print key, "wurde gefunden"
...               break
...       else:
...           print key, "nicht gefunden!"
...
(4, 5) wurde gefunden
3.14 nicht gefunden!
```

Da die verschachtelte `if`-Schleife bei einem Treffer ein `break` ausführt, kann das Schleifen-`else` davon ausgehen, daß der Test fehlgeschlagen ist. Beachten Sie besonders die Verschachtelung: Hier laufen zwei Schleifen ineinander verschachtelt. Die äußere Schleife klappert die Schlüsselliste ab, während die innere Schleife jeweils die Elemente der Liste durchläuft. Die Einrückung des Schleifen-`else` ist kritisch; sie ist auf derselben Höhe wie die Kopfzeile der inneren `for`-Schleife eingerückt, so daß sie zu der inneren Schleife gehört (nicht etwa dem `if` oder der äußeren `for`-Schleife). Übrigens können Sie dieses Beispiel wesentlich einfacher codieren, wenn Sie den `in`-Operator aus Kapitel 2 anheuern und auf *Enthaltensein* testen. Der `in`-Operator tastet die Liste implizit nach Übereinstimmungen ab und erspart Ihnen so die innere Schleife:

```
>>> for key in tests:                   # für alle Schlüssel
...     if key in items:                # lasse Python nach einer
                                        # Übereinstimmung suchen
...         print key, "was found"
...     else:
...         print key, "not found!"
...
(4, 5) wurde gefunden
3.14 nicht gefunden!
```

Im allgemeinen ist man gut damit beraten, Python die Arbeit so erledigen zu lassen. Das nächste Beispiel führt eine typische Datenstrukturaufgabe mit einer `for`-Schleife aus: gemeinsame Elemente zweier Sequenzen (Strings) einzusammeln. Es ist in etwa eine einfache *Schnittmengen*-Routine. Nach Ablauf der Schleife verweist `res` auf eine Liste, die alle in `seq1` und `seq2` gemeinsam gefundenen Elemente enthält:[10]

```
>>> seq1 = "spam"
>>> seq2 = "scam"
>>>
>>> res = []                    # fange leer an
>>> for x in seq1:              # durchsuche erste Sequenz
...     if x in seq2:           # gemeinsames Element?
...         res.append(x)       # hänge es ans Ende des Ergebnisses
...
>>> res
['s', 'a', 'm']
```

10 Dies ist nicht unbedingt, was manche Leute als Schnittmenge bezeichnen würden (ein Element kann mehr als einmal im Ergebnis vorkommen, wenn es mehr als einmal in `seq1` vorkommt), aber dies ist ja auch kein Buch über Mengentheorie. Um Duplikate zu vermeiden, verwenden Sie statt dessen `if x in seq2 and x not in res` innerhalb der Schleife. Zufällig ist dies ein großartiges Beispiel dafür, wie Listen dynamisch aufgebaut werden (durch Programmcode), statt als Konstante geschrieben zu werden. Wie schon erwähnt, werden die meisten Datenstrukturen eher erzeugt als direkt geschrieben.

Unglücklicherweise ist dieser Code nur auf zwei spezielle Variablen anwendbar: `seq1` und `seq2`. Es wäre schön, wenn diese Schleife irgendwie zu einem Werkzeug verallgemeinert werden könnte, das wir mehr als einmal anwenden können. Wir werden sehen, daß uns diese einfache Idee zu den *Funktionen* führt, dem Thema des nächsten Kapitels.

Anwendung: Schleifen zum Durchsuchen von Dateien

Im allgemeinen sind Schleifen leicht einzusetzen, wo immer Sie etwas mehr als einmal wiederholen müssen. Da Dateien mehrfache Zeichen und Zeilen enthalten, sind sie eine der typischen Anwendungsmöglichkeiten für Schleifen. Beispielsweise sieht man oft, daß Schleifen zum Durchsuchen von Dateien mit einer `while`-Schleife und `break` ausgestattet werden statt mit einem Dateiende-Test am Anfang:

```
file = open("name", "r")
while 1:
    line = file.readline() # hole nächste Zeile, wenn es eine gibt
    if not line: break     # verlasse Schleife am Dateiende (Leerstring)
    Verarbeite die Zeile hier
```

Die `for`-Schleife ist auch praktisch zum Absuchen von Dateien. Die `readlines`-Dateimethode aus Kapitel 2 gibt Ihnen gleich eine ganze Zeilenliste, die Sie durchlaufen können:

```
file = open("name", "r")
for line in file.readlines():     # in eine Zeilenliste eingelesen
    Verarbeite die Zeile hier
```

In anderen Fällen könnten Sie sich auch Byte für Byte vorantasten (man nehme eine `while`-Schleife und ein `file.read(1)`) oder die ganze Datei auf einmal laden (z.B. `for char in file.read()`). Wir werden später mehr über Dateibearbeitung lernen.

Bereichs- und Zählschleifen

Die `for`-Schleife deckt die meisten Schleifen im Zählstil ab, so daß sie das Werkzeug der Wahl ist, wenn Sie eine Sequenz durchlaufen müssen. Aber es gibt auch Situationen, in denen Sie eine speziellere Art der Wiederholung brauchen. Sie können Wiederholungen aller Art immer mit der `while`-Schleife codieren, aber Python bietet Ihnen zusätzlich die Möglichkeit, Indizierung in einer `for`-Schleife speziell auszudrücken. Die eingebaute `range`-Funktion gibt Ihnen eine Liste sukzessiv größer werdender Integer zurück, die als Indizes in einer `for`-Schleife benutzt werden können.[11]

11 Python stellt auch ein eingebautes Werkzeug `xrange` zur Verfügung. Es generiert nacheinander Indizes, anstatt alle auf einmal in einer Liste zu speichern. `xrange` bietet keinen Geschwindigkeitsvorteil, aber es ist nützlich, wenn Sie eine große Anzahl von Werten generieren müssen.

Beispiele

Einige Beispiele sollen dies konkretisieren. Die range-Funktion ist wirklich unabhängig von for , obwohl sie meistens benutzt wird, um Indizes in einer for-Schleife zu generieren. Sie können sie überall da anwenden, wo Sie eine Integer-Liste benötigen:

```
>>> range(5), range(2, 5), range(0, 10, 2)
([0, 1, 2, 3, 4], [2, 3, 4], [0, 2, 4, 6, 8])
```

Mit einem Parameter generiert die range-Funktion eine Liste mit Integern von null bis zum (aber nicht einschließlich) Wert des Parameters. Wenn Sie zwei Parameter einfügen, wird der erste als untere Grenze genommen. Mit einem optionalen dritten Parameter kann eine *Schrittweite* angegeben werden. Falls angegeben, addiert Python diese Schrittweite nacheinander zu jedem Element im Ergebnis hinzu (die voreingestellte Schrittweite ist 1). Nun ist die einfachste Art, eine Sequenz zu durchlaufen, eine for-Schleife, und Python übernimmt die meisten Details für Sie:

```
>>> X = 'spam'
>>> for item in X: print item,          # einfache Iteration
...
s p a m
```

Intern initialisiert die for-Schleife einen Index, bestimmt das Ende der Sequenz, indiziert die Sequenz, um das aktuelle Element zu holen, und erhöht den Index bei jeder Wiederholung. Wenn Sie die Indizierungslogik wirklich explizit übernehmen müssen, können Sie dies mit einer while-Schleife tun. Diese Art kommt der for-Schleife in C so nahe wie in Python möglich:

```
a>>> i = 0
>>> while i < len(X):                   # while-Schleife
...     print X[i],; i = i+1
...
s p a m
```

Und schließlich können Sie immer noch manuell mit einer for-Schleife indizieren, indem Sie range für die Indexliste einsetzen, die Sie durchlaufen möchten:

```
>>> for i in range(len(X)): print X[i],  # manuell indiziert
...
s p a m
```

Aber wenn Sie keine spezielle Anforderung an die Indizierung haben, sind Sie immer besser bedient, wenn Sie die einfache for-Schleifenform in Python benutzen. Wenn Sie eine Aktion eine bestimmte Anzahl von Malen wiederholen möchten, ist die range-Funktion praktisch. Um z.B. drei Zeilen zu drucken, nehmen Sie range, um die passende Anzahl Integer zu generieren:

```
>>> for i in range(3): print i, 'Pythons'
...
0 Pythons
1 Pythons
2 Pythons
```

Allgemeine Codierungs-Gotchas

Bevor wir Sie auf einige Programmierübungen loslassen, möchten wir auf einige Fehler hinweisen, die die meisten Anfänger zu machen scheinen, wenn sie Python-Programme schreiben. Sie werden lernen, sie zu vermeiden, wenn Sie erst einmal ein wenig Erfahrung mit Python haben. (Mark kommt meistens in Schwierigkeiten, weil er Python-Syntax im C++-Code anwendet!) Aber ein paar Tips könnten Ihnen helfen, nicht sofort in solche Fallen zu tappen.

Vergessen Sie die Doppelpunkte nicht
: Vergessen Sie nicht den `:` am Ende der Kopfzeile von zusammengesetzten Anweisungen (die erste Zeile einer `if`-, `while`-, `for`-Schleife etc.). Wahrscheinlich werden Sie es anfangs manchmal doch vergessen (haben wir auch), aber Sie können beruhigt sein: Es wird bald eine ganz unbewußte Angewohnheit werden.

Beginnen Sie in Spalte 1
: Wir haben dies in Kapitel 1, *Einführung*, erwähnt, aber nochmals zur Erinnerung: Stellen Sie sicher, daß Sie mit dem ersten (unverschachtelten) Code in Spalte 1 beginnen. Das beinhaltet auch unverschachtelten, in Moduldateien geschriebenen Code und unverschachtelten, in der interaktiven Eingabeaufforderung geschriebenen Code.

Leerzeilen auf der interaktiven Eingabeaufforderung sind nicht ohne Bedeutung
: Leerzeilen in zusammengesetzten Anweisungen werden in Moduldateien immer ignoriert, aber sie beenden die Anweisung auf der interaktiven Eingabeaufforderung, wenn Sie Code direkt eingeben. Mit anderen Worten: Leerzeilen sagen der interaktiven Eingabe, daß Sie die zusammengesetzte Anweisung beendet haben. Wenn Sie fortfahren wollen, drücken Sie nicht die RETURN-Taste beim `...`-Prompt, bevor Sie wirklich fertig sind.

Konsistentes Einrücken
: Vermeiden Sie das Vermischen von Tabulatoren und Leerzeichen in Einrückungen, es sei denn, Sie wissen genau, wie Ihr Editor die Tabulatoren behandeln wird. Sonst ist das, was Sie in Ihrem Editor sehen, möglicherweise nicht dasselbe, was Python sieht, wenn es die Tabulatoren als Anzahl von Leerzeichen zählt.

Schreiben Sie nicht C in Python
: Ein Hinweis für C/C++-Programmierer: Sie brauchen Tests in `if`- und `while`- Kopfzeilen (z.B. `if (X==1): print X`) nicht in Klammern zu setzen, aber Sie können es tun, wenn Sie möchten. Jeder Ausdruck kann in Klammern gesetzt werden, jedoch können Sie keine `{ }` um Blöcke benutzen. Rücken Sie verschachtelte Codeblöcke statt dessen ein.

Erwarten Sie nicht immer ein Ergebnis
: Noch eine Erinnerung: Operationen wie die `list.append()`- und `list.sort()`-Methoden in Kapitel 2 geben keinen Wert zurück (tatsächlich geben sie `None` zurück). Rufen Sie sie auf, ohne ein Ergebnis zuzuweisen. Anfänger schreiben häufig so

etwas wie `list=list.append(X)`, um so zu versuchen, das Ergebnis eines `append` zu erhalten. Statt dessen weist dies aber `list` lediglich `None` zu statt die veränderte Liste (Sie verlieren wirklich den ganzen Verweis auf die Liste und haben nichts mehr).

Benutzen Sie Aufrufe und Importe korrekt
Zwei letzte Erinnerungen: Sie müssen Klammern hinter einen Funktionsnamen setzen, um ihn aufzurufen, ob er Parameter benötigt oder nicht (z.B. `function()`, nicht `function`), und Sie sollten die Dateiendung nicht mit in Import-Anweisungen schreiben (z.B. `import mod`, nicht `import mod.py`). In Kapitel 4 werden wir sehen, daß Funktionen einfach nur Objekte sind, die eine spezielle Operation besitzen – einen Aufruf, den Sie durch die Klammerung auslösen. Und in Kapitel 5 werden wir sehen, daß Module neben *.py* noch andere Suffixe haben können (etwa *.pyc*). Eine bestimmte Endung hart zu codieren ist nicht nur falsche Syntax, es macht auch keinen Sinn.

Zusammenfassung

In diesem Kapitel haben wir die wesentlichen prozeduralen Anweisungen von Python erforscht:

- Zuweisungen speichern Objektverweise.
- Ausdrücke rufen Funktionen und Methoden auf.
- `print` sendet Text zum Standard-Ausgabestrom.
- `if/elif/else` wählen zwischen einer oder mehreren Aktionen.
- `while/else`-Schleifen wiederholen eine Aktion, bis ein Test falsch ergibt.
- `for/else`-Schleifen durchlaufen die Elemente eines Sequenz-Objekts.
- `break` und `continue` springen in Schleifen herum.
- `pass` ist ein leerer Platzhalter.

Wir haben uns unterwegs auch mit den Syntaxregeln von Python beschäftigt, einen Blick auf Boolesche Operatoren und Wahrheitstests geworfen und ein wenig über allgemeine Programmierkonzepte in Python gesprochen.

Durch die Kombination grundlegender Anweisungen sind wir in der Lage, die Logik zum Bearbeiten von Objekten zu codieren. In Kapitel 4 kommen wir zu einer Reihe von weiteren Anweisungen für das Schreiben von Funktionen, mit denen Sie Anweisungen zur Wiederverwendung zusammenpacken. In späteren Kapiteln werden wir dann Anweisungen kennenlernen, die sich mit größeren Programmeinheiten sowie Ausnahmen beschäftigen. Tabelle 3-5 faßt die Anweisungen zusammen, die wir in den folgenden Kapiteln dieses Teils des Buches behandeln werden.

Tabelle 3-5: Vorschau auf weitere Anweisungen

Einheit	Rolle
Funktionen	Prozedurale Einheiten
Module	Code/Datenpakete
Klassen	Neue Objekte
Ausnahmen	Fehler und Spezialfälle

Übungen

Nachdem Sie nun wissen, wie man grundlegende Programmierlogik codiert, werden Sie in dieser Sitzung aufgefordert, einige einfache Aufgaben mit Anweisungen zu implementieren. Übung 4, in der Sie Codierungsalternativen untersuchen sollen, ist am umfangreichsten. Es gibt immer viele Möglichkeiten, Anweisungen anzuordnen, und ein Teil des Erlernens von Python besteht darin herauszufinden, welche Anordnung besser funktioniert als andere.

1. *Das Codieren einfacher Schleifen.*
   a. Schreiben Sie eine `for`-Schleife, die den ASCII-Code jedes Zeichens in einem String namens `S` druckt. Benutzen Sie die eingebaute Funktion `ord(character)`, um die jeweiligen Zeichen in einen ASCII-Integer zu konvertieren (testen Sie es interaktiv, um zu sehen, wie es funktioniert).
   b. Als nächstes verändern Sie Ihre Schleife so, daß sie die *Summe* der ASCII-Codes aller Zeichen in einem String berechnet.
   c. Schließlich modifizieren Sie Ihren Code nochmals, daß er eine *neue Liste*, die den ASCII-Code jedes Zeichens in dem String enthält, wiedergibt. Hat dieser Ausdruck einen ähnlichen Effekt – `map(ord, S)`? (Tip: siehe Kapitel 4, *Funktionen*.)
2. *Backslash-Zeichen.* Was geschieht auf Ihrem PC, wenn Sie folgenden Code interaktiv schreiben?

   ```
   for i in range(50):
       print 'hallo %d\n\a' % i
   ```

   Warnung: Dieses Beispiel piept Sie an – vielleicht möchten Sie es nicht gerade in einem überfüllten Labor starten (es sei denn, Sie ziehen gerne die Aufmerksamkeit auf sich). Tip: Beachten Sie die Backslash-Ersatzdarstellungen in Tabelle 2-6!
3. *Sortieren von Dictionaries.* In Kapitel 2 haben wir gelernt, daß Dictionaries *ungeordnete* Sammlungen sind. Schreiben Sie eine `for`-Schleife, die die Elemente eines Dictionaries in sortierter, aufsteigender Reihenfolge druckt. Tip: Benutzen Sie die Methode `keys()` bei Dictionaries und `sort()` bei Listen.
4. *Programmlogik –Alternativen.* Betrachten Sie den nachfolgenden Code, der eine `while`-Schleife und `found`-Marken benutzt, um eine Liste von Zweier-Potenzen nach

einem Wert von 2 hoch 5 (32) zu durchsuchen. Er wird in einer Moduldatei namens *power.py* gespeichert:

```
L = [1, 2, 4, 8, 16, 32, 64]
X = 5

found = i = 0
while not found and i < len(L):
    if 2 ** X == L[i]:
        found = 1
    else:
        i = i+1

if found:
    print 'bei index', i
else:
    print X, 'nicht gefunden'

C:\book\tests> python power.py
bei index 5
```

So wie es ist, folgt das Beispiel nicht den normalen Python-Codiertechniken. Folgen Sie den untenstehenden Schritten, um es zu verbessern. Für alle Veränderungen können Sie Ihren Code entweder interaktiv schreiben oder in einer Skriptdatei speichern, die von der Systembefehlszeile aus gestartet wird (eine Datei zu benutzen ist bei diesem Beispiel wirklich einfacher).

a. Zuerst schreiben Sie diesen Code neu mit einem `while`-loop-`else`-Konstrukt, um die `found`-Marke und die `if`-Anweisung am Ende zu eliminieren.

b. Dann schreiben Sie das Beispiel nochmals so, daß es eine `for`-Schleife mit einem `else` benutzt, um die ausdrückliche Listenindizierungs-Logik loszuwerden. Tip: Um an den Index eines Elements zu kommen, benutzen Sie die Listen*indizierungs*methode (`L.index(X)` gibt den Versatz des ersten `X` in der Liste `L` wieder).

c. Entfernen Sie die Schleife nun komplett, indem Sie die Beispiele mit einem simplen Ausdruck mit dem `in`-Operator als Enthaltenseins-Test noch einmal schreiben (siehe Kapitel 2 für weitere Details, oder schreiben Sie: `2 in [1,2,3]`).

d. Und nun nehmen Sie die `for`-Schleife und die `append`-Methode, um die Zweierpotenz-Liste zu generieren (`L`), statt eine Listenkonstante fest zu codieren.

e. Tiefergehende Gedanken: (1) Glauben Sie, daß es die Performance erhöhen würde, wenn man die `2**X` -Anweisung nach außerhalb der Schleifen verschiebt? Wie könnten Sie das codieren? (2) Wie wir in Übung 1 gesehen haben, schließt Python auch ein `map(function, list)`-Werkzeug ein, das die Zweierpotenz-Liste auch generieren kann: `map(lambda x: 2**x, range(7))`. Versuchen Sie, diesen Code interaktiv zu schreiben. Wir werden `lambda` auf formellerer Ebene in Kapitel 4 wieder begegnen.

In diesem Kapitel:
- *Weshalb Funktionen?*
- *Grundlagen von Funktionen*
- *Gültigkeitsregeln in Funktionen*
- *Argumentübergabe*
- *Haken und Ösen*
- *Funktions-Gotchas*
- *Zusammenfassung*
- *Übungen*

4 Funktionen

Im letzten Kapitel haben wir uns die grundlegenden prozeduralen Anweisungen in Python angeschaut. Nun wollen wir uns einer Reihe von zusätzlichen Anweisungen zuwenden, mit denen wir unsere eigenen Funktionen erstellen können. Einfacher ausgedrückt: Funktionen sind ein Instrument, das eine Reihe von Anweisungen so zusammenfaßt, daß sie mehr als einmal in einem Programm gestartet werden können. Funktionen lassen uns auch Argumente spezifizieren, die jedesmal, wenn der Code abläuft, unterschiedlich sein können. Tabelle 4-1 zeigt die funktionsbezogenen Anweisungen, die wir in diesem Kapitel erlernen werden.

Tabelle 4-1: Funktionsbezogene Anweisungen

Anweisung	Beispiele
Aufrufe	`myfunc("spam, ham, toast\n")`
`def`, `return`	`def adder(a, b, c=1, *d): return a+b+c+d[0]`
`global`	`def function(): global x, y; x = 'new'`

Weshalb Funktionen?

Bevor wir auf Details eingehen, lassen Sie uns ein klares Bild davon bekommen, worum es bei Funktionen geht. Funktionen sind ein nahezu universelles Instrument zum Strukturieren von Programmen. Die meisten davon sind Ihnen wahrscheinlich schon in anderen Sprachen begegnet, aber als kurze Einführung seien hier die zwei hauptsächlichen Einsatzbereiche von Funktionen genannt:

Codewiederverwendung
: Wie bei den meisten Programmiersprachen sind auch in Python Funktionen die einfachste Art, Abläufe, die man an mehreren Stellen und mehrere Male verwenden möchte, zusammenzupacken. Bisher startete Code, den wir geschrieben haben, unmittelbar. Funktionen erlauben es uns, eine große Menge Code zu gruppieren und zu parametrisieren, der nach Belieben zu jedem späteren Zeitpunkt benutzt werden kann.

Prozedurale Zerlegung

Funktionen sind ebenso ein Werkzeug zum Aufsplitten von Systemen in Teile mit wohldefinierten Rollen. Zum Beispiel können Sie eine Pizza von Grund auf selbst machen. Sie würden damit anfangen, den Teig zu rühren, ihn auszurollen, ihn zu belegen, zu backen usw. Würden Sie einen Pizzabäcker-Roboter programmieren, würden Funktionen helfen, die gesamte Aufgabe des »Pizza-Backens« in einzelne Teilaufgaben zu zerlegen – eine Funktion für jede Unteraufgabe des Gesamtvorgangs. Es ist einfacher, kleinere Aufgaben einzeln zu implementieren, als den ganzen Prozeß am Stück. Allgemein gesagt, geht es bei Funktionen um Vorgänge – wie man etwas macht, nicht wozu man es macht. Wir werden in Kapitel 6, *Klassen*, sehen, weshalb diese Unterscheidung von Bedeutung ist.

Hier beschäftigen wir uns mit Grundlagen von Funktionen, Gültigkeitsregeln und Argumentübergabe sowie einer Handvoll dazugehöriger Konzepte. Wie wir sehen werden, benötigen Funktionen nicht sehr viel neue Syntax, aber sie führen uns zu einigen umfangreicheren Programmierideen.

Grundlagen von Funktionen

Obwohl wir sie nicht offiziell eingeführt haben, haben wir Funktionen bereits in früheren Kapiteln benutzt. Wir rufen beispielsweise die eingebaute `open`-Funktion auf, um ein Datei-Objekt zu bilden. Genauso benutzen wir die eingebaute `len`-Funktion, um die Anzahl von Elementen in einem Sammlungs-Objekt abzufragen.

In diesem Kapitel werden wir lernen, wie man *neue* Funktionen in Python schreibt. Funktionen, die wir selbst schreiben, verhalten sich genauso wie die eingebauten, die wir schon gesehen haben – sie werden in Ausdrücken aufgerufen, sie akzeptieren durchgereichte Werte und geben Ergebnisse zurück. Aber Funktionen zu schreiben erfordert einige neue Überlegungen. Hier ist eine Einführung in die Hauptkonzepte:

def erstellt ein Funktions-Objekt und weist es einem Namen zu

Python-Funktionen werden mit einer neuen Anweisung geschrieben, dem `def`. Anders als Funktionen in kompilierten Sprachen wie C ist `def` eine ausführbare Anweisung. Durch ihre Ausführung erzeugt sie ein neues Funktions-Objekt und weist es dem Funktionsnamen zu. Wie bei allen Zuweisungen wird der Funktionsname zu einem Verweis auf das Funktions-Objekt.

return sendet ein Ergebnis-Objekt zurück zum Aufrufer

Wenn eine Funktion aufgerufen wird, hat der Aufrufer erst einmal Pause, bis die Funktion ihre Aufgabe beendet hat und dem Aufrufer die Kontrolle zurückgibt. Funktionen, die einen Wert berechnen, senden ihn mit einer `return`-Anweisung zum Aufrufer zurück.

global vereinbart Variablen auf Modulebene für die Zuweisung

Standardmäßig sind alle in einer Funktion zugewiesenen Namen lokal zu dieser Funktion und existieren nur, solange die Funktion läuft. Um an einen Namen im umschließenden Modul zuzuweisen, müssen Sie ihn innerhalb einer `global`-Anweisung in der Funktion angeben.

Argumente werden per Zuweisung weitergegeben (Objektverweis)
In Python werden Argumente durch Zuweisung an Funktionen durchgereicht (d.h. durch Objektverweise). Wie wir sehen werden, ist dies nicht ganz so wie bei den Übergaberegeln von C oder den Referenzargumenten von C++. Der Aufrufer und die Funktionen teilen sich Objekte durch Verweise, aber es gibt keine Aliasnamen-Erzeugung (die Veränderung eines Argumentnamens ändert nicht gleichzeitig den Namen im Aufrufer).

Argumente, Rückgabetypen und Variablen werden nicht vorab vereinbart
Wie überall in Python gibt es auch bei Funktionen keine Typbeschränkungen. Tatsächlich braucht nichts über eine Funktion vorab vereinbart zu werden. Wir können Argumente jeder Art übergeben, jede Art von Objekt zurückgeben usw. Als eine Konsequenz kann man eine einzige Funktion oftmals mit einer Vielzahl von Objekttypen verwenden.

Lassen Sie uns diese Gedanken fortsetzen und einige erste Beispiele betrachten.

Allgemeine Form

Die `def`-Anweisung erzeugt ein Funktions-Objekt und weist ihm einen Funktionsnamen zu. Wie alle zusammengesetzten Anweisungen in Python besteht es aus einer Kopfzeile, gefolgt von einem Block eingerückter Anweisungen. Die eingerückten Anweisungen bilden den Funktionskörper – den Code, den Python bei jedem Aufruf der Funktion ausführt. Die Kopfzeile spezifiziert einen Funktionsnamen (dem das Funktions-Objekt zugewiesen wird), zusammen mit einer Liste von *Argumenten* (manchmal auch *Parameter* genannt[1]), die an die Objekte zugewiesen werden, die während des Aufrufs in Klammern weitergereicht wurden.

```
def <name>(arg1, arg2,... argN):
    <statements>
    return <value>
```

In Funktionskörpern kann eine `return`-Anweisung auftauchen; sie beendet den Funktionsaufruf und schickt ein Ergebnis zum Aufrufer zurück. Sie besteht aus einem Objektausdruck, der das Ergebnis der Funktion darstellt. Die `return`-Anweisung ist optional. Wenn sie nicht vorhanden ist, kehrt eine Funktion einfach dann zurück, wenn das Ende des Funktionskörpers erreicht ist. Rein technisch gesehen, gibt eine Funktion ohne `return` automatisch das `None`-Objekt zurück (mehr dazu später in diesem Kapitel).

1 Wenn Sie es ganz genau nehmen: Parameter sind die Platzhalter, die in der Parameterliste aufgeführt werden. Argumente sind die beim Aufruf aktuell übergebenen Objektreferenzen (Parameterwerte). In der Praxis wird dieser feine Unterschied meist nicht auf die Goldwaage gelegt. Wenn aber Parameter und Argumente unterschieden werden, dann bitte so herum. – Anm.d.Ü.

Definitionen und Aufrufe

Lassen Sie uns ein einfaches Beispiel betrachten. Funktionen haben zwei Seiten: die Definition (das `def`, das eine Funktion erstellt) und den *Aufruf* (ein Ausdruck, der Python eine Funktion ausführen läßt). Definitionen haben das obige generelle Format. Hier eine Funktion namens `times`, die das Produkt ihrer beiden Argumente zurückgibt:

```
>>> def times(x, y):       # erzeuge Funktion und weise sie zu
...     return x * y       # der beim Aufruf auszuführende Körper
...
```

Wenn Python dieses `def` ausführt, erstellt es ein neues Funktions-Objekt, das den Code der Funktion zuammenpackt, und weist ihm den Namen `times` zu. Nach dem Ablauf von `def` kann man im Programm die Funktion starten (aufrufen), indem man Klammern hinter dem Funktionsnamen setzt. Die Klammern können optional ein oder mehrere Objekt-*Argumente* enthalten, die zu den Namen in der Kopfzeile der Funktion durchgereicht (zugewiesen) werden:

```
>>> times(2, 4)            # Argumente in Klammern
8
>>> times('Ni', 4)         # Funktionen sind 'typfrei'
'NiNiNiNi'
```

In der ersten Zeile übergeben wir zwei Parameter an `times`: Dem Namen x in der Funktions-Kopfzeile wird der Wert `2` zugewiesen, y wird `4` zugewiesen, und der Funktionskörper wird gestartet. In diesem Fall ist der Körper nur eine `return`-Anweisung, die das Ergebnis `8` als Wert des Aufruf-Ausdrucks zurückgibt.

Im zweiten Aufruf übergeben wir statt dessen einen String und einen Integer an `x` und `y`. Erinnern Sie sich, daß `*` sowohl bei Zahlen als auch bei Sequenzen funktioniert. Da es in Funktionen keine Typdeklarationen gibt, können Sie `times` benutzen, um Zahlen zu multiplizieren oder Sequenzen zu wiederholen. Python ist als *dynamisch typisierte* Sprache bekannt: Typen werden erst zur Laufzeit mit Objekten assoziiert, anstatt im Programm selbst vereinbart zu werden. Tatsächlich können ein und demselben Namen Objekte verschiedenen Typs zu unterschiedlichen Zeitpunkten zugewiesen werden.[2]

Beispiel: Schnittmenge von Sequenzen

Hier ist ein realistischeres Beispiel zur Illustration von Funktionsgrundlagen. Am Ende von Kapitel 3, *Elementare Anweisungen*, sahen wir eine `for`-Schleife, die gemeinsame Elemente zweier Strings einsammelte. Wir haben festgestellt, daß der Code nicht so brauchbar war, wie er hätte sein können, weil er vom Konzept her nur mit bestimmten Variablen funktionierte und nicht wiederverwendbar war. Natürlich könnten Sie ihn

2 Wenn Sie kompilierte Sprachen wie C oder C++ benutzt haben, stellen Sie wahrscheinlich fest, daß dynamische Typisierung Python zu einer unglaublich flexiblen Programmiersprache macht. Es bedeutet aber auch, daß einige Fehler, die ein Compiler frühzeitig herausfinden kann, von Python erst zur Laufzeit bemerkt werden (z.B. einen String zu einem Integer hinzufügen). Glücklicherweise sind Fehler in Python leicht zu finden und zu beheben.

jedesmal, wenn Sie ihn benötigen, ausschneiden und kopieren, aber das ist keine gute Lösung. Sie müßten immer noch jede Kopie editieren, um verschiedene Sequenznamen zu unterstützen; und den Algorithmus generell zu verändern bedeutet, jede Kopie einzeln zu verändern.

Definition

Mittlerweile können Sie wahrscheinlich schon erraten, daß die Lösung dieses Dilemmas darin besteht, die `for`-Schleife in eine Funktion zu packen. Indem Sie den Code in eine Funktion einfügen, wird er ein Werkzeug, das so oft Sie wollen gestartet werden kann. Und indem Aufrufern ermöglicht wird, beliebige zu verarbeitende Argumente zu übergeben, machen Sie es allgemein genug, um auf jeglichen Sequenzen zu arbeiten, die Sie schneiden möchten. Im Endeffekt erzeugt das Einhüllen des Codes in eine Funktion ein allgemeingültiges Schnittmengen-Hilfsprogramm:

```
def intersect(seq1, seq2):
    res = []                    # beginne leer
    for x in seq1:              # durchsuche seq1
        if x in seq2:           # gemeinsames Element?
            res.append(x)       # ans Ende anfügen
    return res
```

Die Transformation von einfachem Code zu dieser Funktion ist simpel: Sie haben nur die Original-Logik unter eine `def`-Kopfzeile gesetzt und die zu bearbeitenden Objekte zu Argumenten gemacht. Da diese Funktion ein Ergebnis berechnet, haben Sie auch eine `return`-Anweisung hinzugefügt, zwecks Rückgabe an den Aufrufer.

Aufrufe

```
>>> s1 = "SPAM"
>>> s2 = "SCAM"

>>> intersect(s1, s2)               # Strings
['S', 'A', 'M']

>>> intersect([1, 2, 3], (1, 4))    # gemischte Typen
[1]
```

Nochmals: Wir übergeben verschiedene Objekttypen an unsere Funktion – zunächst zwei Strings und dann eine Liste und ein Tupel (gemischte Typen). Da Sie Argumenttypen nicht im voraus zu spezifizieren brauchen, durchläuft die `intersect`-Funktion bereitwillig jede Art von Sequenz-Objekt, das Sie ihr schicken.[3]

3 Technisch gesehen, jedes Objekt, das auf Indizierung reagiert. Die `for`-Schleife und `in`-Tests funktionieren durch wiederholte Indizierung eines Objekts. Wenn wir uns in Kapitel 6 mit Klassen beschäftigen, werden Sie sehen, wie Indizierung bei benutzerdefinierten Objekten implementiert werden kann, ebenso Wiederholung und Mitgliedschaft.

Gültigkeitsregeln in Funktionen

Nachdem wir es nun gewagt haben, unsere eigenen Funktionen zu schreiben, müssen wir uns ein wenig formeller mit der Bedeutung von Namen in Python befassen. Wenn Sie einen Namen in einem Programm benutzen, erstellt, verändert oder sucht Python den Namen in einem sogenannten Namensraum – dem Ort, wo Namen gespeichert sind. Wie wir bereits wissen, werden Namen erzeugt, sobald ihnen ein Wert zugewiesen wird. Weil Namen nicht vereinbart werden, benutzt Python die Zuweisung an einen Namen, um ihm einen bestimmten Namensraum zuzuordnen. Neben dem Zusammenfassen von Code fügen Funktionen Ihrem Programm auch eine zusätzliche Namensraumschicht hinzu. Standardmäßig werden innerhalb einer Funktion zugewiesene Namen auch nur mit dem Namensraum der jeweiligen Funktion verbunden, mit keinem anderen.

Und so funktioniert es: Bevor Sie anfingen, Funktionen zu schreiben, befand sich jeglicher Code auf der obersten Ebene eines Moduls, so daß Namen entweder im Modul selbst lebten oder aber eingebaute, von Python vordefinierte Namen (z.B. `open`) waren.[4] Funktionen stellen einen verschachtelten Namensraum (manchmal auch *Geltungsbereich* genannt) zur Verfügung, der die in der Funktion benutzten Namen lokal macht. Dadurch können Namen innerhalb der Funktion nicht mit Namen außerhalb (in einem Modul oder in einer anderen Funktion) kollidieren. Wir sagen gewöhnlich, daß Funktionen einen *lokalen* Geltungsbereich definieren und Module einen *globalen* Geltungsbereich. Die beiden Geltungsbereiche hängen folgendermaßen zusammen:

Das einschließende Modul ist ein globaler Geltungsbereich
: Jedes Modul ist ein globaler Geltungsbereich – ein Namensraum für Variablen, die auf der obersten Ebene eines Moduls gebildet (zugewiesen) wurden.

Jeder Aufruf einer Funktion bildet einen neuen lokalen Geltungsbereich
: Jedesmal, wenn Sie eine Funktion aufrufen, bilden Sie einen neuen lokalen Geltungsbereich – einen Namensraum, in dem sich die innerhalb der Funktion erstellten Namen normalerweise befinden.

Zugewiesene Namen sind lokal, es sei denn , sie werden als global vereinbart
: Ohne weiteres Zutun werden alle innerhalb einer Funktionsdefinition zugewiesenen Namen im lokalen Geltungsbereich angelegt (dem mit dem Funktionsaufruf verbundenen Namensraum).

: Wenn Sie an einen Namen auf der obersten Ebene des die Funktion einschließenden Moduls zuweisen möchten, können Sie dies tun, indem Sie diesen in einer `global`-Anweisung innerhalb der Funktion als global vereinbaren.

4 Erinnern Sie sich, daß auf der interaktiven Befehlszeile geschriebener Code wirklich in ein eingebautes Modul namens `__main__` eingefügt wird, so daß sich interaktiv erstellte Namen auch in einem Modul befinden. Mehr zu Modulen in Kapitel 5, *Module*.

Alle anderen Namen sind global oder eingebaut
Namen, denen in der Funktionsdefinition kein Wert zugewiesen wird, werden als global (im Namensraum des einschließenden Moduls) oder als eingebaut (im von Python zur Verfügung gestellten Modul mit vordefinierten Namen) betrachtet.

Namensauflösung: Die LGB-Regel

Erschien der vorherige Abschnitt auch verwirrend, läuft er eigentlich auf drei einfache Regeln hinaus:

- Namen werden in maximal drei Bereichen gesucht: lokal, dann global, dann eingebaut.[5]
- Namenszuweisungen erstellen oder verändern normalerweise lokale Namen.
- »Global«-Vereinbarungen bilden Namen in den Geltungsbereich des umschließenden Moduls ab.

Mit anderen Worten: Alle innerhalb einer Funktions-`def`-Anweisung zugewiesenen Namen sind standardmäßig lokal. Funktionen können globale Namen benutzen, aber sie müssen sie als global vereinbaren, um an sie zuweisen zu können. Pythons Namensauflösung wird manchmal nach den Bereichsnamen LGB-Regel genannt (***L**ocals*, ***G**lobals*, ***B**uilt-ins*):

- Wenn Sie einen unqualifizierten Namen innerhalb einer Funktion benutzen, sucht Python in drei Bereichen – im lokalen, dann im globalen und dann im eingebauten – und stoppt, wenn der Name gefunden wird.
- Wenn Sie an einen Namen in einer Funktion zuweisen (statt einfach in einem Ausdruck auf ihn zu verweisen), erstellt oder verändert Python den Namen im lokalen Geltungsbereich, wenn er nicht in der jeweiligen Funktion als global vereinbart wurde.
- Außerhalb einer Funktion (d.h. auf der obersten Ebene eines Moduls oder auf der interaktiven Eingabeaufforderung) sind der lokale und der globale Geltungsbereich identisch – nämlich der Namensraum eines Moduls.

Abbildung 4-1 illustriert die drei Geltungsbereiche von Python. Vorausschauend möchten wir Sie bereits jetzt wissen lassen, daß diese Regeln nur für einfache Namen (wie `spam`) gelten. In den nächsten zwei Kapiteln werden wir sehen, daß sich die Regeln für qualifizierte Namen (wie `object.spam`, auch *Attribute* genannt) in einem bestimmten Objekt befinden und daher anders funktionieren.

---

5 »Eingebaut« ist die (unglückliche) Übersetzung von »built-in«, aber LGB zu übersetzen wäre noch aussichtsloser. – Anm.d.Ü.

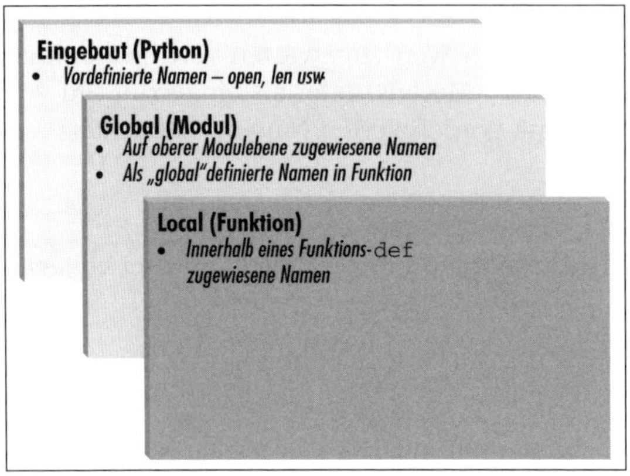

Abbildung 4-1: Die LGB-Regel zur Namensauflösung

Beispiel

Lassen Sie uns ein Beispiel betrachten, das das Konzept von Geltungsbereichen demonstriert. Angenommen, wir schreiben folgenden Code in eine Moduldatei:

```
# globaler Geltungsbereich
X = 99                    # X und func im Modul zugewiesen: global

def func(Y):              # Y und Z in Funktion zugewiesen: lokal
    # local scope
    Z = X + Y             # X ist nicht zugewiesen, also global
    return Z

func(1)                   # func im Modul: Ergebnis=100
```

Dieses Modul und die in ihm enthaltene Funktion benutzen eine Reihe von Namen, um ihren Job zu erledigen. Wenn wir Pythons Gültigkeitsregeln anwenden, können wir die Namen wie folgt klassifizieren:

Globale Namen: `X`, `func`
: `X` ist ein globaler Name, weil er auf der obersten Ebene der Moduldatei zugewiesen wurde. Er kann innerhalb der Funktion referenziert werden, ohne als global vereinbart worden zu sein. `func` ist aus demselben Gund global. Die `def`-Anweisung weist dem Namen `func` auf der obersten Ebene des Moduls ein Funktions-Objekt zu.

Lokale Namen: `Y`, `Z`
: `Y` und `Z` sind lokal in der Funktion (und existieren nur, während die Funktion läuft), weil beiden ein Wert in der Funktionsdefinition zugewiesen wurde. `Z` wird mittels `=`-Anweisung besetzt, und `Y`, weil Parameter immer durch Zuweisung übergeben werden (mehr dazu gleich).

Der ganze Sinn hinter diesem Namens-Abtrennungsschema ist, daß lokale Variablen als temporäre Namen dienen, die Sie nur benötigen, während die Funktion läuft. Zum Beispiel existieren der Parameter Y und das Additionsergebnis Z nur innerhalb der Funktion, sie berühren den Namensraum des einschließenden Moduls (oder irgendeiner anderen Funktion) nicht. Die Lokal/Global-Unterscheidung macht Funktionen auch leichter verständlich, denn die meisten der benutzten Namen erscheinen nur in der Funktion selbst, nicht an irgendwelchen Stellen im Modul.[6]

Die global-Anweisung

Die `global`-Anweisung ist das einzige, was in Python einer Vereinbarung gleicht. Sie teilt Python mit, daß eine Funktion plant, globale Namen zu verändern – Namen, die sich im Geltungsbereich (Namensraum) des einschließenden Moduls befinden. Wir haben bereits beim Thema Übergabe über `global` gesprochen. Hier eine Zusammenfassung:

- `global` bedeutet: »ein Name auf der obersten Ebene einer Moduldatei«
- Globale Namen müssen nur vereinbart werden, wenn an sie in einer Funktion zugewiesen wird.
- Auf globale Namen kann in einer Funktion ohne vorherige Vereinbarung verwiesen werden.

Die `global`-Anweisung besteht einfach nur aus dem Schlüsselwort `global`, gefolgt von einem oder mehreren durch Kommata getrennten Namen. Alle aufgelisteten Namen werden in den Geltungsbereich des einschließenden Moduls abgebildet, wenn sie innerhalb des Funktionskörpers besetzt oder referenziert werden. Zum Beispiel:

```
y, z = 1, 2            # globale Variablen im Modul

def all_global():
    global x           # deklariere global zugewiesene Variable
    x = y + z          # unnötig, y und z zu deklarieren: LGB-Regel
```

Hier sind `x`, `y` und `z` alle global innerhalb der Funktion `all_global`. `y` und `z` sind global, weil sie in der Funktion nicht zugewiesen werden. `x` ist global, weil wir es so befohlen haben: Wir haben es in einer `global`-Anweisung explizit in den Geltungsbereich des Moduls abgebildet. Ohne `global` würde `x` hier aufgrund der Zuweisung als lokal betrachtet werden. Beachten Sie, daß `y` und `z` nicht als global vereinbart wurden. Die LGB-Suchregel findet sie automatisch im Modul. Beachten Sie auch, daß `x` im einschließenden Modul nicht existieren muß, bevor die Funktion gelaufen ist. Existiert es nicht, erstellt die Zuweisung in der Funktion das `x` im Modul neu.

6 Der aufmerksame Leser wird bemerkt haben, daß Namen im lokalen Geltungsbereich sich aufgrund der LGB-Regel über Variablen mit demselben Namen im globalen oder eingebauten Namensraum hinwegsetzen können und daß globale Namen eingebaute überlagern können. Eine Funktion kann z.B. eine lokale Variable namens `open` erstellen. Innerhalb der Funktion wird dadurch das eingebaute `open` unsichtbar.

Argumentübergabe

Lassen Sie uns den Begriff Argumentübergabe in Python näher betrachten. Weiter vorn haben wir festgestellt, daß Argumente durch *Zuweisung* übergeben werden. Allerdings hat dies einige Konsequenzen, die für Anfänger nicht immer offensichtlich sind:

Argumente werden duch die Zuweisung von Objekten an lokale Namen übergeben
: Funktionsargumente sollten Ihnen jetzt vertraut sein. Sie sind nur eine andere Erscheinungsform der Python-Zuweisung. Funktionsargumente sind Verweise auf (möglicherweise gemeinsam benutzte) Objekte, auf die der Aufrufer verwiesen hat.

Die Zuweisung an Argumentnamen innerhalb einer Funktion beeinflußt den Aufrufer nicht
: Argumentnamen in der Kopfzeile der Funktion werden zu neuen lokalen Namen im Geltungsbereich der Funktion, wenn die Funktion läuft. Es gibt kein Aliasing zwischen Argumentnamen der Funktion und Namen im Aufrufer.

Die Veränderung eines veränderlichen Objektarguments in einer Funktion kann den Aufrufer beeinflussen
: Andererseits können Funktionen übergebene veränderliche Objekte modifizieren, da Argumente einfach Objekten zugewiesen werden, und das Ergebnis kann den Aufrufer durchaus beeinflussen.

Hier ist ein Beispiel, das einige dieser Eigenschaften verdeutlicht:

```
>>> def changer(x, y):
...     x = 2              # ändert nur den Wert einer lokalen Variable
...     y[0] = 'spam'      # ändert gemeinsames Objekt vor Ort
...
>>> X = 1
>>> L = [1, 2]
>>> changer(X, L)          # übergib unveränderliches und veränderliches Objekt
>>> X, L                   # X wie vorher, L ist anders
(1, ['spam', 2])
```

In diesem Code weist die `changer`-Funktion an den Parameternamen `x` und an eine Komponente in dem Objekt, das durch den Parameter `y` referenziert wurde, zu. Da `x` ein lokaler Name im Geltungsbereich der Funktion ist, hat die erste Zuweisung keinen Effekt auf den Aufrufer: Es verändert die Anbindung des Namens `x` im Aufrufer nicht. Der Parameter `y` ist ebenfalls ein lokaler Name, aber ihm wird ein veränderliches Objekt übergeben (die Liste, die beim Aufrufer `L` heißt). Das Ergebnis der Zuweisung zu `y[0]` in der Funktion beeinflußt den Wert von `L`, nachdem die Funktion gelaufen ist. Abbildung 4-2 illustriert die Namen/Objekt-Bindungen, die unmittelbar nach dem Aufruf der Funktion existieren.

Wenn Sie sich an unsere Diskussion über gemeinsame veränderliche Objekte in Kapitel 2, *Typen und Operatoren*, erinnern, wird Ihnen klar werden, daß wir es hier mit demselben Phänomen zu tun haben: Das Verändern eines veränderlichen Objekts an Ort und Stelle kann einen Einfluß auf andere Verweise auf das Objekt haben. Hier hat es den Effekt, einen der Parameter zu einem *Output* der Funktion zu machen. (Um dies zu vermeiden, geben Sie `y = y[:]` ein, um eine Kopie anzulegen.)

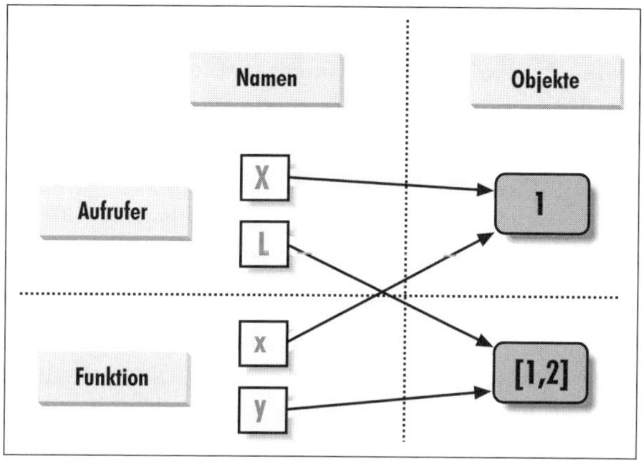

Abbildung 4-2: Verweise: Parameter teilen Objekte mit dem Aufrufer

Das Schema der Übergabe durch Zuweisung ist nicht dasselbe wie die Zeiger-Parameter in C++, aber in der Anwendung ist es dem von C sehr ähnlich:

Unveränderliche Argumente verhalten sich wie der »Per Wert«-Modus in C
: Objekte wie Integer und Strings werden durch Objektverweise (Zuweisungen) weitergegeben, aber da Sie unveränderliche Objekte ohnehin nicht verändern können, kommt der Effekt einer Kopie gleich.

Veränderliche Argumente verhalten sich wie der »Per Zeiger«-Modus in C
: Objekte wie Listen und Dictionaries werden auch durch Objektverweise weitergegeben, was der Art, wie C Zeiger auf Felder und Strukturen weitergibt, ähnlich ist – veränderliche Objekte können in der Funktion verändert werden, ähnlich wie Feldelemente in C.

Wenn Sie C noch nie benutzt haben, wird Pythons Art, Argumente zu übergeben, noch viel verständlicher für Sie sein. Es ist nichts weiter als eine Zuweisung von Objekten zu Namen, die überall gleich funktioniert, egal ob Objekte veränderlich sind oder nicht.

Weitere Erläuterungen zu return

Wir haben schon über die `return`-Anweisung gesprochen und sie in einigen Beispielen angewendet. Aber hier ist ein Trick, den wir Ihnen noch nicht verraten haben: Weil `return` jede Art von Objekt zurückgibt, kann es auch *multiple* Werte in einem Tupel zurückgeben. Obwohl Python nicht über einen Aufruf *per Referenz* verfügt, können wir ihn doch simulieren, indem wir Tupel zurückgeben und im Aufrufer an das Originalargument zuweisen:

```
>>> def multiple(x, y):
...     x = 2                    # ändert nur lokale Namen
...     y = [3, 4]
...     return x, y              # neue Werte als Tupel zurückgeben
...
```

```
>>> X = 1
>>> L = [1, 2]
>>> X, L = multiple(X, L)      # weise Ergebnisse an Namen des Aufrufers zu
>>> X, L
(2, [3, 4])
```

Es sieht aus, als ob wir hier zwei Werte zurückgeben würden, aber es ist nur einer – ein zweielementiges Tupel ohne umschließende Klammern. Wenn Sie vergessen haben, wieso das möglich ist, blättern Sie zurück zu unserer Erläuterung von Tupeln in Kapitel 2.

Spezielle Verfahren zum Argumentabgleich

Obwohl Argumente immer durch Zuweisung weitergereicht werden, stellt Python zusätzliche Mittel zur Verfügung, die die Art und Weise, wie Argument-Objekte des Aufrufs mit den Parameternamen in der Kopfzeile assoziiert werden, verändert. Im Normalfall werden sie der Reihe nach von links nach rechts abgeglichen, und Sie müssen genauso viele Argumente angeben, wie Argumentnamen in der Kopfzeile vorhanden sind. Sie können aber auch einen Abgleich nach Namen, Standardwerten und Sammler-Objekten für Extra-Argumente festlegen.

Ein Teil dieses Abschnitts wird kompliziert, und bevor wir auf syntaktische Details eingehen, möchten wir betonen, daß diese speziellen Verfahren optional sind und nur etwas mit dem *Abgleich* zwischen Objekten und Namen zu tun haben. Der zugrundeliegende Übergabemechanismus ist immer noch die Zuweisung, nachdem der Abgleich stattgefunden hat. Als Einführung folgt die Zusammenfassung der verfügbaren Abgleichmodi:

Stellungswerte: Abgleich von links nach rechts
: Normalerweise werden Argumente nach ihrer Stellung abgeglichen (so wie wir es bisher getan haben).

Schlüsselwörter: Abgleich nach Argumentname
: Aufrufer können spezifizieren, welches Argument der Funktion einen Wert erhalten soll, indem sie den Argumentnamen im Aufruf nennen.

Variable Argumente: Auffangen von undefinierten Stellungs- und Schlüsselwortargumenten
: Funktionen können spezielle Argumente benutzen, um eine beliebige Anzahl von zusätzlichen Argumenten anzusammeln (ähnlich wie das `varargs`-Feature in C, das Argumentlisten variabler Länge unterstützt).

Voreinstellungen: Spezifizieren von Werten für Argumente, die nicht angegeben werden
: Funktionen können auch Standardwerte für Argumente spezifizieren, die sie erhalten, wenn der Aufruf weniger Werte als definiert übergibt.

Tabelle 4-2 faßt die Syntax für die speziellen Abgleichverfahren zusammen.

Tabelle 4-2: Abgleicharten bei Funktionsargumenten

Syntax	Ort	Bedeutung
`func(value)`	Aufrufer	Normales Argument: Abgleich nach Stellung
`func(name=value)`	Aufrufer	Schlüsselwortparameter: Abgleich nach Name
`def func(name)`	Funktion	Normales Argument: vergleicht alles nach Stellung oder Name
`def func(name=value)`	Funktion	Parameter mit Default, falls nicht beim Aufruf übergeben
`def func(*name)`	Funktion	Übernimmt verbleibende Stellungsparameter in ein Tupel
`def func(**name)`	Funktion	Übernimmt verbleibende Schlüsselwortparameter in ein Dictionary

Im Aufrufer (die ersten beiden Zeilen der Tabelle) werden einfache Namen nach Stellung abgeglichen, aber die `name=value`-Form weist Python an, statt dessen nach Namen abzugleichen. Diese werden Schlüsselwortargumente genannt.

In der Kopfzeile der Funktion wird ein einfacher Name nach Stellung oder Name abgeglichen (abhängig davon, wie der Aufrufer ihn übergibt), aber die `name=value`-Form spezifiziert einen Default, `*name` nimmt alle zusätzlichen Stellungsargumente in einem Tupel auf, und die `**name`-Form faßt alle überzähligen Schlüsselwortargumente in einem Dictionary zusammen.

Insgesamt lassen Ihnen diese speziellen Abgleichverfahren ziemlich viel Freiheit hinsichtlich der Anzahl von Argumenten, die einer Funktion übergeben werden müssen. Wenn eine Funktion Defaults spezifiziert, werden sie benutzt, wenn Sie zu wenige Argumente angeben. Benutzt eine Funktion `varargs`-Formen, dürfen Sie zu viele Argumente eingeben. Die `varargs`-Namen fassen die überzähligen Argumente in einer Datenstruktur zusammen.

Ein erstes Beispiel

Lassen Sie uns ein Beispiel betrachten, das Schlüsselwörter und Defaults in Aktion zeigt. Im folgenden muß der Aufrufer immer mindestens zwei Argumente übergeben (um `spam` und `eggs` zu besetzen), aber die anderen beiden sind optional. Werden sie ausgelassen, weist Python an `toast` und `ham` die in der Kopfzeile spezifizierten Defaults zu.

```
def func(spam, eggs, toast=0, ham=0):   # die ersten zwei sind erforderlich
    print (spam, eggs, toast, ham)

func(1, 2)                              # Ausgabe: (1, 2, 0, 0)
func(1, ham=1, eggs=0)                  # Ausgabe: (1, 0, 0, 1)
func(spam=1, eggs=0)                    # Ausgabe: (1, 0, 0, 0)
func(toast=1, eggs=2, spam=3)           # Ausgabe: (3, 2, 1, 0)
func(1, 2, 3, 4)                        # Ausgabe: (1, 2, 3, 4)
```

Beachten Sie, daß die Reihenfolge der Argumente keine Rolle spielt, wenn Schlüsselwortargumente im Aufruf benutzt werden: Python gleicht nach Name, nicht nach Position ab. Der Aufrufer muß Werte für spam und eggs liefern, aber sie können entweder nach Name oder nach Position abgeglichen werden. Beachten Sie auch, daß die Form name=value im Aufruf und bei def unterschiedliche Bedeutungen hat: Im Aufruf ist es ein Schlüsselwort, in der Kopfzeile hingegen ein Default.

Ein zweites Beispiel: Funktionen mit beliebiger Argumentmenge

Hier ist ein nützlicheres Beispiel für spezielle Argument-Abgleichverfahren. Weiter oben haben wir eine Funktion geschrieben, die eine Schnittmenge zweier Sequenzen zurückgab (sie wählte die Elemente, die in beiden vorkamen). Hier ist eine Version, die eine beliebige Anzahl (1 oder mehr) von Sequenzen schneidet, indem die varargs-Übergabeform *args benutzt wird, um alle angegebenen Parameter zusammenzufassen. Da die Argumente als Tupel hereinkommen, können wir sie in einer einfachen for-Schleife bearbeiten. Aus Spaß an der Freud' haben wir auch eine Funktion zum Bilden beliebiger Vereinigungsmengen geschrieben. Sie faßt Elemente zusammen, die in irgendeinem der Operanden vorkommen:

```
def intersect(*args):
    res = []
    for x in args[0]:                   # gehe durch die erste Sequenz
        for other in args[1:]:          # für alle anderen Argumente
            if x not in other: break    # Element in jedem anderen?
        else:                           # nein: raus aus der Schleife
            res.append(x)               # ja: am Ende anfügen
    return res

def union(*args):
    res = []
    for seq in args:                    # für alle Argumente
        for x in seq:                   # und all deren Elemente
            if not x in res:
                res.append(x)           # füge die neuen ans Ergebnis an
    return res
```

Da diese Werkzeuge zur Wiederverwendung geeignet sind (und viel zu groß sind, um sie noch einmal zu tippen), haben wir unsere Funktionen in einer Moduldatei namens *inter2.py* gespeichert (mehr zu Modulen in Kapitel 5, *Module*). In beiden Funktionen kommen die beim Aufruf weitergereichten Argumente als args-Tupel an. Wie im original intersect funktionieren beide mit Sequenzen aller Art. Hier verarbeiten sie Strings, gemischte Typen sowie mehr als zwei Sequenzen:

```
% python
>>> from inter2 import intersect, union
>>> s1, s2, s3 = "SPAM", "SCAM", "SLAM"

>>> intersect(s1, s2), union(s1, s2)          # 2 Operanden
(['S', 'A', 'M'], ['S', 'P', 'A', 'M', 'C'])

>>> intersect([1,2,3], (1,4))                 # gemischte Typen
```

```
[1]

>>> intersect(s1, s2, s3)                    # 3 Operanden
['S', 'A', 'M']

>>> union(s1, s2, s3)
['S', 'P', 'A', 'M', 'C', 'L']
```

Lästige Details

Wenn Sie sich dafür entscheiden, diese speziellen Abgleichmethoden zu benutzen und zu kombinieren, sind zwei Anordnungsregeln in Python zu beachten:

- Im Aufruf müssen die Schlüsselwortargumente hinter allen Nicht-Schlüsselwortargumenten stehen.
- In der Kopfzeile der Funktion muß `*name` hinter den normalen Argumenten und Defaults stehen und `**name` an letzter Stelle.

Darüber hinaus führt Python intern die folgenden Schritte aus, um die Argumente vor der Zuweisung auf Übereinstimmung zu prüfen:

1. Zuweisung von Nicht-Schlüsselwörtern nach Position
2. Zuweisung von Schlüsselwortargumenten durch Abgleich nach Namen
3. Zuweisung von überzähligen Nicht-Schlüsselwörtern zum `*name`-Tupel
4. Zuweisung von überzähligen Schlüsselwortargumenten zum `**name`-Dictionary
5. Zuweisung von Defaults zu nicht zugewiesenen Argumenten in der Kopfzeile

Anwendung: Schlüsselwortargumente

Schlüsselwortargumente spielen eine wichtige Rolle bei Tkinter, dem De-facto-GUI-API-Standard für Python. Wir werden Tkinter in Kapitel 10, *Grundstrukturen und Applikationen*, kennenlernen, aber vorab sei gesagt, daß Schlüsselwortargumente die Konfigurationsoptionen setzen, wenn GUI-Komponenten erstellt werden. Ein Aufruf der Form

```
from Tkinter import *
widget = Button(text="Drück mich", command=someFunction)
```

erstellt zum Beispiel eine neue Schaltfläche und spezifiziert deren Text und Rückruffunktion, indem die Schlüsselwortargumente `text` und `command` benutzt werden. Da die Anzahl der Konfigurationsoptionen für ein Kontrollelement sehr groß sein können, ermöglichen Schlüsselwortargumente es Ihnen, einzelne auszuwählen und zu besetzen. Ohne sie müßten Sie entweder alle möglichen Optionen nach Position auflisten oder auf ein kluges Vorgabeprotokoll für alle Positionsargumente hoffen, das jede mögliche Optionsanordnung verarbeiten kann.

Das ist genauso kompliziert, wie es sich anhört, aber Pythons Abgleichalgorithmus genau zu verfolgen ist hilfreich, um einige Fälle zu verstehen, besonders wenn die Verfahren gemischt werden. Wir werden weitere Beispiele dieser speziellen Abgleichverfahren auf später verschieben, wenn wir die Übungen am Ende dieses Kapitels machen.

Wie Sie sehen, können anspruchsvollere Abgleichverfahren recht komplex sein. Sie sind auch völlig optional. Sie können auch mit ganz einfachem Positionsabgleich auskommen, und es empfiehlt sich, das auch zu versuchen, wenn Sie gerade erst anfangen. Trotzdem, einige Python-Werkzeuge machen Gebrauch davon, so daß es gut ist, sie zu kennen.

Haken und Ösen

Wir haben jetzt gesehen, was man braucht, um eigene Funktionen in Python zu schreiben. Aber es gibt noch eine Handvoll weiterer funktionsbezogener Ideen, die wir Ihnen in diesem Abschnitt vorstellen möchten:

- `lambda` erstellt anonyme Funktionen.
- `apply` ruft Funktionen mit Argument-Tupeln auf.
- `map` iteriert eine Funktion über eine Sequenz und faßt die Ergebnisse zusammen.
- Funktionen geben `None` zurück, wenn sie keine `return`-Anweisung haben.
- Funktionen bieten Designauswahl.
- Funktionen sind Objekte, genauso wie Zahlen und Strings.

lambda-Ausdrücke

Neben der `def`-Anweisung bietet Python noch eine andere Ausdrucksform, die Funktions-Objekte generiert. Wegen ihrer Ähnlichkeit mit einem Werkzeug in der LISP-Sprache wird sie `lambda` genannt. Ihre allgemeine Form ist das Schlüsselwort `lambda`, gefolgt von einem oder mehreren Argumenten, gefolgt von einem Ausdruck nach einem Doppelpunkt:

```
lambda argument1, argument2,... argumentN : Ausdruck, der die Argumente verwendet
```

Funktions-Objekte, die von `lambda`-Ausdrücken zurückgegeben werden, sind exakt gleichwertig zu denen, die Sie mit `def` erstellen und zuweisen. Aber `lambda` weist ein paar Unterschiede auf, die es für einige spezielle Aufgaben nützlich machen:

lambda ist ein Ausdruck, keine Anweisung

Deshalb kann ein `lambda` an Stellen auftauchen, wo ein `def` es nicht kann: innerhalb einer Listenkonstante zum Beispiel. In seiner Eigenschaft als Ausdruck gibt `lambda` einen Wert zurück (eine neue Funktion), dem optional ein Name zugewiesen werden kann. Die `def`-Anweisung weist die neue Funktion immer dem Namen in der Kopfzeile zu, anstatt sie als Ergebnis zurückzugeben.

lambda-Körper sind ein einzelner Ausdruck, kein Anweisungsblock

Der Köper der `lambdas` ist dem ähnlich, was Sie sich als Inhalt der `return`-Anweisung eines `def`-Körpers vorstellen könnten. Schreiben Sie einfach das Ergebnis als nackten Ausdruck, anstatt es explizit zurückzugeben. Da es auf einen Ausdruck beschränkt ist, ist `lambda` weniger allgemein einsetzbar als `def`. Sie können nur so viel Logik in einen `lambda`-Körper quetschen, wie Sie ohne eine Anweisung wie `if` hineinbekommen.[7]

Anwendung: lambdas

Der `lambda`-Ausdruck ist als Kurzform für `def` höchst praktisch, wenn Sie kleine Teile ausführbaren Codes an Stellen unterbringen müssen, wo Anweisungen syntaktisch illegal sind. Sie können zum Beispiel eine Liste von Funktionen erstellen, indem Sie `lambda`-Ausdrücke in eine Listenkonstante einbetten:

```
L = [lambda x: x**2, lambda x: x**3, lambda x: x**4]

for f in L:
    print f(2)      # gibt 4, 8, 16 aus

print L[0](3)       # gibt 9 aus
```

Ohne `lambda` müßten Sie statt dessen extra drei `def`-Anweisungen außerhalb der Liste codieren, in der die Funktionen benutzt werden sollen. `lambas` sind außerdem sehr praktisch in Funktionsargumentlisten. Eine sehr gebräuchliche Anwendung davon ist es, direkt im Aufruf Rückruffunktionen für die Tkinter-GUI-API zu definieren (mehr zu Tkinter in Kapitel 10). Im nachfolgenden Beispiel wird eine Schaltfläche erstellt, die eine Nachricht auf das Bedienungsfeld schreibt, wenn sie aktiviert wird:

```
import sys
widget = Button(text    ="Press me",
                command = lambda: sys.stdout.write("Hello world\n"))
```

Abgesehen von diesen Unterscheidungen haben `def` und `lambda` dieselben Aufgaben. Wir haben beispielsweise gesehen, wie man Funktionen mit `def`-Anweisungen bildet:

```
>>> def func(x, y, z): return x + y + z
...
>>> func(2, 3, 4)
9
```

7 Auf diesem Gebiet gibt es allerdings wahre Künstler, die selbst Primzahlprogramme als einzeiliges Lambda hinbekommen. Probieren Sie so etwas ruhig zur Übung aus, aber vermeiden Sie es generell als Programmierstil. – Anm.d.Ü.

Aber Sie können denselben Effekt mit einem lambda-Ausdruck erreichen, indem Sie das Ergebnis ausdrücklich einem Namen zuweisen:

```
>>> f = lambda x, y, z: x + y + z
>>> f(2, 3, 4)
9
```

Hier wird f das Funktions-Objekt zugewiesen, das der lambda-Ausdruck erzeugt (so funktioniert def, aber dort erfolgt die Zuweisung automatisch). Die Voreinstellungen funktionieren auch bei lambda-Argumenten, genauso wie bei def:

```
>>> x = (lambda a="fee", b="fie", c="foe": a + b + c)
>>> x("wee")
'weefiefoe'
```

lambdas sind praktische Kurzformen für Funktionen. Wir werden später beispielsweise sehen, daß Rückrufprozeduren oft als lambda-Ausdrücke direkt eingebettet in ihren Registrierungsaufruf geschrieben werden, statt irgendwo anders in einer Datei definiert und durch einen Namen referenziert werden zu müssen.

Die eingebaute Funktion apply

Einige Programme müssen willkürliche Funktionen auf eine generelle Art aufrufen können, ohne deren Namen oder Argumente vorher zu kennen. Wir werden noch Beispiele sehen, wo dies nützlich sein kann. Zur Einführung tut es die eingebaute apply-Funktion. Wenn Sie etwa den Code des vorherigen Abschnitts gestartet haben, können Sie die dort erstellten Funktionen aufrufen, indem Sie sie gemeinsam mit einem Argument-Tupel als Argumente an apply weitergeben:

```
>>> apply(func, (2, 3, 4))
9
>>> apply(f, (2, 3, 4))
9
```

apply ruft einfach nur die angegebene Funktion auf und gleicht die Argumentliste mit den von der Funktion erwarteten Argumenten ab. Da die Argumentliste als Tupel (eine Datenstruktur) eingereicht wird, kann sie zur Laufzeit von einem Programm berechnet werden. Die wirkliche Stärke von apply ist, daß es nicht zu wissen braucht, mit wie vielen Argumenten eine Funktion aufgerufen wird. Sie können z.B. die if-Logik benutzen, um aus einer Reihe von Funktionen und Argumentlisten auszuwählen, und apply, um eine davon aufzurufen:

```
if <test>:
    action, args = func1, (1,)
else:
    action, args = func2, (1, 2, 3)
. . .
apply(action, args)
```

Die eingebaute Funktion map

Zu den üblichen Dingen, die Programme mit Listen anstellen, gehört die Anwendung einer Operation auf jedes Element und das Zusammenführen der Ergebnisse. Das Aktualisieren aller Zähler in einer Liste kann zunächst ganz einfach mit einer `for`-Schleife gemacht werden:

```
>>> counters = [1, 2, 3, 4]
>>>
>>> updated = []
>>> for x in counters:
...     updated.append(x + 10)              # addiere 10 zu jedem Element
...
>>> updated
[11, 12, 13, 14]
```

Weil dies eine so häufige Operation ist, liefert Python eine eingebaute Funktion, die Ihnen den größten Teil der Arbeit abnimmt: Die `map`-Funktion wendet eine übergebene Funktion auf jedes Element eines Sequenz-Objekts an und gibt eine Liste mit allen Ergebnissen der Funktionsaufrufe zurück. Zum Beispiel:

```
>>> def inc(x): return x + 10               # auszuführende Funktion
...
>>> map(inc, counters)                      # sammle Ergebnisse ein
[11, 12, 13, 14]
```

Da `map` eine Funktion erwartet, ist dies auch eine der Stellen, wo `lambda`s oft anzutreffen sind:

```
>>> map((lambda x: x + 3), counters)        # Funktionsausdruck
[4, 5, 6, 7]
```

`map` ist der simpelste Vertreter einer Klasse von eingebauten Python-Funktionen, die für *funktionales Programmieren* benutzt werden (was meistens einfach bedeutet: Werkzeuge, die Funktionen auf Sequenzen anwenden). Ihre Angehörigen filtern Elemente, basierend auf einem Test (`filter`), und wenden Operationen auf Elementpaare an (`reduce`). Wir erläutern eingebaute Werkzeuge in Kapitel 8, *Eingebaute Werkzeuge*.

»Prozeduren«

Bei den Funktionen sind `return`-Anweisungen optional. Wenn eine Funktion nicht ausdrücklich einen Wert zurückgibt, endet die Funktion, wenn sie ihre letzte Zeile erreicht hat. Technisch gesehen, ergeben alle Funktionen einen Wert – wenn Sie kein `return` angeben, gibt Ihre Funktion automatisch das `None`-Objekt zurück:

```
>>> def proc(x):
...     print x       # kein return ist ein None-return
...
>>> x = proc('testing 123...')
testing 123...
>>> print x
None
```

Funktionen wie diese ohne ein `return` sind Pythons Äquivalent zu dem, was in einigen Sprachen (wie Pascal) *Prozeduren* genannt wird. Sie werden normalerweise als Anweisung aufgerufen (wobei das `None`-Ergebnis ignoriert wird), da sie ihre Aufgabe ohne einen sinnvollen Ergebniswert erledigen. Dies ist gut zu wissen, weil Python es Ihnen nicht sagt, wenn Sie versuchen, das Ergebnis einer Funktion zu benutzen, die keines zurückgibt. Die Zuweisung des Ergebnisses der `append`-Methode für Listen würde keine Fehlermeldung ergeben: Sie würden `None` zurückbekommen, nicht die modifizierte Liste:

```
>>> list = [1, 2, 3]
>>> list = list.append(4)       # append ist eine 'Prozedur'
>>> print list                  # append ändert list direkt (weg ist sie)
None
```

Konzepte des Funktionsdesigns

Wenn Sie anfangen, Funktionen zu benutzen, werden Sie mit mehreren Möglichkeiten konfrontiert, die Teile zusammenzusetzen – zum Beispiel wie man eine Aufgabe in Funktionen zerlegt, wie Funktionen kommunizieren sollen usw. Einiges davon fällt in die Kategorie strukturierte Analyse und Design, was ein zu weites Feld ist, um in diesem Buch besprochen zu werden. Aber nachfolgend finden Sie einige grundsätzliche Hinweise für Python-Anfänger:

Nehmen Sie Argumente für Eingaben (Input) und return für Ausgaben (Output)
: Allgemein gesagt, sollten Sie sich bemühen, eine Funktion unabhängig von den sie umgebenden Dingen zu machen. Argumente und `return`-Anweisungen sind oft der beste Weg, Abhängigkeiten zu isolieren.

Benutzen Sie globale Variablen nur, wenn es absolut notwendig ist
: Globale Variablen (d.h. Namen im einschließenden Modul) sind üblicherweise eine schlechte Art, mit Funktionen zu kommunizieren. Sie können ungewollt Abhängigkeiten produzieren, die es schwierig machen, Programme zu ändern.

Ändern Sie veränderliche Argumente nicht, außer der Aufrufer erwartet es
: Funktionen können auch Teile von eingereichten veränderlichen Objekten verändern. Aber genau wie bei globalen Variablen impliziert dies viel Kopplung zwischen dem Aufrufer und dem Aufgerufenen, was eine Funktion zu spezifisch und empfindlich machen kann.

Tabelle 4-3 faßt die verschiedenen Möglichkeiten, wie Funktionen mit der Außenwelt kommunizieren können, zusammen. Eingaben (Input) können von Elementen aus der linken Spalte kommen, und Ergebnisse können in jeder in der rechten Spalte aufgeführten Form ausgegeben werden. Linientreue Funktionsdesigner benutzen normalerweise Argumente nur für Eingaben und `return`-Anweisungen für Ausgaben. Aber es gibt sehr viele Ausnahmen, inklusive der OOP-Unterstützung von Python, wie wir in Kapitel 6 sehen werden. Python-Klassen hängen von der Veränderung weitergereichter veränderlicher Objekte ab. Klassenfunktionen setzen Attribute eines automatisch übergebenen `self`-Objekts, um Zustandsinformationen pro Objekt zu verändern (z.B. `self.name = 'bob'`). Nebeneffekte sind nicht gefährlich, wenn man auf sie vorbereitet ist.

Tabelle 4-3: Gebräuchliche Funktions-Ein- und -Ausgaben (Input und Output)

Funktions-Eingaben (Input)	Funktions-Ausgaben (Output)
Argumente	Return-Anweisung
Globale (Modul-)Variablen	Veränderliche Argumente
Dateien, Ströme	Globale (Modul-)Variablen

Funktionen sind Objekte: Indirekte Aufrufe

Da Python- Funktionen Objekte zur Laufzeit sind, können Sie Programme schreiben, die Funktionen generell verarbeiten. Funktions-Objekte können zugewiesen, anderen Funktionen weitergereicht, in Datenstrukturen gespeichert werden usw., als ob sie einfache Zahlen oder Strings wären. Funktions-Objekte unterstützen eine spezielle Operation, nämlich daß sie durch Auflisten eingeklammerter Argumente hinter sich aufgerufen werden. Abgesehen davon gehören Funktionen zu derselben allgemeinen Kategorie wie alle anderen Objekte.

Wir haben zum Beispiel gesehen, daß es bezüglich des Namens, den wir in einer `def`-Anweisung benutzen, wirklich nichts Spezielles gibt: Er ist einfach nur eine im aktuellen Geltungsbereich zugewiesene Variable, als ob er auf der linken Seite eines =-Zeichens aufgetaucht wäre. Nachdem eine `def`-Anweisung ausgeführt wurde, ist der Name ein Verweis auf ein Objekt: Sie können das Objekt einem anderen Namen erneut zuweisen und es über jeglichen Verweis aufrufen – nicht nur über den Originalnamen:

```
>>> def echo(message):          # echo ist an ein Funktions-Objekt gebunden
...     print message
...
>>> x = echo                    # x verweist jetzt auch darauf
>>> x('Hello world!')           # rufe das Objekt durch () auf
Hello world!
```

Da Argumente durch Zuweisung von Objekten übergeben werden, ist es genauso einfach, Funktionen als Argumente an andere Funktionen weiterzureichen. Der Aufgerufene kann dann die übergebene Funktion einfach durch Hinzufügen von in Klammern stehenden Argumenten aufrufen:

```
>>> def indirect(func, arg):
...     func(arg)                        # Objekt aufrufen: () hinzufügen
...
>>> indirect(echo, 'Hallo Duda!')        # Funktion an Funktion weiterleiten
Hallo Duda!
```

Sie können sogar Funktions-Objekte in Datenstrukturen einfügen, als ob sie Integer oder Strings wären. Weil Pythons zusammengesetzte Typen Objekte aller Art enthalten können, ist dies hier auch gar kein Spezialfall:

```
>>> schedule = [ (echo, 'Spam!'), (echo, 'Ham!') ]
>>> for (func, arg) in schedule:
...     apply(func, (arg,))
```

```
...
Spam!
Ham!
```

Dieser Code schreitet einfach durch die schedule-Liste und ruft jedesmal die echo-Funktion mit einem Argument auf. Wir hoffen, Sie fangen jetzt an zu begreifen, wie sehr das Fehlen von Typdeklarationen in Python die Flexibilität der Programmiersprache erhöht. Beachten Sie besonders die Anwendung von apply, um Funktionen allgemein aufzurufen, den Ein-Element-Tupel im zweiten Argument von apply und die auspackende Tupel-Zuweisung in der Kopfzeile der for -Schleife (alles schon ein alter Hut).

Funktions-Gotchas

Hier sind einige Ecken und Kanten von Funktionen, die Sie vielleicht nicht erwarten. Sie sind wirklich alle obskur, aber die meisten sind dafür bekannt, Anfänger aufs Kreuz zu legen.

Lokale Namen werden statisch erkannt

Wie wir gesehen haben, klassifiziert Python in einer Funktion zugewiesene Namen per Voreinstellung als lokal. Sie befinden sich im Geltungsbereich der Funktion und existieren nur, während die Funktion läuft. Was wir Ihnen nicht verraten haben, ist, daß Python lokale Variablen statisch erkennt, wenn es den Code kompiliert, und nicht, indem es zur Laufzeit auf Zuweisungen lauert. Normalerweise kümmern wir uns nicht darum, aber dies führt zu einer der mit am häufigsten von Neulingen in der Python-Newsgroup angeprangerten Merkwürdigkeiten.

Normalerweise wird ein Name, der nicht in einer Funktion zugewiesen ist, im einschließenden Modul gesucht:

```
>>> X = 99
>>> def selector():            # X benutzt, aber nicht zugewiesen
...     print X                # X im globalen Geltungsbereich gefunden
...
>>> selector()
99
```

Hier wird das X in der Funktion zum X im äußeren Modul aufgelöst. Aber passen Sie auf, was passiert, wenn Sie eine Zuweisung zu X hinter dem Verweis anfügen:

```
>>> def selector():
...     print X                # X gibt es noch nicht!
...     X = 88                 # X wird als lokaler Name klassifiziert
...                            # auch bei "import X", "def X",...
>>> selector()
Traceback (innermost last):
  File "<stdin>", line 1, in ?
  File "<stdin>", line 2, in selector
NameError: X
```

Sie bekommen eine Fehlermeldung, daß der Name nicht definiert ist, und der Grund dafür ist spitzfindig: Python liest und kompiliert diesen Code, wenn er interaktiv eingegeben oder von einem Modul importiert wird. Während des Kompilierens sieht Python die Zuweisung zu `X` und entscheidet, daß `X` überall in der Funktion ein lokaler Name sein wird. Aber später, wenn die Funktion tatsächlich gestartet wird, ist die Zuweisung noch nicht erfolgt, wenn `print` abläuft, so daß Python meldet, daß Sie einen undefinierten Namen benutzen. Nach seinen Namensregeln sollte es das auch; das lokale `X` wird vor seiner Zuweisung benutzt.[8]

Lösung

Das Problem taucht auf, weil zugewiesene Namen überall in der Funktion als lokal angesehen werden, nicht nur nach den Anweisungen, an die sie zugewiesen werden. Tatsächlich ist der obige Code absolut zweideutig: Wollten Sie das globale `X` ausgeben und dann das lokale `X` erstellen, oder ist es ein echter Programmierfehler? Da Python `X` überall als lokal behandelt, ist es ein Fehler, aber wenn Sie wirklich das globale `X` ausgeben wollen, müssen Sie dies in einer `global`-Anweisung deklarieren:

```
>>> def selector():
...     global X              # erzwinge, daß X global ist
...     print X
...     X = 88
...
>>> selector()
99
```

Bedenken Sie aber, daß dies auch bedeutet, daß die Zuweisung das globale X ändert, nicht ein lokales X. Innerhalb einer Funktion können Sie nicht gleichzeitig die lokale und die globale Version eines einfachen Namens benutzen. Wenn Sie wirklich die globale Variable ausgeben und dann eine lokale Variable desselben Namens setzen wollen, importieren Sie das einschließende Modul und qualifizieren Sie sich, um an die globale Version heranzukommen:

```
>>> X = 99
>>> def selector():
...     import __main__         # importiere umfassendes Modul
...     print __main__.X        # qualifizierter Zugriff auf globale Version des
                                # Namens
...     X = 88                  # nichtqualifiziertes, lokales X
...     print X                 # gibt die lokale Version aus
...
>>> selector()
99
88
```

8 Tatsächlich macht *jede* Zuweisung in einem Funktionskörper einen Namen lokal: `import`, `=`, verschachtelte `defs`, verschachtelte `classen` usw.

Qualifikation (der `.X`-Teil) holt einen Wert aus einem Namensraum-Objekt. Der interaktive Namensraum ist auch ein Modul, `__main__` genannt, so daß `__main__.X` die globale Version von `X` erreicht. Wenn Ihnen das nicht klar ist, sehen Sie sich Kapitel 5 an.

Verschachtelte Funktionen haben keine verschachtelten Geltungsbereiche

Wie wir wissen, ist `def` eine ausführbare Anweisung: Wenn sie gestartet wird, weist sie einem Namen ein neues Funktions-Objekt zu. Daher kann sie überall auftauchen, wo eine Anweisung stehen darf – sogar verschachtelt in andere Anweisungen. Es ist beispielsweise völlig legal, ein `def` in eine `if`-Anweisung zu verschachteln, um zwischen alternativen Definitionen auszuwählen:

```
if test:
    def func():          # definiere func auf diese Art
        ...
else:
    def func():          # oder statt dessen auf jene Art
        ...
...
func()
```

Um diesen Code zu verstehen, machen Sie sich bewußt, daß `def` einer =-Anweisung ziemlich ähnlich ist – es weist Namen zur Laufzeit zu. Anders als bei C brauchen Python-Funktionen nicht vollständig definiert zu sein, bevor das Programm gestartet wird. Da `def` eine ausführbare Anweisung ist, kann es auch verschachtelt innerhalb eines anderen `def` auftauchen. Aber anders als in Sprachen wie Pascal, implizieren verschachtelte `defs` in Python keine verschachtelten Geltungsbereiche! Betrachten Sie folgendes Beispiel, das eine Funktion definiert (`outer`), die wiederum eine andere Funktion definiert und aufruft (`inner`), die sich selbst rekursiv aufruft:[9]

```
>>> def outer(x):
...     def inner(i):           # Zuweisung lokal in outer
...         print i,            # i ist lokal in inner
...         if i: inner(i-1)    # weder lokal noch global für mich!
...     inner(x)
...
>>> outer(3)
3
Traceback (innermost last):
  File "<stdin>", line 1, in ?
  File "<stdin>", line 5, in outer
  File "<stdin>", line 4, in inner
NameError: inner
```

9 Mit »rekursiv« meinen wir, daß eine Funktion erneut aufgerufen wird, bevor ein vorheriger Aufruf beendet ist. In diesem Beispiel ruft die Funktion sich selbst auf, aber sie könnte auch eine andere aufrufen, die sie wiederum aufruft, usw. Die Rekursion könnte hier durch eine einfache `while`- oder `for`-Schleife ersetzt werden (wir tun ja nichts weiter, als auf null herunterzuzählen), aber wir haben es auf ein Beispiel selbstrekursiver Funktionen abgesehen.Rekursion an sich macht mehr Sinn, wenn Sie Datenstrukturen verarbeiten wollen, deren Form Sie beim Schreiben des Programms nicht vorhersagen können.

Das würde nicht funktionieren. Ein verschachteltes `def` weist ein neues Funktions-Objekt wirklich nur einem Namen im einschließenden Funktions-Geltungsbereich (Namensraum) zu. Innerhalb der verschachtelten Funktion gilt immer noch die LGB-Regel für alle Namen. Die verschachtelte Funktion hat nur zu ihrem eigenen lokalen Geltungsbereich Zugang, zum globalen Geltungsbereich im einschließenden Modul und zum Geltungsbereich eingebauter Namen. Sie hat *keinen* Zugang zu Namen im Geltungsbereich der einschließenden Funktion. Egal, wie tief Funktionen verschachtelt sind, sie erkennen nur drei Geltungsbereiche.

Im obigen Beispiel kreiert das verschachtelte `def` den Namen `inner` im lokalen Geltungsbereich der `outer`-Funktion (wie es jede andere Anweisung in `outer` tun würde). Aber innerhalb der `inner`-Funktion ist der Name `inner` nicht sichtbar – er ist weder im lokalen Geltungsbereich von `inner` noch in dem des einschließenden Moduls bekannt, und er ist schon gar nicht eingebaut. Weil also `inner` keinen Zugang zu Namen im Geltungsbereich von `outer` hat, schlägt der Aufruf von `inner` zu `inner` fehl und erzeugt eine Ausnahme.

Lösung

Gehen Sie in Python nicht von verschachtelten Geltungsbereichen aus. Dies ist eher eine Sache des Verstehens als eine Anomalie: Die `def`-Anweisung ist nur zum *Konstruieren von Objekten* geeignet. Wenn Sie aber wirklich von innerhalb einer verschachtelten Funktion auf den Namen der verschachtelten Funktion zugreifen müssen, zwingen Sie den Namen der verschachtelten Funktion einfach mit einer `global`-Deklaration in der äußeren Funktion in den Geltungsbereich des einschließenden Moduls. Da die verschachtelte Funktion den globalen Geltungsbereich mit der einschließenden Funktion teilt, findet sie ihn hier entsprechend der LGB-Regel:

```
>>> def outer(x):
...     global inner
...     def inner(i):           # Zuweisung im einschließenden Modul
...         print i,
...         if i: inner(i-1)    # nun im globalen Geltungsbereich gefunden
...     inner(x)
...
>>> outer(3)
3 2 1 0
```

Voreinstellungen zum Speichern von Verweisen

Verschachtelte Funktionen haben wirklich keinerlei Zugang zu irgendwelchen Namen in der einschließenden Funktion, so daß dies tatsächlich ein allgemeinerer Gotcha ist, als das obige Beispiel vermuten läßt. Um Zugang zu Namen zu erhalten, die vor der `def`-Anweisung der verschachtelten Funktion zugewiesen wurden, können Sie ihre Werte auch den Argumenten der verschachtelten Funktion als Defaults zuweisen. Weil voreingestellte Argumente ihre Werte speichern, wenn `def` abläuft (nicht wenn die Funktion tatsächlich aufgerufen wird), können sie die Objekte aus dem Geltungsbereich der einschließenden Funktion einheimsen:

```
>>> def outer(x, y):
...     def inner(a=x, b=y):      # speichere die x,y-Bindungen von outer
...         return a**b           # x und y können hier nicht direkt benutzt
                                   # werden
...     return inner
...
>>> x = outer(2, 4)
>>> x()
16
```

Hier gibt ein Aufruf von `outer` die vom verschachtelten `def` erstellte, neue Funktion zurück. Wenn die verschachtelte `def`-Anweisung läuft, werden den Argumenten `a` und `b` von `inner` die Werte `x` und `y` des lokalen Geltungsbereichs der Funktion `outer` zugewiesen. Wenn `a` und `b` später im Körper von `inner` benutzt werden, verweisen sie immer noch auf die Werte, die `x` und `y` hatten, als `outer` lief (selbst wenn `outer` bereits zu ihrem Aufrufer zurückgekehrt ist).[10] Dieses Prinzip funktioniert auch mit `lambdas`, weil `lambdas` lediglich eine Kurzform für `defs` darstellen:

```
>>> def outer(x, y):
...     return lambda a=x, b=y: a**b
...
>>> y = outer(2, 5)
>>> y()
32
```

Beachten Sie, daß Vorgaben nicht für den Trick im Beispiel des letzten Abschnitts ausreichen, weil der Name `inner` nicht zugewiesen wird, bevor das innere `def` abgeschlossen ist. Globale Deklarationen mögen die beste Abhilfe für verschachtelte Funktionen sein, die sich selbst aufrufen:

```
>>> def outer(x):
...     def inner(i, self=inner):     # Name noch nicht definiert
...         print i,
...         if i: self(i-1)
...     inner(x)
...
>>> outer(3)
Traceback (innermost last):
  File "<stdin>", line 1, in ?
  File "<stdin>", line 2, in outer
NameError: inner
```

Aber wenn es Sie interessiert, in die *Grauzone* der Python-Hackerei einzutauchen, können Sie statt dessen auch ein veränderliches Objekt als Default speichern und im Körper der einschließenden Funktion nach der Tat einen Verweis auf `inner` hineinschwindeln:

10 Im Jargon der Computerwissenschaft wird diese Verhaltensweise üblicherweise *Closure* genannt – ein Objekt, das sich Werte in einschließenden Geltungsbereichen merkt, obwohl diese Geltungsbereiche vielleicht gar nicht mehr greifbar sind. In Python müssen Sie explizit angeben, welche Werte gemerkt werden sollen, indem Sie Defaults benutzen (oder Klassen-Objekt-Attribute, wie wir in Kapitel 6 sehen werden).

```
>>> def outer(x):
...     fillin = [None]
...     def inner(i, self=fillin):      # veränderliches Objekt halten
...         print i,
...         if i: self[0](i-1)          # annehmen, daß es gesetzt ist
...     fillin[0] = inner               # Wert einstöpseln
...     inner(x)
...
>>> outer(3)
3 2 1 0
```

Obwohl dieser Code Pythons Möglichkeiten illustriert (und vielleicht Ihre Freunde, Kollegen und Ihre Großmutter in helle Begeisterung versetzt), raten wir davon ab. In diesem Beispiel macht es viel mehr Sinn, das Verschachteln von Funktionen gänzlich zu vermeiden:

```
>>> def inner(i):              # definiere Name auf Modulebene
...     print i,
...     if i: inner(i-1)       # keine Sorge, es ist global
...
>>> def outer(x):
...     inner(x)
...
>>> outer(3)
3 2 1 0
```

Als Faustregel gilt: Der leichteste Ausweg ist meistens auch der richtige Ausweg.

Voreinstellungen und veränderliche Objekte

Voreinstellungen für Argumentwerte werden ausgewertet und gespeichert, sobald die def-Anweisung ausgeführt wird, nicht erst beim Aufruf der resultierenden Funktion. Das ist genau, was Sie wollen, denn es ermöglicht es Ihnen, Werte des einschließenden Geltungsbereichs aufzuheben, wie wir gerade gesehen haben. Aber da Voreinstellungen über mehrere Aufrufe hin festgehalten werden, müssen Sie mit dem Ändern von Voreinstellungen vorsichtig sein. Die folgende Funktion benutzt beispielsweise eine leere Liste als Default und verändert sie vor Ort immer dann, wenn die Funktion aufgerufen wird:

```
>>> def saver(x=[]):           # speichert ein Listen-Objekt weg
...     x.append(1)            # ändert jedesmal dasselbe Objekt!
...     print x
...
>>> saver([2])                 # Voreinstellung nicht benutzt
[2, 1]
>>> saver()                    # Voreinstellung benutzt
[1]
>>> saver()                    # wächst bei jedem Aufruf
[1, 1]
>>> saver()
[1, 1, 1]
```

Das Problem ist, daß es hier nur ein einziges Listen-Objekt gibt – nämlich jenes, das bei der Ausführung von `def` erstellt wurde. Sie bekommen nicht bei jedem Funktionsaufruf eine neue Liste, sondern immer wieder die gleiche Voreinstellung, so daß die Liste mit jedem neuen `append` länger wird.

Lösung

Wenn das nicht das ist, was Sie möchten, verschieben Sie einfach den Standardwert in den Funktions-Körper: Solange sich der Wert in Code befindet, der bei jedem Funktionslauf ausgeführt wird, bekommen Sie auch jedesmal ein neues Objekt:

```
>>> def saver(x=None):
...     if x is None:           # kein Argument dabei?
...         x = []              # dann erzeugen wir eine neue Liste
...     x.append(1)             # und ändern diese
...     print x
...
>>> saver([2])
[2, 1]
>>> saver()                     # hier wächst nichts
[1]
>>> saver()
[1]
```

Übrigens, die obige `if`-Anweisung könnte *fast* duch die Zuweisung `x = x or []` ersetzt werden, die Tatsache nutzend, daß `or` eines seiner Operanden-Objekte zurückgibt: Wenn kein Argument durchgereicht wird, wird `x` per Voreinstellung zu `None`, so daß `or` die neue leere Liste auf der Rechten zurückgibt. Das ist leider nur fast dasselbe: Wenn eine leere Liste übergeben wird, erweitert die Funktion eine neuerstellte Liste und gibt sie zurück, statt die übergebene (leere) Liste zu benutzen wie in der vorherigen Version.[11] Weil tatsächliche Programmanforderungen sowohl des einen als auch des anderen bedürfen, wollen wir hier keine der Versionen favorisieren.

Zusammenfassung

In diesem Kapitel haben Sie gelernt, wie Sie Funktionen schreiben und aufrufen können. Wir haben Geltungsbereiche untersucht und Fragen zum Namensraum, sprachen von Argumentübergabe, sind funktionalen Werkzeugen wie `lambda` und `map` begegnet und haben uns mit neuen Anweisungen im Zusammenhang mit Funktionen beschäftigt: `def`, `return` und `global`. Wir haben auch ein wenig über das Aneinanderfügen von Funktionen sinniert und einige allgemeine Stolpersteine bei Funktionen aus dem Weg geräumt. In Kapitel 5 werden wir uns mit Modulen beschäftigen, die es unter anderem ermöglichen, Funktionen zu Paketen verwandter Werkzeuge zu gruppieren.

11 Der Ausdruck wird zu `[] or []`, der die neue leere Liste auf der Rechten zurückgibt. Lesen Sie bitte bei der Erläuterung der Wahrheitstests in Kapitel 3 nach, wenn Sie sich nicht mehr erinnern, warum das so ist.

Übungen

Wir fangen jetzt an, etwas anspruchsvollere Programme zu schreiben. Schauen Sie auf jeden Fall in Anhang C nach, wenn Sie nicht weiterkommen, und stellen Sie sicher, daß Sie Ihren Code in Moduldateien schreiben, denn Sie möchten sicherlich nicht einige dieser Übungen von Anfang an neu eingeben müssen, wenn Sie einen Fehler machen.

1. *Grundlagen.* Schreiben Sie auf Pythons interaktiver Eingabeaufforderung eine Funktion, die ihr einziges Argument auf dem Bildschirm ausgibt, rufen Sie sie interaktiv auf, und reichen Sie die folgenden verschiedenen Objekttypen durch: String, Integer, Liste, Dictionary. Dann versuchen Sie es ohne Argumentübergabe – was passiert? Was geschieht, wenn Sie zwei Argumente übergeben?
2. *Argumente.* Schreiben Sie eine Funktion namens `adder` in eine Moduldatei. `adder` sollte zwei Argumente akzeptieren und die Summe (oder Verkettung) seiner zwei Argumente zurückgeben. Fügen Sie dann am Ende der Datei Code zum Aufrufen der Funktion mit einer Auswahl von Objekttypen (zwei Strings, zwei Listen, zwei Gleitkommazahlen) an, und starten Sie diese Datei als Skript von der Befehlszeile des Systems aus. Müssen Sie die Ergebnisse der Aufrufanweisungen ausgeben, um Ergebnisse auf dem Bildschirm zu sehen?
3. *Variable Argumente.* Verallgemeinern Sie die `adder`-Funktion, die Sie in der letzten Übung gschrieben haben, um die Summe einer willkürlichen Anzahl von Argumenten zu berechnen, und verändern Sie die Aufrufe so, daß mehr oder weniger als zwei durchgereicht werden können. Von welchem Typ ist der Wert der zurückgegebenen Summe ? (Tip: Ein Slice wie `S[:0]` gibt eine leere Sequenz vom selben Typ wie `S` zurück, und die eingebaute Funktion `type` kann Typen testen.) Was passiert, wenn Sie Argumente verschiedenen Typs übergeben? Was beim Übergeben von Dictionaries?
4. *Schlüsselwörter.* Verändern Sie die `adder`-Funktion aus Übung 2 so, daß sie drei Argumente akzeptiert und addiert: `def adder(good, bad, ugly)`. Nun stellen Sie für jedes Argument Standardwerte zur Verfügung, und experimentieren Sie damit, die Funktion interaktiv aufzurufen. Versuchen Sie eins, zwei, drei und vier Argumente durchzureichen. Versuchen Sie dann, Schlüsselwortargumente weiterzugeben. Funktioniert der Aufruf `adder(ugly=1, good=2)`? Weshalb? Und schließlich verallgemeinern Sie den neuen `adder` so, daß er eine beliebige Anzahl von Schlüsselwortargumenten akzeptiert und addiert – ähnlich wie in Übung 3 –, aber Sie müssen über ein Dictionary iterieren, nicht über ein Tupel. (Tip: Die `dictionary.keys()`-Methode gibt eine Liste zurück, die Sie mit `for` oder `while` durchgehen können.)
5. Schreiben Sie eine Funktion namens `copyDict(dict)`, die ihr Dictionary-Argument kopiert. Sie sollte ein neues Dictionary mit allen Elementen in ihrem Argument zurückgeben. Benutzen Sie die `keys`-Methode des Dictionary beim Wiederholen. Sequenzen zu kopieren ist einfach (`X[:]` macht eine Kopie der obersten Ebene der Sequenz); ist das auch auf Dictionaries anwendbar?

6. Schreiben Sie eine Funktion namens `addDict(dict1, dict2)`, die die Vereinigungsmenge zweier Dictionaries berechnet. Sie sollte ein neues Dictionary mit allen Elementen aus seinen beiden Argumenten abliefern (vorausgesetzt, es sind Dictionaries). Wenn derselbe Schlüssel in beiden Argumenten auftaucht, nehmen Sie einfach einen Wert von beiden. Testen Sie Ihre Funktion, indem Sie sie in eine Datei schreiben und die Datei als Skript starten. Welchen Effekt hat das Übergeben von Listen statt von Dictionaries? Wie könnten Sie Ihre Funktion verallgemeinern, um auch diese Fälle behandeln zu können? (Tip: Siehe die eingebaute `type`-Funktion, die wir schon eingesetzt haben.) Spielt die Reihenfolge der durchgereichten Argumente eine Rolle?

7. *Mehr Beispiele zum Abgleich von Argumenten.* Definieren Sie zunächst die folgenden sechs Funktionen (entweder interaktiv oder in einer importierbaren Moduldatei):

```
def f1(a, b): print a, b                # normale Parameter

def f2(a, *b): print a, b               # variable Stellungsparameter

def f3(a, **b): print a, b              # variable Schlüsselwortparameter

def f4(a, *b, **c): print a, b, c       # gemischter Modus

def f5(a, b=2, c=3): print a, b, c      # Voreinstellungen

def f6(a, b=2, *c): print a, b, c       # Voreinstellungen + variable
                                        # Stellungsparameter
```

Testen Sie nun interaktiv die folgenden Aufrufe, und versuchen Sie, jedes Ergebnis zu erklären. In einigen Fällen werden Sie sicherlich auf den Abgleichalgorithmus, den wir am Anfang des Kapitels kennengelernt haben, zurückgreifen müssen. Denken Sie, daß das Mischen verschiedener Abgleichsarten generell eine gute Idee ist? Können Sie sich Fälle vorstellen, wo es trotzdem sinnvoll wäre?

```
>>> f1(1, 2)
>>> f1(b=2, a=1)

>>> f2(1, 2, 3)
>>> f3(1, x=2, y=3)
>>> f4(1, 2, 3, x=2, y=3)

>>> f5(1)
>>> f5(1, 4)

>>> f6(1)
>>> f6(1, 3, 4)
```

In diesem Kapitel:
- *Warum Module?*
- *Grundlagen von Modulen*
- *Moduldateien sind Namensräume*
- *Das Import-Modell*
- *Nachladen von Modulen*
- *Haken und Ösen*
- *Modul-Gotchas*
- *Zusammenfassung*
- *Übungen*

5 Module

Dieses Kapitel behandelt Module – die oberste Stufe der Programmorganisation, mit der Programmcode und Daten zur Wiederverwendung zusammengepackt werden. Konkret: Module nehmen die Form von Programmdateien (und C-Erweiterungen) an, und Clients importieren Module, um die dort definierten Namen zu benutzen. Module werden mit zwei neuen Anweisungen und einer wichtigen eingebauten Funktion bearbeitet, die wir hier untersuchen:

`import`
: Läßt Clients ein Modul als Ganzes abrufen

`from`
: Erlaubt Clients, bestimmte Namen eines Moduls abzurufen

`reload`
: Bietet eine Methode, den Code eines Moduls nachzuladen, ohne Python neu zu starten

Wir haben die Grundlagen der Module bereits in Kapitel 1, *Einführung,* vorgestellt, und Sie haben vielleicht bereits Moduldateien in den Übungen benutzt, so daß ein Teil dieses Kapitels eine Wiederholung sein mag. Aber wir werden auch einige Details zu Modulen veranschaulichen, die wir bisher ausgelassen haben: `reloads`, Modulkompilierung, Semantik usw. Da Module und Klassen tatsächlich nur bessere *Namensräume* sind, werden wir hier auch die Grundlagen von Namensräumen behandeln. Daher sollten Sie dieses Kapitel wirklich weitgehend durcharbeiten, bevor Sie sich auf das nächste stürzen.

Warum Module?

Lassen Sie uns mit der offenkundigsten Frage beginnen: Was kümmern uns Module überhaupt? Die knappe Antwort ist, daß sie eine einfache Möglichkeit darstellen, Komponenten zu einem System zu organisieren. Aus einer abstrakten Perspektive betrachtet, haben Module jedoch drei Aufgaben:

Wiederverwendung von Code
: Wie wir in Kapitel 1 gesehen haben, lassen uns Module Code dauerhaft in Dateien speichern.[1] Anders als Code, den Sie in der interaktiven Eingabeaufforderung schreiben (der ja verschwindet, wenn Sie Python beenden), ist Code in Moduldateien dauerhaft – er kann wieder und wieder geladen und gestartet werden, sooft er benötigt wird. Darüber hinaus können in Modulen Namen (*Attribute*) definiert werden, auf die von externen Clients aus verwiesen werden kann.

Unterteilung des Namensraums des Systems
: Module sind auch Programmorganisations-Einheiten auf höchstem Niveau in Python. Wie wir sehen werden, »lebt« alles in einem Modul. Ausführbarer Code und manche Objekte, die Sie erstellen, sind implizit immer in ein Modul eingeschlossen. Daher sind Module ein natürliches Werkzeug zum Gruppieren von Systemkomponenten.

Implementierung gemeinsamer Dienste oder Daten
: Aus einer funktionalen Perspektive sind Module auch praktisch zum Implementieren von Komponenten, die von einem ganzen System benutzt werden und deshalb nur einmal vorliegen müssen. Wenn Sie zum Beispiel eine globale Datenstruktur, die von mehr als einer Funktion benutzt wird, bereitstellen müssen, können Sie sie in einem Modul codieren, das von vielen Clients importiert wird.

Grundlagen von Modulen

Python-Module sind einfach zu erstellen; sie sind nur Dateien mit Python-Programmtext, den Sie mit Ihrem Lieblingseditor erstellt haben. Sie brauchen keine spezielle Syntax, um Python mitzuteilen, daß Sie gerade ein Modul erstellen – fast jede Textdatei genügt. Da Python alle Details zum Auffinden und Starten von Modulen im Griff hat, sind Module auch einfach zu benutzen. Clients importieren einfach ein Modul oder spezielle Namen daraus und benutzen die Objekte, auf die sie verweisen. Hier ein Überblick:

Erstellen von Modulen: Python-Dateien, C-Erweiterungen
: Module können entweder als Python-Dateien oder als C-Erweiterungen geschrieben werden. Wir werden uns an dieser Stelle nicht mit C-Erweiterungen beschäftigen, aber wir werden im Laufe des Buches ein paar davon anwenden. Viele der

1 Zumindest bis Sie die Moduldatei löschen.

eingebauten Werkzeuge in Python sind in Wirklichkeit importierte C-Erweiterungen, die für die Clients aber genauso aussehen wie Module aus Python-Dateien.

Anwendung von Modulen: import, from, reload()
Wie wir gleich sehen werden, können Benutzer Module entweder mit der `import`- oder der `from`-Anweisung laden. Durch Aufruf der eingebauten `reload`-Funktion können sie auch den Code eines Moduls neu laden, ohne Programme, die es benutzt, zu unterbrechen. Module können auch als Hauptprogramm von der System-Eingabeaufforderung aus gestartet werden, wie wir in Kapitel 1 gesehen haben.

Modulsuchpfad: PYTHONPATH
In Kapitel 1 haben wir auch gesehen, daß Python nach importierten Moduldateien sucht, indem es alle Verzeichnisse, die in der `PYTHONPATH`-Umgebungsvariable aufgelistet sind, untersucht. Sie können Module überall speichern, solange Sie dieser Variable alle Quellverzeichnisse hinzufügen.

Definition

Lassen Sie uns ein einfaches Beispiel für Modulgrundlagen betrachten. Definieren Sie ein Modul, indem Sie mit Ihrem Texteditor Python-Code in eine Textdatei schreiben. Namen, die auf der Hauptebene des Moduls zugewiesen werden, werden zu seinen *Attributen* (Namen, die zum Modul-Objekt gehören). Das Modul *exportiert* diese Attribute für die Benutzung durch Clients. Wenn wir beispielsweise untenstehendes `def` in eine Datei namens *module1.py* schreiben, erstellen wir ein Modul mit einem Attribut – dem Namen `printer`, der gleichzeitig ein Verweis auf ein Funktions-Objekt ist:

```
def printer(x):            # Modulattribut
    print x
```

Ein Wort zu Dateinamen: Sie können Module nennen, wie Sie möchten, aber die Dateinamen sollten mit einem *.py*-Suffix enden, wenn Sie planen, sie zu importieren. Da die Namen ohne das *.py* innerhalb eines Python-Programms zu Variablen werden, sollten auch die Namensregeln für Variablen aus Kapitel 3, *Elementare Anweisungen*, beachtet werden. Ein Modul mit dem Namen *if.py* würde zum Beispiel nicht funktionieren, da *if* ein reserviertes Wort ist (Sie erhalten einen Syntaxfehler). Wird ein Modul importiert, bildet Python den internen Modulnamen auf einen externen Dateinamen ab, indem es vorne Verzeichnispfade aus der `PYTHONPATH`-Variable und ein *.py* am Ende hinzufügt: Ein Modulname `M` entspricht der externen Datei *<Verzeichnispfad>/M.py*, die unseren Code speichert.[2]

2 Es kann auch *<Verzeichnispfad>/M.pyc* entsprechen, wenn es schon eine kompilierte Version des Moduls gibt; mehr dazu später. Dynamisch geladene C-Erweiterungsmodule werden auch auf `PYTHONPATH` gefunden, aber das geht über den Rahmen dieses Buches hinaus.

Anwendung

Clients können die Moduldatei, die wie gerade geschrieben haben, über die `import`- oder die `from`-Anweisung benutzen. Beide laden den Code der Moduldatei. Der Hauptunterschied ist, daß `import` das Modul als Ganzes abruft (so daß Sie qualifizieren müssen, um seine Namen abzurufen), während `from` spezifische Namen aus dem Modul abruft. Hier sind drei Clients des Moduls zu sehen:

```
% python
>>> import module1                      # hole Modul
>>> module1.printer('Hello world!')     # qualifiziere Namen (modul.name)
Hello world!

>>> from module1 import printer         # hole exportierten Namen
>>> printer('Hello world!')             # Qualifikation nicht nötig
Hello world!

>>> from module1 import *               # hole alle exportierten Namen
>>> printer('Hello world!')
Hello world!
```

Im letzten Beispiel wird eine spezielle Form von `from` angewendet: Wenn wir ein `*` benutzen, erhalten wir Kopien *aller* Namen, die auf der Hauptebene des referenzierten Moduls zugewiesen wurden. Jeder der drei Fälle endet mit dem Aufruf der `printer`-Funktion, die in der externen Moduldatei definiert ist. Und das war's auch schon: Module sind wirklich einfach zu benutzen. Um besser verständlich zu machen, was hinter den Kulissen geschieht, wenn Sie Module definieren und anwenden, wollen wir einige ihrer Eigenschaften detaillierter betrachten.

Moduldateien sind Namensräume

Module kann man sich vielleicht am besten als Orte vorstellen, an denen man Namen definiert, die für den Rest eines Systems sichtbar bleiben sollen. In Python-Denkweise sind Module Namensräume – Orte, an denen Namen erstellt werden. Und Namen innerhalb eines Moduls werden dessen Attribute genannt. Technisch gesehen, korrespondieren Module mit Dateien, und Python erstellt ein Modul-Objekt, um alle in einer Datei definierten Namen aufzunehmen. Aber einfach ausgedrückt, sind Module nur Namensräume.

Wie werden Dateien nun zu Namensräumen? Jeder Name, dem in der Hauptebene einer Moduldatei ein Wert zugewiesen wurde (d.h. nicht in einem Funktionskörper), wird zu einem Attribut dieses Moduls. Nehmen wir eine Zuweisungsanweisung wie `X=1` in einer Moduldatei *M.py*, dann wird der Name *X* zu einem Attribut von *M*, auf das wir von außerhalb des Moduls als *M.X* verweisen können. Der Name *X* wird auch zu einer globalen Variable für anderen Code innerhalb von *M.py*. Aber wir müssen die Konzepte des Ladens von Modulen und von Geltungsbereichen etwas formeller erklären, um zu verstehen, warum dem so ist:

Modulanweisungen laufen beim ersten Import ab

Wenn ein Modul zum erstenmal irgendwo in ein System importiert wird, erstellt Python ein leeres Modulobjekt und führt die Anweisungen in der Moduldatei nacheinander aus – vom Anfang der Datei bis zum Ende.

Zuweisungen auf der Hauptebene erstellen Modulattribute

Während eines Imports erstellen zuweisende Anweisungen auf der Hauptebene der Datei (z.B. =, `def`) Attribute des Modul-Objekts,und die zugewiesenen Namen werden im Namensraum des Moduls gespeichert.

Modulnamensraum: Attribute __dict__ oder dir()

Die bei Imports erstellten Namensräume eines Moduls heißen *Dictionaries*. Auf sie kann über das mit Modul-Objekten verbundene, eingebaute Attribut `__dict__` zugegriffen werden, und sie lassen sich mit der `dir`-Funktion, der wir in Kapitel 1 begegnet sind, inspizieren.

Module sind ein einzelner Geltungsbereich (lokal ist gleich global)

Wie in Kapitel 4, *Funktionen*, gesehen, folgen Namen auf der Hauptebene eines Moduls denselben Verweis/Zuweisungs-Regeln wie Namen in einer Funktion, aber die lokalen und globalen Geltungsbereiche sind dieselben (oder, wenn Sie so wollen, die LGB-Regel ohne das G). Jedoch wird in Modulen der lokale Geltungsbereich zu einem Attribut-Dictionary eines Modulobjekts, nachdem das Modul geladen ist. Anders als bei Funktionen (wo der lokale Namensraum nur zur Laufzeit der Funktion existiert) wird der Geltungsbereich eines Moduls zu einem Attribut-Namensraum eines Modulobjekts und kann nach dem Import benutzt werden.

Lassen Sie uns ein Beispiel hierfür ansehen. Angenommen, wir erstellen die folgende Moduldatei mit unserem Texteditor und nennen sie *module2.py*:

```
print 'bin beim Laden...'

import sys
name = 42

def func(): pass

class klass: pass

print 'fertig mit Laden.'
```

Wenn dieses Modul zum erstenmal importiert wird (oder als Programm gestartet wird), führt Python seine Anweisungen von Anfang bis Ende aus. Einige Anweisungen erstellen als Nebeneffekt Namen im Namensraum des Moduls, andere erfüllen ihre Aufgaben während des Importierens. Die beiden `print`-Anweisungen in dieser Datei werden beipielsweise während des Importierens ausgeführt:

```
>>> import module2
bin beim Laden...
fertig mit Laden.
```

Aber sobald das Modul geladen ist, wird sein Geltungsbereich zu einem Attribut-Namensraum in dem Modulobjekt, das wir von `import` zurückbekommen. Wir greifen auf Attribute im Namensraum zu, indem wir sie mit dem Namen des einschließenden Moduls qualifizieren:

```
>>> module2.sys
<module 'sys'>
>>> module2.name
42
>>> module2.func, module2.klass
(<function func at 765f20>, <class klass at 76df60>)
```

Hier wurden `sys`, `name`, `func` und `klass` alle zugewiesen, während die Anweisungen des Moduls ausgeführt wurden. Über Klassen sprechen wir erst in Kapitel 6, *Klassen*, beachten Sie aber vor allem das `sys`-Attribut. `Import`-Anweisungen weisen tatsächlich Modulobjekte an Namen zu (später dazu mehr). Intern werden Modulnamensräume als Dictionary-Objekte gespeichert. Mit dem Attribut `__dict__` des Moduls können wir auf das Namensraum-Dictionary zugreifen, denn es ist einfach ein normales Dictionary-Objekt mit den üblichen Methoden:

```
>>> module2.__dict__.keys()
['__file__', 'name', '__name__', 'sys', '__doc__', '__builtins__', 'klass',
'func']
```

Die in der Moduldatei zugewiesenen Namen werden intern zu Dictionary-Schlüsseln. Wie Sie sehen können, fügt Python einige Attribute für uns hinzu, zum Beispiel ist `__file__` der Name der Datei, von der das Modul geladen wurde, und `__name__` ergibt den Modulnamen, wie er für den Importierenden erscheint (ohne die *.py*-Erweiterung und den Verzeichnispfad).

Qualifikation von Namen

Nachdem wir uns mit Modulen angefreundet haben, sollten wir den Begriff der Namensqualifikation erklären. In Python können Sie auf die Attribute in jedem Objekt zugreifen, wenn es welche besitzt, indem Sie die Qualifikationssyntax `object.attribute` anwenden. Ein Qualifizierungsausdruck gibt den Wert zurück, der einem zum Objekt gehörenden Attributnamen zugewiesen wurde. Zum Beispiel ruft der Ausdruck `module2.sys` im vorletzten Beispiel den Wert, der `sys` in `module2` zugewiesen wurde, ab. Ganz ähnlich gibt, wenn wir ein Listenobjekt `L` haben, `L.append` die mit der Liste verbundene `append`-Methode zurück.

Wie wirkt sich nun Qualifikation auf die Geltungsbereichsregeln aus Kapitel 4 aus? Eigentlich gar nicht, denn es ist ein unabhängiges Konzept. Wenn Sie Qualifikation anwenden, um auf Namen zuzugreifen, dann geben Sie Python explizit ein Objekt vor, auf das zugegriffen werden soll. Die LGB-Regel ist nur für einfache, nicht qualifizierte Namen gedacht. Hier sind die Regeln:

Einfache Variablen
"X" bedeutet die Suche nach dem Namen X in den aktuellen Geltungsbereichen (LGB-Regel)

Qualifikation
"X.Y" bedeutet die Suche nach dem Attribut Y im Objekt X (nicht in Geltungsbereichen)

Qualifikationspfade
"X.Y.Z" bedeutet die Suche nach dem Namen Y im Objekt X, dann nach Z im Objekt X.Y

Allgemeingültigkeit
Qualifikation funktioniert bei allen Objekten mit Attributen: Module, Klassen, C-Typen etc.

In Kapitel 6 werden wir sehen, daß Qualifikation bei Klassen eine größere Bedeutung hat (dort findet auch Vererbung statt), aber im allgemeinen gelten diese Regeln für alle Namen in Python.

Das Import-Modell

Wie wir gesehen haben, wird Qualifikation nur benötigt, wenn wir mit `import` ein Modul als Ganzes importieren. Wenn Sie die `from`-Anweisung nehmen, kopieren Sie Namen aus einem Modul in den Namensraum des Importziels, so daß die importierten Namen dort ohne Qualifikation benutzt werden. Nachfolgend einige weitere Details zum Importprozeß.

Importe geschehen nur einmal

Eine der am häufigsten von Anfängern gestellte Frage im Zusammenhang mit Modulen scheint folgende zu sein: Warum funktionieren meine Importe nicht mehr? Der erste Import funktioniert wunderbar, aber spätere Importe während einer interaktiven Sitzung (oder in einem Programm) scheinen keinen Effekt zu haben. Den sollen sie auch nicht haben, und zwar aus folgenden Gründen:

- Module werden geladen und laufen beim ersten `import` oder `from`.
- Das Starten eines Moduls erzeugt seine exportierten Namen.
- Spätere `import`- und `from`-Operationen holen ein bereits geladenes Modul.

Python lädt, kompliliert und startet Code in einer Moduldatei absichtlich nur beim *ersten* Import. Da dies eine rechenintensive Operation ist, sieht Python sie per Voreinstellung nur einmal pro Prozeß vor. Darüber hinaus können Sie es zur Initialisierung von Variablen benutzen, da Code in einem Modul normalerweise nur einmal ausgeführt wird. Ein Beispiel:

```
% cat simple.py
print 'hello'
spam = 1                    # initialisiere Variable

% python
>>> import simple           # erster Import: lädt und startet Code der Datei
hello
>>> simple.spam             # Zuweisung erzeugt ein Attribut
1
>>> simple.spam = 2         # ändere Attribut im Modul
>>>
>>> import simple           # holt nur das bereits geladene Modul
>>> simple.spam             # unverändertes Attribut, Code nicht ausgeführt
2
```

In diesem Beispiel laufen die `print`- und die =-Anweisungen nur, wenn das Modul zum erstenmal importiert wird. Der zweite Import führt den Code des Moduls nicht wiederholt aus, sondern ruft das bereits erstellte Modul-Objekt in Pythons interner Modultabelle ab. Natürlich wollen Sie manchmal wirklich den Code neu ausführen, und wir werden gleich sehen, wie man das mit `reload` bewerkstelligt.

import und from sind Zuweisungen

Genauso wie `def` sind `import` und `from` ausführbare Anweisungen, keine Kompilierzeit-Vereinbarungen. Sie können in `if`-Tests verschachtelt werden, in `defs` von Funktionen auftauchen usw. Importierte Module und Namen sind erst verfügbar, wenn die Import-Anweisungen ausgeführt wurden. Darüber hinaus sind `import` und `from` implizite Zuweisungen, ebenso wie `def`:

- `import` weist einem Namen ein ganzes Modul-Objekt zu
- `from` weist einem oder mehreren Namen gleichnamige Objekte aus einem anderen Modul zu

Alles, was wir bisher über Zuweisungen gesagt haben, gilt auch für den Zugriff auf Module. So werden zum Beispiel Namen, die mit `from` kopiert wurden, zu Verweisen auf möglicherweise mehrfach benutzte Objekte. Wie bei Funktionsargumenten hat die Neuzuweisung eines importierten Namens keinen Effekt auf das Modul, von dem er kopiert wurde, aber die Veränderung eines abgerufenen veränderlichen Objekts ist gleichzeitig in dem Modul, von dem es importiert wurde, sichtbar:[3]

3 Für eine bildliche Darstellung dessen, was `from` tut, gehen Sie zurück zu Abbildung 4-2 (Übergabe von Funktionsargumenten). Ersetzen Sie einfach *Aufrufer* und *Funktion* durch *Import-Namen* und *Import-Ziel*, um zu sehen, was `from`-Zuweisungen mit Verweisen tun. Es ist dasselbe Ergebnis, nur daß wir es hier mit Namen in Modulen zu tun haben, nicht mit Funktionen.

```
% cat small.py
x = 1
y = [1, 2]

% python
>>> from small import x, y          # kopiere zwei Namen heraus
>>> x = 42                          # ändert nur das lokale x
>>> y[0] = 42                       # verändert gemeinsames veränderliches Objekt
>>>
>>> import small                    # hole Modulname (from tut's nicht)
>>> small.x                         # small's x ist nicht mein x
1
>>> small.y                         # aber wir teilen uns ein verändertes Objekt
[42, 2]
```

Hier verändern wir ein gemeinsam benutztes veränderliches Objekt, das wir über die `from`-Zuweisung erhalten haben: Name `y` im importierenden als auch im importierten Modul verweist auf ein und dasselbe Listen-Objekt, so daß sich jede Veränderung hüben und drüben auswirkt. Beachten Sie, daß wir nach `from` noch eine `import`-Anweisung ausführen müssen, um Zugriff auf den Modulnamen selbst zu erhalten. `from` kopiert nur Namen, die aus dem Modul stammen, weist aber nicht den Modulnamen als solchen zu. Zumindest symbolisch ist `from` äquivalent zu dieser Sequenz:

```
import module                 # hole das Modulobjekt
name1 = module.name1          # kopiere Namen durch Zuweisung heraus
name2 = module.name2
...
del module                    # werde den Modulnamen los
```

Nachladen von Modulen

Zu Beginn des letzten Abschnitts haben wir festgestellt, daß der Code eines Moduls standardmässig nur einmal pro Prozeß ausgeführt werden kann. Um den Code eines Moduls erneut zu laden und auszuführen, müssen Sie Python explizit dazu anweisen, indem Sie die eingebaute `reload`-Funktion aufrufen. In diesem Abschnitt werden wir lernen, `reload` anzuwenden, um unsere Systeme dynamischer zu machen. Kurz gesagt:

- Importe laden und starten den Code eines Moduls nur beim ersten Mal.
- Spätere Importe benutzen das bereits geladene Modul-Objekt, ohne Code erneut auzuführen.
- Die `reload`-Funktion erzwingt erneutes Laden und Starten eines bereits geladenen Moduls.

Warum nun so viel Federlesens um das Nachladen von Modulen? Die `reload`-Funktion erlaubt es, Teile des Programms abzuändern, ohne das ganze Programm stoppen zu müssen. Mit `reload` werden Änderungen an einzelnen Komponenten sofort sichtbar. Nachladen kann Ihnen nicht in allen Situationen helfen, aber da, wo es geht, verkürzt es den Entwicklungszyklus beträchtlich. Ein Beispiel: Stellen Sie sich ein Datenbankprogramm vor, das zu Beginn mit einem Server verbunden werden muß. Durch Nachladen können Sie Programmänderungen sofort testen, ohne jedesmal die Server-Verbindung neu aufzubauen.[4]

Allgemeine Form

Anders bei `import` und `from`:

- `reload` ist eine eingebaute Funktion und keine Anweisung.
- `reload` wird ein existierendes Modul-Objekt übergeben, kein Name.

Weil `reload` ein Objekt erwartet, muß ein Modul zunächst erfolgreich importiert worden sein, bevor es nachgeladen werden kann. (Wenn der Import durch einen Syntaxfehler oder etwas anderes fehlgeschlagen ist, kann es tatsächlich notwendig sein, den Import zu wiederholen, bevor Sie nachladen können.) Nachladen geht folgendermaßen vonstatten:

```
import module                 # ursprünglicher Import
Benutze Modulattribute
...                           # jetzt ändern wir die Moduldatei
...
reload(module)                # hole aktualisierte Exporte
Benutze Modulattribute
```

Sie importieren üblicherweise ein Modul, ändern dann seinen Quellcode mit einem Texteditor und laden es erneut. Wenn Sie `reload` aufrufen, liest Python den Quellcode der Moduldatei noch einmal und wiederholt seine Anweisungen der Hauptebene. Aber der vielleicht wichtigste Punkt ist, daß `reload` ein Modul-Objekt an Ort und Stelle verändert. Daher wird jeder Verweis auf ein Modul-Objekt automatisch durch `reload` beeinflußt. Hier sind die Details:

reload startet den (neuen) Code einer Moduldatei im aktuellen Namensraum des Moduls
: Das wiederholte Starten des Codes einer Moduldatei überschreibt ihren existierenden Namensraum, anstatt ihn zu löschen und wiederherzustellen.

Zuweisungen auf der Hauptebene der Datei besetzen Namen mit neuen Werten
: Das wiederholte Starten einer `def`-Anweisung beispielsweise ersetzt die vorherige Version der Funktion im Namensraum des Moduls.

4 Wir sollten anmerken, daß Python – weil es (mehr oder weniger) interpretiert ist – bereits ohne Kompilieren und Binden auskommt, die zum Ausführen eines C-Programms nötig wären: Module werden dynamisch geladen, wenn sie durch ein laufendes Programm importiert werden. Nachladen ergänzt dies, indem es Ihnen auch noch erlaubt, Teile des laufenden Programms zu verändern, ohne es zu stoppen. Wir sollten auch anmerken, daß `reload` derzeit nur bei Modulen, die in Python geschrieben wurden, funktioniert. C-Erweiterungsmodule können zwar genauso dynamisch zur Laufzeit geladen, aber nicht nachgeladen werden. Wir müssen gestehen, daß wir wohl schon zuviel angemerkt haben, weil dieses Buch nicht von C-Modulen handelt.

Nachladen beeinflußt alle Clients, die import benutzen, um Module zu holen
: Weil Benutzer von `import` danach qualifizieren, um Attribute abzurufen, werden sie nach einem `reload` neue Werte im Modul vorfinden.

Reloads beinflussen nur zukünftige from-Clients
: Anwender, die zuvor `from` benutzt haben, um Attribute abzurufen, werden von einem `reload` nicht beeinflußt. Die Verweise auf die alten Objekte, die sie vor dem `reload` abgerufen haben, sind immer noch da (mehr dazu später).

Beispiel

Hier ist ein konkreteres Beispiel für `reload` in Aktion. Im folgenden Abschnitt werden wir eine Moduldatei ändern und erneut laden, ohne die interaktive Python-Sitzung zu unterbrechen. Es gibt noch viele andere Verwendungsbeispiele für Reloads (siehe nächster Kasten), aber zur besseren Anschaulichkeit werden wir die Dinge hier einfach halten. Zunächst wollen wir mit dem Texteditor Ihrer Wahl eine Moduldatei schreiben:[5]

```
% cat changer.py
message = "Erste Version"

def printer():
    print message
```

Dieses Modul erstellt und exportiert zwei Namen – einer ist an einen String gebunden und der andere an eine Funktion. Nun starten Sie den Python-Interpreter, importieren das Modul und rufen die Funktion auf, die es exportiert. Wie Sie inzwischen wissen, gibt die Funktion den Wert der globalen Variable `message` aus:

```
% python
>>> import changer
>>> changer.printer()
Erste Version
>>>
```

Lassen Sie nun den Interpreter aktiv, und editieren Sie die Moduldatei in einem anderen Fenster. Wir ändern hier die globale Variable `message` sowie den Funktionskörper von `printer`:

Ändere changer.py, ohne Python anzuhalten

```
% vi changer.py
% cat changer.py
message = "Nach Bearbeitung"

def printer():
    print 'Neu geladen:', message
```

5 Das ist ein Unix-Beispiel. In einer DOS-Shell benutzen Sie statt `cat` und `vi` die Kommandos `type` und `edit`, oder Sie greifen gleich über eine Oberfläche wie `PythonWin`, `wxPython` oder `Idle` zu. – Anm.d.Ü.

Schließlich gehen wir zum Python-Fenster zurück und laden das Modul erneut, um den neuen Code zu aktivieren, den wir gerade geändert haben. Sie sehen, daß das erneute Importieren des Moduls keinen Effekt hat: Wir erhalten die Originalnachricht, obwohl die Datei geändert wurde. Wir müssen `reload` aufrufen, um die neue Version zu erhalten:

Zurück zum Python-Interpreter/Programm

```
>>> import changer
>>> changer.printer()       # kein Effekt: benutzt geladenes Modul
Erste Version

>>> reload(changer)         # erzwingt Laden und Starten des neuen Codes
<module 'changer'>
>>> changer.printer()       # jetzt ist die neue Version da
Neu geladen: Nach Bearbeitung
```

Beachten Sie, daß `reload` das Modul-Objekt zurückgibt. Sein Ergebnis wird meist ignoriert, aber da Ausdrucksergebnisse auf der interaktiven Eingabeaufforderung ausgegeben werden, zeigt Python uns eine voreingestellte `<module name>`-Darstellung.

Anwendung: Module nachladen

Neben der Möglichkeit, Module auf der interaktiven Eingabeaufforderung erneut zu laden (und somit neu zu starten), ist das Nachladen von Modulen auch in größeren Systemen nützlich, insbesondere, wenn das Neu-Starten der gesamten Applikation sich aus Kostengründen verbietet. So sind beispielsweise Systeme, die beim Hochlaufen über ein Netzwerk mit Servern verbunden werden müssen, primäre Kandidaten für dynamisches Nachladen.

Nachladen ist auch bei GUI-Arbeiten nützlich (die Rückrufaktion eines Kontrollelements kann verändert werden, während die GUI aktiv bleibt) und wenn Python in C- oder C++-Programmen eingebettet wird (das einschließende Programm kann ein Nachladen des gerade ausgeführten Python-Codes anfordern, ohne selbst abbrechen zu müssen). Mehr Informationen zum Nachladen von GUI-Rückrufen und zu eingebettetem Python-Code finden Sie in *Programming Python*.

Haken und Ösen

In diesem Abschnitt behandeln wir einige Aspekte von Modulen, die uns wichtig genug erscheinen, um einen eigenen Abschnitt zu bekommen (oder undurchsichtig genug, um sich über unsere Organisationsfähigkeiten hinwegzusetzen).

Modulkompilierung

So wie es derzeit implementiert ist, wird das Python-System oft Interpreter genannt, aber tatsächlich ist es irgendwo zwischen einem klassischen Interpreter und einem Compiler angesiedelt. Wie in Java werden Python-Programme zu einer Zwischenform, dem Bytecode, übersetzt. Dieser läuft dann auf einem sogenannten virtuellen Rechner ab. Da Pythons virtueller Rechner die Bytecode-Form interpretiert, können wir durchaus sagen, daß Python interpretiert wird, aber es geht immer erst durch eine Kompilierphase.

Glücklicherweise geht dieser Kompilierschritt in Python vollkommen automatisch und verborgen vonstatten. Python-Programmierer importieren einfach Module und benutzen die dort definierten Namen. Python übernimmt das automatische Übersetzen der Module in Bytecode, wenn sie zum erstenmal importiert werden. Darüber hinaus versucht Python, den Bytecode des Moduls in einer Datei zu speichern, so daß eine spätere Neu-Kompilierung vermieden werden kann, wenn der Quellcode nicht verändert wurde. Im Endeffekt bietet Python dadurch ein automatisches *make*-System zum Verwalten von Neu-Kompilierungen.[6]

Anwendung: Versandoptionen

Übrigens, kompilierte *.pyc*-Bytecodedateien können auch dazu genutzt werden, ein System ohne Quellcode zu versenden. Python lädt bereitwillig eine .pyc-Datei, wenn es für ein Modul auf seinem Modulsuchpfad keine *.py*-Quelldatei finden kann, so daß Sie eigentlich nur die *.pyc*-Dateien an den Benutzer senden müssen. Darüber hinaus können Sie eine *.pyc*-Datei auf verschiedenen Plattformen starten, da Python-Bytecode portabel ist. Um eine Vor-Kompilierung in *.pyc*-Dateien zu erzwingen, importieren Sie einfach Ihre Module (siehe auch das Hilfsprogramm `compileall`).

Es ist auch möglich, Python-Programme als ausführbare C-Programme »einzufrieren«. Das Standardwerkzeug `freeze` packt den kompilierten Bytecode Ihres Programms, alle benutzten Python-Hilfsmittel und so viel vom C-Code des Python-Interpreters, wie benötigt wird, um Ihr Programm auszuführen, zusammen. Erzeugt wird ein C-Programm, das Sie mit einer ebenfalls generierten *Make-Datei* kompilieren können, um ein eigenständiges, ausführbares Programm zu erzeugen. Dieses funktioniert genauso wie die entsprechenden Python-Dateien Ihres Programms. Eingefrorene Programme benötigen auf dem Zielrechner keinen installierten Python-Interpreter und können schneller starten. Andererseits sind sie nicht gerade klein, da ein Großteil des Interpreters enthalten ist. Ein ähnliches Werkzeug namens `squeeze` packt Python-Bytecode in ein komprimiertes, einzelnes Python-Programm. Für weitere Details sehen Sie bitte auf der Python-Website nach.

6 Für Leser, die nie C oder C++ angewendet haben: Ein *make*-System ist eine Möglichkeit, Kompilierung und Programmverweise zu automatisieren. *make*-Systeme benutzen üblicherweise das Datei-Modifikationsdatum, um zu erkennen, ob eine Datei kompiliert werden muß (genau wie in Python).

Und so funktioniert's: Vielleicht haben Sie nach der Ausführung von Programmen *.pyc*-Dateien in Ihren Modulverzeichnissen herumliegen sehen. Dies sind die Dateien, die Python erstellt, um den Bytecode des Moduls zu speichern (vorausgesetzt, Sie haben Schreibzugriff auf die Quellverzeichnisse). Wenn ein Modul *M* importiert wird, lädt Python eine *M.pyc*-Bytecodedatei anstelle der entsprechenden *M.py*-Quelldatei, sofern die *M.py*-Datei nach dem Speichern des *M.pyc*-Bytecodes nicht verändert wurde. Wenn Sie die Quellcodedatei verändern (oder die *.pyc*-Datei löschen), ist Python schlau genug, das Modul beim Importieren neu zu kompilieren. Wenn nicht, wird Ihr Programm durch die gespeicherte Bytecodedatei schneller starten, da die Neu-Kompilierung zur Laufzeit vermieden wird.

Verbergen von Daten per Konvention

Wie wir gesehen haben, exportieren Python-Module alle Namen, die auf der Hauptebene ihrer Datei zugewiesen wurden. Es gibt keinen Weg, zu spezifizieren, welche Namen außerhalb des Moduls sichtbar sein sollen und welche nicht. Man kann tatsächlich nicht verhindern, daß ein Benutzer Namen innerhalb eines Moduls ändert, wenn er will.

In Python ist das Verbergen von Daten in Modulen eine Konvention, keine syntaktische Einschränkung. Wenn Sie ein Modul kaputtmachen wollen, indem Sie seine Namen zerstören, können Sie das auch wirklich tun (obwohl wir den Programmierer, der das wirklich wollte, noch nicht getroffen haben). Einige Puristen wehren sich gegen diese liberale Einstellung zum Datenverbergen und behaupten, dadurch könne man in Python keine Datenkapselungen implementieren. Wir stimmen damit nicht überein (und bezweifeln, Puristen überhaupt von irgend etwas überzeugen zu können). In Python hat Kapselung eher etwas mit Paketbildung zu tun als mit Restriktion.[7]

Als Spezialfall verhindert das Voranstellen eines Unterstrichs (z.B. _x), daß Namen herauskopiert werden, wenn ein Benutzer mit einer `from*`-Anweisung importiert. Dies ist wirklich nur dazu gedacht, um die *Namensraumverschmutzung* zu minimieren. Da `from*` alle Namen herauskopiert, können Sie leicht mehr bekommen, als Sie eigentlich wollten (inklusive Namen, die Namen im importierenden Modul überschreiben). Unterstriche sind aber keineswegs »private« Vereinbarungen: Sie können immer noch alle Namen mit den anderen `import`-Formen sehen und ändern.

Gemischte Verfahren: __name__ und __main__

Hier ist ein spezieller, modulbezogener Trick, der Sie das Modul sowohl normal importieren als auch als eigenständiges Hauptprogramm ausführen läßt. Jedes Modul hat ein eingebautes Attribut `__name__`, das Python wie folgt definiert:

7 Puristen würden wahrscheinlich über den Schurken von C++-Programmierer entsetzt sein, der `#define private public` eingibt, um in C++ die Mechanismen zum Verstecken mit einem einzigen Schlag zu zerstören. Für Sie wären diese dann die schurkenhaften Programmierer.

- Wird die Datei als Programm ausgeführt, ist `__name__` auf den String `__main__` gesetzt.
- Wird die Datei importiert, enthält `__name__` den Modulnamen so, wie ihn die Clients kennen.

Das Ergebnis ist, daß ein Modul seinen eigenen `__name__` abfragen kann, um festzustellen, ob es ausgeführt oder importiert wird. Angenommen, wir erstellen die untenstehende Moduldatei, um eine einzelne Funktion namens `tester` zu exportieren:

```
def tester():
    print "Im Himmel ist Jahrmarkt..."

if __name__ == '__main__':          # nur, wenn gestartet
    tester()                        # nicht, wenn importiert
```

Dieses Modul definiert eine ganz gewöhnliche Funktion zum Importieren und Verwenden:

```
% python
>>> import runme
>>> runme.tester()
Im Himmel ist Jahrmarkt...
```

Aber das Modul beinhaltet auch Code am Ende, um die Funktion aufzurufen, wenn diese Datei als Programm gestartet wird:

```
% python runme.py
Im Himmel ist Jahrmarkt...
```

Die vielleicht üblichste Stelle, an der Sie die `__main__` -Abfrage angewendet sehen, ist der *Selbsttest-Code*: Sie können Code, der die Exporte eines Moduls testet, in das Modul selbst packen, indem Sie es am Ende mit einem `__main__` -Test umgeben. Auf diese Weise können Sie eine Datei normal als importierte Bibliothek benutzen, aber ihre Logik bei Bedarf durch Starten der Datei aus der Systemoberfläche heraus testen.[8]

Die Veränderung des Modulsuchpfades

Wir erwähnten bereits, daß der Modulsuchpfad eine Verzeichnisliste in der Umgebungsvariable `PYTHONPATH` ist. Was wir verschwiegen haben, ist, daß ein Python-Programm den Suchpfad durch Zuweisung zu einer eingebauten Liste `sys.path` (das `path`-Attribut im eingebauten `sys`-Modul) verändern kann. `sys.path` wird beim Hochfahren aus `PYTHONPATH` (sowie aus in Python fest einkompilierten Vorgaben) initialisiert, aber danach können Sie seine Komponenten löschen, erweitern und zurücksetzen, wie Sie gerade möchten:

```
>>> import sys
>>> sys.path
['.', 'c:\\python\\lib', 'c:\\python\\lib\\tkinter']
```

8 Genauso machen es übrigens Pythons Standardmodule auch. Werfen Sie ruhig einen Blick in *python/lib*. – Anm.d.Ü.

```
>>> sys.path = ['.']                              # ändere Modulsuchpfad
>>> sys.path.append('c:\\book\\examples')         # entwerte Backslash mit "\\"
>>> sys.path
['.', 'c:\\book\\examples']

>>> import string
Traceback (innermost last):
  File "<stdin>", line 1, in ?
ImportError: No module named string
```

Sie können dies anwenden, um dynamisch einen Suchpfad in einem Python-Programm aufzubauen. Aber geben Sie acht: Wenn Sie ein wichtiges Verzeichnis im Pfad löschen, können Sie den Zugriff auf wichtige Hilfsmittel verlieren. Im letzten Befehl im obigen Beispiel haben wir keinen Zugang zum `string`-Modul mehr, da wir das Verzeichnis für Pythons Quellbibliothek aus dem Pfad entfernt haben.

Modulpakete (Neu in Version 1.5)

Paketmodule sind ein anspruchsvolles Werkzeug, und wir haben lange debattiert, ob wir sie in diesem Buch behandeln sollen. Aber da sie Ihnen im Code von anderen Programmierern begegnen können, geben wir hier einen kurzen Überblick über ihre Mechanismen.

Kurz gesagt, erlauben Ihnen Modulpakete, Module in Form von Verzeichnispfaden zu importieren. Qualifizierte Namen in `import`-Anweisungen reflektieren die Verzeichnisstruktur auf Ihrem Rechner. Wenn sich z.B. ein Modul `C` in einem Verzeichnis `B` befindet, das wiederum in einem Verzeichnis `A` sitzt, können Sie `import A.B.C` benutzen, um das Modul zu laden. Nur das Verzeichnis `A` muß in einem Verzeichnis in der `PYTHONPATH`-Variable gefunden werden, da der Pfad von `A` nach `C` durch die Qualifikation angegeben ist.

Modulpakete sind praktisch, wenn sie Systeme integrieren, die von unabhängigen Entwicklern geschrieben wurden. Durch das Speichern der Module jedes Systems in seinem eigenen Unterverzeichnis können Namenskonflikte vermieden werden. Wenn beispielsweise jeder Entwickler ein Modul namens *spam.py* schreibt, kann man unmöglich vorhersagen, welches zuerst in `PYTHONPATH` gefunden wird, wenn keine qualifizierenden Paketpfade benutzt wurden. Wenn das Verzeichnis eines anderen Subsystems früher in `PYTHONPATH` auftaucht, sieht ein Subsystem möglicherweise das falsche Modul.

Nochmals: Wenn Sie gerade erst anfangen, mit Python zu arbeiten, stellen Sie bitte sicher, daß Sie die einfachen Module perfekt beherrschen, bevor Sie mit Modulpaketen beginnen. Modulpakete sind komplexer, als wir sie hier beschrieben haben: Beispielsweise muß jedes Verzeichnis, das als Modulpaket benutzt wird, ein `__init__`-Modul enthalten, um sich selbst als Paket auszuweisen. Für weitergehende Informationen schlagen Sie bitte in Python-Handbüchern nach.

Anwendung: Modulpakete

Nachdem Modulpakete zu Standardelementen von Python geworden sind, werden Ihnen wahrscheinlich Erweiterungen von dritter Seite begegnen, die als eine Reihe von Paketverzeichnissen verschickt werden statt als einfache Modulsammlung. Die PythonWin-Portierung von Python für MS Windows war eine der ersten, die auf diesen Zug aufgesprungen ist. Viele ihrer Hilfsmodule sitzen in Modulpaketen, die sie mit Qualifikationspfaden importieren. Um COM-Werkzeuge auf Anwenderseite zu starten, sagen wir zum Beispiel:

```
from win32com.client import constants, Dispatch
```

was Namen vom `client`-Modul des `win32com`-Modulpakets von PythonWin (ein installiertes Verzeichnis) abruft. Wir werden mehr über COM in Kapitel 10, *Grundgerüste und Applikationen,* erfahren.

Konzepte des Moduldesigns

Wie Funktionen sind auch Module vom Design beeinflußt: die Entscheidung, welche Funktionen in welches Modul kommen, Kommunikationsmechanismen für Module usw. Auch dies ist ein Thema, das den Rahmen dieses Buches sprengen würde, so daß wir nur einige grundlegende Ideen ansprechen werden. Sie werden durchschaubarer, wenn Sie anfangen, größere Python-Systeme zu schreiben:

In Python befinden Sie sich immer in einem Modul
: Es gibt keine Möglichkeit, Code zu schreiben, der sich nicht in irgendeinem Modul befindet. Auf der interaktiven Eingabeaufforderung eingegebener Code geht tatsächlich gleich in ein eingebautes Modul namens `__main__`.

Minimieren Sie die Kopplung von Modulen: globale Variablen
: Wie Funktionen funktionieren Module am besten, wenn sie als geschlossene Systeme geschrieben werden. Als Faustregel gilt, daß sie so unabhängig wie möglich von globalen Namen in anderen Modulen sein sollten.

Maximieren Sie Modulgeschlossenheit: vereinheitlichter Zweck
: Sie können die Kopplungen eines Moduls durch Maximierung seiner Geschlossenheit minimieren. Wenn alle Komponenten eines Moduls seinen generellen Zweck teilen, sind Sie weniger abhängig von externen Namen.

Module sollten möglichst keine Variablen anderer Module verändern
: Es ist völlig in Ordnung, globale Objekte aus einem anderen Modul zu benutzen (das ist letztlich die Art, auf die Clients Dienste importieren), aber diese zu verändern ist meistens ein Zeichen für ein Designproblem.

Module sind Objekte: Metaprogramme

Da Module die meisten ihrer interessanten Eigenschaften als eingebaute Attribute darstellen, ist es einfach, Programme zu schreiben, die andere Programme verwalten. Wir nennen solche Verwaltungsprogramme oft *Metaprogramme*, weil sie oberhalb anderer Systeme arbeiten. Dies wird auch *Selbstbeobachtung* genannt, weil Programme Objekt-Interna einsehen und bearbeiten können.

Um in einem Modul namens `M` an ein Attribut namens `name` zu kommen, können wir entweder Qualifikation anwenden, oder wir indizieren das Attribut-Dictionary, das durch das eingebaute Attribut `__dict__` veröffentlicht wird. Weiterhin exportiert Python die Liste aller geladenen Module als `sys.modules`-Dictionary (das `modules`-Attribut aus dem `sys`-Modul) und stellt eine eingebaute Funktion `getattr` zur Verfügung, mit der wir Attribute über ihren Namensstring abrufen können. Daher sind folgende Ausdrücke alle an dasselbe Objekt und Attribut gerichtet:

```
M.name                      # qualifiziere Objekt
M.__dict__['name']          # indiziere Namensraumverzeichnis manuell
sys.modules['M'].name       # indiziere Tabelle geladener Module manuell
getattr(M, 'name')          # rufe eingebaute Zugriffsfunktion auf
```

Durch diese Offenlegung der Modul-Interna unterstützt Python Sie beim Erstellen von Programmen über Programme.[9] Hier ist zum Beispiel ein Modul, das diese Ideen umsetzt, eine anwenderspezifische Version der eingebauten `dir`-Funktion zu implementieren. Es definiert und exportiert eine Funktion namens `listing`, die ein Modul-Objekt als Parameter nimmt und eine formatierte Liste des Modulnamensraums ausgibt:

```
# Ein Modul, das den Namensraum anderer Module auflistet

verbose = 1

def listing(module):
    if verbose:
        print "-"*30
        print "name:", module.__name__, "file:", module.__file__
        print "-"*30

    count = 0
    for attr in module.__dict__.keys():      # nach Namensraum absuchen
        print "%02d) %s" % (count, attr),
        if attr[0:2] == "__":
            print "<built-in name>"          # überspringe __file__ usw.
```

9 Beachten Sie, daß eine Funktion auf ihr einschließendes Modul zugreifen kann, indem sie durch die `sys.modules`-Tabelle geht. Dadurch ist es möglich, den Effekt der `global`-Anweisung, den wir in Kapitel 4 kennengelernt haben, zu emulieren. Zum Beispiel kann der Effekt von `global X; X=0` simuliert werden, indem man innerhalb einer Funktion sagt: `import sys; glob=sys.modules[__name__]; glob.X=0` (wenn auch mit viel mehr Tipperei). Erinnern Sie sich, daß jedes Modul ein `__name__`-Attribut umsonst mitgegeben bekommt; es ist als globaler Name innerhalb von Funktionen in einem Modul sichtbar. Dieser Trick ermöglicht es, sowohl lokale als auch globale Variablen mit demselben Namen innerhalb einer Funktion zu ändern.

```
        else:
            print getattr(module, attr)      # dasselbe wie .__dict__[attr]
        count = count+1

    if verbose:
        print "-"*30
        print module.__name__, "has %d names" % count
        print "-"*30

if __name__ == "__main__":
    import mydir
    listing(mydir)       # Selbsttest-Code: liste mich selbst auf
```

Ans Ende dieses Moduls haben wir auch eine Selbsttest-Logik gestellt, die sich narzißtischerweise selbst importiert und auflistet. Es produziert die folgende Art von Ausgabe:

```
C:\python> python mydir.py
------------------------------
name: mydir file: mydir.py
------------------------------
00) __file__ <built-in name>
01) __name__ <built-in name>
02) listing <function listing at 885450>
03) __doc__ <built-in name>
04) __builtins__ <built-in name>
05) verbose 1
------------------------------
mydir has 6 names
------------------------------
```

Wir werden `getattr` und seinen Verwandten noch öfter begegnen. Was Sie sich hier merken sollten, ist, daß `mydir` ein Programm ist, mit dem Sie andere Programme durchsuchen können. Da Python seine Interna veröffentlicht, können Sie Objekte allgemein bearbeiten.[10]

Modul-Gotchas

Und schließlich folgt hier die übliche Sammlung von Grenzfällen, die das Leben von Anfängern so interessant machen. Einige sind derart obskur, daß es schwierig war, überhaupt geeignete Beispiele zu finden, aber die meisten illustrieren dennoch wichtige Dinge über Python.

10 Übrigens, Werkzeuge wie `mydir.listing` können vorab in den interaktiven Namensraum geladen werden, indem sie in die Datei importiert werden, auf die durch die Umgebungsvariable `PYTHONSTARTUP` verwiesen wird. Da Code in dieser Initialisierungsdatei im interaktiven Namensraum abläuft (Modul `__main__`), können Ihnen Importe von allgemeinen Werkzeugen einiges an Tipparbeit ersparen. Siehe auch Kapitel 1 für weitere Details.

Das Importieren von Modulen nach Namens-Strings

Wie wir gesehen haben, ist der Modulname in einer `import`- oder `from`-Anweisung ein fest codierter Variablenname. Sie können diese Anweisungen nicht direkt nutzen, um ein Modul mit einem Python-String zu laden, der den Namen enthält. Zum Beispiel:

```
>>> import "string"
  File "<stdin>", line 1
    import "string"
                  ^
SyntaxError: invalid syntax
```

Lösung

Um Module dynamisch über einen String zu importieren, der erst zur Laufzeit berechnet wird, müssen Sie spezielle Hilfsmittel einsetzen. Der allgemeinste Ansatz ist, eine `import`-Anweisung als Python-Code-String zu konstruieren und ihn zum Starten an die `exec`-Anweisung zu übergeben:

```
>>> modname = "string"
>>> exec "import " + modname          # führe einen Code-String aus
>>> string                            # in diesen Namensraum importiert
<module 'string'>
```

Die `exec`-Anweisung (und ihre Cousine, die `eval`-Funktion) kompiliert einen Code-String und reicht ihn zum Ausführen an den Python-Interpreter weiter. In Python ist der Bytecode-Compiler zur Laufzeit verfügbar, so daß Sie Programme schreiben können, die auf diese Weise neue Programme bilden und starten. `Exec` startet den Code standardmäßig im aktuellen Geltungsbereich, aber Sie können durch Angabe optionaler Namensraum-Dictionaries noch genauer werden. Wir werden später in diesem Buch mehr über diese Werkzeuge lernen.

Der einzige wirkliche Nachteil von `exec` ist, daß es die `import`-Anweisung für jede Ausführung neu kompilieren muß. Wenn sie oft gestartet wird, sind Sie vielleicht besser dran, wenn Sie gleich die eingebaute `__import__`-Funktion anwenden, um von einem Namens-String zu importieren. Der Effekt ist ähnlich, aber `__import__` gibt das Modul-Objekt zurück und überläßt uns das Zuweisen an einen Namen:

```
>>> modname = "string"
>>> string = __import__(modname)
>>> string
<module 'string'>
```

from kopiert Namen, aber verknüpft nicht

Wir haben zuvor erwähnt, daß die `from`-Anweisung tatsächlich eine *Zuweisung* zu Namen im Geltungsbereich des Importierenden ist – eine Namen-Kopier-Operation, keine Namens-Überlagerung. Die hieraus resultierenden Folgerungen sind dieselben wie für alle Zuweisungen in Python, aber subtil – insbesondere wenn sich Code, der Objekte gemeinsam nutzt, in verschiedenen Dateien befindet. Nehmen wir beispielsweise an, wir definieren das folgende Modul `nested1`:

```
X = 99
def printer(): print X
```

Wenn wir nun seine beiden Namen importieren, indem wir sie in einem anderen Modul anwenden, erhalten wir Kopien dieser Namen, keine Verknüpfungen zu ihnen. Die Veränderung eines Namens im importierenden Modul setzt nur die Bindung der lokalen Version dieses Namens zurück, nicht aber den Namen in `nested1`:

```
from nested1 import X, printer     # kopiere Namen heraus
X = 88                             # ändert nur mein "X"!
printer()                          # X von nested1 ist noch immer 99

% python nested2.py
99
```

Lösung

Wenn Sie andererseits `import` benutzen, um das gesamte Modul zu erhalten und etwas einem *qualifizierten* Namen zuzuweisen, dann ändern Sie den Namen in `nested1`. Qualifikation führt Python zu einem Namen im Modul-Objekt, nicht zu einem Namen im importierenden Modul:

```
import nested1                     # hole Modul als Ganzes
nested1.X = 88                     # okay: ändere X von nested1
nested1.printer()

% python nested3.py
88
```

Die Reihenfolge der Anweisungen in der Hauptebene

Wir haben bereits gesehen, daß Python die Anweisungen eines Moduls eine nach der anderen, von oben nach unten, ausführt, wenn es zum erstenmal importiert (oder neu geladen) wird. Dies beinhaltet einige spitzfindige Implikationen hinsichtlich der Vorwärtsverweise, die wir hier hervorheben wollen:

- Code auf der obersten Modulebene (der also nicht in eine Funktion verschachtelt ist) startet, sobald Python ihn während eines Imports erreicht; daher kann er noch nicht auf Namen, die später in der Datei zugewiesen werden, Bezug nehmen.
- Code innerhalb eines Funktionskörpers läuft erst, wenn die Funktion aufgerufen wird. Da Namen in einer Funktion nicht aufgelöst werden, bevor die Funktion wirklich gestartet wurde, können sie normalerweise auf Namen an irgendeiner Stelle in der Datei verweisen.

Im allgemeinen sind Vorwärtsverweise nur für Code auf der obersten Ebene eines Moduls, der direkt ausgeführt wird, von Bedeutung. Funktionen können willkürlich auf Namen verweisen. Hier ist ein Beispiel, das verdeutlicht, was man mit Vorwärtsverweisen tun kann und was nicht:

```
func1()                 # Fehler: "func1" ist noch nicht zugewiesen

def func1():
    print func2()       # In Ordnung:  "func2" wird erst später gesucht

func1()                 # Fehler: "func2" ist noch nicht zugewiesen

def func2():
    return "Hallo"

func1()                 # In Ordnung:  "func1" und "func2" existieren
```

Wenn diese Datei importiert wird (oder als eigenständiges Programm gestartet wird), führt Python seine Anweisungen von oben nach unten aus. Der erste Aufruf von `func1` schlägt fehl, weil das `def` für `func1` noch nicht gelaufen ist. Der Aufruf von `func2` innerhalb `func1` funktioniert, wenn das `def` von `func2` zum Aufrufzeitpunkt von `func1` schon erreicht wurde (das ist nicht der Fall, wenn der zweite direkte Aufruf von `func1` stattfindet). Der letzte Aufruf von `func1` am Ende der Datei funktioniert, weil `func1` und `func2` beide schon zugewiesen wurden.

Lösung

Tun Sie so etwas nicht. Das Vermischen von `defs` mit Code der obersten Ebene ist nicht nur schwer zu lesen, es macht auch abhängig von der Reihenfolge der Anweisungen. Als Faustregel gilt, die `defs` am Anfang der Datei zu plazieren und direkten Code am Ende, wenn Sie schon direkten Code und `defs` mischen müssen. Auf diese Weise sind Ihre Funktionen definiert und zugewiesen, bevor der davon abhängige Code läuft.

Rekursive Importe mit »from« funktionieren manchmal nicht

Weil Importe die Anweisungen einer Datei von oben nach unten ausführen, müssen wir manchmal vorsichtig sein, wenn wir sich gegenseitig importierende Module anwenden (etwas, das *rekursive Importe* genannt wird). Da noch nicht alle Anweisungen in einem Modul gelaufen sind, wenn es ein anderes Modul importiert, existieren einige seiner Namen unter Umständen noch nicht. Wenn Sie `import` anwenden, um ein Modul als Ganzes abzurufen, kann das eine Rolle spielen oder nicht. Auf die Namen im Modul würde erst dann zugegriffen, wenn Sie später Qualifikation anwenden, um Werte abzurufen. Wenn Sie aber `from` für spezifische Namen benutzen, haben Sie nur Zugriff auf solche Namen, die bereits zugewiesen wurden.

Nehmen Sie zum Beispiel die folgenden Module `recur1` und `recur2`. `recur1` weist einen Namen `X` zu und importiert dann `recur2`, *bevor* es den Namen `Y` zuweist. An diesem Punkt kann `recur2` `recur1` als Ganzes mit `import` hereinholen (es existiert bereits in Pythons interner Modultabelle), aber wenn es `from` benutzt, kann es nur den Namen `X` sehen. Der Name `Y` unterhalb des `import` in `recur1` ist noch nicht vorhanden, so daß Sie eine Fehlermeldung bekommen:

Modul recur1.py

```
X = 1
import recur2              # starte recur2 jetzt, wenn es noch nicht existiert
Y = 2
```

Modul recur2.py

```
from recur1 import X       # okay: "X" bereits zugewiesen
from recur1 import Y       # Fehler: "Y" noch nicht zugewiesen

>>> import recur1
Traceback (innermost last):
  File "<stdin>", line 1, in ?
  File "recur1.py", line 2, in ?
    import recur2
  File "recur2.py", line 2, in ?
    from recur1 import Y   # Fehler: "Y" noch nicht zugewiesen
ImportError: cannot import name Y
```

Python ist allerdings schlau genug, das Starten der Anweisungen von `recur1` zu vermeiden, wenn sie rekursiv von `recur2` importiert werden (sonst würden die Importe das Skript in eine Endlosschleife schicken), aber der Namensraum von `recur1` ist nicht vollständig, wenn er von `recur2` importiert wird.

Lösungen

Lassen Sie es sein ... wirklich! Python würde sich im Kreis drehen und steckenbleiben, und Ihre Programme würden wieder von der Reihenfolge der Anweisungen in den Modulen abhängig sein. Es gibt zwei Wege, hier herauszukommen:

- Normalerweise können Sie solche Import-Kreise durch ein sorgfältiges Design eliminieren. Maximierung von Zusammenhang und Minimierung von Kopplungen sind ein erster Schritt in die richtige Richtung.
- Wenn Sie die Zyklen nicht komplett aufbrechen können, verzögern Sie den Zugriff auf Modulnamen durch Anwendung von `import` und Qualifikation (statt `from`), oder setzen Sie Ihre `from`s in die Funktionen (statt auf der Hauptebene des Moduls).

reload hat keinen Einfluß auf from-Importe

Die `from`-Anweisung ist die Quelle von Gotchas aller Art in Python. Hier ist noch eins: Da `from` Namen kopiert (zuweist), wenn es ausgeführt wird, gibt es keine Verbindung mehr zu dem Modul, von dem der Name kam. Durch `from` importierte Namen werden einfach zu Verweisen auf Objekte, auf die zufälligerweise vom selben Namen im importierten Modul verwiesen wurde, als `from` gerade lief. Deswegen hilft das Nachladen des importierten Moduls nicht bei Clients, die `from` benutzen. Die Namen im importierenden Modul verweisen immer noch auf die Objekte, die mit `from` abgerufen wurden, obwohl die Namen im Originalmodul neu besetzt wurden:

```
from module import X          # X wird Neuladen des Moduls nicht mitbekommen!
. . .
reload(module)                # ändert das Modul, aber nicht meine Namen
X                             # verweist immer noch auf das alte Objekt
```

Lösung

Machen Sie es anders. Um Nachladen effektiver zu machen, benutzen Sie `import` und Namensqualifikation statt `from`. Da Qualifikation immer zum Modul zurückgeht, werden sie die neuen Anbindungen der Modulnamen vorfinden, nachdem `reload` aufgerufen wurde:

```
import module                 # hole Modul, nicht Namen
. . .
reload(module)                # ändert Modul vor Ort
module.X                      # nimmt aktuelles X: bemerkt Neuladen des Moduls
```

reload wird nicht transitiv angewendet

Wenn Sie ein Modul erneut laden, lädt Python nur diese spezielle Moduldatei erneut. Es lädt nicht automatisch andere Module erneut, die von der nachgeladenen Datei importiert werden. Zum Beispiel: Wenn wir ein Modul A erneut laden und A die Module B und C importiert, wird das Nachladen nur auf A angewendet, nicht auf B und C. Die Anweisungen innerhalb von A, die B und C importieren, werden während des Nachladens wieder gestartet, aber sie werden nur die bereits geladenen Modul-Objekte von B und C abrufen (davon ausgehend, daß diese bereits vorher importiert wurden):

```
% cat A.py
import B                      # beim Neuladen von A nicht neu geladen
import C                      # nur ein Import eines bereits geladenen Moduls

% python
>>> . . .
>>> reload(A)
```

Lösung

Machen Sie sich nicht davon abhängig. Benutzen Sie mehrere `reload`-Aufrufe, um Subkomponenten unabhängig voneinander zu aktualisieren. Wenn Sie möchten, können Sie Ihre Systeme so einrichten, daß sie ihre Subkomponenten automatisch nachladen, indem Sie jedem Elternmodul, wie A, `reload`-Aufrufe hinzufügen.[11]

11 Sie könnten auch eine allgemeines Werkzeug schreiben, das transitive `reloads` automatisch ausführt, indem es die `__dict__`-Attribute von Modulen absucht (siehe auch »Module sind Objekte: Metaprogramme«) und den Typ jedes Elements über `type()` prüft, um verschachtelte Module zu finden und rekursiv nachzuladen. Dies ist eine anspruchsvolle Aufgabe für den Ambitionierten.

Zusammenfassung

In diesem Kapitel haben wir alles über Module gelernt – wie man sie schreibt und wie man sie anwendet. Dabei haben wir uns auch mit Namensräumen und Qualifikation beschäftigt, wir haben gesehen, wie man Module erneut lädt, um laufende Programme zu ändern, haben Einblick ins Moduldesign bekommen und uns mit modulbezogenen Anweisungen und Funktionen auseinandergesetzt, die in Tabelle 5-1 dargestellt werden. Im nächsten Kapitel werden wir uns mit Python-Klassen befassen. Wir werden sehen, daß Klassen Verwandte der Module sind. Sie definieren ebenfalls Namensräume, aber unterstützen zusätzlich die Erstellung mehrfacher Kopien, Spezialisierung durch Vererbung und mehr.

Tabelle 5-1: Moduloperationen

Operation	Bedeutung
`import mod`	Abrufen eines Moduls als Ganzes
`from mod import name`	Abrufen eines spezifischen Namens aus einem Modul
`from mod import *`	Abrufen aller exportierten Namen von einem Modul
`reload(mod)`	Erzwungenes Nachladen bereits geladenen Modulcodes

Übungen

1. *Grundlagen, Import.* Schreiben Sie mit Ihrem Lieblings-Texteditor ein Modul namens *mymod.py*, das drei Namen exportiert:

   - Eine `countLines(name)`-Funktion, die eine Eingabedatei liest und deren Zeilen zählt (Tip: `file.readlines()` erledigt schon die meiste Arbeit für Sie)
   - Eine `countChars(name)`-Funktion, die eine Eingabedatei liest und deren Zeichen zählt (Tip: `file.read()` gibt einen einzigen String zurück)
   - Eine `test(name)`-Funktion, die beide Zählfunktionen mit einem vorgegebenen Input-Dateinamen aufruft

   In alle drei `mymod`-Funktionen sollte ein Dateinamen-String übergeben werden. Nun testen Sie Ihr Modul interaktiv, indem Sie `import` und Namensqualifikation anwenden, um deren Exporte zu holen. Enthält Ihr `PYTHONPATH` das Verzeichnis, in dem Sie *mymod.py* erstellt haben? Versuchen Sie, Ihr Modul für sich allein zu starten, beispielsweise mit `test("mymod.py")`. Beachten Sie, daß `test` die Datei zweimal öffnet. Wenn Sie den Ehrgeiz haben, könnten Sie es schaffen, dies zu verbessern, indem Sie ein geöffnetes Datei-Objekt an die zwei Zählfunktionen übergeben.

2. *from/from.* Testen Sie Ihr `mymod`-Modul aus Übung 1 *interaktiv*, indem Sie `from` anwenden, um Exporte direkt zu laden – zuerst Name für Name. Dann wenden Sie die `from*`-Variante an, um alles auf einmal abzurufen.

3. *__main__*. Nun fügen Sie Ihrem `mymod`-Modul eine Zeile hinzu, die die `test`-Funktion automatisch aufruft, wenn das Modul als *Skript* ausgeführt wird. Versuchen Sie, Ihr Modul von der Befehlszeile des Systems zu starten. Importieren Sie dann das Modul, und testen Sie seine Funktionen interaktiv. Funktioniert es noch immer auf beide Arten?

4. *Verschachtelte Importe*. Nun schreiben Sie ein zweites Modul, *myclient.py*, das `mymod` importiert und seine Funktionen testet. Starten Sie *myclient* von der Systembefehlszeile. Angenommen *myclient* benutzt `from`, um von `mymod` zu importieren – wird man auf die Funktionen von `mymod` von *myclient* 's Hauptebene aus zugreifen können? Was passiert, wenn es statt dessen mit `import` importiert? Versuchen Sie, beide Varianten in *myclient* zu codieren, und testen Sie interaktiv, indem Sie *myclient* importieren und sich sein `__dict__` ansehen.

5. *Reload*. Experimentieren Sie mit dem Nachladen von Modulen: Führen Sie die Tests aus dem *changer.py*-Beispiel aus. Verändern Sie wiederholt die Meldung der aufgerufenen Funktion und/oder ihr Verhalten, ohne den Python-Interpreter zu stoppen. Abhängig von Ihrem System, können Sie in der Lage sein, `changer` in einem anderen Fenster zu editieren oder den Python-Interpreter zu unterbrechen und im selben Fenster zu bearbeiten (auf Unix unterbricht eine STRG-Z-Tastenkombination üblicherweise den laufenden Prozeß, und ein `fg`-Befehl nimmt ihn später wieder auf).

6. *Zirkuläre Importe* (und andere Gemeinheiten).[12] Im Abschnitt über rekursive Import-Gotchas verursachte das Importieren von `recur1` einen Fehler. Aber wenn wir Python neu starten und `recur2` interaktiv importieren, tritt der Fehler nicht auf – testen und sehen Sie es selbst. Was glauben Sie, weshalb `recur2` importiert werden kann, nicht aber `recur1`? (Tip: Python speichert neue Module in der eingebauten `sys.modules`-Tabelle (ein Dictionary), bevor es ihren Code ausführt. Spätere Importe rufen das Modul zunächst von dieser Tabelle ab – egal, ob das Modul bereits »komplett« ist oder nicht.) Versuchen Sie nun, `recur1` als Skript zu starten: `% python recur1.py`. Bekommen Sie denselben Fehler, der auftritt, wenn `recur1` interaktiv importiert wird? Weshalb? (Tip: Wenn Module als Programme gestartet werden, werden sie nicht importiert, so daß dieser Fall denselben Effekt hervorruft wie das interaktive Importieren von `recur2`. `recur2` ist das erste importierte Modul.) Was geschieht, wenn Sie `recur2` als Skript starten?

12 Wir sollten erwähnen, daß zirkuläre (kreisförmige) Importe in der Praxis extrem selten vorkommen. Tatsächlich haben wir niemals einen solchen codiert oder sind in sechs Jahren Python-Codierung einem begegnet – außer im Internet (wo solche Sachen außergewöhnlich viel Aufmerksamkeit erfahren) und wenn wir solche Bücher schreiben. Wenn Sie verstehen, weshalb das ein potentielles Problem ist, wissen Sie eine Menge über Pythons Import-Semantik.

In diesem Kapitel:

- *Warum Klassen?*
- *Grundlagen von Klassen*
- *Die class-Anweisung*
- *Klassenmethoden*
- *Vererbung durchsucht Namensraum-Bäume*
- *Operatorenüberladung in Klassen*
- *Namensraumregeln: die ganze Geschichte*
- *Klassen und Design*
- *Haken und Ösen*
- *Klassen-Gotchas*
- *Zusammenfassung*
- *Übungen*

6 Klassen

Dieses Kapitel handelt von Pythons Klassenkonzept – ein Mechanismus zum Implementieren neuer Objektarten. Klassen sind Pythons wichtigstes Werkzeug für das objektorientierte Programmieren (OOP). Daher werden wir im Laufe dieses Kapitels auch einen Blick auf die Grundzüge von OOP werfen. In Python werden Klassen mit einer neuen Anweisung erstellt, die wir ebenso kennenlernen werden: die `class`-Anweisung. Wir werden sehen, daß die mit Klassen definierten Objekte den eingebauten Typen, die wir vorher im Buch gesehen haben, sehr ähnlich sein können.

Eine Anmerkung vorab: OOP ist vollkommen optional, und Sie müssen es nicht gleich zu Anfang anwenden. Sie können wirklich eine Menge Arbeit mit einfacheren Konstrukten wie Funktionen erledigen. Aber Klassen stellen eines der nützlichsten Werkzeuge dar, die Python überhaupt zu bieten hat, und wir hoffen, Ihnen das hier nahebringen zu können. Wenn Sie sich bislang an OOP-Konzepte noch wenig herangewagt haben, werden Sie den Einstieg über Python als besonders einfach und natürlich empfinden. Da Klassen auch in beliebten Python-Werkzeugen wie der Tkinter GUI API angewendet werden, wird für die meisten Python-Programmierer zumindest ein Basiswissen über die Grundlagen von Klassen hilfreich sein.

Warum Klassen?

Erinnern Sie sich, daß wir gesagt haben, Programme tun Dinge mit Zeugs? Einfach ausgedrückt, sind Klassen eine Methode, neue Arten von Zeugs zu definieren, das reale Objekte in Ihrer Programmdomäne widerspiegelt.

Nehmen wir zum Beispiel an, wir hätten beschlossen, den hypothetischen Pizzabäcker-Roboter zu implementieren, den wir als Beispiel in Kapitel 4, *Funktionen*, hatten. Wenn wir ihn unter Anwendung von Klassen implementieren, können wir mehr von seinen realen Strukturen und Beziehungen modellieren:

Vererbung
: Pizzabäcker-Roboter sind eine Art von Roboter und besitzen als solche die üblichen Robotereigenschaften. In OOP-Sprache sagen wir, sie erben Eigenschaften von der allgemeinen Kategorie aller Roboter. Diese gemeinsamen Eigenschaften müssen nur einmal für den allgemeinen Fall implementiert werden, um dann von allen Arten von Robotern, die wir zukünftig bauen wollen, wiederverwendet zu werden.

Komposition
: Pizzabäcker-Roboter sind tatsächlich Sammlungen von Komponenten, die als Team zusammenarbeiten. Damit unser Roboter erfolgreich ist, könnte er Arme brauchen, um den Teig zu rollen, Motoren, um zum Ofen zu manövrieren, usw. In OOP-Sprache ist unser Roboter ein Beispiel für Komposition. Er enthält andere Objekte, die er aktiviert, damit sie seinem Geheiß folgen. Jede Komponente könnte als Klasse codiert sein, die ihr eigenes Verhalten und ihre eigenen Beziehungen definiert.

Natürlich verdienen die meisten von uns noch nicht ihr Geld damit, Pizzabäcker-Roboter zu bauen, aber allgemeine OOP-Ideen wie Vererbung und Komposition gelten für jede Applikation, die in mehrere Objekte zerlegt werden kann. In typischen GUI-Systemen beispielsweise werden Schnittstellen als Sammlungen von Kontrollelementen (Schaltflächen, Beschriftungen usw.) geschrieben, die alle dargestellt werden, wenn ihr Behälter dargestellt wird (Komposition). Darüber hinaus sind wir in der Lage, unsere eigenen Kontrollelemente (Widgets) zu schreiben, die konkretisierte Versionen allgemeinerer Schnittstellenbausteine sind (Vererbung).

Aus einer konkreteren Programmierperspektive betrachtet, sind Klassen nur eine Programmeinheit – genauso wie Funktionen und Module. Sie sind eine weitere Abteilung, zuständig für das Verbinden von Logik und Daten. Tatsächlich definieren Klassen auch einen neuen Namensraum, ganz ähnlich wie Module. Aber verglichen mit den anderen Programmeinheiten, die wir gesehen haben, besitzen Klassen drei wichtige Eigenschaften, die sie beim Erstellen von neuen Objekten so viel nützlicher machen:

Mehrfache Instanzen
: Klassen sind, grob gesagt, Vorlagen, um ein oder mehrere Objekte zu erstellen. Jedesmal, wenn wir eine Klasse aufrufen, generieren wir ein neues Objekt mit einem eigenen Namensraum. Wie wir sehen werden, hat jedes von einer Klasse generierte Objekt Zugriff auf die Attribute der Klasse und erhält seinen eigenen Namensraum für die Daten, die bei jedem Objekt variieren.

Anpassung durch Vererbung
: Klassen unterstützen auch die OOP-Sichtweise bezüglich Vererbung. Sie werden durch Überschreiben ihrer Attribute außerhalb der Klasse selbst erweitert. Allgemeiner ausgedrückt, können Klassen Namensraum-Hierarchien aufbauen, welche

die Namen definieren, die von den Objekten, die durch Klassen in der Hierachie erstellt wurden, benutzt werden.

Operatorenüberladung
Klassen können Objekte definieren, die auf ähnliche Weise wie die eingebauten Typen auf Operationen reagieren, indem sie spezielle Protokollmethoden zur Verfügung stellen. Zum Beispiel können die von Klassen erstellten Objekte in Teilbereiche zerlegt, verkettet, indiziert usw. werden. Wir werden sehen, daß Python Haken zur Verfügung stellt, mit denen Klassen jede beliebige Operation eingebauter Typen umhängen können.

Grundlagen von Klassen

Wenn Sie niemals vorher mit OOP zu tun hatten, können Klassen ein ganz schöner Brokken sein, wenn Sie sie in einem Schluck herunterwürgen. Um Klassen leichter verdaulich zu machen, lassen Sie uns mit einem ersten Überblick beginnen, um die drei vorher angedeuteten Eigenschaften zu demonstrieren. Wie gehen danach gleich ans Eingemachte, aber in ihrer Grundform sind Pythons Klassen eigentlich leicht zu verstehen.

Klassen erzeugen mehrfache Instanz-Objekte

Wir haben schon am Ende von Kapitel 5, *Module*, erwähnt, daß Klassen in erster Linie einfach nur einen Namensraum darstellen – ähnlich wie Module. Aber anders als Module unterstützen Klassen mehrfache Kopien, Namensraumvererbung und Operatorenüberladung. Lassen Sie uns einen Blick auf die erste dieser drei Erweiterungen werfen.

Um zu verstehen, wie mehrfache Kopien funktionieren, müssen Sie zunächst begreifen, daß es in Pythons OOP-Modell zwei verschiedene Arten von Objekten gibt: Klassen-Objekte und Instanz-Objekte. Klassen-Objekte definieren das Standardverhalten und dienen als Generatoren für Instanz-Objekte. Instanz-Objekte sind die wirklichen Objekte, die Ihre Programme verarbeiten. Jedes ist ein Namensraum für sich mit eigenen Rechten, aber es erbt (d.h. hat Zugriff auf) Namen in der Klasse, von der es erzeugt wurde. Klassen-Objekte entstehen durch Anweisungen und Instanzen durch Aufrufe. Jedesmal, wenn Sie eine Klasse aufrufen, bekommen Sie eine neue Instanz. Der nun folgende Teil ist wichtig, denn wir fassen hier die nackten Tatsachen von objektorientierter Programmierung in Python zusammen.

Klassen-Objekte definieren Standardverhalten

Die class-Anweisung erstellt ein Klassen-Objekt und weist ihm einen Namen zu
Wie `def` ist die `class`-Anweisung eine ausführbare Anweisung. Bei ihrer Ausführung erstellt sie ein neues Klassen-Objekt und weist ihm den Namen in der `class`-Kopfzeile zu.

Zuweisungen innerhalb von class-Anweisungen erzeugen Klassenattribute
Wie Module erzeugen Zuweisungen in einer `class`-Anweisung Attribute in einem Klassen-Objekt; auf Klassenattribute wird durch Namensqualifikation zugegriffen (`object.name`).

Klassenattribute exportieren Objektstatus und -verhalten
Attribute eines Klassen-Objekts zeichnen Status- und Verhaltensinformationen auf, die von allen von der Klasse erstellten Instanzen übernommen werden. `def`-Anweisungen innerhalb einer Klasse erzeugen *Methoden*, die auf Instanzen arbeiten.

Instanz-Objekte werden von Klassen generiert

Das Aufrufen eines Klassen-Objekts als Funktion erzeugt ein neues Instanz-Objekt
Jedesmal, wenn eine Klasse aufgerufen wird, generiert sie ein neues Instanz-Objekt und gibt es zurück.

Jedes Instanz-Objekt erbt Klassenattribute und erhält einen eigenen Namensraum
Instanz-Objekte, die von Klassen generiert wurden, sind neue Namensräume. Sie sind zunächst leer, aber erben Attribute des Klassen-Objekts, von dem sie generiert wurden.

Zuweisungen an self in Methoden erzeugen instanzeigene Attribute
Innerhalb der die Klassenmethoden bildenden Funktionen referenziert der erste Parameter (nach Konvention `self` genannt) das bearbeitete Instanz-Objekt. Zuweisungen zu `self`-Attributen erstellen oder ändern Daten in der Instanz, nicht in der Klasse.

Ein Beispiel

Abgesehen von einigen Details, ist dies schon alles über OOP in Python. Lassen Sie uns ein reales Beispiel betrachten, um zu demonstrieren, wie diese Ideen in der Praxis funktionieren. Zuerst definieren wir eine Klasse namens `FirstClass`, wofür wir die `class`-Anweisung benutzen:

```
>>> class FirstClass:                  # definiere ein Klassenobjekt
...     def setdata(self, value):      # definiere Klassenmethoden
...         self.data = value          # self ist die Instanz
...     def display(self):
...         print self.data            # self.data: gehört der Instanz
```

Wie alle zusammengesetzten Anweisungen beginnt `class` mit einer *Kopfzeile*. Diese benennt den Namen der Klasse, gefolgt von einem *Körper*, der aus einer oder mehreren verschachtelten, eingerückten Anweisungen besteht. In unserem Beispiel sind die verschachtelten Anweisungen `defs`, sie definieren Funktionen, die das exportierte Verhalten der Klasse implementieren. Wie wir gesehen haben, ist `def` eine Zuweisung. In diesem Fall verweist sie auf Namen im Geltungsbereich der `class`-Anweisung und erzeugt somit Attribute der Klasse. Funktionen innerhalb einer Klasse werden üblicherweise *Methoden*-Funktionen genannt. Sie sind normale `defs`, aber an den ersten Parameter wird beim Aufruf automatisch ein impliziertes Instanz-Objekt übergeben. Wir benötigen einige Instanzen, um zu sehen, wie das funktioniert:

```
>>> x = FirstClass()                    # erstelle zwei Instanzen
>>> y = FirstClass()                    # jede ist ein neuer Namensraum
```

Indem wir die Klassen auf diese Weise aufrufen, generieren wir Instanz-Objekte, die einfach nur Namensräume sind, denen die Klassenattribute unentgeltlich mitgegeben werden. Genauer gesagt, haben wir an dieser Stelle drei Objekte: zwei Instanzen und eine Klasse, die in Wirklichkeit aus drei verknüpften *Namensräumen* besteht, wie in Abbildung 6-1 dargestellt. In OOP-Sprache sagen wir: `x` ist ein `FirstClass`, genauso wie `y`. Die Instanzen sind zunächst leer, aber haben eine Rückwärtsverknüpfung zu ihrem Klassen-Objekt. Wenn wir eine Instanz mit dem Namen eines Attributs im Klassen-Objekt qualifizieren, ruft Python den Namen von der Klasse ab (es sei denn, er ist ebenfalls in der Instanz enthalten):

```
>>> x.setdata("King Arthur")            # rufe Methoden auf: self ist x oder y
>>> y.setdata(3.14159)                  # führt aus: FirstClass.setdata(y, 3.14159)
```

Weder `x` noch `y` haben ein eigenes `setdata`. Statt dessen folgt Python der Verknüpfung von der Instanz zur Klasse, wenn ein Attribut nicht in der Instanz vorhanden ist. Und das ist schon alles über *Vererbung* in Python – sie erfolgt bei der Attributqualifikation und beinhaltet einfach das Suchen von Namen in verknüpften Objekten (durch Verfolgung der `ist-ein`-Verknüpfungen in Abbildung 6-1).

In der `setdata`-Funktion von `FirstClass` wird der übergebene Wert an `self.data` zugewiesen. Innerhalb einer Methode verweist `self` automatisch auf die bearbeitete Instanz (`x` oder `y`), so daß Zuweisungen Werte in den Namensräumen der Instanzen speichern, nicht in denen der Klassen (so werden die `data`-Namen in Abbildung 6-1 gebildet). Da Klassen mehrfache Instanzen erzeugen, müssen Methoden über den `self`-Parameter gehen, um zu der zu bearbeitenden Instanz zu gelangen. Wenn wir die `display`-Methode der Klasse aufrufen, um `self.data` auszugeben, sehen wir, daß diese in jeder Instanz unterschiedlich ist. Andererseits ist die Methode `display` dieselbe in `x` und `y`, da sie von der Klasse kommt (*vererbt* ist):

```
>>> x.display()                         # self.data unterscheidet sich jeweils
King Arthur
>>> y.display()
3.14159
```

Beachten Sie, daß wir unterschiedliche Objekttypen (einen String und eine Fließkommazahl) im `data`-Element gespeichert haben. Wie überall in Python gibt es auch hier keine Deklarationen für Instanzattribute (manchmal *Mitglieder* genannt). Ihre Existenz beginnt mit der ersten Zuweisung eines Wertes, genauso wie bei einfachen Variablen. Tatsächlich können wir Attribute entweder innerhalb der Klasse selbst verändern, indem wir an `self` in Methoden zuweisen, oder außerhalb der Klasse durch Zuweisung an ein explizites Instanz-Objekt:

```
>>> x.data = "Neuer Wert"               # kann Attribute lesen/setzen
>>> x.display()                         # auch außerhalb der Klasse
Neuer Wert
```

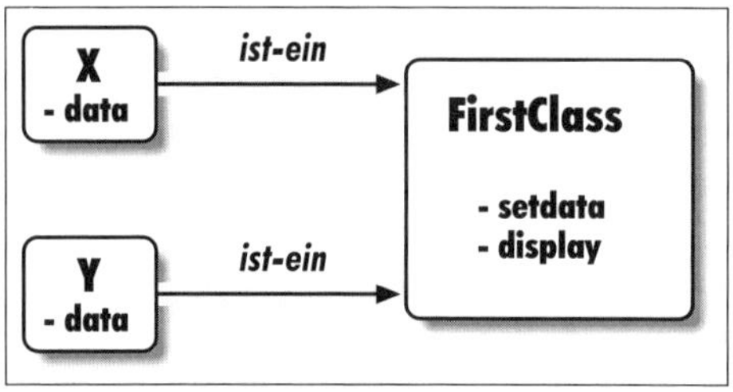

Abbildung 6-1: Klassen und Instanzen sind über Namensraum-Objekte verknüpft

Klassen werden durch Vererbung spezialisiert

Anders als Module erlauben es Klassen, etwas durch Einführung neuer Komponenten (*Subklassen*) zu verändern, statt bestehende Komponenten zu verändern. Wir haben bereits gesehen, daß die von einer Klasse generierten Instanz-Objekte deren Attribute erben. Python erlaubt es aber auch Klassen, von anderen Klassen zu erben, und dies öffnet die Tür zu dem, was für gewöhnlich *Strukturgerüst (framework)* genannt wird – Hierarchien von Klassen, die durch Überschreiben von Attributen, die in der Hierarchie niedriger stehen, Verhalten spezialisieren. Die Schlüsselideen hinter diesen Mechanismen sind folgende:

Superklassen werden eingeklammert in der Kopfzeile aufgeführt
: Um Attribute anderer Klassen zu erben, führen Sie einfach die Klasse eingeklammert in der Kopfzeile der Klasse auf. Die erbende Klasse heißt *Subklasse* und die beerbte Klasse *Superklasse*.

Klassen erben Attribute von ihren Superklassen
: Genau wie Instanzen erhält eine Klasse alle in ihrer Superklasse definierten Namen frei Haus. Python findet sie automatisch beim Qualifizieren, wenn sie nicht in der Subklasse vorkommen.

Instanzen erben Attribute von allen erreichbaren Klassen
: Instanzen erhalten alle Namen aus der Klasse, von der sie generiert wurden, und alle Namen aus deren Superklasse. Wenn Python einen Namen sucht, wird erst die Instanz, dann deren Klasse und dann alle darüberliegenden Superklassen durchsucht.

Logische Änderungen erfolgen durch Subklassifizierung, nicht durch Änderungen an Superklassen
: Durch Neudefinition von in der Superklasse definierten Namen *überschreiben* die Subklassen ihr ererbtes Verhalten.

Ein Beispiel

Unser nächstes Beispiel baut auf dem vorigen auf. Lassen Sie uns eine neue Klasse `SecondClass` definieren, die alle Namen von `FirstClass` erbt und einen eigenen zur Verfügung stellt:

```
>>> class SecondClass(FirstClass):          # erbt setdata
...     def display(self):                  # redefiniert display
...         print 'Aktueller Wert = "%s"' % self.data
```

SecondClass definiert die display-Methode neu, um in einem anderen Format zu drukken. Aber da SecondClass ein Attribut gleichen Namens definiert, ersetzt es das display-Attribut in FirstClass. Vererbung funktioniert durch die Aufwärts-Suche von Instanzen zu Subklassen zu Superklassen und wird beim ersten gefundenen Attributnamen beendet. Da der Name display in SecondClass vor dem in FirstClass gefunden wird, sagen wir: SecondClass überschreibt display in FirstClass. Mit anderen Worten: SecondClass spezialisiert FirstClass durch Veränderung des Verhaltens der display-Methode. Andererseits erbt SecondClass (und alle von ihr erzeugten Instanzen) immer noch die setdata-Methode in FirstClass wortwörtlich. In Abbildung 6-2 sind die betreffenden Namensräume dargestellt – lassen Sie uns dies kurz demonstrieren:

```
>>> z = SecondClass()
>>> z.setdata(42)             # setdata in FirstClass gefunden
>>> z.display()               # findet überschriebene Methode in SecondClass
Aktueller Wert = "42"
```

Wie zuvor erstellen wir eine Instanz von SecondClass, indem wir die Klasse aufrufen. Der setdata-Aufruf startet noch immer die Version in FirstClass, aber diesmal kommt das display-Attribut von SecondClass und gibt eine andere Nachricht aus. Hier haben wir ein sehr wichtiges Detail von OOP: Die Spezialisierung, die wir in SecondClass eingeführt haben, ist vollständig extern für FirstClass. Sie beeinflußt keine existierenden oder zukünftigen FirstClass-Objekte wie x im vorigen Beispiel:

```
>>> x.display()               # x ist immer noch eine Instanz von FirstClass
Neuer Wert
```

Natürlich ist dies ein konstruiertes Beispiel, aber als Regel gilt: Da Veränderungen in externen Komponenten (Subklassen) vorgenommen werden können, unterstützen Klassen Erweiterungen und Wiederverwendung oftmals besser als Funktionen oder Module.

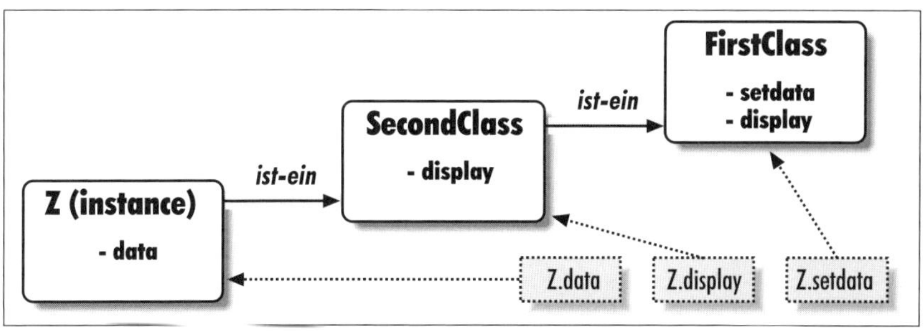

Abbildung 6-2: Spezialisierung durch Überschreiben geerbter Namen

Klassen können Python-Operatoren abfangen

Lassen Sie uns schließlich noch einen kurzen Blick auf die dritte Haupteigenschaft von Klassen werfen: Operatorenüberladung. Einfach ausgedrückt, läßt Operatorenüberladung Objekte, die wir mit Klassen implementieren, auf Operationen reagieren, die wir schon bei den eingebauten Typen gesehen haben: Addition, Teilbereichsbildung (Slicing), Drucken, Qualifizierung usw. Obwohl wir das ganze Verhalten unserer Objekte als Methodenfunktionen implementieren könnten, bringt Operatorenüberladung unsere Objekte dichter an Pythons Objektmodell heran. Darüber hinaus fördert es konsistentere und verständlichere Objektschnittstellen, weil Operatorenüberladung Ihre selbstdefinierten Objekte wie eingebaute aussehen läßt. Die wichtigsten Ideen dabei sind:

Methoden mit Namen wie __X__ stellen spezielle Haken dar
: Operatorenüberladung wird implementiert, indem speziell benannte Methoden zum Abfangen von Operationen zur Verfügung gestellt werden.

Diese Methoden werden automatisch aufgerufen, wenn Python Operatoren evaluiert
: Wenn ein Objekt beispielsweise eine `__add__`-Methode erbt, wird sie aufgerufen, wenn das Objekt in einem +-Ausdruck erscheint.

Klassen können die meisten Operationen eingebauter Typen überschreiben
: Es gibt Dutzende von speziellen Methodennamen für Operatoren, um nahezu jede Operation eingebauter Typen abfangen zu können.

Operatoren erlauben Klassen, sich in das Objektmodell zu integrieren
: Durch Operationen im Überladungsstil verhalten sich mit Klassen implementierte Objekte fast genauso wie eingebaute.

Ein Beispiel

Auf zu einem weiteren Beispiel. Diesmal definieren wir eine Subklasse von `SecondClass`, die drei spezielle Attribute implementiert: `__init__` wird aufgerufen, wenn ein neues Instanz-Objekt erstellt wird (`self` ist das neue `ThirdClass` -Objekt). `__add__` und `__mul__` werden aufgerufen, wenn eine `ThirdClass`-Instanz in einem + bzw. *-Ausdruck vorkommt:

```
>>> class ThirdClass(SecondClass):                     # ist-eine SecondClass
...     def __init__(self, value):                     # bei "ThirdClass(value)"
...         self.data = value
...     def __add__(self, other):                      # bei "self + other"
...         return ThirdClass(self.data + other)
...     def __mul__(self, other):
...         self.data = self.data * other              # bei "self * other"

>>> a = ThirdClass("abc")       # Aufruf des neuen __init__
>>> a.display()                 # ererbte Methode
Aktueller Wert = "abc"

>>> b = a + 'xyz'               # Aufruf des neuen __add__: bildet neue Instanz
>>> b.display()
```

```
Aktueller Wert = "abcxyz"

>>> a * 3                    # Aufruf des neuen __mul__: modifiziert Instanz
>>> a.display()
Aktueller Wert = "abcabcabc"
```

`ThirdClass` ist eine `SecondClass`, daher erben ihre Instanzen `display` von `SecondClass`. Aber die Erzeugungsaufrufe von `ThirdClass` reichen nun einen Parameter durch (`"abc"`); er wird zum `value`-Parameter im `__init__`-Konstruktor durchgereicht und dort an `self.data` zugewiesen. Außerdem können `ThirdClass`-Objekte in `+`- und `*`-Ausdrücken vorkommen. Python reicht das Instanz-Objekt auf der Linken als `self`-Parameter und den Wert auf der Rechten als `other` weiter, wie in Abbildung 6-3 dargestellt.

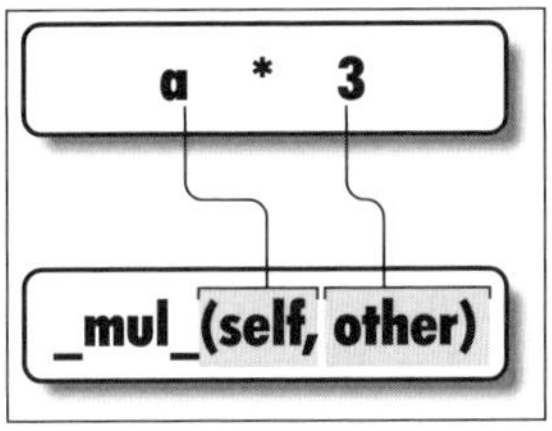

Abbildung 6-3: Operatoren entsprechen speziellen Methoden

Spezielle Methoden wie `__init__` und `__add__` werden von Subklassen und Instanzen geerbt, genauso wie jeder andere Name, der innerhalb einer Klassenanweisung zugewiesen wurde. Beachten Sie, daß die `__add__`-Methode hier ein *neues* Objekt bildet (durch Aufruf von `ThirdClass` mit dem Ergebniswert), während `__mul__` das aktuelle Instanz-Objekt an Ort und Stelle verändert (durch Neuzuweisung eines `self`-Attributs). Der `*`-Operator bildet ein neues Objekt, wenn er auf eingebaute Typen wie Zahlen und Listen angewendet wird, aber in Klassen-Objekten können Sie es interpretieren, wie Sie möchten.[1]

Die class-Anweisung

Hat das alles für Sie Sinn ergeben? Wenn nicht, seien Sie unbesorgt. Nach diesem Schnelldurchgang bohren wir nun etwas tiefer und erforschen die vorgestellten Konzepte im Detail. Wir sind der `class`-Anweisung in unseren ersten Beispielen begegnet und wollen nun einige der vorgestellten Ideen auf den Punkt bringen. Wie bei C++ ist die `class`-Anweisung auch das zentrale OOP-Werkzeug von Python. Anders als in C++

1 Aber Sie sollten das besser nicht tun (ein Rezensent ging so weit, dieses Beispiel als »bösartig« zu bezeichnen). Die allgemeine Praxis sieht vor, daß überladene Operatoren sich genauso verhalten sollten wie die Implementierung eingebauter Operatoren. In diesem Fall bedeutet das, daß unsere `__mul__`-Methode ein *neues* Objekt als Ergebnis zurückgeben sollte, statt die Instanz (`self`) an Ort und Stelle zu verändern. Eine eigene `mul`-Methode wäre hier besserer Stil als die Überladung von `*` (z.B. `a.mul(3)` statt `a * 3`). Andererseits kann eine Person die übliche Praxis einer anderen als willkürlichen Zwang empfinden.

handelt es sich bei `class` nicht wirklich um eine Vereinbarung. Vielmehr ist `class` wie `def` ein Objektgenerator und eine implizite Zuweisung. Bei ihrer Ausführung generiert sie ein Klassen-Objekt und speichert einen Verweis darauf unter dem in der Kopfzeile angegebenen Namen.

Allgemeine Form

Wie bei unserem Schnelldurchgang gesehen, ist `class` eine zusammengesetzte Anweisung mit einem Körper aus eingerückten Anweisungen. In der Kopfzeile sind die Superklassen – in Klammern und durch Kommata getrennt – hinter dem Klassennamen aufgelistet. Das Auflisten von mehr als einer Superklasse führt zu mehrfacher Vererbung (worüber wir später in diesem Kapitel mehr sagen werden):

```
class <name>(superclass,...):       # weise an Name zu
    data = value                    # gemeinsame Klassendaten
    def method(self,...):           # Methoden
        self.member = value         # Instanzdaten
```

Innerhalb der Klassenanweisung überladen speziell benannte Methoden die Operatoren. Zum Beispiel wird eine Funktion namens `__init__` zur Erstellungszeit eines Instanz-Objekts aufgerufen, sofern sie definiert ist.

Beispiel

Am Anfang dieses Kapitels haben wir erwähnt, daß Klassen fast nur *Namensräume* sind – ein Werkzeug, um Namen (Attribute genannt) zu definieren, die Daten und Logik an Clients exportieren. Wie kommt man nun von der Anweisung zum Namensraum?

Hier ist die Lösung. Genauso wie bei Modulen erstellen die im Körper einer `class`-Anweisung verschachtelten Anweisungen deren Attribute. Wenn Python eine `class`-Anweisung ausführt (nicht den Aufruf einer Klasse), werden alle Anweisungen in ihrem Körper von oben nach unten abgearbeitet. Zuweisungen während dieses Prozesses erzeugen Namen im lokalen Geltungsbereich der Klasse, die dann im assoziierten Klassen-Objekt als Attribute auftauchen. Insofern ähneln Klassen sowohl Modulen als auch Funktionen:

- Wie Funktionen stellen `class`-Anweisungen einen lokalen Geltungsbereich dar, in dem sich die von verschachtelten Zuweisungen erstellten Namen befinden.
- Wie Module werden die in einer `class`-Anweisung zugewiesenen Namen zu Attributen in einem Klassen-Objekt.

Der Hauptunterschied bei Klassen ist, daß ihre Namensräume auch die Basis für Vererbung bilden. Attribute werden von anderen Klassen abgerufen, wenn sie in einem Klassen- oder Instanz-Objekt nicht gefunden werden. Da `class` eine zusammengesetzte Anweisung ist, kann jede Art von Anweisung in ihren Körper verschachtelt werden, z.B: `print`, `=`, `if` und `def`. Wie wir gesehen haben, erstellen verschachtelte `defs` Klassenmethoden, aber andere Zuweisungen erstellen auch Attribute. Angenommen, wir starten folgende Klasse:

```
class Subclass(aSuperclass):                # definiere Sub
    data = 'spam'                           # weise Klassenattribut zu
    def __init__(self, value):              # weise Klassenattribut zu
        self.data = value                   # weise Instanzattribut zu
    def display(self):
        print self.data, Subclass.data      # Instanz, Klasse
```

Diese Klasse enthält zwei `defs`, die Klassenattribute an Methodenfunktionen binden. Sie enthält auch eine =-Anweisung. Da der Name `data` innerhalb `class` zugewiesen wird, befindet er sich im lokalen Geltungsbereich der Klasse und wird zu einem Attribut ihres Klassen-Objekts. Wie alle Klassenattribute wird `data` weitervererbt und von allen Instanzen der Klasse *geteilt*:[2]

```
>>> x = Subclass(1)              # erstelle zwei Instanz-Objekte
>>> y = Subclass(2)              # jedes hat sein eigenes "data"
>>> x.display(); y.display()     # "self.data" ist anders, "Subclass.data" gleich
1 spam
2 spam
```

Wenn wir diesen Code starten, ist der Name `data` an zwei Stellen vorhanden – in den Instanz-Objekten (durch den `__init__`-Konstruktor erstellt) und in der Klasse selbst, von der sie Namen erben (durch die =-Zuweisung erstellt). Die `display`-Methode der Klasse druckt beide Versionen, indem sie zunächst die `self`-Instanz qualifiziert und dann die Klasse als solche. Da Klassen Objekte mit Attributen sind, können wir durch Qualifikation zu ihren Namen gelangen, sogar wenn keine Instanz involviert ist.

Klassenmethoden

Da Sie sich schon mit Funktionen auskennen, kennen Sie auch schon die Klassenmethoden! Methoden sind einfach nur Funktions-Objekte, die von `def`-Anweisungen erstellt wurden, die im Körper einer `class`-Anweisung verschachtelt wurden. Aus einer abstrakten Perspektive betrachtet, bestimmen Methoden das Verhalten der Instanz-Objekte bei Vererbung. Aus einer Programmierperspektive funktionieren Methoden genauso wie einfache Funktionen – mit einer entscheidenden Ausnahme: Ihr erster Parameter erhält immer das Instanz-Objekt, das implizites Subjekt eines Methodenaufrufs ist. Mit anderen Worten, Python bildet automatisch Instanzmethoden-Aufrufe auf Klassenmethoden-Funktionen ab:

```
instance.method(args...) => wird => class.method(instance, args...)
```

Dabei wird die Klasse durch Pythons Vererbungs-Suchprozedur bestimmt. Der spezielle erste Parameter in einer Klassenmethode wird üblicherweise `self` genannt. Er ist dem `this`-Zeiger in C++ ähnlich, aber Python-Methoden müssen immer explizit `self` qualifi-

2 Wenn Sie schon C++ benutzt haben, wird Ihnen dies vielleicht wie die `static`-Klassendaten von C++ vorkommen – Mitglieder, die in der Klasse unabhängig von Instanzen gespeichert werden. In Python ist das nichts Besonderes: Alle Klassenattribute sind einfach in der `class`-Anweisung zugewiesene Namen, egal, ob sie Funktionen referenzieren (C++-*Methoden*) oder etwas anderes (C++-»Member«-Funktionen).

zieren, um Attribute der bearbeiteten Instanz mit dem aktuellen Methodenaufruf abzurufen oder zu ändern.

Beispiel

Lassen Sie uns ein Beispiel betrachten. Angenommen, wir definieren die folgende Klasse:

```
class NextClass:                    # definiere Klasse
    def printer(self, text):        # definiere Methode
        print text
```

Der Name `printer` bezieht sich auf ein Funktions-Objekt. Da er im Geltungsbereich der `class`-Anweisung zugewiesen wird, wird er zu einem Klassenattribut und somit von jeder von der Klasse generierten Instanz geerbt. Die `printer`-Funktion kann auf zwei Arten aufgerufen werden – über eine Instanz oder durch die Klasse selbst:

```
>>> x = NextClass()                 # erzeuge Instanz
>>> x.printer('Hallo Welt!')        # rufe ihre Methode
Hallo Welt!
```

Wird sie so wie hier durch Qualifizierung einer *Instanz* aufgerufen, wird dem `self`-Parameter von `printer` automatisch das Instanz-Objekt (`x`) zugewiesen, und `text` erhält den beim Aufruf (`"Hallo Welt!"`) weitergereichten String. Innerhalb von `printer` kann `self` auf instanzspezifische Daten zugreifen oder sie ändern, da es auf die aktuell verarbeitete Instanz verweist. Wir können `printer` auch aufrufen, indem wir durch die Klasse gehen, vorausgesetzt, wir reichen explizit eine Instanz an den `self`-Parameter weiter:

```
>>> NextClass.printer(x, 'Hello world!')      # Klassenmethode
Hallo Welt!
```

Aufrufe über Instanz oder Klasse haben exakt denselben Effekt, vorausgesetzt, wir reichen dasselbe Instanz-Objekt in der Klassenschreibweise weiter. Wir werden gleich sehen, daß Aufrufe über eine Klasse die Basis für die Erweiterung (anstelle von Ersetzung) vererbten Verhaltens bilden.

Vererbung durchsucht Namensraum-Bäume

Die ganze Aufgabe eines Namensraum-Werkzeugs wie der `class`-Anweisung besteht darin, die Namensvererbung zu unterstützen. In Python erfolgt Vererbung durch Qualifizierung eines Objekts unter Einbeziehung der Suche in einem Attribut-Definitionsbaum (ein oder mehrere Namensräume). Jedesmal, wenn Sie einen Ausdruck der Form `object.attr` benutzen, in dem ein Objekt ein Instanz- oder Klassen-Objekt ist, durchsucht Python den Namensraum-Baum bei und oberhalb von `object` nach dem ersten `attr`, das es finden kann. Da Definitionen weiter unten[3] im Baum höherliegende überschreiben, bildet Vererbung die Basis für Spezialisierung.

3 Wie nirgendwo im richtigen Leben und überall in der Informatik wachsen Bäume auch hier von oben nach unten, mit der Wurzel an der Spitze... – Anm.d.Ü.

Baumkonstruktion von Attribut-Namensräumen

In Abbildung 6-4 ist dargestellt, wie Namensraum-Bäume aufgebaut sind. Allgemein:

- *Instanzattribute* werden durch Zuweisung an `self`-Attribute in Methoden gebildet.
- *Klassenattribute* werden durch Anweisungen (Zuweisungen) in `class`-Anweisungen erstellt.
- *Superklassen*-Verknüpfungen werden durch eine Auflistung von Klassen in Klammern in der Kopfzeile einer `class`-Anweisung erzeugt.

Das Ergebnis ist ein Baum von Attribut-Namensräumen, der von einer Instanz zu der Klasse, von der sie erstellt wurde, zu allen Superklassen in der Klassen-Kopfzeile reicht. Python durchsucht diesen Baum jedesmal, wenn Sie eine Instanz über einen Attributnamen qualifizieren, von unten nach oben, von Instanz zu Superklassen.[4]

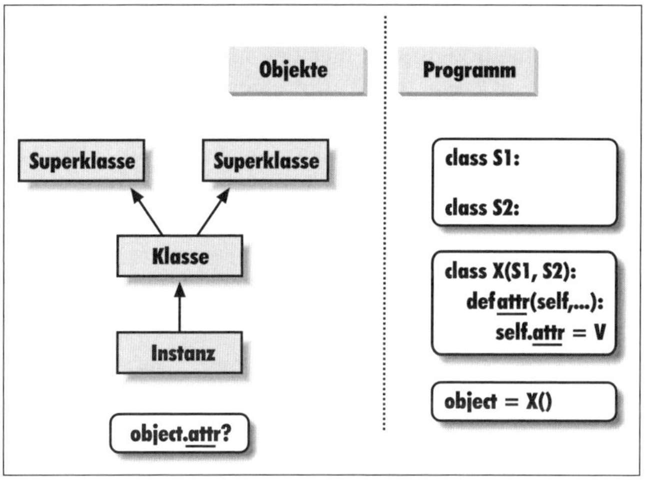

Abbildung 6-4: Aufbau von Namensraum-Bäumen und Vererbung

Spezialisierung geerbter Methoden

Das eben beschriebene Baum-Modell der Vererbung erweist sich als großartige Möglichkeit, Systeme zu spezialisieren. Da Vererbung Namen in Subklassen findet, bevor die Superklassen überprüft werden, können Subklassen durch Neu-Definition der Superklassenattribute Standardverhalten *ersetzen*. Sie können tatsächlich ganze Systeme als Hierarchien von Klassen erstellen, die durch Hinzufügen neuer, externer Subklassen erweitert werden statt durch Veränderung der bestehenden Logik.

4 Die Beschreibung ist nicht hundertprozentig vollständig, weil Instanz-und Klassenattribute auch durch Zuweisung zu Objekten außerhalb von `class`-Anweisungen erstellt werden können. Aber das ist weniger üblich und manchmal fehleranfälliger (Änderungen wirken sich nicht isoliert auf `class`-Anweisungen aus). In Python sind alle Attribute standardmäßig immer zugreifbar. Später in diesem Kapitel werden wir über »private« Attribute sprechen.

Die Idee, vererbte Namen zu überladen, führt zu einer Vielzahl von Spezialisierungstechniken. Subklassen können vererbte Namen komplett ersetzen, Namen zur Verfügung stellen, die eine Superklasse erwartet, sowie die Methoden von Superklassen durch Zurückrufen in die Superklasse aus einer überschriebenen Methode heraus erweitern. Wir haben Ersetzung schon in Aktion gesehen. Hier ist noch ein Beispiel, das zeigt, wie Erweiterung funktioniert:

```
>>> class Super:
...     def method(self):
...         print 'in Super.method'
...
>>> class Sub(Super):
...     def method(self):                    # überschreibe Methode
...         print 'starting Sub.method'      # füge Aktionen hinzu
...         Super.method(self)               # vordefinierte Aktion
...         print 'ending Sub.method'
...
```

Die direkten Aufrufe von Superklassenmethoden sind hier der springende Punkt. Die `Sub`-Klasse ersetzt die `method`-Funktion von `Super` durch ihre eigene spezialisierte Version. Aber innerhalb der Ersetzung greift `Sub` auf die von `Super` exportierte Version zurück, um das Standardverhalten auszuführen. Anders ausgedrückt, erweitert `Sub.method` einfach das Verhalten von `Super.method`, statt es komplett zu ersetzen:

```
>>> x = Super()            # erzeuge Instanz von Super
>>> x.method()             # startet Super.method
in Super.method

>>> x = Sub()              # erzeuge eine Instanz von Sub
>>> x.method()             # startet Sub.method, was Super.method aufruft
starting Sub.method
in Super.method
ending Sub.method
```

Erweiterung wird üblicherweise mit Konstruktoren angewendet. Da die speziell benannte `__init__`-Methode ein vererbter Name ist, wird nur *einer* gefunden und gestartet, wenn eine Instanz gebildet wird. Um Superklassen-Konstruktoren zu starten, sollten die `__init__`-Methoden der Subklassen die `__init__`-Methoden ihrer Superklassen durch Klassenqualifizierung (z.B. `Class.__init__(self, ...)`) explizit aufrufen.

Erweiterung ist nur eine Möglichkeit der Verbindung mit einer Superklasse. Nachfolgend werden Subklassen gezeigt, die diese allgemeinen Schemata illustrieren:

- `Super` definiert die Funktion `method` und ein `delegate`, das ein `action` in einer Subklasse erwartet.
- `Inheritor` stellt keine neuen Namen zur Verfügung, so daß es lediglich alles, was in `Super` definiert ist, übernimmt.
- `Replacer` überschreibt die `method` von `Super` mit einer eigenen Version.
- `Extender` paßt die `method` von `Super` durch Überschreiben und Rückrufen der Vorgabe an.

- `Provider` implementiert die `action`-Methode, die von `Supers` `delegate`-Methode erwartet wird.

```
class Super:
    def method(self):
        print 'in Super.method'    # Voreinstellung
    def delegate(self):
        self.action()              # erwartet

class Inheritor(Super):
    pass

class Replacer(Super):
    def method(self):
        print 'in Replacer.method'

class Extender(Super):
    def method(self):
        print 'starting Extender.method'
        Super.method(self)
        print 'ending Extender.method'

class Provider(Super):
    def action(self):
        print 'in Provider.action'

if __name__ == '__main__':
    for klass in (Inheritor, Replacer, Extender):
        print '\n' + klass.__name__ + '...'
        klass().method()
    print '\nProvider...'
    Provider().delegate()
```

Einige Dinge sind es Wert, hier herausgestellt zu werden: Der Selbsttest-Code am Ende dieses Beispiels erstellt Instanzen dreier verschiedener Klassen. Da Klassen Objekte sind, können Sie sie in ein Tupel packen und generisch Instanzen erstellen (mehr hierzu später). Klassen haben auch ein spezielles `__name__`-Attribut wie Module. Es ist einfach mit einem String vorbesetzt, der den Namen in der Kopfzeile der Klasse enthält. Wenn Sie die `delegate`-Methode über eine `Provider`-Instanz aufrufen, findet Python die `action`-Methode in `Provider` durch die übliche Baumsuche – innerhalb der `delegate`-Methode von `Super` referenziert `self` eine `Provider`-Instanz.

```
% python specialize.py

Inheritor...
in Super.method

Replacer...
in Replacer.method

Extender...
starting Extender.method
in Super.method
```

```
ending Extender.method

Provider...
in Provider.action
```

Operatorenüberladung in Klassen

Wir haben Operatorenüberladung am Anfang dieses Kapitels vorgestellt. Hier wollen wir nun die Lücken füllen und eine Handvoll gebräuchlicher Überladungsmethoden genauer betrachten. Zunächst eine Wiederholung der Schlüsselideen, auf denen Überladung basiert:

- Operatorenüberladung läßt Klassen normale Operationen abfangen.
- Klassen können alle Ausdrucksoperatoren überladen.
- Klassen können auch Objektoperationen überladen: Drucken, Aufrufe, Qualifizierung etc.
- Überladung ermöglicht es, daß sich Klasseninstanzen wie eingebaute Typen verhalten.
- Überladung wird durch speziell benannte Klassenmethoden implementiert.

Hier ein einfaches Beispiel für Überladung: Wenn wir speziell benannte Methoden in einer Klasse zur Verfügung stellen, ruft Python sie automatisch auf, wenn Instanzen der Klasse in der zugehörigen Operation erscheinen. Die untenstehende `Number`-Klasse zum Beispiel stellt eine Methode zum Reagieren auf Instanzkonstruktion (`__init__`) sowie eine Methode zum Abfangen von Subtraktionsausdrücken (`__sub__`) zur Verfügung. Spezielle Methoden sind der Haken, an dem Sie eingebaute Operationen befestigen können:

```
class Number:
    def __init__(self, start):              # bei Number(start)
        self.data = start
    def __sub__(self, other):               # bei instance - other
        return Number(self.data - other)    # Ergebnis ist eine neue Instanz

>>> from number import Number               # hole Klasse aus Modul
>>> X = Number(5)                           # ruft Number.__init__(X, 5)
>>> Y = X - 2                               # ruft Number.__sub__(X, 2)
>>> Y.data
3
```

Methoden für das Überladen von Operatoren

Für nahezu alles, was Sie mit eingebauten Objekten wie Integer und Listen tun können, gibt es eine korrespondierende, speziell benannte Methode zum Überladen in Klassen. In Tabelle 6-1 sind die gebräuchlichsten aufgeführt; es gibt aber noch viel mehr, als wir Zeit hätten, in diesem Buch zu behandeln. Für eine ausführliche Liste aller speziellen Methodennamen schlagen Sie bitte in anderen Python-Büchern oder im Python-Handbuch nach. Die Namen aller Überladungsmethoden beginnen und enden mit zwei Unterstrichen, um sie von anderen Namen, die Sie in Ihren Klassen definieren, abzugrenzen.

Tabelle 6-1: Ausgewählte Methoden zur Operatorenüberladung

Methode	Überladungen	Wird aufgerufen für
`__init__`	Konstruktor	Objekterstellung: `Class()`
`__del__`	Destruktor	Objektzerstörung
`__add__`	Operator `'+'`	`X + Y`
`__or__`	Operator `'|'` (bitweises Oder)	`X | Y`
`__repr__`	Drucken, Konvertierungen	Ausgabe von `X`, `` `X` ``
`__call__`	Funktionsaufrufe	`X()`
`__getattr__`	Qualifikation	`X.undefined`
`__getitem__`	Indizierung	`X[key]`, Schleifen, in Tests
`__setitem__`	Indexzuweisung	`X[key] = value`
`__getslice__`	Teilbereichsbildung (Slicing)	`X[low:high]`
`__len__`	Länge	`len(X), truth tests`
`__cmp__`	Vergleich	`X == Y, X < Y`
`__radd__`	Rechtsseitiger Operator `'+'`	Nichtinstanz `+ X`

Beispiele

Lassen Sie uns nun einige der in Tabelle 6-1 aufgeführten Beispiele ausführen.

__getitem__ reagiert auf alle Indexreferenzen

Die `__getitem__`-Methode mischt bei Indizierungsoperationen von Instanzen mit: Wenn eine Instanz `X` in einem Indizierungsausdruck wie `X[i]` erscheint, ruft Python eine `__getitem__`-Methode, die die Instanz (falls vorhanden) geerbt hat, auf und reicht `X` als ersten Parameter und den Index in Klammern als zweiten Parameter durch. Die folgende Klasse gibt beispielsweise das Quadrat der Indexwerte zurück:

```
>>> class indexer:
...     def __getitem__(self, index):
...         return index ** 2
...
>>> X = indexer()
>>> for i in range(5):
...     print X[i],              # X[i] ruft __getitem__(X, i)
...
0 1 4 9 16
```

Hier kommt nun ein spezieller Trick, der für Anfänger nicht gleich durchschaubar ist, sich aber als unglaublich nützlich erweist: Als wir die `for`-Anweisung in Kapitel 3, *Elementare Anweisungen*, behandelten, haben wir erwähnt, daß dies funktioniert, indem wiederholt eine Sequenz von null zu höheren Indizes indiziert wird, bis eine Indexausnahme entdeckt wird. Aus diesem Grund ist `__getitem__` auch die beste Möglichkeit, Iteration und Enthaltensein-Test zu überladen. Es ist ein Fall von »kaufe eins und bekomme zwei umsonst dazu«: Jedes eingebaute oder benutzerdefinierte Objekt, das auf Indizierung reagiert, reagiert auch automatisch auf Iteration und Enthaltensein.

```
>>> class stepper:
...     def __getitem__(self, i):
...         return self.data[i]
...
>>> X = stepper()              # X ist ein stepper-Objekt
>>> X.data = "Spam"
>>>
>>> for item in X:             # for-Schleifen rufen __getitem__
...     print item,            # for indiziert Elemente 0..N-1
...
S p a m
>>>
>>> 'p' in X                   # 'in'-Operator ruft ebenfalls __getitem__
1
```

__getattr__ fängt undefinierte Attributreferenzen auf

Die `__getattr__`-Methode lenkt Attributqualifikationen um. Spezifischer ausgedrückt, wird sie immer mit dem Attributnamen als String aufgerufen, wenn Sie versuchen, eine Instanz mit einem undefinierten (nichtexistierenden) Attributnamen zu qualifizieren. Sie wird nicht aufgerufen, wenn Python das Attribut mit seiner Suchprozedur im Vererbungsbaum finden kann. Aufgrund dieses Verhaltens ist `__getattr__` sehr nützlich, um auf Attributanfragen angemessen zu reagieren. Zum Beispiel:

```
>>> class empty:
...     def __getattr__(self, attrname):
...         if attrname == "age":
...             return 36
...         else:
...             raise AttributeError, attrname
...
>>> X = empty()
>>> X.age
36
>>> X.name
Traceback (innermost last):
  File "<stdin>", line 1, in ?
  File "<stdin>", line 6, in __getattr__
AttributeError: name
```

Hier haben die Klasse `empty` und ihre Instanz `X` keine wirklichen eigenen Attribute, so daß der Zugriff auf `X.age` zur `__getattr__`-Methode weitergeleitet wird. `self` wird die Instanz (`X`) zugewiesen und `attrname` der undefinierte Attribut-Namensstring (`"age"`). Unsere Klasse läßt `age` wie ein wirkliches Attribut aussehen, indem sie einen realen Wert als Ergebnis des qualifizierten Ausdrucks `X.age` zurückgibt (nämlich `36`).

Bei anderen Attributen, die die Klasse nicht verarbeiten kann, aktiviert sie die eingebaute `AttributeError`-Ausnahme, um Python mitzuteilen, daß dies auf Treu und Glauben ein undefinierter Name ist. Das Fragen nach `X.name` löst den Fehler aus. Wir werden `__getattr__` wieder begegnen, wenn wir Ihnen Delegation zeigen und in Kapitel 7, *Ausnahmen*, mehr über Ausnahmen verraten.

__repr__ gibt eine String-Darstellung zurück

Das folgende Beispiel zeigt den Konstruktor `__init__` und wieder die Methode `__add__` zur Überladung von `+`, aber es definiert auch `__repr__`, das für eine String-Darstellung von Instanzen zuständig ist. Backquotes werden verwendet, um eine String-Darstellung des hier verwalteten `self.data`-Objekts zu erzeugen. Wenn definiert, wird `__repr__` automatisch aufgerufen, wenn Klassen-Objekte gedruckt oder zu Strings konvertiert werden.

```
>>> class adder:
...     def __init__(self, value=0):
...         self.data = value                    # initialisiere data
...     def __add__(self, other):
...         self.data = self.data + other        # füge other hinzu
...     def __repr__(self):
...         return `self.data`                   # Konvertiere in String
...
>>> X = adder(1)            # __init__
>>> X + 2; X + 2            # __add__
>>> X                       # __repr__
5
```

Für weitere Beispiele zur Überladung haben wir hier keinen Platz. Die meisten funktionieren ähnlich wie die, die wir gesehen haben; und alle sind einfach Hilfsmittel zum Abfangen bekannter Operationen der eingebauten Typen. Einige Überladungsmethoden haben besondere Parameterlisten oder Rückgabewerte. Wir werden später einige weitere in Aktion sehen, aber für einen kompletten Überblick verweisen wir auf andere Dokumentationsquellen.

Namensraumregeln: die ganze Geschichte

Nachdem wir nun Klassen- und Instanz-Objekte betrachtet haben, sind wir am Ende der Namensraumgeschichte angelangt. Lassen Sie uns hier schnell nochmals alle Regeln zum Auflösen von Namen zusammenfassen. Die ersten Punkte, die Sie sich merken müssen, sind, daß qualifizierte und nichtqualifizierte Namen unterschiedlich behandelt werden und daß einige Geltungsbereiche zum Initialisieren von Objektnamensräumen dienen:

- Nichtqualifizierte Namen (`X`) verlassen sich auf Geltungsbereiche.
- Qualifizierte Namen (`object.X`) benutzen Objektnamensräume.
- Geltungsbereiche initialisieren Objektnamensräume (in Modulen und Klassen).

Nichtqualifizierte Namen: global, wenn nicht zugewiesen

Nichtqualifizierte Namen folgen den LGB-Regeln, wie in Kapitel 4 für Funktionen dargestellt.

Zuweisung: `X = value`
: Macht Namen lokal; erstellt oder ändert einen Namen `X` im aktuellen lokalen Geltungsbereich, es sei denn, er ist als `global` deklariert

Verweis: `X`
: Sucht den Namen `X` zunächst im aktuellen lokalen Geltungsbereich, dann im aktuellen globalen Geltungsbereich, dann im eingebauten Geltungsbereich

Qualifizierte Namen: Objektnamensräume

Qualifizierte Namen verweisen auf Attribute bestimmter Objekte und beachten die Regeln, die wir bei der Erläuterung von Modulen kennenlernten. Für Instanz- und Klassen-Objekte sind die Referenzregeln erweitert, um die Vererbungs-Suchprozedur mit einzuschließen:

Zuweisung: `object.X = value`
: Erstellt oder ändert den Attributnamen `X` im Namensraum des qualifizierten Objekts

Verweis: `object.X`
: Sucht den Attributnamen `X` im Objekt, dann in allen zugreifbaren Klassen darüber (aber nicht in Modulen)

Namensraum-Dictionaries

Wir haben in Kapitel 5 gesehen, daß die Modulnamensräume als Dictionaries implementiert und mit dem eingebauten `__dict__`-Attribut sichtbar werden. Dasselbe gilt für Klassen- und Instanz-Objekte: Qualifikation ist intern tatsächlich eine Dictionary-Indizierung, und Attributvererbung ist nur eine Frage des Suchens in verketteten Dictionaries.

Das folgende Beispiel stellt dar, wie Namensraum-Dictionaries wachsen, wenn Klassen involviert sind. Das wichtigste, was man sich merken sollte, ist dies: Wann immer ein Attribut `self` in einer der zwei Klassen zugewiesen wird, erstellt (oder ändert) es ein Attribut im Namensraum-Dictionary der Instanz, nicht in dem der Klasse. Namensräume von Instanz-Objekten zeichnen Daten auf, die von Instanz zu Instanz variieren können. Sie haben auch Verbindungen zu Klassennamensräumen, denen bei der Suche nach geerbten Attributen nachgegangen wird. `X.hello` wird beispielsweise in jedem Fall im Namensraum-Dictionary der `super`-Klasse gefunden.

```
>>> class super:
...     def hello(self):
...         self.data1 = "spam"
...
>>> class sub(super):
```

```
...     def howdy(self):
...         self.data2 = "eggs"
...
>>> X = sub()           # erzeuge neuen Namensraum (Dictionary)
>>> X.__dict__
{}
>>> X.hello()           # ändert Namensraum der Instanz
>>> X.__dict__
{'data1': 'spam'}

>>> X.howdy()           # ändert Namensraum der Instanz
>>> X.__dict__
{'data2': 'eggs', 'data1': 'spam'}

>>> super.__dict__
{'hello': <function hello at 88d9b0>, '__doc__': None}

>>> sub.__dict__
{'__doc__': None, 'howdy': <function howdy at 88ea20>}

>>> X.data3 = "toast"
>>> X.__dict__
{'data3': 'toast', 'data2': 'eggs', 'data1': 'spam'}
```

Beachten Sie, daß die `dir`-Funktion, die wir in den Kapiteln 1 und 2 kennengelernt haben, auch bei Klassen- und Instanz-Objekten funktioniert. Sie funktioniert tatsächlich auf allem, was Attribute enthält. `dir(object)` gibt dieselbe Liste zurück wie ein `object.__dict__.keys()`-Aufruf.

Klassen und Design

Bis hierher haben wir uns auf das OOP-Werkzeug in Python konzentriert – die Klasse. Aber bei OOP geht es auch um Designfragen – wie man Klassen einsetzt, um nützliche Objekte zu bilden. In diesem Abschnitt werden wir einige der Kernideen von OOP und einige realistischere Beispiele betrachten, als wir sie bisher gesehen haben. Die meisten der Designausdrücke, die wir hier benutzen, erfordern weitergehende Erklärungen, als wir hier geben können. Wenn dieser Abschnitt Ihre Neugier weckt, empfehlen wir Ihnen, als nächstes einen Text über OOP-Design oder Designmuster (*Patterns*) zu lesen.

Python und OOP

Pythons Implementierung von OOP kann in drei Grundgedanken zusammengefaßt werden:

Vererbung
: Sie basiert auf Attributsuche (in Ausdrücken wie `X.name`).

Polymorphismus
: In `X.method` ist die Bedeutung von `method` abhängig vom Typ (bzw. der Klasse) von X.

Kapselung
: Methoden und Operatoren implementieren Verhalten. Das Verstecken von Daten ist eine standardmäßige Konvention.

Sie sollten nun ein gutes Gefühl dafür haben, worum es bei Vererbung in Python geht. Pythons Polymorphismus ist durch den Mangel an Typdeklarationen so fließend. Da Attribute immer an Ort und Stelle aufgelöst werden, sind Objekte, die dieselben Schnittstellen implementieren, austauschbar. Anwender brauchen nicht zu wissen, welche Art von Objekt eine von ihnen aufgerufene Methode implementiert.[5] Kapselung bedeutet in Python Gruppieren, nicht Verstecken; »private« Attribute sind eine Option, wie wir später in diesem Kapitel sehen werden.

OOP und Vererbung: »ist-ein«

Wir haben bereits ausführlich über die Mechanik von Vererbung gesprochen, aber wir wollen Ihnen ein Beispiel dafür zeigen, wie sie zur Gestaltung realistischer Verhältnisse angewendet werden kann. Aus der Sichtweise eines Programmierers wird Vererbung durch Attributqualifikation in Gang gebracht und sucht nach einem Namen in einer Instanz, ihrer Klasse und dann in ihren Superklassen. Aus der Sichtweise eines Designers ist Vererbung eine Möglichkeit, Mengenzugehörigkeit zu spezifizieren. Eine Klasse definiert eine Reihe von Eigenschaften, die von spezifischeren Mengen geerbt werden können (d.h. Subklassen).

Lassen Sie uns zur Verdeutlichung wieder den Pizzabäcker-Roboter vom Anfang dieses Kapitels heranziehen. Angenommen, wir haben hier eine alternative Karrierechance ausfindig gemacht und eröffnen ein Pizza-Restaurant. Zu den ersten Dingen, die wir zu tun haben, gehört es, Angestellte für den Service, zum Pizza-Backen usw. einzustellen. Da wir von ganzem Herzen Ingenieure sind, haben wie auch beschlossen, einen Pizzabäcker-Roboter zu bauen, aber weil wir auch politisch und kybernetisch korrekt sind, haben wir entschieden, daß unser Roboter ein richtiger Angestellter mit einem Gehalt sein soll.

Unser Team im Pizza-Laden kann in der Beispieldatei *employees.py*. durch die folgenden Klassen definiert werden. Sie definiert vier Klassen und einigen Selbsttest-Code. Die allgemeinste Klasse, `Employee`, liefert allgemeines Verhalten, wie das Einfordern einer Gehaltserhöhung (`giveRaise`) und Drucken (`__repr__`). Es gibt zwei Sorten von Angestellten, also auch zwei Subklassen von `Employee` – `Chef` (Koch) und `Server` (Bedienung). Beide überschreiben die ererbte `work`-Methode, um spezifischere Mitteilungen auszugeben. Schließlich wird unser Pizzabäcker-Roboter von einer noch spezifischeren Klasse gestaltet: `PizzaRobot` ist eine Art von `Chef` (Koch), der eine Art von `Employee` ist. In OOP nennen wir diese Beziehungen »ist-ein«-Verknüpfungen: Ein Roboter ist ein Koch, der ein Angestellter ist.

---

5 Einige OOP-Sprachen definieren auch Polymorphismus als Überladung von Funktionen, basierend auf den Typsignaturen ihrer Parameter. Da es in Python keine Typdeklarationen gibt, ist dieses Konzept nicht wirklich anwendbar, aber typenbasierte Auswahl kann immer mit `if`-Tests und den eingebauten `type(X)`-Funktionen (z.B. `if type(X) is type(0): doIntegerCase()`) codiert werden.

```
class Employee:
    def __init__(self, name, salary=0):
        self.name   = name
        self.salary = salary
    def giveRaise(self, percent):
        self.salary = self.salary + (self.salary * percent)
    def work(self):
        print self.name, "does stuff"
    def __repr__(self):
        return "<Employee: name=%s, salary=%s>" % (self.name, self.salary)

class Chef(Employee):
    def __init__(self, name):
        Employee.__init__(self, name, 50000)
    def work(self):
        print self.name, "makes food"

class Server(Employee):
    def __init__(self, name):
        Employee.__init__(self, name, 40000)
    def work(self):
        print self.name, "interfaces with customer"

class PizzaRobot(Chef):
    def __init__(self, name):
        Chef.__init__(self, name)
    def work(self):
        print self.name, "makes pizza"

if __name__ == "__main__":
    bob = PizzaRobot('bob')       # erstelle einen Roboter namens bob
    print bob                     # startet geerbtes __repr__
    bob.giveRaise(0.20)           # gib bob 20% Gehaltserhöhung
    print bob; print

    for klass in Employee, Chef, Server, PizzaRobot:
        obj = klass(klass.__name__)
        obj.work()
```

Wenn wir den Selbsttest-Code dieses Moduls starten, erschaffen wir einen Pizzabäcker-Roboter namens `bob`, der Namen aus drei Klassen erbt: `PizzaRobot`, `Chef` und `Employee`. Das Drucken von `bob` startet die `Employee.__repr__`-Methode, und die Gehaltserhöhung für `bob` ruft `Employee.giveRaise` auf, weil die Vererbung es dort findet.

```
C:\python\examples> python employees.py
<Employee: name=bob, salary=50000>
<Employee: name=bob, salary=60000.0>

Employee does stuff
Chef makes food
Server interfaces with customer
PizzaRobot makes pizza
```

In einer solchen Klassenhierarchie können Sie üblicherweise aus jeder der Klassen Instanzen erstellen, nicht nur aus denen am Ende. Zum Beispiel erstellt die `for`-Schleife im Selbsttest-Code dieses Moduls Instanzen aller vier Klassen. Eigentlich simulieren diese Klassen reale Objekte nur. `work` druckt derzeit eine vorübergehende Mitteilung, kann aber später erweitert und mit richtiger Funktionalität ausgestattet werden.

OOP und Komposition: »hat-ein«

Wir haben den Begriff der Komposition am Anfang dieses Kapitels vorgestellt. Vom Standpunkt eines Programmierers aus beinhaltet Komposition das Einbetten anderer Objekte in ein einbettendes Objekt und deren Aktivierung, um Methoden des einbettenden Objekts zu implementieren. Für einen Designer bietet Komposition eine weitere Möglichkeit, Beziehungen in einem Problembereich darzustellen. Aber statt mit Mengenbeziehungen hat Komposition mehr mit Komponenten zu tun – den Teilen eines Ganzen. Komposition spiegelt ebenso die Beziehungen zwischen Bestandteilen wider. Wenn OO-Programmierer darüber reden, wird dies gewöhnlich »hat-ein«-Beziehung genannt.

Nachdem wir nun unsere Angestellten implementiert haben, wollen wir sie mal in den Pizza-Laden schicken und arbeiten lassen. Unser Pizza-Laden ist ein zusammengesetztes Objekt: Er hat einen Ofen und Angestellte wie Kellner und Köche. Wenn ein Kunde hereinkommt und etwas bestellt, werden die Komponenten des Ladens aktiv – der Kellner nimmt die Bestellung auf, der Koch macht die Pizza usw. Das folgende Beispiel simuliert all die Objekte und Beziehungen dieses Szenarios:

```
from employees import PizzaRobot, Server

class Customer:
    def __init__(self, name):
        self.name = name
    def order(self, server):
        print self.name, "orders from", server
    def pay(self, server):
        print self.name, "pays for item to", server

class Oven:
    def bake(self):
        print "oven bakes"

class PizzaShop:
    def __init__(self):
        self.server = Server('Pat')         # bette andere Objekte ein
        self.chef   = PizzaRobot('Bob')     # ein Roboter namens bob
        self.oven   = Oven()

    def order(self, name):
        customer = Customer(name)           # aktiviere andere Objekte
        customer.order(self.server)         # Kunde bestellt beim Kellner
        self.chef.work()
        self.oven.bake()
        customer.pay(self.server)
```

```
if __name__ == "__main__":
    scene = PizzaShop()                    # erzeuge dies alles
    scene.order('Homer')                   # simuliere Homers Bestellung
    print '...'
    scene.order('Shaggy')                  # simuliere Shaggys Bestellung
```

Anwendung: Klassen und Persistenz

Außer für die Simulation realer Interaktionen könnten die Pizza-Laden-Klassen auch als Basis für eine fortdauernde Restaurant-Datenbank benutzt werden. Wie wir in Kapitel 10, *Strukturgerüste und Applikationen,* sehen werden, können Instanzen von Klassen in einem einzigen Schritt auf einer Disk gespeichert werden, indem man Pythons `pickle`[a]- oder `shelve`[b]-Modul anwendet. Die Schnittstelle zum Konservieren von Objekten ist bemerkenswert einfach anzuwenden:

```
import pickle
object = someClass()
file   = open(filename, 'w')          # erzeuge externe Datei
pickle.dump(object, file)             # speichere Objekt darin

file   = open(filename, 'r')
object = pickle.load(file)            # hole es später wieder
```

Shelves sind ähnlich, aber sie »pickeln« Objekte automatisch in eine per Schlüssel zugreifbare Datenbank:

```
import shelve
object = someClass()
dbase  = shelve.open('filename')
dbase['key'] = object                 # speichere unter Schlüssel
object = dbase['key']                 # hole es später wieder
```

(»Pickeln« konvertiert Objekte in serielle Zeichenströme, die in Dateien gespeichert, über ein Netzwerk verschickt werden können usw.) In unserem Beispiel bedeutet die Anwendung von Klassen zur Koordination der Angestellten, daß wir nebenbei eine einfache Datenbank mit Angestellten und Läden umsonst erhalten können: Das »Pickeln« solcher Instanz-Objekte in eine Datei macht sie über Programmausführungen hinweg beständig (persistent). Siehe Kapitel 10 für weitere Details zum »Pickeln«.

a. Eingemachtes, man denke an Mixed Pickles
b. shelf: Regal, Bücherstütze

Die `PizzaShop`-Klasse besteht aus einem Behälter und einer Steuerungseinheit; ihr Konstruktor erstellt Instanzen der Angestelltenklassen, die wir im letzten Abschnitt geschrieben haben, und bettet sie ein, genauso wie die `Oven`-Klasse, die hier definiert wird. Wenn der Selbsttest-Code dieses Moduls die `PizzaShop` `order`-Methode aufruft, führen die eingebetteten Objekte im Gegenzug ihre Aktionen aus. Beachten Sie, daß wir für jede Bestellung ein neues `Customer`-Objekt erstellen und das eingebettete `Server`-Objekt an die `Customer`-Methoden weiterreichen. Kunden kommen und gehen, aber der Kellner ist Teil der Pizza-Laden-Konstruktion. Beachten Sie auch, daß alle Angestellten noch immer in eine Vererbungsbeziehung verwickelt sind. Komposition und Vererbung sind sich ergänzende Werkzeuge:

```
C:\python\examples> python pizzashop.py
Homer orders from <Employee: name=Pat, salary=40000>
Bob makes pizza
oven bakes
Homer pays for item to <Employee: name=Pat, salary=40000>
...
Shaggy orders from <Employee: name=Pat, salary=40000>
Bob makes pizza
oven bakes
Shaggy pays for item to <Employee: name=Pat, salary=40000>
```

Wenn wir dieses Modul starten, bearbeitet unser Pizza-Laden zwei Bestellungen – eine von Homer und eine von Bart. Nochmals: Dies ist eine gespielte Simulation; ein richtiger Pizza-Laden hätte mehr Bestandteile, und hier gibt es leider keine richtige Pizza! Aber die Objekte und Interaktionen repräsentieren durchaus Kompositionen bei der Arbeit. Als Faustregel gilt: Klassen können so ziemlich alle Objekte und Beziehungen repräsentieren, die Sie in einem Satz ausdrücken können. Ersetzen Sie einfach Substantive durch Klassen und Verben durch Methoden, und Sie haben den ersten Schritt zu einem Design getan.

OOP und Delegation

Objektorientierte Programmierer sprechen auch oft über etwas, das Delegation genannt wird. Dabei handelt es sich normalerweise um Steuerungs-Objekte, die andere Objekte, an die sie Operationsanfragen weiterleiten, einbetten. Die Steuereinheiten können sich um administrative Aktivitäten, wie das Aufzeichnen von Zugriffen usw., kümmern. In Python wird Delegation oft mit dem Haken der `__getattr__`-Methode implementiert. Weil es den Zugriff auf nichtexistente Attribute bereitstellt, kann eine einhüllende Klasse `__getattr__` dazu benutzen, um beliebige Zugriffe auf ein eingehülltes Objekt umzulenken. Zum Beispiel:

```
class wrapper:
    def __init__(self, object):
        self.wrapped = object                    # speichere Objekt
    def __getattr__(self, attrname):
        print 'Trace:', attrname                 # verfolge Zugriff
        return getattr(self.wrapped, attrname)   # leite Zugriff weiter
```

Sie können die `wrapper`-Klasse des Moduls benutzen, um jedes Objekt mit Attributen – Listen, Dictionaries und sogar Klassen und Instanzen – zu steuern. In diesem Fall gibt die Klasse einfach eine Ablaufnachricht für jeden Attributzugriff aus:

```
>>> from trace import wrapper
>>> x = wrapper([1,2,3])              # hülle eine Liste ein
>>> x.append(4)                       # delegiere an Listenmethode
Trace: append
>>> x.wrapped                         # gib mein Element aus
[1, 2, 3, 4]

>>> x = wrapper({"a": 1, "b": 2})    # umhülle ein Dictionary
>>> x.keys()                          # delegiere an Dictionary-Methode
Trace: keys
['a', 'b']
```

Eingebaute Objekttypen erweitern

Klassen werden auch häufig zur Erweiterung der Funktionalität eingebauter Typen angewendet, um ausgefallenere Datenstrukturen zu unterstützen. Um zum Beispiel einer Liste Warteschlangen-Methoden zum Einfügen und Löschen hinzuzufügen, können Sie Klassen bauen, die ein Listen-Objekt *einhüllen* (einbetten) und Methoden zum Einfügen und Löschen exportieren, die auf der Liste arbeiten.

Erinnern Sie sich an die Mengenfunktionen, die wie in Kapitel 4 geschrieben haben? Hier zeigen wir Ihnen, wie sie aussehen, wenn wir sie als Klasse ins Leben rufen. Das folgende Beispiel implementiert einen neuen Mengen-*Objekt*-Typ, indem einige der Mengenfunktionen in Methoden verwandelt werden, und durch Anwendung von ein wenig Operatorenüberladung. Zum größten Teil umgibt diese Klasse einfach eine Python-Liste mit ein paar zusätzlichen Mengenoperationen, aber weil es sich um eine Klasse handelt, unterstützt sie automatisch mehrfache Instanzen und Anpassung durch Vererbung in Subklassen.

```
class Set:
   def __init__(self, value = []):    # Konstruktor
       self.data = []                  # verwaltet eine Liste
       self.concat(value)

   def intersect(self, other):        # other ist irgendeine Sequenz
       res = []                        # self ist das Subjekt
       for x in self.data:
           if x in other:              # nimm gemeinsame Elemente
               res.append(x)
       return Set(res)                 # gib neues Set zurück

   def union(self, other):            # other ist irgendeine Sequenz
       res = self.data[:]              # Kopie meiner Liste
       for x in other:                 # füge Elemente aus other hinzu
           if not x in res:
               res.append(x)
       return Set(res)

   def concat(self, value):           # value: list, Set...
       for x in value:                 # entfernt Duplikate
          if not x in self.data:
               self.data.append(x)
```

```
    def __len__(self):           return len(self.data)          # bei len(self)
    def __getitem__(self, key):  return self.data[key]          # bei self[i]
    def __and__(self, other):    return self.intersect(other)   # bei self & other
    def __or__(self, other):     return self.union(other)       # bei self | other
    def __repr__(self):          return 'Set:' + `self.data`    # bei print
```

Durch Überladung des Index kann unsere Set-Klasse oft wie eine wirkliche Liste erscheinen. Da Sie am Ende dieses Kapitels mit dieser Liste interagieren und diese Klasse erweitern sollen, werden wir bis zu Anhang C, *Lösungen der Übungen,* nichts mehr dazu sagen.

Mehrfache Vererbung

Als wir die Details der `class`-Anweisung erläuterten, haben wir erwähnt, daß mehr als eine Superklasse in Klammern in der Kopfzeile aufgeführt werden kann. Wenn Sie das tun, wenden Sie etwas an, das *mehrfache Vererbung* genannt wird: Die Klasse und ihre Instanzen erben Namen von allen aufgeführten Superklassen. Wenn Python nach einem Attribut sucht, durchsucht es die Superklassen in der Kopfzeile von links nach rechts, bis ein übereinstimmendes Attribut gefunden wird. Technisch gesehen, geht die Suche zuerst in die Tiefe und dann von links nach rechts, da jede Superklasse eigene Superklassen haben kann.

Theoretisch ist mehrfache Vererbung gut zur Gestaltung von Objekten geeignet, die zu mehr als einer Menge (Set) gehören. Eine Person mag zum Beispiel ein Ingenieur, ein Dichter, ein Musiker usw. sein und erbt die Eigenschaften all dieser Mengen. In der Praxis ist mehrfache Vererbung allerdings ein anspruchsvolles Werkzeug und kann bei allzu häufiger Anwendung ziemlich kompliziert werden. Wir werden dies als ein Gotcha am Ende des Kapitels erneut sehen. Aber wie alles beim Programmieren ist es ein nützliches Werkzeug, wenn man es angemessen anwendet.

Eine der häufigsten Anwendungen mehrfacher Vererbung ist das »Hineinmischen« von Mehrzweckmethoden aus Superklassen. Solche Superklassen werden gewöhnlich *eingemischte (mixin)* Klassen genannt. Sie stellen Methoden zu Verfügung, die Sie Klassen Ihrer Anwendung durch Vererbung hinzufügen. Zum Beispiel ist Pythons voreingestellte Art, Klasseninstanz-Objekte anzuzeigen, nicht so unglaublich nützlich:

```
>>> class Spam:
...     def __init__(self):              # kein __repr__
...         self.data1 = "food"
...
>>> X = Spam()
>>> print X                              # Standardformat: Klasse, Adresse
<Spam instance at 87f1b0>
```

Wie schon im vorherigen Abschnitt bei der Operatorenüberladung gesehen, können Sie eine `__repr__`-Methode zur Implementierung Ihrer eigenen, spezifischen String-Darstellung zur Verfügung stellen. Aber statt in jeder einzelnen Klasse, in die Sie ausgeben wollen, ein `__repr__` zu codieren, können Sie es einfach einmal in einer Allzweck-Hilfsklasse codieren und sie alle Klassen erben lassen.

Genau dafür sind Einmischungen (mixins) gemacht. Folgender Code definiert eine eingemischte Klasse namens `Lister`, die die `__repr__`-Methode für jede Klasse, die in der Kopfzeile `Lister` enthält, überschreibt. Sie sucht einfach das Instanzattribut-Dictionary ab (erinnern Sie sich, es wird als `__dict__` exportiert), um einen String zu bilden, der die Namen und Werte aller Instanzattribute anzeigt. Da Klassen Objekte sind, kann die Formatierlogik von `Lister` auf Instanzen jeglicher Subklasse angewendet werden, und wir haben ein generelles Werkzeug.

`Lister` wendet zwei spezielle Tricks an, um Klassenname und Adresse der Instanz zu extrahieren. Instanzen haben ein eingebautes `__class__`-Attribut, das die Klasse referenziert, von der die Instanz gebildet wurde. Klassen besitzen ein `__name__`-Attribut, den Namen aus der Kopzeile, so daß `self.__class__.__name__` den Namen der Klasse einer Instanz ergibt. Die Speicheradresse der Instanz können Sie durch Aufruf der eingebauten `id`-Funktion ermitteln, die die Adresse eines Objekts zurückgibt:

```
# Lister kann in jedwede Klasse eingemischt werden, um
# eine formatierte Darstellung von Instanzen bereitzustellen.
# Hier wird Vererbung des __repr__ auscodiert.
# self ist die Instanz der untersten (spezialisiertesten) Klasse.

class Lister:
   def __repr__(self):
       return ("<Instance of %s, address %s:\n%s>" %
                          (self.__class__.__name__,     # mein Klassenname
                           id(self),                    # meine Adresse
                           self.attrnames()) )          # Name=Wert-Liste
   def attrnames(self):
       result = ''
       for attr in self.__dict__.keys():       # Namensraum-Dictionary der
                                               # Instanz durchsuchen
           if attr[:2] == '__':
               result = result + "\tname %s=<built-in>\n" % attr
           else:
               result = result + "\tname %s=%s\n" % (attr, self.__dict__[attr])
       return result
```

Die `Lister`-Klasse ist nun für jede Klasse, die Sie schreiben, nützlich – sogar für Klassen, die bereits eine Superklasse haben. Hier kommt Mehrfachvererbung ins Spiel: Wenn Sie `Lister` zu den Superklassen in der Kopfzeile hinzufügen, bekommen Sie ihr `__repr__` geschenkt, während Sie weiterhin von der vorhandenen Superklasse erben können:

```
from mytools import Lister          # hole die Hilfsklasse

class Super:
    def __init__(self):             # das __init__ der Superklasse
        self.data1 = "spam"

class Sub(Super, Lister):           # mische ein __repr__ hinein
    def __init__(self):             # Lister hat Zugriff auf self
        Super.__init__(self)
        self.data2 = "eggs"         # weitere Instanzattribute
        self.data3 = 42
```

```
if __name__ == "__main__":
    X = Sub()
    print X                                 # eingemischtes repr
```

Hier erbt die Klasse `Sub` Namen sowohl von `Super` als auch von `Lister`. Sie ist ein Verbund aus ihren eigenen und den Namen ihrer beiden Superklassen. Wenn Sie eine Instanz von `Sub` erzeugen und sie ausgeben, erhalten Sie die durch `Lister` eingemischte Darstellung:

```
C:\python\examples> python testmixin.py
<Instance of Sub, address 7833392:
        name data3=42
        name data2=eggs
        name data1=spam
>
```

`Lister` funktioniert bei jeder Klasse, in die es eingemischt wird, weil `self` auf eine Instanz der Subklasse verweist, die `Lister` hereinzieht, was immer das sein mag. Wenn Sie später entscheiden, `Listers` `__repr__` dahingehend zu erweitern, daß es auch geerbte Klassenattribute druckt, gehen Sie damit recht sicher. Veränderungen von `Listers` `__repr__` aktualisieren automatisch alle Klassen mit, die es einmischen, denn die Methode wird geerbt.[6] In gewisser Hinsicht sind eingemischte Klassen das Klassenäquivalent zu Modulen. Im folgenden Beispiel arbeitet `Lister` im Einfach-Vererbungsmodus auf den Instanzen einer anderen Klasse. Wie gesagt, bei OOP geht es um Code-Wiederverwendung:

```
>>> from mytools import Lister
>>> class x(Lister):
...     pass
...
>>> t = x()
>>> t.a = 1; t.b = 2; t.c = 3
>>> t
<Instance of x, address 7797696:
        name b=2
        name a=1
        name c=3
>
```

Klassen sind Objekte: Generelle Objektfabriken

Weil lassen Objekte sind, ist es einfach, sie in einem Programm herumzureichen, sie in Datenstrukturen zu speichern usw. Sie können auch Klassen an Funktionen, die willkürliche Arten von Objekten generieren, durchreichen. Solche Funktionen werden in

---

6 Für den neugierigen Leser sei gesagt, daß Klassen auch ein eingebautes Attribut namens `__bases__` haben, das ein Tupel aus den Superklassen-Objekten der jeweiligen Klasse ist. Ein Allzweck-Lister oder Browser für Klassenhierarchien kann vom `__class__`-Attribut einer Instanz zu deren Klasse gehen und dann rekursiv über deren `__bases__` alle Superklassen traversieren. Wir werden diesen Gedanken in einer Übung materialisieren, aber schlagen Sie für Details zu speziellen Objektattributen bitte auch in anderen Büchern oder in den Handbüchern von Python nach.

OOP-Designkreisen manchmal *Fabriken* genannt. In Sprachen wie C++ sind sie ein größeres Unternehmen, in Python dagegen sind Fabriken nahezu trivial: Die apply-Funktion, die wir in Kapitel 4 kennengelernt haben, kann alle Klassen mit allen Objekten in einem Schritt aufrufen, um jede Art von Instanz zu erstellen:[7]

```
def factory(aClass, *args):               # Tupel mit variablen Argumenten
    return apply(aClass, args)            # rufe aClass auf

class Spam:
    def doit(self, message):
        print message

class Person:
    def __init__(self, name, job):
        self.name = name
        self.job  = job

object1 = factory(Spam)                    # erzeuge einen Spam
object2 = factory(Person, "Guido", "guru")  # erzeuge eine Person
```

Mit diesem Code definieren wir eine Funktion zur Erstellung von Objekten, genannt factory. Sie erwartet ein beliebiges Klassen-Objekt als Parameter, neben einem oder mehreren weiteren Parametern für den Konstruktor der Klasse. Die Funktion verwendet apply, um die Funktion aufzurufen und eine Instanz zurückzugeben. Der Rest dieses Beispiels definiert einfach nur zwei Klassen und erstellt Instanzen von beiden durch Übergabe an die factory-Funktion. Und dies ist die einzige factory-Funktion, die Sie jemals in Python schreiben müssen – sie funktioniert für alle Klassen und alle Konstruktorparameter. Die einzige erwähnenswerte Verbesserung ist folgende: Um Schlüsselwortparameter in Konstruktoraufrufen zu unterstützen, kann die Fabrik sie in einem **args -Parameter sammeln und als dritten Parameter an apply übergeben:

```
def factory(aClass, *args, **kwargs):     # + Schlüsselwort-Dictionary
    return apply(aClass, args, kwargs)    # Aufruf von aClass
```

Sie wissen ja schon lange, daß alles in Python ein »Objekt« ist. Sogar Dinge wie Klassen, die in Sprachen wie C++ lediglich syntaktische Zauberei für den Compiler sind, kann man anfassen. Jedoch sind in Python leider nur die von Klassen abgeleiteten Objekte wirkliche OOP-Objekte. Mit Objekten wie Listen und Zahlen, die nicht auf Klassen basieren, können Sie Vererbung nur durchführen, indem Sie sie in eine Klasse einhüllen.

Methoden sind Objekte: gebunden oder ungebunden

Wenn wir von Objekten sprechen, stellt sich heraus, daß Methoden auch eine Art von Objekt sind, ganz ähnlich wie Funktionen. Weil auf Klassenmethoden sowohl von einer Klasse als auch einer Instanz zugegriffen werden kann, kommen sie tatsächlich in zwei Versionen vor:

7 Tatsächlich kann apply *jedes* aufrufbare Objekt aufrufen; dies beinhaltet Funktionen, Klassen und Methoden. Dies gilt genauso für die factory-Funktion, trotz des suggestiven Parameternamens.

ungebundene Klassenmethoden: kein self
: Wenn Sie durch Qualifizierung der Klasse auf ein Funktionsattribut einer Klasse zugreifen, erhalten Sie ein *ungebundenes Methoden-Objekt*. Um es aufzurufen, müssen Sie explizit ein Instanz-Objekt als ersten Parameter zur Verfügung stellen.

gebundene Instanzmethoden: Paare aus self + Funktion
: Wenn Sie durch Qualifizierung einer Instanz auf ein Funktionsattribut einer Klasse zugreifen, erhalten Sie ein *gebundenes Methoden-Objekt*. Python packt automatisch Instanz und Funktion zu einem gebundenen Methoden-Objekt zusammen, so daß Sie beim Methodenaufruf keine Instanz angeben müssen.

Beide Arten von Methoden sind ausgewachsene Objekte, man kann sie weiterreichen, in Listen speichern usw. Beide benötigen beim Ablauf eine Instanz als ersten Parameter (d.h. einen Wert für `self`), aber Python stellt diesen nur beim Aufruf einer gebundenen Methode durch eine Instanz automatisch zur Verfügung. Nehmen wir beispielsweise die folgende Klasse:

```
class Spam:
    def doit(self, message):
        print message
```

Wir können nun eine Instanz erzeugen und eine gebundene Methode abrufen, ohne sie wirklich aufzurufen. Eine `object.name`-Qualifikation ist ein Objektausdruck. In diesem Beispiel gibt er ein gebundenes Methoden-Objekt zurück, das die Instanz (`object1`) mit der Methodenfunktion (`Spam.doit`) verbindet. Wir können die gebundene Methode einem anderen Namen zuweisen und sie aufrufen, als wäre sie eine einfache Funktion:

```
object1 = Spam()
x = object1.doit           # gebundenes Methoden-Objekt
x('hello world')           # die Instanz ist impliziert
```

Wenn wir andererseits die Klasse qualifizieren, um an `doit` heranzukommen, erhalten wir eine ungebundene Methode, die einfach eine Referenz auf das Funktions-Objekt ist. Um diese Art von Methode aufzurufen, übergibt man eine Instanz als ersten Parameter (ganz links):

```
t = Spam.doit              # ungebundenes Methoden-Objekt
t(object1, 'howdy')        # gib Instanz dazu
```

Meistens rufen Sie Methoden unmittelbar nach der Qualifikation auf (z.B. `self.attr(args)`), so daß Sie das Methoden-Objekt meistens gar nicht bemerken. Aber wenn Sie sich mit Code befassen, der generisch Objekte aufruft, müssen Sie für ungebundene Methoden Sorge tragen; sie benötigen ein explizites Objekt.

Haken und Ösen

Private Attribute (Neu in Version 1.5)

Im letzten Kapitel haben wir festgestellt, daß jeder in der Hauptebene einer Datei zugewiesene Name von einem Modul exportiert wird. Dasselbe gilt standardmäßig für Klassen. Das Datenverstecken ist nur eine Konvention, und Clients können jede Klasse und jedes Instanzattribut abrufen oder verändern, die bzw. das sie möchten. In C++ sind in der Tat alle Attribute `public` und `virtual`; sie sind alle von überall zugreifbar und werden zur Laufzeit dynamisch gesucht.

Zumindest bis vor Python 1.5. In Version 1.5 hat Guido den Gedanken der *Namensverstümmelung* eingeführt, um einige Namen in Klassen lokal zu machen. Private Namen sind ein erweitertes Feature, völlig optional und wahrscheinlich nicht sehr nützlich, bevor Sie wirklich große Klassenhierarchien schreiben. Aber für die Neugierigen sei hier ein Überblick gegeben.

In Python 1.5 werden Namen innerhalb einer `class`-Anweisung, die mit zwei Unterstrichen beginnen (und nicht mit zwei Unterstrichen enden), automatisch so verändert, daß sie auch den Namen der einschließenden Klasse enthalten. Ein Name `__X` in einer Klasse `Class` wird z.B. automatisch zu `_Class__X`. Es ist zwar etwas ungewöhnlich, daß der modifizierte Name den Namen der einschließenden Klasse enthält, aber er wird nicht mit ähnlichen Namen in anderen Klassen der Hierarchie kollidieren.

Python verstümmelt Namen, wo immer sie in der Klasse auftauchen. Zum Beispiel: Ein Instanzattribut mit dem Namen `self.__X` wird zu `self._Class__X` umgeändert, somit werden Attributnamen für *Instanz*-Objekte auch verstümmelt. Da mehr als eine Klasse Attribute zu einer Instanz hinzufügen kann, hilft die Namensverstümmelung automatisch beim Vermeiden von Kollisionen.

Namensverstümmelung kommt nur in `class`-Anweisungen vor und bei Namen, die mit zwei Unterstrichen beginnen. Insofern kann dies den Code etwas unleserlich machen. Auch ist es nicht ganz dasselbe wie `private`-Deklarationen in C++ (wenn Sie den Namen der einschließenden Klasse kennen, können Sie immer noch an die verstümmelten Attribute herankommen!), aber es hilft, zufällige Kollisionen zwischen Namen, die in einer Klassenhierarchie mehrfach benutzt werden, zu vermeiden.

Dokumentations-Strings

Nachdem Sie nun über Klassen Bescheid wissen, können wir Ihnen erklären, was es mit den `__doc__` -Attributen auf sich hat, die wir schon gesehen haben.

Bisher haben wir Kommentare, die mit einem `#` beginnen, zur Erläuterung unseres Codes benutzt. Kommentare sind nützlich für Menschen, die unsere Programme lesen, aber sie sind nicht mehr verfügbar, wenn das Programm läuft. Python erlaubt es daher, Dokumentations-*Strings* mit Programm-Objekten zu assoziieren, und stellt dafür eine spezielle Syntax zur Verfügung. Wenn eine Moduldatei, eine `def`- oder eine `class`-Anweisung mit einer String-Konstanten statt mit einer Anweisung beginnt, packt Python den String in das __doc__-Attribut des erstellten Objekts. Das folgende Programm definiert Dokumentations-Strings für mehrere Objekte :

```
"Ich bin: docstr.__doc__"

class spam:
    "Ich bin: spam.__doc__ or docstr.spam.__doc__"

    def method(self, arg):
        "Ich bin: spam.method.__doc__ oder self.method.__doc__"
        pass

def func(args):
    "Ich bin: docstr.func.__doc__"
    pass
```

Der Hauptvorteil von Dokumentations-Strings besteht darin, daß sie zur Laufzeit noch vorhanden sind. Sie können den *Doc-String* eines Objekts jederzeit durch Qualifikation abrufen.

```
>>> import docstr
>>> docstr.__doc__
'Ich bin: docstr.__doc__'
>>> docstr.spam.__doc__
'Ich bin: spam.__doc__ oder docstr.spam.__doc__'
>>> docstr.spam.method.__doc__
'Ich bin: spam.method.__doc__ oder self.method.__doc__'
>>> docstr.func.__doc__
'Ich bin: docstr.func.__doc__'
```

Das kann insbesondere in der Entwicklungsphase nützlich sein. Sie können die Dokumentation von Komponenten wie oben an der interaktiven Kommandozeile nachlesen, ohne die Quelldatei öffnen zu müssen, um die #-Kommentare einzusehen. Auf ähnliche Weise kann ein Python-Suchprogramm diese Dokumentation nutzen, um Beschreibungen zusammen mit Objekten anzuzeigen.

Andererseits werden Dokumentations-Strings nicht durchweg von allen Python-Programmierern angewendet. Um wirklich einen Vorteil aus ihnen zu ziehen, müssen Programmierer einigen Konventionen in ihrem Dokumentationsstil folgen, und unserer Erfahrung nach wird diese Art von Konventionen in der Praxis nur selten implementiert und eingehalten. Außerdem sind Dokumentations-Strings zwar an Ort und Stelle verfügbar, aber weniger flexibel als #-Kommentare, die überall im Programm erscheinen können. Beides sind nützliche Werkzeuge, und *jede* Programmdokumentation ist gut, sofern sie akkurat ist.

Klassen versus Module

Lassen Sie uns für einen Moment zurückblicken und die Themen der letzten beiden Kapitel miteinander vergleichen – Module und Klassen. Da es in beiden um Namensräume geht, kann ihre Unterscheidung manchmal schwierig sein. In aller Kürze:

Module

- Sind Daten- bzw. Logikpakete
- Werden durch das Schreiben von Python-Dateien oder C-Erweiterungen erstellt
- Werden durch Import eingesetzt

Klassen

- Implementieren neue Objekte
- Werden durch class-Anweisungen erstellt
- Werden durch Aufruf verwendet
- Befinden sich immer in einem Modul

Klassen unterstützen auch erweiterte Features wie Operatorenüberladung, mehrfache Instanzen und Vererbung, Module nicht. Obwohl beides Namensräume sind, haben Sie hoffentlich mitbekommen, wie verschieden diese Spezies doch sind.

Klassen-Gotchas

Die meisten Fragen zu Klassen laufen auf Fragen zu Namensräumen hinaus (was verständlich ist, da Klassen nur Namensräume mit ein paar zusätzlichen Tricks sind).

Nebeneffekte von Änderungen an Klassenattributen

Theoretisch sind alle Klassen und Instanzen veränderliche Objekte. Wie eingebaute Listen und Dictionaries können sie durch Zuweisung zu ihren Attributen an Ort und Stelle verändert werden. Wie bei Listen und Dictionaries bedeutet dies auch, daß die Veränderung eines Klassen- oder Instanz-Objekts mehrere Verweise beeinflussen kann.

Das ist üblicherweise auch das, was wir erreichen wollen (und das ist die Art und Weise, wie Objekte generell ihren Zustand verändern), aber dies wird manchmal besonders schwierig, wenn Klassenattribute verändert werden. Da alle Instanzen denselben Namensraum ihrer Klasse teilen, haben Veränderungen auf der Klassenebene unmittelbaren Einfluß auf alle Instanzen – es sei denn, sie haben ihre eigenen Versionen von veränderten Klassenattributen.

Da Klassen, Module und Instanzen nur Objekte mit Attributnamensräumen sind, können Sie normalerweise ihre Attribute zur Laufzeit direkt durch Zuweisungen verändern. Nehmen wir die folgende Klasse: Innerhalb des Klassenkörpers erstellt das Zuweisen von Name `a` ein Attribut `X.a`, das sich zur Laufzeit im Klassen-Objekt befindet und von allen Instanzen von `X` geerbt wird:

```
>>> class X:
...     a = 1           # Klassenattribut
...
>>> I = X()
>>> I.a                 # durch Instanz geerbt
```

```
1
>>> X.a
1
```

So weit, so gut. Aber sehen Sie, was passiert, wenn wir das Klassenattribut dynamisch verändern: Es wird auch in jedem Objekt, das von der Klasse erbt, verändert. Darüber hinaus erhalten alle neuen, von der Klasse erstellten Instanzen den dynamisch festgelegten Wert, ohne Rücksicht darauf, was der Quellcode der Klasse dazu sagt:

```
>>> X.a = 2             # dies kann mehr als X ändern
>>> I.a                 # I ändert sich auch
2
>>> J = X()             # J erbt von den Laufzeitwerten von X
>>> J.a                 # (aber Zuweisen an J.a ändert a in J, nicht X oder I)
2
```

Lösung

Nützliches Feature oder bösartige Falle? Das ist Ihre Entscheidung, aber immerhin können Sie allein durch Veränderung von Klassenattributen allerhand erreichen, ohne jemals nur eine einzige Instanz zu bilden. Diese Technik kann in der Tat »Records« oder »Structs« anderer Sprachen simulieren. Sehen wir uns als Beispiel folgendes ungewöhnliche, aber durchaus zulässige Python-Programm an:

```
class X: pass                          # erzeuge ein paar Attributnamensräume
class Y: pass

X.a = 1                                # benutze Klassenattribute als Variablen
X.b = 2                                # keinerlei Instanzen weit und breit
X.c = 3
Y.a = X.a + X.b + X.c

for X.i in range(Y.a): print X.i       # gibt 0..5 aus
```

Hier funktionieren die Klassen `X` und `Y` wie dateilose Modulnamensräume zum Speichern von Namen, die nicht kollidieren sollen. Dies ist ein durchaus zulässiger Programmiertrick, aber er ist weniger angebracht bei Klassen, die von anderen geschrieben wurden. Sie können nie sicher sein, daß Klassenattribute, die Sie verändern, nicht auch das interne Verhalten der Klasse beeinflussen. Wenn Sie einen C Struct simulieren wollen, sind Sie eventuell besser beraten, Instanzen statt Klassen zu verändern, da dann nur ein Objekt betroffen ist:

```
>>> class Record: pass
...
>>> X = Record()
>>> X.name = 'bob'
>>> X.job  = 'Pizza maker'
```

Mehrfache Vererbung: Eine Frage der Reihenfolge

Dies mag offensichtlich sein, ist es aber trotzdem Wert, hervorgehoben zu werden: Wenn Sie mehrfache Vererbung anwenden, kann die Reihenfolge der Superklassen in einer `class`-Anweisung von großer Wichtigkeit sein. Stellen Sie sich etwa vor, daß `Super` in dem Beispiel von eben auch eine `__repr__`-Methode implementiert hätte. Welche würden wir dann erben wollen, die von `Lister` oder die von `Super`? Wir würden sie von der Klasse bekommen, die in der Kopfzeile der Superklasse als erste aufgeführt ist, weil Vererbung von links nach rechts sucht. Aber nehmen wir weiterhin an, `Super` und `Lister` hätten ebenfalls ihre eigenen Versionen von anderen Namen. Wenn wir den einen Namen von `Super` und den anderen von `Lister` haben wollen, müssen wir die Vererbung durch manuelle Zuweisung zum Attributnamen in der `Sub`-Klasse aufheben:

```
class Lister:
    def __repr__(self): ...
    def other(self): ...

class Super:
    def __repr__(self): ...
    def other(self): ...

class Sub(Super, Lister):  # sammle __repr__ von Super auf, indem es als
                           # erstes gelistet wird
    other = Lister.other   # aber nimm explizit Listers Version von other
    def __init__(self):
        ...
```

Lösung

Mehrfache Vererbung ist ein fortgeschrittenes Werkzeug. Auch wenn Sie den letzten Absatz verstanden haben, ist es besser, sie sparsam und mit Bedacht anzuwenden. Andernfalls kann die Bedeutung eines Namens von der Reihenfolge abhängig werden, in der Klassen in eine ziemlich weit abgelegene Subklasse »eingemischt« wurden, und das Auffinden von Fehlern kann reichlich kompliziert werden.

Klassen-Funktionsattribute sind etwas Besonderes

Das hier ist einfach, wenn Sie Pythons zugrundeliegendes Objektmodell verstehen. Aber Anwender mit Hintergrundwissen über andere OOP-Sprachen (insbesondere Smalltalk) gehen leicht in die Falle. In Python können Klassenmethoden-Funktionen nie ohne eine Instanz aufgerufen werden. Weiter vorn haben wir über ungebundene Methoden gesprochen: Wenn eine Methodenfunktion durch Qualifizierung einer Klasse (statt einer Instanz) aufgerufen wird, bekommen wir eine ungebundene Methode. Obwohl sie durch eine `def`-Anweisung definiert werden, sind ungebundene Methoden keine einfachen Funktionen; sie können nicht ohne eine Instanz aufgerufen werden.

Nehmen wir an, wir wollen Klassenattribute benutzen, um zu zählen, wie viele Instanzen von einer Klasse erstellt wurden. Erinnern Sie sich: Klassenattribute werden von allen Instanzen geteilt, so daß wir den Zähler im Klassen-Objekt selbst speichern können:

```
class Spam:
    numInstances = 0
    def __init__(self):
        Spam.numInstances = Spam.numInstances + 1
    def printNumInstances():
        print "Anzahl erzeugter Instanzen: ", Spam.numInstances
```

Dies funktioniert nicht: Die `printNumInstances`-Methode erwartet immer noch, daß eine Instanz beim Aufruf übergeben wird, weil die Funktion mit einer Klasse assoziiert ist (obwohl keine Parameter in der Kopfzeile des `def` angegeben sind):

```
>>> from spam import *
>>> a = Spam()
>>> b = Spam()
>>> c = Spam()
>>> Spam.printNumInstances()
Traceback (innermost last):
  File "<stdin>", line 1, in ?
TypeError: unbound method must be called with class instance 1st argument
```

Lösung

Ungebundene Methoden sind nicht dasselbe wie einfache Funktionen. Wenn Sie Funktionen aufrufen wollen, die ohne eine Instanz auf Klassenmitglieder zugreifen, schreiben Sie simple Funktionen, keine Klassenmethoden. Dann wird im Aufruf auch keine Instanz erwartet:

```
def printNumInstances():
    print "Number of instances created: ", Spam.numInstances

class Spam:
    numInstances = 0
    def __init__(self):
        Spam.numInstances = Spam.numInstances + 1

>>> import spam
>>> a = spam.Spam()
>>> b = spam.Spam()
>>> c = spam.Spam()
>>> spam.printNumInstances()
Anzahl erzeugter Instanzen:  3
```

Wir können es auch so einrichten, daß dies wie üblich mit einer Instanz funktioniert:

```
class Spam:
    numInstances = 0
    def __init__(self):
        Spam.numInstances = Spam.numInstances + 1
    def printNumInstances(self):
        print "Anzahl erzeugter Instanzen: ", Spam.numInstances

>>> from spam import Spam
>>> a, b, c = Spam(), Spam(), Spam()
>>> a.printNumInstances()
Anzahl erzeugter Instanzen:  3
```

```
>>> b.printNumInstances()
Anzahl erzeugter Instanzen:  3
>>> Spam().printNumInstances()
Anzahl erzeugter Instanzen:  4
```

Einige Sprachentheoretiker behaupten, dies bedeutet, daß Python keine Klassen-, sondern lediglich Instanzmethoden besitzt. Wir denken, sie wollen damit sagen, daß Klassen in Python eben nicht genauso wie in anderen Sprachen funktionieren. Python hat tatsächlich gebundene und ungebundene Methoden mit gut definierter Semantik. Durch Qualifizierung einer Klasse erhalten Sie eine ungebundene Methode, die eine spezielle Art von Funktion darstellt. Python hat auch Klassenattribute, aber Funktionen in Klassen erwarten ein Instanzargument.

Darüber hinaus gibt es, da Python bereits *Module* als Werkzeug zur Unterteilung von Namensraum zur Verfügung stellt, normalerweise keine Notwendigkeit, Funktionen in Klassen zu packen, es sei denn, sie implementieren Objektverhalten. Einfache Funktionen in Modulen erfüllen üblicherweise zum großen Teil den Zweck, den instanzlose Klassenmethoden auch erfüllen könnten. Im ersten Beispiel dieses Abschnitts ist `printNumInstances` beispielsweise bereits mit der Klasse assoziiert, da es sich im selben Modul befindet.

Methoden, Klassen und verschachtelte Geltungsbereiche

Klassen führen genauso wie Funktionen einen lokalen Geltungsbereich ein, so daß dieselbe Art von Geltungsbereichs-Gotchas im Körper einer `class`-Anweisung vorkommen kann. Mehr noch, Methoden sind weiter verschachtelte Funktionen, so daß dieselben Fragen aufkommen. Die Verwirrung erscheint besonders groß, wenn verschachtelte Klassen ins Spiel kommen. Im folgenden Beispiel etwa soll die `generate`-Funktion eine Instanz der verschachtelten (lokalen) `Spam`-Klasse zurückgeben. Innerhalb seines Codes ist der Klassenname `Spam` im lokalen Geltungsbereich der `generate`-Funktion zugewiesen. Aber innerhalb der `method`-Funktion der Klasse ist der Klassenname `Spam` nicht sichtbar. `method` kann nur auf seinen eigenen lokalen Geltungsbereich, das Modul um `generate` herum und auf eingebaute Namen zugreifen:

```
def generate():
    class Spam:
        count = 1
        def method(self):          # Name Spam nicht sichtbar:
            print Spam.count       # nicht lokal (def), global (Modul), eingebaut
    return Spam()

generate().method()

C:\python\examples> python nester.py
Traceback (innermost last):
  File "nester.py", line 8, in ?
    generate().method()
  File "nester.py", line 5, in method
    print Spam.count               # nicht lokal (def), global (Modul), eingebaut
NameError: Spam
```

Lösung

Der allgemeinste Rat, den wir hier geben können, ist, sich an die LGB-Regel zu halten. Sie funktioniert in Klassen und Methoden genauso wie in einfachen Funktionen. Innerhalb einer Methodenfunktion zum Beispiel hat Code nur auf lokale Namen (im `def` der Methode), globale Namen (im einschließenden Modul) und eingebaute Objekte nichtqualifizierten Zugriff. Vor allem fehlt die einschließende `class`-Anweisung. Um zu Klassenattributen zu gelangen, müssen Methoden `self`, die Instanz, qualifizieren können. Um eine Methode von einer anderen aus aufzurufen, muß der Aufrufer den Aufruf durch `self` leiten (z.B. `self.method()`).

Es gibt eine Reihe von Möglichkeiten, das obige Beispiel zum Laufen zu bringen. Eine der einfachsten ist, den Namen `Spam` mit globalen Deklarationen in den Geltungsbereich des einschließenden Moduls zu verschieben. Da `method` aufgrund der LGB-Regel Namen im einschließenden Modul erkennt, funktionieren die Verweise auf `Spam`:

```
def generate():
    global Spam                 # zwinge Spam in den Modul-Geltungsbereich
    class Spam:
        count = 1
        def method(self):
            print Spam.count    # klappt: global (einschließendes Modul)
    return Spam()

generate().method()             # gibt 1 aus
```

Es ist vielleicht besser, das Beispiel lieber gleich so umzustrukturieren, daß die Klasse `Spam` aufgrund ihrer Einrückungstiefe in der Hauptebene des Moduls definiert wird, statt `global`-Anweisungen anzuwenden. Sowohl die verschachtelte `method`-Funktion als auch `generate` in der Hauptebene finden `Spam` in ihren globalen Geltungsbereichen:

```
def generate():
    return Spam()

class Spam:                     # definiere auf Modulebene
    count = 1
    def method(self):
        print Spam.count        # klappt: global (einschließendes Modul)

generate().method()
```

Wir können auch die ganze `Spam`-Referenz in `method` loswerden, indem wir das spezielle `__class__`-Attribut anwenden, das – wie wir wissen – das Klassen-Objekt einer Instanz zurückgibt:

```
def generate():
    class Spam:
        count = 1
        def method(self):
            print self.__class__.count      # klappt: Klasse aus __class__
    return Spam()

generate().method()
```

Schließlich könnten wir auch den Trick mit dem veränderlichen Default-Argument anwenden, den wir in Kapitel 4 gesehen haben, aber das ist so trickreich, daß wir uns fast nicht trauen, es zu zeigen. Die vorigen Lösungen machen meistens mehr Sinn.

```
def generate():
    class Spam:
        count = 1
        fillin = [None]
        def method(self, klass=fillin):     # aus umgebendem Bereich festhalten
            print klass[0].count            # klappt: Default eingestöpselt
    Spam.fillin[0] = Spam
    return Spam()

generate().method()
```

Beachten Sie, daß wir in der `def`-Kopfzeile von `method` nicht `klass=Spam` sagen können, da der Name `Spam` im Körper von `Spam` auch nicht sichtbar ist.[8] Er ist nicht lokal (im Körper der Klasse), global (im einschließenden Modul) oder eingebaut. `Spam` existiert nur im lokalen Geltungsbereich der `generate`-Funktion, den weder die verschachtelte Klasse noch ihre Methode erkennen kann. Die LGB-Regel funktioniert für beide gleichermaßen.

Zusammenfassung

In diesem Kapitel wurden zwei besondere Objektarten und die zugehörigen Sprachwerkzeuge behandelt: Klassen und Instanzen. Klassen-Objekte werden mit der `class`-Anweisung erstellt, definieren Default-Verhalten und dienen als Erzeuger von mehrfachen Instanz-Objekten. Zusammen unterstützen diese beiden Objektarten ausgereifte objektorientierte Entwicklung und die Wiederverwendung von Code. Kurz gesagt, erlauben uns Klassen, neue Objekte zu implementieren, die sowohl Daten als auch Verhalten exportieren.

Was ihre Besonderheit gegenüber anderen Konstrukten angeht, so unterstützen Klassen mehrfache Kopien, Spezialisierung durch Vererbung und Operatorenüberladung – jede dieser Eigenschaften haben wir in diesem Kapitel behandelt. Da es bei Klassen nur um Namensräume geht, haben wir auch untersucht, wie das Namensraumkonzept von Modulen und Funktionen erweitert wird. Und schließlich haben wir einige objektorientierte Ideen wie Komposition und Delegation kennengelernt und gesehen, wie man sie in Python implementiert.

Das nächste Kapitel beschließt unsere Reise durch den Kern der Sprache mit einem kurzen Blick auf die Behandlung von Ausnahmen – ein einfaches Werkzeug, mehr zum

8 Beachten Sie übrigens auch, daß die Zuweisung einer Klasse an den Klassennamen sowieso erst erfolgt, wenn die `class`-Anweisung abgelaufen ist – im Unterschied zu Modulen, deren Name sofort verfügbar wird. Die Klasse wird derzeit tatsächlich erst nach Ablauf ihres Code-Objekts erzeugt. Der einzige mir bekannte Trick, während der Ausführung von `class` an die im Aufbau befindliche Klasse heranzukommen, ist `locals()`. Dies liefert `__dict__`, aber leider nicht die Klasse. – Anm.d.Ü.

Bearbeiten von Ereignissen als zum Erstellen von Programmkomponenten. Als Zusammenfassung und Referenz dessen, was wir in diesem Kapitel erarbeitet haben, folgt hier ein Überblick der im Zusammenhang mit Klassen benutzten Begriffe:

Klasse
: Ein Objekt (als `class` eine Anweisung), das zu erbende Attribute definiert

Instanz
: Von einer Klasse erstellte Objekte, die ihre Attribute erben und ihre eigenen Namensräume erhalten

Methode
: Ein an ein Funktions-Objekt gebundenes Attribut eines Klassen-Objekts

self
: Die Namenskonvention für das implizierte Instanz-Objekt in Methoden

Vererbung
: Der qualifizierte Zugriff einer Instanz oder Klasse auf Attribute einer Superklasse

Superklasse
: Eine Klasse, von der eine andere Klasse erbt

Subklasse
: Eine Klasse, die Attributnamen von einer anderen Klasse erbt

Übungen

In diesem Übungsteil sollen Sie einige Klassen selbst schreiben und mit bereits existierendem Code experimentieren. Natürlich ist das Problem mit existierendem Code, daß er vorhanden sein muß. Um mit der Mengenklasse aus Übung 5 zu arbeiten, holen Sie sich den Quellcode bitte entweder aus dem Internet (siehe Vorwort), oder schreiben Sie ihn per Hand (er ist ziemlich kurz). Diese Programme werden nun anspruchsvoller, weshalb Sie sich immer die Lösungen am Ende des Buches für weitere Hinweise ansehen sollten. Wenn Sie nicht soviel Zeit haben, nehmen wir an, daß die letzte Übung, die sich mit Komposition beschäftigt, wahrscheinlich am meisten Spaß machen wird (natürlich, wir kennen die Anworten ja schon).

1. *Die Grundlagen.* Schreiben Sie eine Klasse namens `Adder`, die eine Methode `add(self, x, y)` exportiert, die eine »Nicht implementiert«-Nachricht ausgibt.[9] Dann definieren Sie zwei Subklassen von `Adder`, die die `add`-Methode implementieren:
   - `ListAdder`, mit einer `add`-Methode, die die Verkettung der beiden Listenparameter zurückgibt

---

9 Das ist ein Nachbau dessen, was C++- oder Delphi-Programmierer als »pure virtual« kennen. Mit dem Ausnahmekonzept des nächsten Kapitels können Sie sogar auf elegante Weise eine `PureVirtual`-Ausnahme generieren. – Anm.d.Ü.

- `DictAdder`, mit einer `add`-Methode, die ein neues Dictionary mit den Elementen in den beiden Dictionary-Parametern zurückgibt (jede Definition von Addition ist o.k.)

Experimentieren Sie, indem Sie interaktiv Instanzen von allen drei Klassen erstellen und ihre `add`-Methoden aufrufen. Erweitern Sie schließlich Ihre Klassen, um ein Objekt wie eine Liste oder ein Dictionary mit einem Konstruktor zu speichern, und überladen Sie den +-Operator als Ersatz für die `add`-Methode. Wo ist die beste Stelle, um die Konstruktoren und Operatorenüberladungs-Methoden zu plazieren (d.h. in welchen Klassen)? Welche Arten von Objekt können Sie Ihren Klasseninstanzen hinzufügen?

2. *Operatorenüberladung*. Schreiben Sie eine Klasse mit Namen `Mylist`, die eine Python-Liste »einhüllt«. Sie sollte die meisten Listenoperatoren und -operationen – +, Indizierung, Iteration, Slicing und Listenmethoden wie `append` und `sort` – überladen. Im Python-Handbuch finden Sie eine Liste aller Methoden, die überladen werden können. Stellen Sie auch einen Konstruktor für Ihre Klasse zur Verfügung, der eine existierende Liste (oder eine Instanz von `Mylist`) nimmt und ihre Komponenten in ein Instanzmitglied kopiert. Experimentieren Sie interaktiv mit Ihrer Klasse. Versuchen Sie folgendes:
   - Warum ist es hier wichtig, den Anfangswert zu kopieren?
   - Können Sie einen leeren Teilbereich (z.B. `start[:]`) zum Kopieren des Anfangswertes benutzen, wenn er eine Instanz von `Mylist` ist?
   - Gibt es eine generelle Methode, um Aufrufe von Listenmethoden zu der »eingehüllten« Liste zu leiten?
   - Können Sie ein `Mylist` und eine reguläre Liste addieren? Wie ist es andersherum, mit einer Liste und einer Instanz von `Mylist`?
   - Welche Art von Objekt sollten Operationen wie + und Teilbereichsbildung (Slicing) zurückgeben, und was ist mit Indizierung?
3. *Subklassen*. Erstellen Sie nun eine Subklasse von `Mylist` aus Übung 2 mit dem Namen `MylistSub`, die `Mylist` so erweitert, daß sie, bevor eine der überladenen Operationen aufgerufen wird, eine Nachricht an `stdout` ausgibt und die Anzahl der Aufrufe zählt. `MylistSub` sollte das gundlegende Methodenverhalten von `Mylist` erben. Zum Beispiel: Das Addieren einer Sequenz zu einer `MylistSub` sollte eine Nachricht ausgeben, den Zähler für +-Aufrufe erhöhen und die Methode der Superklasse ausführen. Führen Sie auch eine neue Methode ein, die die Operationszähler auf `stdout` anzeigt, und experimentieren Sie interaktiv mit der Klasse. Zählen Ihre Zähler alle Aufrufe pro Instanz oder pro Klasse (für alle Instanzen der Klasse)? Wie würden Sie beides programmieren? (Tip: Es ist davon abhängig, welchem Objekt die Zählermitglieder zugewiesen werden: Klassenmitglieder werden von Instanzen gemeinsam genutzt, `self`-Mitglieder sind individuelle Daten jeder Instanz.)
4. *Metaklassenmethoden*. Schreiben Sie eine Klasse namens `Meta` mit Methoden, die jede Attribut-Qualifikation abfängt (sowohl das Abrufen als auch Zuweisungen)

und die eine Nachricht mit deren Parametern auf `stdout` ausgibt. Erstellen Sie eine `Meta`-Instanz, und experimentieren Sie, indem Sie sie interaktiv qualifizieren. Was passiert, wenn Sie versuchen, die Instanz in Ausdrücken zu verwenden? Probieren Sie Addition, Indizierung und Teilbereichsbildung (Slicing) mit der Instanz aus.

5. *Mengen-Objekte*. Experimentieren Sie mit der Mengenklasse, die wir in diesem Kapitel beschrieben haben (im Abschnitt »Eingebaute Objekttypen erweitern«). Geben Sie Kommandos, die folgende Operationen ausführen:

   a. Erstellen Sie zwei Mengen von Integern, und berechnen Sie ihre Schnittmenge und ihre Vereinigungsmenge durch Ausdrücke mit `&`- und |-Operatoren.

   b. Erstellen Sie eine Menge aus einem String, und experimentieren Sie mit der Indizierung Ihrer Menge. Welche Methoden in der Klasse werden aufgerufen?

   c. Versuchen Sie, die Elemente Ihrer String-Menge zu durchlaufen, indem Sie eine `for`-Schleife benutzen. Welche Methoden werden diesmal gestartet?

   d. Versuchen Sie, die Schnittmenge und die Vereinigungsmenge Ihrer String-Menge und eines simplen Python-Strings zu berechnen. Funktioniert das?

   e. Erweitern Sie nun Ihre Menge durch das Bilden von Subklassen, um beliebig viele Operanden handhaben zu können, indem Sie eine Form von `*args`-Parameter benutzen (Tip: Siehe Funktionsversionen dieser Algorithmen in Kapitel 4). Berechnen Sie Schnitt- und Vereinigungsmengen von mehrfachen Operanden mit Ihrer Mengensubklasse. Wie können Sie drei oder mehr Mengen auf einmal schneiden, wenn `&` doch nur zwei Seiten hat?[10]

   f. Wie würden Sie vorgehen, um andere Listenoperationen in der Mengenklasse zu emulieren? (Tips: `__add__` kann Verkettung abfangen, und `__getattr__` kann die meisten Listenmethoden-Aufrufe an die »eingehüllte« Liste weitergeben.)

6. *Klassenbaum-Verknüpfungen*. In einer Fußnote im Abschnitt über mehrfache Vererbung haben wir erwähnt, daß Klassen ein `__bases__`-Attribut haben, das ein Tupel mit den Superklassen-Objekten der Klasse ist (in Klammern in der Kopfzeile der Klasse). Nehmen Sie `__bases__`, um die »eingemischte« `Lister` -Klasse zu erweitern, so daß sie auch die Namen der unmittelbaren Superklassen der Instanzklasse ausgibt. Wenn Sie dies gemacht haben, sollte die erste Zeile der String-Darstellung so aussehen:

   ```
   <Instance of Sub(Super, Lister), address 7841200:.
   ```

   Wie würden Sie vorgehen, wenn Sie auch noch Klassenattribute ausgeben wollen?

7. *Komposition*. Simulieren Sie das Szenario einer Fast-Food-Bestellung (brrr) durch die Definition der folgenden vier Klassen:

   - `Lunch`: eine Container- und Controller-Klasse
   - `Customer`: die Person, die das Essen kauft

10 Natürlich können Sie `menge1 & menge2 & menge3` schreiben, das ist hier aber nicht gemeint. – Anm.d.Ü.

- Employee: die Person, bei der der Kunde bestellt
- Food: was der Kunde kauft

Für den Anfang sind hier die Klassen und Methoden, die Sie definieren sollten:

```
class Lunch:
    def __init__(self)         # erzeuge Customer und Employee, bette sie ein
    def order(self, foodName)  # starte Simulation einer Bestellung
    def result(self)           # frage Customer, welche Sorte Food (Essen) er hat

class Customer:
    def __init__(self)                           # initialisiere mein Food zu None
    def placeOrder(self, foodName, employee) # bestelle bei einem Employee
    def printFood(self)                          # gib den Namen meines Food aus

class Employee:
    def takeOrder(self, foodName)      # gibt ein Food mit dem verlangten Namen
                                       # zurück
class Food:
    def __init__(self, name)           # speichere Namen von Food
```

Die Simulation der Bestellung funktioniert folgendermaßen:

- Der Konstruktor der Lunch-Klasse sollte eine Instanz von Customer und Employee erstellen und einbetten und eine Methode namens order exportieren. Beim Aufruf sollte diese order-Methode den Customer bitten, eine Bestellung aufzugeben, indem sie seine placeOrder-Methode aufruft. Die placeOrder-Methode von Customer sollte daraufhin das Employee-Objekt durch Aufruf der takeOrder-Methode von Employee um ein neues Food-Objekt bitten.
- Food-Objekte sollten einen Food-Namens-String speichern (z.B. "burritos"), der weitergereicht wird: von Lunch.order über Customer.placeOrder zu Employee.takeOrder und dann schließlich zum Konstruktor von Food. Die Lunch-Klasse (die hier die Hauptrolle bei der Steuerung spielt) sollte auch eine Methode namens result exportieren, die den Kunden bittet, den Namen des Essens, das er vom Employee bekommen hat, auszugeben (dies können Sie anwenden, um Ihre Simulation zu testen).
- Beachten Sie, daß Lunch entweder den Employee oder sich selbst an den Customer weiterreichen muß, damit Customer die Methoden von Employee aufrufen kann.

8. Experimentieren Sie interaktiv mit Ihren Klassen, indem Sie die Lunch-Klasse aufrufen, deren order-Methode aktivieren, um eine Interaktion zu starten, und dann ihre result-Methode aufrufen, um zu verifizieren, daß der Customer wirklich das erhielt, was er/sie bestellt hat. In dieser Simulation ist Customer der aktive Teil. Wie würden Sie Ihre Klassen verändern, wenn statt dessen Employee das Objekt wäre, das die customer/employee-Interaktion initiiert?

In diesem Kapitel:
- *Warum Ausnahmen?*
- *Grundlagen*
- *Ausnahme-Idiome*
- *Verfahren zum Abfangen von Ausnahmen*
- *Haken und Ösen*
- *Ausnahme-Gotchas*
- *Zusammenfassung*
- *Übungen*

7 Ausnahmen

Unser letztes Kapitel in Teil I des Buches behandelt Ausnahmen – Vorgänge, die den Kontrollfluß eines Programms beeinflussen können. In Python können Ausnahmen von unseren Programmen sowohl abgefangen als auch ausgelöst werden. Sie werden von zwei neuen Anweisungen verarbeitet, die wir in diesem Kapitel betrachten werden:

`try`
: Fängt Ausnahmen ab, die von Python oder einem Programm ausgelöst wurden

`raise`
: Löst eine Ausnahme manuell aus

Wir werden sehen, daß die Handhabung von Ausnahmen bis auf wenige Ausnahmen (ausnahmsweise mal ein Wortspiel) ausnehmend einfach ist, weil sie als weiteres anspruchsvolles Werkzeug ausnahmslos in die Sprache integriert sind.

Warum Ausnahmen?

Ausnahmen ermöglichen es uns, willkürlich um größere Programmstücke herumzuhüpfen. Erinnern Sie sich an den Pizzabäcker-Roboter aus dem letzten Kapitel? Stellen Sie sich vor, wir machen ernst und bauen wirklich so eine Maschine (es gibt schließlich schlimmere Hobbys). Um eine Pizza herzustellen, müßte unser kulinarischer Automat einen Plan ausführen, den wir als Python-Programm implementieren. Er würde eine Bestellung annehmen, den Teig vorbereiten, belegen und backen usw.

Nehmen wir nun an, daß bei dem Schritt »Backen der Pizza« irgend etwas total schiefgeht. Vielleicht ist der Ofen kaputt, oder unser Roboter hat sein Fassungsvermögen falsch berechnet, und der Ofen geht plötzlich in Flammen auf. Es ist klar, daß wir dann gern zügig Code aufrufen wollen, der so etwas schnell in den Griff bekommt (besonders, wenn unser Roboter bereits auf dem Küchenfußboden dahinschmilzt!). Da wir unter solchen Umständen auch kaum eine Chance haben, die Pizza zu Ende zu bringen, sollten wir besser gleich den ganzen Plan fallenlassen.

Genau hier kommen Ausnahmen ins Spiel: Sie können mit einem Schlag über alle unterbrochenen Funktionsaufrufe hinweg zu einem Ausnahme-Handler springen. Sie stellen eine Art von »super-goto« dar.[1] Eine Ausnahmebehandlung (`try`-Anweisung) hinterläßt einen *Marker* und führt etwas Code aus. Irgendwo weiter hinten im Programm wird eine Ausnahme ausgelöst, die Python sofort zu dem Marker zurückspringen läßt, ohne irgendeine aktive Funktion wiederaufzunehmen, die nach dem Setzen des Markers aufgerufen wurde. Der Code in der Ausnahmebehandlung kann entsprechend auf die Ausnahme reagieren (zum Beispiel, die Feuerwehr rufen). Darüber hinaus ist es normalerweise nicht nötig, irgendwelche Statuscodes nach jedem Aufruf einer möglicherweise fehlschlagenden Funktion zu überprüfen, da Python beim Auftreten des Fehlers unmittelbar zu der Behandlungsanweisung springt.

In typischen Python-Programmen können Ausnahmen für eine Vielzahl von Dingen angewendet werden:

Fehlerbehandlung
: Python löst Ausnahmen aus, wenn es zur Laufzeit Fehler in Programmen entdeckt. Sie können Fehler entweder abfangen und intern in Ihren Programmen darauf reagieren, oder Sie können die Ausnahme einfach ignorieren. Wird sie ignoriert, tritt die Standard-Ausnahmebehandlung von Python auf den Plan: Sie bricht das Programm ab und gibt eine Fehlermeldung aus, die die fehlgeschlagene Programmstelle anzeigt.

Ereignismeldung
: Ausnahmen können auch eine gültige Bedingung signalisieren, ohne überall in einem Programm Ergebnis-Flags herumreichen oder explizit testen zu müssen. Eine Suchroutine kann zum Beispiel eine Ausnahme für Erfolg auslösen, statt einen Integer 1 zurückzugeben.

Behandlung von Spezialfällen
: Manche Bedingungen treten so selten auf, daß es kaum zu rechtfertigen ist, nur dafür den ganzen Code zu verbiegen. Solcher Spezialfall-Spaghetticode läßt sich oft eliminieren, indem man ungewöhnliche Fälle statt dessen mit einer Ausnahmebehandlung abfertigt.

Ungewöhnlicher Kontrollfluß
: Und schließlich können Sie Ausnahmen als Basis zum Implementieren exotischer Kontrollflüsse verwenden, da sie eine Art »gehe zu« auf hohem Niveau sind. Ein Beispiel: Obwohl Rückverfolgung (Backtracking) nicht Teil der Sprache selbst ist, kann sie mit Ausnahmen und ein bißchen Unterstützungs-Logik zum Rückgängigmachen von Zuweisungen in Python implementiert werden.[2]

---

1 Wenn Sie C benutzt haben, könnte es für Sie interessant sein zu wissen, daß Pythons Ausnahmen ungefähr äquivalent zum Standard-Funktionspaar `setjmp`/`longjmp` in C sind. Die `try`-Anweisung verhält sich sehr ähnlich zu `setjmp`, und `raise` funktioniert wie `longjmp`. Aber in Python basieren Ausnahmen auf Objekten und sind ein Standardteil des Ausführungsmodells.

2 Rückverfolgung ist nicht Teil der Python-Sprache, so daß wir hier nicht mehr darüber sagen möchten. Wenn Sie neugierig sind, empfehlen wir Ihnen ein Buch über künstliche Intelligenz oder über die Programmiersprachen Prolog oder Icon.

Später sehen wir einige dieser typischen Anwendungen. Lassen Sie uns zunächst die Werkzeuge zum Bearbeiten von Ausnahmen näher betrachten.

Grundlagen

In Python sind Ausnahmen eine Kontrollflußvorrichtung auf hohem Niveau. Sie können sowohl von Python als auch von unseren Programmen ausgelöst werden. In beiden Fällen können sie von `try`-Anweisungen abgefangen werden. Es gibt zwei Arten von `try`-Anweisungen – eine, die Ausnahmen verarbeitet, und eine, die Endebehandlungs-Code ausführt, ob Ausnahmen auftreten oder nicht.

try/except/else

`try` ist eine weitere zusammengesetzte Anweisung. Ihre vollständige Form ist nachfolgend dargestellt. Sie beginnt mit einer `try`-Kopfzeile, gefolgt von einem Block eingerückter Anweisungen und einer oder mehreren optionalen `except`-Klauseln, die die abzufangenden Ausnahmen benennen, und einem optionalen `else` am Ende:

```
try:
    <statements>          # führe Aktionen aus
except <name>:
    <statements>          # wenn 'name' während des try-Blocks ausgelöst wird
except <name>, <data>:
   <statements>           # wenn 'name' ausgelöst wird, mit Zusatzdaten
else:
   <statements>           # wenn es zu keiner Ausnahme kam
```

`try`-Anweisungen funktionieren folgendermaßen: Wenn eine `try`-Anweisung ausgeführt wird, markiert Python den aktuellen Programmkontext, so daß es zurückkehren kann, wenn eine Ausnahme auftritt. Zunächst werden die unter der `try`-Kopfzeile verschachtelten Anweisungen gestartet. Was dann passiert, ist abhängig davon, ob im Kontext des `try`-Blocks eine Ausnahme ausgelöst wird oder nicht:

- Tritt eine Ausnahme während des Ablaufs des `try`-Blocks auf, springt Python zurück zu `try` und startet die Anweisungen nach der ersten `except`-Klausel, die mit der ausgelösten Ausnahme übereinstimmt. Die Steuerung wird hinter der gesamten `try`-Anweisung fortgesetzt, nachdem der `except`-Block läuft (es sei denn, der `except`-Block löst eine weitere Ausnahme aus).
- Kommt eine Ausnahme im `try`-Block vor und stimmt keine der `except`-Klauseln überein, pflanzt sich die Ausnahme weiter fort bis hoch zu einem noch aktiven `try`, das irgendwo in der aktuellen Aufrufhierarchie vorkam, oder bis zur höchsten Ebene des Prozesses (was bewirkt, daß Python das Programm beendet und eine Standardfehlermeldung ausgibt).
- Kommen keine Ausnahmen vor, während die Anweisungen unter der `try`-Kopfzeile laufen, startet Python die Anweisungen unter der `else`-Zeile (wenn vorhanden), und die Kontrolle geht dann hinter der gesamten `try`-Anweisung weiter.

Mit anderen Worten: except-Klauseln fangen Ausnahmen ab, die während der Ausführung des try-Blocks auftreten, und die else-Klausel wird nur ausgeführt, wenn keine Ausnahmen vorkommen (beachten Sie die Ähnlichkeit zum Schleifen-else). Die except-Klauseln sind sehr stark fokussierte Behandlungsroutinen – sie fangen nur die Ausnahmen ab, die innerhalb der Anweisungen im assoziierten try-Block stattfinden. Da die Anweisungen des try-Blocks jedoch auch Funktionen anderswo im Programm aufrufen können, kann die Quelle einer Ausnahme auch außerhalb des try liegen.

try/finally

Die andere Art von try-Anweisung ist eine Spezialisierung und hat mit Endebehandlung zu tun. Wenn eine finally-Klausel mit try benutzt wird, wird ihr Anweisungsblock von Python immer »beim Weg hinaus« ausgeführt – unabhängig davon, ob eine Ausnahme während des try-Blocks vorkam:

- Kommt keine Ausnahme vor, startet Python den try-Block, dann den finally-Block und setzt dann die Ausführung hinter der gesamten try-Anweisung fort.
- Kommt eine Ausnahme vor, während der try-Block ausgeführt wird, kommt Python zurück und führt den finally-Block aus, aber danach pflanzt sich die noch immer unbehandelte Ausnahme zu einem höheren try (oder zur höchsten Ebene) fort. Die Kontrolle setzt sich nicht hinter der try-Anweisung fort.

Die try/finally-Form ist nützlich, wenn Sie absolut sicher sein wollen, daß eine Aktion unabhängig vom Ausnahmeverhalten des Programms immer ausgeführt wird. Wir sehen gleich ein Beispiel dafür. Die finally-Klausel kann nicht in derselben try-Anweisung wie except und else angewendet werden, so daß man sich beide am besten als zwei verschiedene Anweisungen vorstellen sollte:

```
try:
    <statements>
finally:
    <statements>          # immer "beim Weg hinaus" anwenden
```

raise

Um Ausnahmen auszulösen, müssen Sie raise-Anweisungen schreiben. Ihre allgemeine Form ist simpel: das Wort raise, gefolgt von dem Namen der auszulösenden Ausnahme. Sie können auch ein Extra-Datenelement (ein Objekt) zusammen mit der Ausnahme angeben, indem Sie es hinter den Namen der Ausnahme schreiben. Sie können zusätzlich übergebene Daten in einem try empfangen, indem Sie ein Zuweisungsziel für deren Aufnahme angeben: except name, data:

```
raise <name>            # manuell eine Ausnahme auslösen
raise <name>, <data>    # und zusätzlich ein paar Daten mitgeben
```

Was ist nun der Name einer Ausnahme? Es kann der Name einer eingebauten Ausnahme aus dem eingebauten Geltungsbereich sein (z.B. IndexError) oder der Name eines beliebigen, in Ihrem Programm zugewiesenen String-Objekts. Es kann darüber hinaus auch eine Referenz auf eine Klasse oder eine Instanz sein. Diese Form ist eine starke Verallgemeinerung der `raise`-Anweisung, aber lassen Sie uns dies auf später in diesem Kapitel vertagen. Ausnahmen werden durch Objekte identifiziert, und zu keiner Zeit kann mehr als eines davon aktiv sein. Einmal von einer `except`-Klausel abgefangen, »stirbt« eine Ausnahme (sie wird sich nicht zu einem anderen `try` fortsetzen), es sei denn, sie wird durch ein `raise` oder einen Fehler erneut ausgelöst.

Erste Beispiele

Ausnahmen sind einfacher, als sie aussehen. Da sich der Kontrollfluß eines Programms einfacher in Python ausdrücken läßt als in Deutsch, wollen wir uns einige einfache Beispiele zu den Grundlagen von Ausnahmen ansehen.

Standardverhalten: Fehlermeldungen

Wie schon erwähnt, trudeln Ausnahmen, die nicht durch `try`-Anweisungen abgefangen werden, bis auf die höchste Prozeßebene hoch und aktivieren Pythons vorgegebene Fehlerbehandlungs-Logik: Python bricht das Programm ab und gibt eine beschreibende Fehlermeldung aus (wo das Programm war, als die Ausnahme stattfand). Das Starten des folgenden Moduls erzeugt eine Division-durch-null-Ausnahme. Weil das Programm sie ignoriert, beendet Python das Programm und schimpft:

```
% cat bad.py
def gobad(x, y):
    return x / y

def gosouth(x):
    print gobad(x, 0)

gosouth(1)

% python bad.py
Traceback (innermost last):
  File "bad.py", line 7, in ?
    gosouth(1)
  File "bad.py", line 5, in gosouth
    print gobad(x, 0)
  File "bad.py", line 2, in gobad
    return x / y
ZeroDivisionError: integer division or modulo
```

Tritt eine unbehandelte Ausnahme auf, beendet Python das Programm und gibt einen Stapel-Abzug (Stack Trace) sowie den Namen und die zusätzlichen Daten der ausgelösten Ausnahme aus. Der Stapel-Abzug enthält den Dateinamen, die Zeilennummer und den Quellcode aller Funktionen, die beim Auftreten der Ausnahme aktiv waren, von der ältesten zur neuesten. So können Sie z.B. sehen, daß die unglückliche Division im untersten Eintrag in dem Abzug vorkommt – Zeile 2 von Datei *bad.py*, eine `return`-Anweisung.

Weil Python nahezu alle Fehler an Ort und Stelle durch Auslösen einer Ausnahme signalisiert, sind Ausnahmen eng mit dem allgemeinen Konzept der Fehlerbehandlung verwandt. Beim Durcharbeiten der Beispiele ist Ihnen Ihr Programm sicher schon das eine oder andere Mal mit einer Ausnahme um die Ohren geflogen (sogar Tippfehler erzeugen normalerweise eine `SyntaxError`-Ausnahme). Normalerweise bekommen Sie eine nützliche Fehleranzeige wie die obige, die Ihnen hilft, das Problem zu lokalisieren. Für Hochleistungs-Debugging-Jobs können Sie Ausnahmen mit `try`-Anweisungen auffangen.[3]

Das Abfangen eingebauter Ausnahmen

Wenn Sie nicht möchten, daß Ihr Programm beim Auftreten einer Ausnahme beendet wird, fangen Sie sie einfach ab, indem Sie die Programmlogik in ein `try` einhüllen. Der folgende Code fängt den `IndexError` auf, den Python auslöst, wenn die Liste über ihre Grenzen hinaus indiziert wird (erinnern Sie sich, daß Listenindizes ein nullbasierter Versatz sind, 3 liegt hinter dem Ende):

```
def kaboom(list, n):
    print list[n]            # löse IndexError aus

try:
    kaboom([0, 1, 2], 3)
except IndexError:           # fange Ausnahme hier
    print 'Hello world!'
```

Wenn die Ausnahme in der Funktion `kaboom` auftritt, springt die Steuerung zur `except`-Klausel der `try`-Anweisung, die eine Nachricht ausgibt. Da eine Ausnahme, nachdem sie abgefangen wurde, bereits »tot« ist, wird das Programm hinter dem gesamten `try` fortgesetzt, statt von Python beendet zu werden. Im Endeffekt behandeln und ignorieren Sie den Fehler.

Auslösen und Abfangen benutzerdefinierter Ausnahmen

Python-Programme können mit der `raise`-Anweisung auch ihre eigenen Ausnahmen auslösen. In ihrer einfachsten Form sind benutzerdefinierte Ausnahmen üblicherweise String-Objekte wie dieses hier, dem `MyError` zugewiesen wird:

```
MyError = "my error"

def stuff(file):
    raise MyError

file = open('data', 'r')     # öffne existierende Datei
```

3 Sie können auch den Standard-Debugger `pdb` benutzen, um Probleme zu isolieren. Wie mit Debuggern in C (`dbx` und `gdb`) können Sie mit `pdb` Zeile für Zeile Python-Programme durchlaufen, Variablenwerte inspizieren, Haltepunkte setzen usw. `pdb` wird als Standardmodul von Python mitgeliefert und ist auch in Python geschrieben. Siehe das Bibliothekshandbuch von Python oder andere Python-Texte über die Anwendung von `pdb`. Zum Abschluß von Kapitel 8 finden Sie außerdem ein Beispiel mit `pdb`.

```
try:
    stuff(file)                # löst Ausnahme aus
finally:
    file.close()               # schließe Datei in jedem Fall
```

Benutzerdefinierte Ausnahmen werden genauso wie eingebaute Ausnahmen mit `try`-Anweisungen abgefangen. Hier haben wir den Aufruf einer datenverarbeitenden Funktion in ein `try` mit einer `finally`-Klausel eingebettet, um sicherzustellen, daß die Datei immer geschlossen wird – unabhängig davon, ob die Funktion eine Ausnahme auslöst oder nicht. Diese eine Funktion ist nun nicht gerade besonders nützlich (sie löst einfach nur eine Ausnahme aus), aber das »Einwickeln« von Aufrufen in `try/finally`-Anweisungen ist eine gute Methode, um sicherzustellen, daß Ihre Ladenschlußaktivitäten immer ablaufen.

Ausnahme-Idiome

Wir haben nun die Mechanik hinter den Ausnahmen gesehen und wollen jetzt einen Blick auf einige Möglichkeiten ihrer typischen Anwendung werfen.

Ausnahmen sind nicht immer etwas Schlechtes

Python meldet Ausnahmen bei Fehlern, aber nicht alle Ausnahmen sind unbedingt Fehler. Wir haben zum Beispiel in Kapitel 2, *Typen und Operatoren*, gesehen, daß `read`-Methoden von Datei-Objekten einen leeren String am Ende einer Datei zurückgeben. Python bietet auch eine eingebaute Funktion namens `raw_input` an, um vom Standard-Eingabedatenstrom zu lesen. Anders als Dateimethoden löst `raw_input` den eingebauten `EOFError` am Ende der Datei aus, statt einen leeren String zurückzugeben (ein leerer String bedeutet eine leere Zeile, wenn `raw_input` benutzt wird). Daher erscheint `raw_input` oft in ein `try`-Konstrukt »eingehüllt« und zusammen mit einer Schleife wie im folgenden Code:

```
while 1:
    try:
        line = raw_input()     # lies Zeile von stdin
    except EOFError:
        break                  # verlasse Schleife am Dateiende
    else:
      Verarbeite nächste 'Zeile' hier
```

Suchvorgänge signalisieren manchmal Erfolg durch raise

Benutzerdefinierte Ausnahmen können auch nichtfehlerhafte Bedingungen signalisieren. Eine Suchroutine kann beispielsweise so codiert werden, daß sie eine Ausnahme auslöst, wenn eine Übereinstimmung gefunden wurde, statt eine Statusmarkierung zurückzugeben, die immer durch den Aufrufer interpretiert werden muß. Im folgenden Beispiel erledigt die `try/except/else`-Ausnahme die Arbeit eines Ergebnistests mit `if/else`:

```
Found = "Item found"

def searcher():
  löse Found aus oder gehe zurück

try:
    searcher()
except Found:                 # Ausnahme, wenn etwas gefunden wurde
  Erfolg
else:                         # nicht gefunden
  Niete
```

Äußere try-Anweisungen können Code testen

Sie können Ausnahmebehandlung auch einsetzen, um normale Ausnahmebehandlung auf oberster Ausführungsebene – wie vorhin gesehen – zu ersetzen. Indem Sie das ganze Programm (oder seinen Aufruf) in ein äußeres `try` »einhüllen«, können Sie alle Ausnahmen abfangen, die jemals vorkommen könnten, während Ihr Programm läuft; wobei Sie sogar die standardmäßige Programmbeendigung unterminieren. Im nächsten Beispiel fängt die leere `except`-Klausel jede unbehandelte Ausnahme ab, während das Programm läuft. Um die aufgetretene Ausnahme ausfindig zu machen, verwenden Sie die `exc_type`- und `exc_value`-Attribute des eingebauten `sys`-Moduls. Diese werden automatisch mit dem Namen der aktuellen Ausnahme und den zusätzlichen Daten besetzt:[4]

```
try:
  Programm laufen lassen
except:                 # alle unbehandelten Ausnahmen landen hier
    import sys
    print 'uncaught!', sys.exc_type, sys.exc_value
```

Verfahren zum Abfangen von Ausnahmen

Nach diesem ersten Einblick wollen wir uns nun die Details von Pythons Ausnahmenmodell ansehen.

Klauseln der try-Anweisung

Wenn Sie `try`-Anweisungen schreiben, kann eine Vielfalt von Klauseln hinter dem Block der `try`-Anweisung auftauchen. In Tabelle 7-1 sind alle möglichen Formen dargestellt. Die meisten von ihnen haben wir in den Beispielen bereits gesehen – leere

4 Übrigens, das mitgelieferte `traceback`-Modul erlaubt es Ihnen, die aktuelle Ausnahme in einer allgemeingültigen Art zu bearbeiten, und seit Python 1.5.1 gibt eine neue `sys.exc_info()`-Funktion einen Tupel mit dem Typ der aktuellen Ausnahme, zusätzlichen Daten und dem Traceback zurück. `sys.exc_type` und `sys.exc_value` funktionieren weiterhin, aber handhaben eine einzige globale Ausnahme. `exc_info()` verfolgt die Ausnahmeinformationen für jeden Thread einzeln und ist somit Thread-spezifisch. Diese Unterscheidung ist nur in Multi-Thread-Programmen wichtig (ein Thema, das über dieses Buch hinausgeht). Für weitere Details zu Threads schlagen Sie bitte im Bibliothekshandbuch von Python nach.

except-Klauseln fangen jede Ausnahme ab, finally läuft »beim Weg hinaus« usw. Es können beliebig viele excepts eingesetzt werden, aber finally muß für sich allein stehen (ohne else oder except), und es gibt nur ein else in einem try .

Tabelle 7-1: Klauselarten in der try-Anweisung

Klauselart	Bedeutung
except:	fängt alle (anderen) Ausnahmetypen
except name:	fängt nur eine spezifische Ausnahme
except name, value:	fängt Ausnahme und ihre zusätzlichen Daten
except (name1, name2):	fängt jede gelistete Ausnahme
else:	keine Ausnahme: »ausnahmsloser« Block
finally:	führt immer den Block aus

Das Abfangen von 1-von-N-Ausnahmen

Der vierte Eintrag in Tabelle 7-1 ist neu. except kann auch eine Menge abzufangender Ausnahmen als Tupel zur Verfügung stellen. Python startet den Anweisungsblock einer solchen Klausel, wenn irgendeine der aufgelisteten Ausnahmen auftritt. Da Python innerhalb eines gegebenen try die except-Klauseln von oben nach unten nach Übereinstimmungen absucht, benimmt sich die eingeklammerte Version genau wie ein Auflisten jeder Ausnahme in einem eigenen except, außer daß der Anweisungskörper nur einmal geschrieben werden muß.

Hier folgt ein Beispiel für mehrere except-Klauseln bei der Arbeit. Python geht im folgenden immer, wenn eine Ausnahme während des Aufrufs der action-Funktion ausgelöst wird, zu try zurück und sucht nach dem ersten passenden except. Es prüft die except-Klauseln von oben nach unten und von links nach rechts und startet die Anweisungen unter der ersten, die übereinstimmt. Wird keine Übereinstimmung gefunden, pflanzt sich die Ausnahme über dieses try hinaus fort. Der else-Teil läuft nur dann, wenn keine Ausnahme stattfindet. Wenn Sie nun wirklich eine Fange-alles-Klausel haben möchten, erfüllt ein leeres except diesen Wunsch:

```
try:
    action()
except NameError:
    ...
except IndexError
    ...
except KeyError:
    ...
except (AttributeError, TypeError, SyntaxError):
    ...
else:
    ...
```

Ausnahmen verschachteln sich zur Laufzeit

Bis jetzt wurde in unseren Beispielen nur ein einsames `try` benutzt, um Ausnahmen abzufangen. Was passiert aber, wenn ein `try` physisch in ein anderes verschachtelt ist? Was bedeutet es eigentlich, wenn ein `try` eine Funktion aufruft, die ein weiteres `try` startet? Beide Fälle versteht man, wenn man sich klarmacht, daß Python die `try`-Anweisungen zur Laufzeit stapelt. Wird eine Ausnahme ausgelöst, geht Python zur zuletzt betretenen `try`-Anweisung mit einer passenden `except`-Klausel zurück. Da jede `try`-Anweisung einen Marker hinterläßt, kann Python durch Abbauen des Marker-Stapels zu früheren `try`s zurückspringen.

Ein Beispiel wird helfen, dies zu verdeutlichen. Das folgende Modul definiert zwei Funktionen: `action2` ist so geschrieben, daß es eine Ausnahme auslöst (man kann keine Zahlen und Sequenzen zusammenzählen), und `action1` »hüllt« einen Aufruf an `action2` in einen `try`-Handler, um die Ausnahme abzufangen. Der Hauptebenencode des Moduls »hüllt« allerdings den Aufruf von `action1` ebenfalls in eine `try`-Behandlung ein. Wenn `action2` die `TypeError`-Ausnahme auslöst, gibt es zwei aktive `try`-Anweisungen – die eine in `action1` und die andere aus der Modulhauptebene. Python nimmt die letzte (jüngste) mit passendem `except`, was in diesem Fall das `try` in `action1` ist. Im allgemeinen hängt der Ort, an den eine Ausnahme letztendlich springt, vom Kontrollfluß des Programms zur Laufzeit ab:

```
def action2():
    print 1 + []            # erzeuge TypeError

def action1():
    try:
        action2()
    except TypeError:       # letztes passendes try
        print 'inneres try'

try:
    action1()
except TypeError:           # hierher nur, wenn action1 erneut auslöst
    print 'äusseres try'

% python nestexc.py
inneres try
```

finally-Klauseln laufen »beim Weg hinaus« ab

Wir haben schon über die `finally`-Klausel gesprochen, aber hier ist noch ein raffinierteres Beispiel. Wie wir schon gesehen haben, fängt die `finally`-Klausel spezifische Ausnahmen nicht wirklich ab, sondern zapft den Ausbreitungsprozeß der Ausnahme an. Wird ein `finally`-Block angewendet, wird er immer auf dem Weg aus einer `try`-Anweisung heraus ausgeführt, unabhängig davon, ob der Ausgang durch eine Ausnahme verursacht wurde oder durch einen normalen Abschluß der Anweisungen im `try`-Block. Daher sind `finally`-Blöcke eine gute Stelle, um Aufräumaktionen (wie das Schließen von Dateien im vorigen Beispiel) zu codieren.

Der nächste Codeausschnitt zeigt `finally` mit und ohne Ausnahmen in Aktion. Er definiert zwei Funktionen: `divide`, die einen Division-durch-null-Fehler auslösen kann oder auch nicht, und `tester`, die einen Aufruf zu `divide` in eine `try/finally`-Anweisung »einhüllt«:

```
def divide(x, y):
    return x / y                        # Division-durch-0-Fehler?

def tester(y):
    try:
        print divide(8, y)
    finally:
        print 'beim Weg hinaus...'

print '\nTest 1:'; tester(2)
print '\nTest 2:'; tester(0)            # Fehler auslösen

% python finally.py

Test 1:
4
beim Weg hinaus...

Test 2:
beim Weg hinaus...
Traceback (innermost last):
  File "finally.py", line 11, in ?
    print 'Test 2:'; tester(0)
  File "finally.py", line 6, in tester
    print divide(8, y)
  File "finally.py", line 2, in divide
    return x / y                       # Division-durch-0-Fehler?
ZeroDivisionError: integer division or modulo
```

Nun, der Code auf der höchsten Ebene des Moduls ruft `tester` zweimal auf:

- Der erste Aufruf erzeugt keine Ausnahme (8/2 funktioniert prima), und das Ergebnis (4) wird ausgegeben. Aber der Block der `finally`-Klausel wird trotzdem gestartet, so daß Sie die `beim Weg hinaus`-Nachricht erhalten.
- Der zweite Aufruf erzeugt eine Ausnahme (8/0 funktioniert ganz schlecht). Die Kontrolle geht sofort von der `divide`-Funktion auf den `finally`-Block über, und die Meldung wird wiederum ausgegeben. Python propagiert die Ausnahme jedoch weiter, bis sie die höchste Ebene erreicht, und startet dann die Standard-Ausnahmebehandlung (ein Stapel-Abzug).

Anwendung: Faule Programme

Eine Möglichkeit, den Nutzen von Ausnahmen zu erkennen, ist der Vergleich mit »ausnahmslosen« Sprachen. Wenn Sie z.B. stabile Programme in der C-Sprache schreiben wollen, müssen Sie Rückgabewerte und Statuscodes nach jeder Operation, die danebengehen könnte, testen:

```
doStuff()
{                                   // C-Programm:
     if (doFirstThing() == ERROR)   // muß überall auf Fehler prüfen
          return ERROR;             // auch wenn hier gar nicht bearbeitet
     if (doNextThing() == ERROR)
          return ERROR;
     ...
     return doLastThing();
}

main()
{
     if (doStuff() == ERROR)
          badEnding();
     else
          goodEnding();
}
```

Realistische C-Programme haben tatsächlich genauso viel Code zur Fehlererkennung wie für die eigentliche Arbeit zur Verfügung. Aber in Python müssen Sie nicht so methodisch vorgehen: Sie können vielmehr große Teile eines Programms in Ausnahmebehandlungen einbetten und die Teile, die die Arbeit machen, so schreiben, daß sie annehmen, es sei alles in Ordnung:

```
def doStuff():
     doFirstThing()            # wir kümmern uns hier nicht um Ausnahmen
     doNextThing()             # also wozu sollen wir sie hier entdecken?
     ...
     doLastThing()

if__name__ == '__main__':
     try:
          doStuff()            # hier geht es um das Ergebnis
     except:                   # und nur hier müssen wir prüfen
          badEnding()
     else:
          goodEnding()
```

Weil die Kontrolle sofort und automatisch auf einen Handler übergeht, wenn eine Ausnahme auftaucht, besteht keine Notwendigkeit, den ganzen Code mit Fehlerbehandlung auszurüsten. Als Ergebnis können Sie mit Ausnahmen ungewöhnliche Fälle weitgehend ignorieren und viel Code zur Fehlerprüfung vermeiden.

Haken und Ösen

Optionale Daten weiterreichen

Wie wir wissen, können raise-Anweisungen zusammen mit der Ausnahme ein zusätzliches Datenelement an den Handler weiterreichen. Im allgemeinen werden zusätzliche Daten benutzt, um Kontextinformationen weiterzugeben. Tatsächlich besitzt jede Ausnahme ihre zusätzlichen Daten. Aber analog zu Funktionen ohne return handelt es sich dabei wieder um das spezielle None-Objekt, wenn nichts explizit übergeben wurde. Der folgende Code verdeutlicht dies:

```
myException = 'Error'                # String-Objekt

def raiser1():
    raise myException, "hello"       # auslösen, Daten übergeben

def raiser2():
    raise myException                # raise allein impliziert None

def tryer(func):
    try:
        func()
    except myException, extraInfo:   # starte func, fange Ausnahme + Daten
        print 'bekam dies:', extraInfo

% python
>>> from helloexc import *
>>> tryer(raiser1)                   # bekommt explizit die zusätzlichen Daten
bekam dies: hello
>>> tryer(raiser2)                   # bekommt per Voreinstellung None
bekam dies: None
```

Die assert-Anweisung

Mit Python 1.5 wurde der Sonderfall der assert-Anweisung eingeführt, die vornehmlich eine syntaktische Kurzform für ein raise ist. Eine Anweisung der Form

```
assert <test>, <data>          # Der <data>-Teil ist optional
```

funktioniert wie der folgende Code:

```
if __debug__:
    if not <test>:
        raise AssertionError, <data>
```

assert-Anweisungen können aus dem kompilierten Bytecode des Programms entfernt werden, wenn der Kommandozeilenschalter -O zur Programmoptimierung angegeben wird. Assertion Error ist eine eingebaute Ausnahme, und der __debug__-Schalter ist ein eingebauter Name, der aßtomatisch auf 1 gesetzt wird, außer das -O-Flag wurde angegeben. Prüfpunkte (Assertion) werden normalerweise angewendet, um Programmbedingungen während des Entwicklungsprozesses zu verifizieren. Wenn sie angezeigt werden, enthält ihr Text automatisch Informationen zur Quellcode-Zeile.

Klassenausnahmen

Erst kürzlich hat Python den Gedanken der Ausnahmen verallgemeinert. Sie können nun auch als Klassen und Klasseninstanzen identifiziert werden. Wie Modulpakete und private Klassenattribute sind Klassenausnahmen ein fortgeschrittenes Thema, und Sie können selbst wählen, ob Sie sie benutzen oder nicht. Wenn Sie noch ganz am Anfang stehen, lesen Sie diesen Abschnitt ruhig erst später.

Bis jetzt haben wir Strings benutzt, um unsere eigenen Ausnahmen zu identifizieren. Beim Auftreten einer Ausnahme vergleicht Python sie mit den Objekten der `except`-Klauseln basierend auf der Objektidentität (d.h. unter Anwendung des `is`-Tests, den wir in Kapitel 2 gesehen haben). Wenn es sich aber um eine Klassenausnahme handelt, stimmt eine `except`-Klausel bereits dann mit der aktuellen Ausnahme überein, wenn sie die ausgelöste Klasse oder nur eine ihrer Superklassen benennt. Das Ergebnis ist, daß Klassenausnahmen die Konstruktion von Ausnahmehierarchien unterstützen: Durch Benennung einer allgemeinen Superklassenausnahme kann eine `except`-Klausel eine ganze Kategorie von Ausnahmen abfangen, und jede spezifischere Subklasse wird übereinstimmen.

Im allgemeinen können benutzerdefinierte Ausnahmen sowohl durch String- als auch durch Klassen-Objekte identifiziert werden. Ab Python 1.5 sind alle eingebauten Ausnahmen, die Python auslösen kann, vordefinierte Klassen-Objekte statt Strings. Normalerweise brauchen Sie sich darum nicht weiter zu kümmern – es sei denn, Sie versuchen einen String – im Glauben, er sei eine eingebaute Ausnahme – zu verketten, ohne ihn vorher zu konvertieren (z.B. `KeyError + "spam"` versus `str(KeyError) + "spam"`).

Allgemeine Formen von raise

Inklusive der klassenbasierten Ausnahmen kann die `raise`-Anweisung die folgenden fünf Formen annehmen: Die ersten beiden lösen String-Ausnahmen aus, die nächsten beiden erzeugen Klassenausnahmen, und die letzte ist ein Zusatz in Python 1.5, der einfach nur die aktuelle Ausnahme noch einmal auslöst (das ist nützlich, wenn Sie irgendeine Ausnahme, die Sie in einem `except`-Block abgefangen haben, weiterverbreiten wollen, ohne sie weiter anzuschauen). Das Auslösen einer Instanz löst in Wirklichkeit nur die Klasse der Instanz aus; die Instanz wird zusammen mit der Klasse als zusätzliches Datenelement weitergereicht (ein guter Platz, um Informationen für den Handler zu speichern).

```
raise string            # paßt zu except mit identischem String-Objekt
raise string, data      # optionale Extra-Daten (Default=None)

raise class, instance # paßt zu except mit dieser Klasse oder Superklasse
raise instance          # gleichbedeutend mit: raise instance.__class__, instance

raise                   # erneutes Auslösen der aktuellen Ausnahme (neu in 1.5)
```

Um Rückwärtskompatibilität mit Python-Versionen zu gewährleisten, in denen eingebaute Ausnahmen Strings waren, können Sie auch diese Formen der `raise`-Anweisung verwenden:

```
raise class                    # wie: raise class()
raise class, arg               # alle sind eigentlich: raise instance
raise class, (arg, arg,...)
```

Sie alle bedeuten dasselbe wie `raise class(arg...)` und darum dasselbe wie die oben erwähnte `raise instance`-Form (Python ruft die Klasse auf, um eine Instanz von ihr zu bilden und auszulösen). Sie können zum Beispiel eine Instanz der eingebauten `KeyError`-Ausnahme auslösen, indem Sie einfach `raise KeyError` sagen, obwohl `KeyError` nun eine Klasse ist.

Wenn sich das verwirrend anhört, merken Sie sich einfach, daß Ausnahmen durch String-, Klassen- oder Instanz-Objekte identifiziert werden können und Sie zusätzliche Daten mit der Ausnahme durchreichen können, wenn Sie wollen. Wenn die Extra-Daten noch kein Instanz-Objekt sind, erstellt Python eine Instanz für Sie.

Beispiel

Lassen Sie uns ein Beispiel betrachten, um zu sehen, wie Klassenausnahmen funktionieren. Nachfolgend definieren wir eine Superklasse `General` und eine Subklasse `Specific`.[5] Wir versuchen hier, den Gedanken der Ausnahmekategorien zu verdeutlichen. Handler, die `General` abfangen, werden auch eine ihrer Subklassen wie `Specific` abfangen. Dann erstellen wir Funktionen, die Instanzen beider Klassen als Ausnahmen auslösen, und ein `try` auf höchster Ebene, das `General` abfängt. Dasselbe `try` fängt die Ausnahmen von `General` und `Specific` ab, weil `Specific` eine Subklasse von `General` ist:

```
class General:           pass
class Specific(General): pass

def raiser1():
    X = General()          # löse angegebene Klasseninstanz aus
    raise X

def raiser2():
    X = Specific()         # hier Instanz der Subklasse
    raise X

for func in (raiser1, raiser2):
    try:
        func()
    except General:        # erkenne General oder jegliche Subklasse
        import sys
        print 'erwischt:', sys.exc_type

% python classexc.py
erwischt: <class General at 881ee0>
erwischt: <class Specific at 881100>
```

5 Wenn Sie ernsthaft darangehen, eigene Ausnahmeklassen zu definieren, leiten Sie diese bitte von der vordefinierten `Exception`-Klasse ab, wie Guido in der Dokumentation zum Standardmodul *exceptions.py* empfiehlt. Eine Lektüre dieses Moduls ist überdies sehr sinnvoll, weil es die Hierarchie der vordefinierten Ausnahmen anschaulich dokumentiert und Ihnen zeigt, wie bestechend einfach Ausnahmeklassen gebaut werden können. – Anm.d.Ü.

Daß es hier nur zwei mögliche Ausnahmen gibt, wird den Möglichkeiten von Klassenausnahmen nicht sehr gerecht. Wir können denselben Effekt erreichen, wenn wir eine Liste von Ausnahmenamen im `except` codieren (z.B. `except (a, b, c):`) und ein Instanz-Objekt als zusätzliches Datenelement mit übergeben. Aber für große oder hohe Ausnahmehierarchien kann es einfacher sein, ganze Kategorien durch die Anwendung von Klassen zu behandeln, statt jedes Mitglied einer Kategorie in einer einzelnen `except`-Klausel aufzulisten. Darüber hinaus können Ausnahmehierarchien durch Hinzufügen neuer Subklassen erweitert werden, ohne existierenden Code zu brechen.

Die eingebaute Ausnahme `ArithmeticError` ist zum Beispiel eine Superklasse für spezifischere Ausnahmen wie `OverflowError` und `ZeroDivisionError`, aber wenn Sie `ArithmeticError` einfach in einem `try` abfangen, fangen Sie auch jede spezifischere Art von numerischem Fehler gleich mit ab. Wenn Sie später neue numerische Fehlersubklassen hinzufügen, fängt vorhandener Code, der die `ArithmeticError`-Superklasse (Kategorie) behandelt, ebenfalls die neuen spezifischen Subklassen ohne Modifikation ab. Es ist nicht mehr nötig, Listen von Ausnahmenamen explizit zu erweitern.

Außer daß sie Hierarchien unterstützen, stellen Klassenausnahmen auch Speicher für zusätzliche Statusinformationen zur Verfügung (als Instanzattribute), aber das ist nicht viel praktischer, als zusammengesetzte Objekte als Extra-Daten bei String-Ausnahmen (z.B. `raise string, object`) durchzureichen. Wie immer in Python liegt die Entscheidung, ob Sie OOP anwenden oder nicht, letztlich ganz bei Ihnen..

Ausnahme-Gotchas

Hier gibt es nicht viel, worüber man stolpern kann, aber wir geben Ihnen hier ein paar allgemeine Hinweise zum Gebrauch von Ausnahmen.

Ausnahmen werden nach Identität verglichen, nicht nach Gleichheit

Wir haben gesehen, daß Python nach der zuletzt eingefügten `try`-Anweisung mit einer *übereinstimmenden* `except`-Klausel sucht, wenn eine Ausnahme (durch Sie oder durch Python) ausgelöst wird. Dabei bedeutet Übereinstimmung dasselbe String-Objekt oder dieselbe Klasse oder Superklasse des ausgelösten Klassen-Objekts. Es ist wichtig zu wissen, daß die Übereinstimmung nach Identität, nicht nach Gleichheit geprüft wird. Nehmen wir an, wir definieren zwei String-Objekte, die wir als Ausnahmen auslösen möchten:

```
>>> ex1 = "some spam"
>>> ex2 = "some spam"
>>>
>>> ex1 == ex2, ex1 is ex2
(1, 0)
```

Die Anwendung des Tests == gibt wahr (1) zurück, weil sie gleiche Werte haben, aber `is` gibt falsch (0) zurück, da die Werte als zwei unterschiedliche String-Objekte gespeichert wurden.[6] Nun wird eine `except`-Klausel, die das gleiche String-Objekt benennt, immer passen:

```
>>> try:
...     raise ex1
... except ex1:
...     print 'hat ihn!'
...
got it
```

Aber eine Klausel, die ein zwar inhaltlich gleiches, aber nicht identisches Objekt listet, versagt hier:

```
>>> try:
...     raise ex1
... except ex2:
...     print 'hat ihn!'
...
Traceback (innermost last):
  File "<stdin>", line 2, in ?
spam
```

Hier wird die Ausnahme verfehlt, so daß Python bis zur höchsten Ebene des Prozesses klettert und automatisch einen Stapel-Abzug und die Ausnahme ausgibt (den String `"spam"`). Bei Klassenausnahmen ist das Verhalten ähnlich, wobei Python die Ausnahmen-Übereinstimmung dahingehend verallgemeinert, auch Superklassen-Beziehungen mit einzubeziehen.

Zuviel abgefangen?

Da Sie hinsichtlich abzufangender Ausnahmen frei wählen können, müssen Sie manchmal aufpassen, nicht allzu großzügig zu sein. Sie haben zum Beispiel gelernt, daß eine leere `except`-Klausel jede Ausnahme abfängt, die ausgelöst werden könnte, während der Code im `try`-Block läuft. Manchmal ist das erwünscht, aber Sie können damit auch versehentlich einen Fehler abfangen, den eigentlich eine `try`-Behandlung viel höher im System erwartet. Eine Ausnahmeroutine wie folgende fängt und verwirft jede Ausnahme, die sie erreicht, ungeachtet dessen, ob vielleicht jemand anderes darauf wartet oder nicht:

```
try:
    ...
```

6 Das einzig Dauerhafte ist die Veränderung. So auch bei Python; im Original stand hier nur »spam«. Unter Python 1.5.2 ergibt der `is`-Test dann aber leider doch Übereinstimmung, weil einfache String-Konstanten, die »wie Bezeichner aussehen«, derzeit automatisch internalisiert und nur einmal als Objekt angelegt werden. Davor sind Sie nicht gefeit: Es obliegt Pythons heute noch unklarer zukünftiger Entwicklung, welche unveränderlichen Objekte einmalig oder in mehrfacher Kopie angelegt werden. Verlassen Sie sich also nicht darauf. Maßgebend ist der `is`-Test bei Ausnahmen. Stellen Sie diesen sicher, aber seien Sie nicht von aktuellen Optimierungen abhängig, und definieren Sie die konstante Variable genau einmal im Programm. – Anm.d.Ü.

```
except:
  ...                           # alles kommt hierhin!
```

Das Problem ist hier, daß Sie eigentlich nicht alle Arten von Ausnahmen vorausgesehen haben, die während einer Operation tatsächlich vorkommen könnten:

```
try:
    x = myditctionary[spam]    # oh jeh: verschrieben
except:
    x = None                   # annehmen, daß KeyError oder IndexError kommt
```

Lösung

In diesem Fall nehmen Sie an, daß der einzige Fehler, der während der Indizierung eines Dictionaries auftreten kann, ein Indizierungsfehler ist. Aber da der Name `myditctionary` falsch geschrieben wurde (Sie wollten wohl `mydictionary` sagen), löst Python statt dessen einen `NameError` aus (da es sich um einen undefinierten Namensverweis handelt), der still und leise von Ihrer Fehlerbehandlung abgefangen und ignoriert wird. Besser wäre es, `except (KeyError, IndexError):` anzugeben, um Ihre Absichten deutlicher zu machen.

Zuwenig abgefangen?

Umgekehrt müssen Sie auch manchmal weniger exklusiv vorgehen. Wenn Sie spezifische Ausnahmen in einem `try` listen, fangen Sie nur das ab, was Sie tatsächlich aufgelistet haben. Das muß nicht notwendigerweise schlecht sein, aber wenn sich ein System weiterentwickelt und später auch andere Ausnahmen auslöst, müssen Sie erneut darangehen und diese Ausnahmen den Ausnahmelisten sonstwo im Code anfügen. Das folgende Ausnahmeprogramm wurde so geschrieben, daß es `myerror1` und `myerror2` wie normale Fälle behandelt und alles andere als Fehler. Wird später ein `myerror3` hinzugefügt, wird es als Fehler behandelt, wenn Sie die Ausnahmeliste nicht wieder aktualisieren:

```
try:
  ...
except (myerror1, myerror2):   # und was, wenn ich einen myerror3 erfinde?
    ...                        # diese treffen nicht zu
else:
    ...                        # nicht ausgeführt, war wohl ein anderer Fehler
```

Lösung

Bei vorsichtiger Anwendung von Klassenausnahmen kann man dieses Gotcha komplett vermeiden. Wir haben weiter vorn in diesem Kapitel gesehen, daß Sie, wenn Sie allgemeine Superklassen abfangen, nachträglich noch spezifischere Subklassen hinzufügen und auslösen können, ohne die Listen der `except`-Klauseln manuell erweitern zu müssen.

Egal, ob Sie hier Klassen anwenden oder nicht, ein bißchen Design hilft schon sehr viel. »Und die Moral von der Geschicht': Fange nie die Falschen nicht.« Versuchen Sie stets, bei der Ausnahmebehandlung weder zu allgemein noch zu spezifisch vorzugehen. Insbesondere in größeren Systemen sollten Grundsätze zur Ausnahmeregelung integraler Bestandteil des Gesamtdesigns sein.

Zusammenfassung

In diesem Kapitel haben wir alles über Ausnahmen gelernt – wie man sie mit `try`-Anweisungen abfängt und durch `raise`-Anweisungen auslöst. Ausnahmen werden durch String- oder Klassen-Objekte identifiziert. Eingebaute Ausnahmen sind in Python 1.5 vordefinierte Klassen-Objekte, aber benutzerdefinierte Ausnahmen können wahlweise Strings oder Klassen sein. Egal wie, Ausnahmen ermöglichen es uns, willkürlich in Programmen hin und her zu springen, und liefern eine kohärente Methode, mit Fehlern und anderen ungewöhnlichen Ereignissen umzugehen. Im Laufe des Kapitels haben wir übliche Ausdrucksweisen von Ausnahmen betrachtet, das Problem der Fehlerbehandlung angesprochen, und wir haben eine Vielzahl von Möglichkeiten, ausgelöste Ausnahmen abzufangen und zu erkennen, gesehen.

Dieses Kapitel beendet unseren Blick auf den Sprachkern von Python. Wenn Sie so weit gekommen sind, können Sie sich als richtigen Python-Programmierer betrachten, denn Sie haben fast alles gehört, was es über die Sprache als solche zu sagen gibt. In diesem Teil des Buches haben wir eingebaute Typen, Anweisungen und Ausnahmen sowie Werkzeuge zum Erstellen größerer Programmeinheiten – Funktionen, Module und Klassen – betrachtet.

Allgemein gesagt, stellt Python eine *Hierarchie* von Werkzeugkästen zur Verfügung:

Eingebaute Typen (Built-ins)
: Eingebaute Typen wie Strings, Listen und Dictionaries machen es leicht, einfache Programme schnell zu schreiben.

Python-Erweiterungen
: Für anspruchsvollere Aufgaben können wir Python in Python erweitern, indem wir unsere eigenen Funktionen, Module und Klassen schreiben.

C-Erweiterungen
: Obwohl in diesem Buch nicht behandelt, kann Python auch durch Module, die in C oder C++ erstellt wurden, erweitert werden.

Da Python seine Werkzeugkästen übereinander schichtet, können wir entscheiden, mit welchem Schwierigkeitsgrad wir an eine Aufgabe herangehen wollen. Die ersten beiden der oben genannten Kategorien haben wir bereits behandelt, und das reicht, um wesentliche Dinge in Python zu programmieren.

Der nächste Teil des Buches nimmt Sie mit auf eine Reise zu Standardmodulen und häufig anzutreffenden Aufgaben in Python. In Tabelle 7-2 sind einige der Quellen eingebauter oder anderweitig vorhandener Funktionalität zusammengefaßt, die für Python-Programmierer zur Verfügung stehen, zusammen mit den restlichen Themen des Buches. Bis jetzt waren die meisten unserer Beispiele sehr klein und in sich abgeschlossen. Dies haben wir mit Absicht so gehalten, um Ihnen zu helfen, die Grundlagen zu bewältigen. Aber nun, nachdem Sie alles über die Kernsprache wissen, wird es Zeit zu lernen, wie man die eingebauten Schnittstellen für richtige Aufgaben benutzt. Sie werden sehen, daß mit einer simplen Sprache wie Python verbreitete Aufgaben oft viel einfacher werden, als Sie vielleicht erwarten.

Tabelle 7-2: Pythons eingebaute Werkzeugkiste

Kategorie	Beispiele
Objekttypen	Listen, Dictionaries, Dateien, Strings
Funktionen	`len`, `range`, `apply`, `open`
Module	`string`, `os`, `Tkinter`, `pickle`
Ausnahmen	`IndexError`, `KeyError`
Attribute	`__dict__`, `__name__`
Periphere Werkzeuge	`NumPy`, `SWIG`, `JPython`, `PythonWin`

Übungen

Da wir hier am Ende von Teil I angelangt sind, werden wir nur ein paar kleine Übungen zu Ausnahmen machen, die Ihnen die Möglichkeit geben, mit den Grundlagen herumzuexperimentieren. Ausnahmen sind wirklich ein einfaches Werkzeug – wenn Sie diese Übungen ausnahmslos bewältigen, haben Sie die Ausnahmen verstanden.

1. *try/except*. Schreiben Sie eine Funktion namens `oops`, die explizit eine `IndexError`-Ausnahme auslöst, wenn sie aufgerufen wird. Schreiben Sie dann eine andere Funktion, die `oops` innerhalb einer `try/except`-Anweisung aufruft, um den Fehler aufzufangen. Was passiert, wenn Sie `oops` so verändern, daß sie `KeyError` statt `IndexError` auslöst? Wo kommen die Namen `KeyError` und `IndexError` her? (Tip: Erinnern Sie sich, daß nichtqualifizierte Namen – der LGB-Regel folgend – aus einem von drei Bereichen stammen.)
2. *Ausnahmelisten*. Ändern Sie Ihre `oops`-Funktion jetzt dahingehend ab, daß sie eine von Ihnen definierte Ausnahme namens `MyError` auslöst, und reichen Sie ein zusätzliches Datenelement zusammen mit der Ausnahme durch. Erweitern Sie dann die `try`-Anweisung in der auffangenden Funktion so, daß sie diese Ausnahme und ihre Daten zusätzlich zu `IndexError` akzeptiert und das zusätzliche Datenelement ausgibt.
3. *Fehlerbehandlung*. Schreiben Sie eine Funktion `safe(func, *args)`, die jede Funktion mit `apply` aufruft, alle eventuellen Ausnahmen abfängt und sie ausdruckt, indem sie die `exc_type`- und `exc_value`-Attribute im `sys`-Modul verwendet. Benutzen Sie dann Ihre `safe` -Funktion, um die `oops`-Funktion aufzurufen. Speichern Sie `safe` in einer Moduldatei namens *tools.py*, und übergeben Sie ihr interaktiv die `oops`-Funktion. Welche Art von Fehlermeldung bekommen Sie? Erweitern Sie nun `safe` so, daß es auch durch Aufruf der `print_exc()`-Funktion im Standardmodul `traceback` einen Stapel-Auszug ausgibt, wenn ein Fehler auftritt (für weitere Details siehe das Bibliotheks-Referenzhandbuch oder andere Python-Bücher).

II

Die Hülle

In Teil I haben wir den Kern der Sprache Python behandelt. Mit diesem Wissen sollten Sie nun in der Lage sein, nahezu jeden Python-Code zu lesen – mit ein paar sprachenimmanenten Überraschungen! Aber wie jeder weiß, der sich jemals mit existierenden Programmen beschäftigt hat, garantiert das Verstehen der Syntax einer Sprache noch lange kein einfaches und klares Verständnis eines Programms, auch wenn es gut geschrieben ist. Tatsächlich ist das Wissen darüber, welche Werkzeuge benutzt werden – seien es einfache Funktionen, kohärente Pakete oder gar komplexe Gerüste –, der entscheidende Schritt vom theoretischen Verstehen einer Sprache zum praktischen, effizienten Beherrschen eines Systems.

Wie schafft man nun diesen Übergang? Die Lektüre von Heimwerkermagazinen macht aus einem Laien noch lange keinen Kunsttischler. Um das zu erreichen, müssen Sie natürlich Talent haben, sich aber auch jahrelang mit der Tischlerei beschäftigen, Möbel untersuchen, Teile davon erneuern und aus eigenen Fehlern und dem Erfolg anderer lernen! Dasselbe gilt für das Programmieren. Bücher vermitteln sozusagen einen Blick auf allerlei Probleme und ihre Lösungen aus der Vogelperspektive, um Ihnen einige grundlegende Tricks der alten Hasen zu zeigen und um den frustrierten Anfänger letztendlich durch nette Beispiele anderer zu motivieren. Dieser Abschnitt beleuchtet in jedem Kapitel eine andere Perspektive von Python, und jedes Kapitel enthält reichlich Hinweise auf weitere Informationsquellen.

In diesem Kapitel:
- *Eingebaute Funktionen*
- *Bibliotheksmodule*
- *Übungen*

8

Eingebaute Werkzeuge

In diesem Kapitel stellen wir Ihnen eine Auswahl der wesentlichen Werkzeuge vor, die die Standardbibliothek von Python ausmachen: eingebaute Funktionen, Bibliotheksmodule und ihre nützlichsten Funktionen und Klassen. Diese sind sozusagen das »sine qua non«. Während wir sie höchstwahrscheinlich nicht alle in einem Programm verwenden werden, haben wir auch noch nie ein brauchbares Programm gesehen, das sie alle vermieden hätte. Genauso wie Python die Datenstruktur einer Liste als Objekttyp zur Verfügung stellt, weil Sequenz-Manipulationen in jedem Programmierkontext vorkommen, befinden sich in der Bibliothek eine Reihe von Modulen, die immer wieder nützlich und praktisch sind. Daher prüfen Sie, bevor Sie in Erwägung ziehen, auch nur ein kleines Tool zu schreiben, ob nicht bereits ein ähnliches Modul existiert. Wenn es Teil der Standardbibliothek ist, können Sie sicher sein, daß es intensiv getestet wurde. Und was noch besser ist: Es sind andere dafür zuständig, etwaige Programmfehler zu beheben – und das umsonst!

Dieses Kapitel gibt Ihnen nur einen kurzen Ausblick auf das beste der Standardbibliothek. Beim jetzigen Stand der Entwicklung umfaßt das *Biobliotheksbandbuch* von Python bereits über 200 Seiten. Weitere Details finden Sie in Anhang A, *Python-Ressourcen*, der der ideale Begleiter zu diesem Buch ist. Dort finden Sie die Vollständigkeit, für die wir hier nicht genügend Raum haben, und er ist durch die Online-Verfügbarkeit stets die aktuellste Beschreibung des Standard-Werkzeugpakets von Python. Außerdem werden die wichtigsten Module der Standardbibliothek, deren Syntax und eingebaute Funktionen auch in *Python – kurz & gut*, verfaßt vom Koautor Mark Lutz, beschrieben.

Dieses Kapitel behandelt zwei Arten von Werkzeugen – eingebaute Funktionen und Standardmodule. Bevor wir zu den jeweiligen Abschnitten gehen, wollen wir aber noch ein Wort über eingebaute Objekte verlieren. Als wir zum Beispiel die Listen vorstellten, haben wir ihr Verhalten und ihre wichtigsten Methoden dargestellt (`append`, `insert`, `sort`, `reverse`, `index` etc.). Wir haben dies nicht erschöpfend getan, um uns auf die wichtigsten Aspekte dieser Objekte zu konzentrieren. Wenn Sie wissen möchten, was wir alles ausgelassen haben, können Sie es im *Bibliotheksbandbuch* nachschlagen, oder Sie können im interaktiven Interpreter herumstöbern. Beginnend mit Python 1.5, gibt die eingebaute dir-Funktion eine Liste aller wichtigen Objektattribute zurück und bietet – zusammen mit der eingebauten type-Funktion – eine großartige Möglichkeit, etwas über die Objekte, die Sie manipulieren, zu erfahren. Zum Beispiel:

```
>>> dir([])                          # Was sind die Attribute von Listen?
['append', 'count', 'index', 'insert', 'remove', 'reverse', 'sort']
>>> dir(())                          # Was sind die Attribute von Tupeln?
[]                                   # Tupel haben keine Attribute!
>>> dir(sys.stdin)                   # Welche Attribute haben Dateien?
['close', 'closed', 'fileno', 'flush', 'isatty', 'mode', 'name', 'read',
'readinto', 'readline', 'readlines', 'seek', 'softspace', 'tell', 'truncate',
'write', 'writelines']
>>> dir(sys)                         # Module sind auch Objekte
['__doc__', '__name__', 'argv', 'builtin_module_names', 'copyright',
'dllhandle' 'exc_info', 'exc_type', 'exec_prefix', 'executable', 'exit',
'getrefcount','maxint', 'modules', 'path', 'platform', 'prefix', 'ps1',
'ps2','setcheckinterval', 'setprofile', 'settrace', 'stderr', 'stdin',
'stdout','version', 'winver']
>>> type(sys.version)                # Was für ein Ding ist 'version'?
<type 'string'>
>>> print sys.version                # Welchen Wert hat dieser String?
1.5 (#0, Dec 30 1997, 23:24:20) [MSC 32 bit (Intel)]
```

Das sys-Modul

Das sys-Modul enthält einige Python-interne Funktionen und Attribute. sys bezeichnet in diesem Fall das Python-System, nicht das Betriebssystem. Einige der nützlichsten Attribute sind:

sys.path
: Eine Liste der Verzeichnisse, in die Python bei Importen schaut.

sys.modules
: Ein Dictionary der Module, die in der aktuellen Sitzung geladen wurden.

sys.platform
: Ein String, der auf die aktuelle Plattform verweist. Seine möglichen Werte beinhalten 'win32', 'mac', 'osf1', 'linux-i386', 'sunos4' etc. Es ist manchmal sinnvoll, den Wert von sys.platform zu prüfen, wenn man plattformabhängige Dinge (wie einen Fenstermanager starten) tun will.

sys.ps1 und sys.ps2
: Dies sind zwei druckbare Objekte, die von Python im interaktiven Interpreter als primäre und sekundäre Eingabeaufforderungen benutzt werden. Ihre Standardwerte sind ... und >>> . Sie können sie mit Strings oder Instanzen von Klassen, die eine __repr__-Methode definieren, besetzen.

Eines der am häufigsten angewendeten Attribute des sys-Moduls ist sys.argv, eine Liste der auf der Kommandozeile eingegebenen Wörter, mit Ausnahme der Referenz zu Python selbst, wenn sie existiert. Mit anderen Worten, wenn Sie auf der Oberfläche folgendes eingeben:

```
csh> python run.py a x=3 foo
```

ist beim Start von run.py der Wert des sys.argv-Attributs ['run.py', 'a', 'x=3', 'foo']. Das sys.argv-Attribut ist veränderlich (es ist schließlich nur eine Liste). Die übliche Verwendung schließt die Iteration über die Argumente des Python-Programms ein, sprich sys.argv[1:]. Slicing von Index 1 bis zum Ende gibt alle Parameter an das Programm selbst, läßt aber den Namen des Programms (Moduls) in sys.argv[0] weg.

Und schließlich gibt es drei Dateiattribute im sys-Modul: sys.stdin, sys.stdout und sys.stderr. Sie sind Referenzen auf die Standardströme für Eingabe, Ausgabe und Fehlermeldungen. Die Standardeingabe ist generell durch das Betriebssystem mit der Tastatur des Anwenders verbunden, Standardausgabe und Standardfehler gehen üblicherweise auf die Konsole. Die print-Anweisung gibt auf den Standardausgabestrom (sys.stdout) aus, während Fehlermeldungen wie Ausnahmen auf dem Standardfehlerstrom ausgegeben werden (sys.stderr). Wir werden in einem Beispiel sehen, daß diese Attribute veränderlich sind: Sie können Ausgaben eines Python-Programms ganz einfach durch Zuweisung an sys.stdout zu einer Datei umleiten:

```
sys.stdout = open('log.out', 'w')
```

Eingebaute Funktionen

Die dir-Funktion ist eine eingebaute Funktion, sie befindet sich im Namensraum für eingebaute Objekte. Die Anwendung der LGB-Regel bedeutet, daß die Funktion immer verfügbar ist und keine import-Anweisung benötigt wird, um auf sie zuzugreifen.[1] Sie sind schon vielen eingebauten Funktionen begegnet, wie etwa len, open, type, list, map, range, reload. Zusammen mit den Standardausnahmen sind sie im __builtins__-Namensraum gelistet:

```
>>> dir(__builtins__)
['ArithmeticError', 'AssertionError', 'AttributeError', 'EOFError',
'Ellipsis','Exception', 'FloatingPointError', 'IOError', 'ImportError',
'IndexError','KeyError', 'KeyboardInterrupt', 'LookupError', 'MemoryError',
'NameError','None', 'OverflowError', 'RuntimeError', 'StandardError',
'SyntaxError','SystemError', 'SystemExit', 'TypeError', 'ValueError',
'ZeroDivisionError','__debug__', '__doc__', '__import__', '__name__', 'abs',
'apply', 'callable','chr', 'cmp', 'coerce', 'compile', 'complex', 'delattr',
'dir', 'divmod', 'eval','execfile', 'filter', 'float', 'getattr', 'globals',
'hasattr', 'hash', 'hex','id', 'input', 'int', 'intern', 'isinstance',
'issubclass', 'len', 'list','locals', 'long', 'map', 'max', 'min', 'oct',
'open', 'ord', 'pow', 'range', 'raw_input', 'reduce', 'reload', 'repr', 'round',
'setattr', 'slice', 'str','tuple', 'type', 'vars', 'xrange']
```

1 Das bedeutet auch, daß, wenn Sie eine lokale oder modulglobale Referenz mit demselben Namen definieren, die nachfolgenden Anwendungen von dir Ihre neue Variable anstelle der eingebauten Version benutzen werden. Diese Besonderheit ist auch die Quelle einiger subtiler Programmfehler: Einer von uns schrieb kürzlich ein Programm, das eine Variable namens o und eine Liste solcher Variablen namens os (als Plural von o) benutzte. Überraschung, da schau her! Der (angeblich unabhängige) vorher fehlerfreie Code, der aber os.system benutzte, klagte plötzlich über Attributfehler! Eine weitere häufige Macke derselben Sorte ist es, type = type(myObject)anzuwenden, was nur beim ersten Mal funktioniert, da es mit der Zuweisung zu einer neuen lokalen Variable (namens type) jetzt eine Referenz auf den Typ von myObject geworden ist. Beim zweiten Durchgang versucht Python dann, diese lokale Variable aufzurufen, was natürlich scheitert.

Konvertierung, Zahlen und Vergleiche

Einige Funktionen werden für die Konvertierung zwischen Objekttypen benötigt. Wir kennen schon `str`, der einfach alles nimmt und eine String-Darstellung davon zurückgibt, und `list` und `tuple`, die Sequenzen nehmen und Listen- bzw. Tupel-Versionen von ihnen zurückgeben. `int`, `complex`, `float` und `long` nehmen Zahlen und konvertieren sie in die entsprechenden Typen. `hex` und `oct` nehmen Integer (`int` oder `long`) als Argumente und geben String-Darstellungen von ihnen im hexadezimalen oder oktalen Format zurück.

`int`, `long` und `float` haben zusätzliche Charakteristika, die verwirrend sein können. Zum einen schneiden `int` und `long` ihre numerischen Parameter ab, wenn dies zur Durchführung der Operation nötig ist, wobei sie Informationen verlieren und eine Konvertierung entsteht, die vielleicht überhaupt nicht beabsichtigt ist (das eingebaute `round` rundet Zahlen auf herkömmliche Art und Weise und gibt eine Gleitkommazahl zurück). Zum zweiten konvertieren `int`, `long` und `float` Strings in ihre entsprechenden Typen, vorausgesetzt, die Strings sind gültige Integer-(oder Long- oder Gleitkomma-)*Literale*.[2]

```
>>> int(1.0), int(1.4), int(1.9), round(1.9), int(round(1.9))
(1, 1, 1, 2.0, 2)
>>> int("1")
1
>>> int("1.2")                          # das funktioniert nicht
Traceback (innermost last):
  File "<stdin>", line 1, in ?
ValueError: invalid literal for int(): 1.2
>>> int("1.0")                          # nein, auch das nicht
Traceback (innermost last):             # weil 1.0 immer noch kein
  File "<stdin>", line 1, in ?          # gültiges Integer-Literal ist
ValueError: invalid literal for int(): 1.0
>>> hex(1000), oct(1000), complex(1000), long(1000)
('0x3e8', '01750', (1000+0j), 1000L)
```

Mit dem gegebenen Verhalten von `int` kann es in einigen Fällen bisweilen sinnvoll sein, eine angepaßte Variante anzuwenden, die nur konvertiert, aber nicht abschneidet:

```
>>> def safeint(candidate):
...   import math
...   truncated = math.floor(float(candidate))
...   rounded = round(float(candidate))
...   if truncated == rounded:
...         return int(truncated)
...     else:
...         raise ValueError, "Argument würde bei Integer-Wandlung an Präzision
verlieren"
...
>>> safeint(3.0)
3
```

2 Literale sind die Text-Strings, die schon früh im Kompilierungsprozeß zu Zahlen konvertiert werden. So ist der String `"1244"` in Ihrer Programmdatei (die notwendigerweise ein String ist) ein gültiges Integer-Literal, aber `"def foo():"` ist es nicht.

```
>>> safeint("3.0")
3
>>> safeint(3.1)
Traceback (innermost last):
  File "<stdin>", line 1, in ?
  File "<stdin>", line 6, in safeint
ValueError: Argument würde bei Integer-Wandlung an Präzision verlieren
```

Die eingebaute Funktion `abs` gibt einen Absolutwert von Skalaren (Integer, Long, Gleitkommazahlen) und den Betrag komplexer Zahlen (die Quadratwurzel der Summe der quadrierten Real- und Imaginärteile) zurück:

```
>>> abs(-1), abs(-1.2), abs(-3+4j)
(1, 1.2, 5.0)                               # 5 ist Quadratwurzel von (3*3 +
                                            # 4*4)
```

Die `ord`- und `chr`-Funktionen geben den ASCII-Wert einzelner Zeichen und umgekehrt zurück:

```
>>> map(ord, "test")    # bedenke, daß Strings Sequenzen von
[116, 101, 115, 116]    # Zeichen sind, so daß map benutzt werden kann
>>> chr(64)
'@'
>>> ord('@')
64
# map liefert eine Liste einzelner Zeichen, also muß
# man sie mit join wieder zusammensetzen
>>> map(chr, (83, 112, 97, 109, 33))
['S', 'p', 'a', 'm', '! ']
>>> import string
>>> string.join(map(chr, (83, 112, 97, 109, 33)), '')
'Spam!'
```

Die eingebaute `cmp`-Funktion gibt – abhängig davon, ob der erste Parameter kleiner, gleich oder größer als der zweite ist – einen negativen Integer, `0` oder einen positiven Integer zurück. Es ist wichtig hervorzuheben, daß `cmp` nicht nur mit Zahlen funktioniert. Sie vergleicht auch Zeichen, indem sie ihre ASCII-Werte vergleicht, und Sequenzen durch Vergleich ihrer Elemente. Vergleiche können Ausnahmen erzeugen, so daß die Vergleichsfunktion nicht bei allen Objekten garantiert funktioniert, aber alle sinnvollen Vergleiche werden funktionieren. Der Vergleichsprozeß, der von `cmp` angewendet wird, ist derselbe, der von der `sort`-Methode von Listen benutzt wird. Er wird auch bei `min` und `max` angewendet, die das kleinste und größte Element der Objekte, mit denen sie aufgerufen werden, zurückgeben, wobei sie vernünftig mit Sequenzen umgehen:

```
>>> min("pif", "paf", "pof")        # wenn mit mehreren Argumenten aufgerufen,
'paf' arguments                     # gib das passende zurück
>>> min("ZELDA!"), max("ZELDA!") # wenn mit einer Sequenz aufgerufen,
'!', 'Z'                            # dann gib ein minimales/maximales Element
                                    # zurück
```

Tabelle 8-1 faßt die eingebauten Funktionen, die mit Typenkonvertierungen zu tun haben, zusammen.

Tabelle 8-1: Typenkonvertierungen mit eingebauten Funktionen

Funktionsname	Verhalten
`str(`*string*`)`	Gibt eine String-Darstellung von jedem Objekt zurück: `>>>` **`str(dir())`** `"['__builtins__', '__doc__', '__name__']"`

`list(`*seq*`)`	Gibt die Listenversion einer Sequenz zurück:
	`>>>` **`list("tomato")`**
	`['t', 'o', 'm', 'a', 't', 'o']`
	`>>>` **`list((1,2,3))`**
	`[1, 2, 3]`

`tuple(`*seq*`)`	Gibt die Tupel-Version einer Sequenz zurück:
	`>>>` **`tuple("tomato")`**
	`('t', 'o', 'm', 'a', 't', 'o')`
	`>>>` **`tuple([0])`**
	`(0,)`

`int(`*x*`)`	Konvertiert einen String oder eine Zahl in einen einfachen Integer, schneidet Gleitkommawerte ab: `>>>` **`int("3")`** `3`
`long(`*x*`)`	Konvertiert einen String oder eine Zahl in einen langen Integer, schneidet Gleitkommawerte ab: `>>>` **`long("3")`** `3L`
`float(`*x*`)`	Konvertiert einen String oder eine Zahl zu einer Gleitkommazahl: `>>>` **`float("3")`** `3.0`
`complex(`*real*`,`*imag*`)`	Erstellt eine komplexe Zahl mit dem Wert *real* + *imag*`*j`: `>>>` **`complex(3,5)`** `(3+5j)`
`hex(`*i*`)`	Konvertiert eine Integer-Zahl (jeder Größe) zu einem hexadezimalen String: `>>>` **`hex(10000)`** `'0x2710'`
`oct(`*i*`)`	Konvertiert eine Integer-Zahl (jeder Größe) zu einem oktalen String: `>>>` **`oct(10000)`** `'023420'`
`ord(`*c*`)`	Gibt den ASCII-Wert eines Strings mit genau einem Zeichen zurück: `>>>` **`ord('A')`** `65`
`chr(`*i*`)`	Gibt einen String mit einem Zeichen zurück, dessen ASCII-Code der Integer *i* ist: `>>>` **`chr(65)`** `'A'`

Tabelle 8-1: Typenkonvertierungen mit eingebauten Funktionen (Fortsetzung)

Funktionsname	Verhalten

`min(i [, i]*)`	Gibt das kleinste Element einer nichtleeren Sequenz zurück:
	`>>> min([5,1,2,3,4])`
	`1`
	`>>> min(5,1,2,3,4)`
	`1`

`max(i [, i]*)`	Gibt das größte Element einer nichtleeren Sequenz zurück:
	`>>> max([5,1,2,3,4])`
	`5`
	`>>> max(5,1,2,3,4)`
	`5`

Attributmanipulation

Die vier eingebauten Funktionen `hasattr`, `getattr`, `setattr` und `delattr` testen auf die Existenz von Attributen, holen, setzen und löschen sie entsprechend für einen Namensraum, wobei der Name des Attributs als zweiter Parameter übergeben wird. Sie sind nützlich zum Manipulieren von Objekten und Attributen, deren Namen nicht im Programmtext bekannt sind. Sie können bei Modulen, Klassen und Instanzen angewendet werden und sind in Tabelle 8-2 zusammengefaßt.

Tabelle 8-2: Eingebaute Funktionen, die Attribute von Objekten manipulieren

Funktionsname	Verhalten
hasattr(*object*, *attributename*)	Gibt 1 zurück, wenn *object* ein Attribut *attributename* hat, sonst 0
getattr(*object*, *attributename* [, *default*])	Gibt das Attribut *attributename* von *object* zurück. Wenn es nicht existiert, wird *default* zurückgegeben, wenn angegeben, ansonsten wird `AttributeError` ausgelöst
delattr(*object*, *attributename*)	Löscht das Attribut *attributename* von *object* oder löst `AttributeError`-Ausnahme aus, wenn es nicht existiert

Wir haben diese eingebauten Funktionen in den Beispielen in Kapitel 6 sinnvoll eingesetzt gesehen, aber nun stellen Sie sich ein Beispiel vor, das ein spezifiziertes Attribut in einem gegebenen Namensraum (in diesem Fall ein Klassen-Objekt) anlegt oder es hochzählt, wenn es schon vorhanden ist:

```
>>> def increment_attribute(object, attrname):
...     if not hasattr(object, attrname):
...         setattr(object, attrname, 1)
...     else:
...         setattr(object, attrname, getattr(object, attrname) + 1)
...
>>> class Test: pass
```

```
...
>>> aname = 'foo'
>>> increment_attribute(Test, aname)    # erzeuge Test.foo und setze es auf 1
>>> increment_attribute(Test, aname)    # inkrementiere Test.foo
>>> Test.foo
2
```

In Python 1.5.2 wurde ein optionaler dritter Parameter zu `getattr` hinzugefügt, der angibt, welcher Ersatzwert zu benutzen ist, wenn das Objekt das angegebene Attribut nicht besitzt. Auf diese Weise kann der obige Code nun vereinfacht werden:

```
def increment_attribute(object, attrname):
    setattr(object, attrname, getattr(object, attrname, 0) + 1)
```

Die Ausführung von Programmen

Die letzte Gruppe eingebauter Funktionen in diesem Abschnitt hat mit dem Erstellen, Manipulieren und Aufrufen von Python-Code zu tun. Tabelle 8-3 gibt eine Zusammenfassung.

Tabelle 8-3: Möglichkeiten, Python-Code auszuführen

Name	Verhalten
`import`	Führt den Code in einem Modul als Teil des Imports aus und gibt das Modul-Objekt zurück
`exec` *`code`* [`in` *`globaldict`* [, *`localdict`*]]	Führt den spezifizierten Code (String, Datei oder kompiliertes Code-Objekt) in den optional spezifizierten globalen und lokalen Namensräumen aus
`compile(`*`string`*, *`filename`*, *`kind`*)	Kompiliert den *`string`* in ein Code-Objekt (siehe folgende Anmerkung)
`execfile(`*`filename`* [, *`globaldict`* [, *`localdict`*]])	Führt das Programm in der als Name übergebenen Datei aus und benutzt die optional spezifizierten globalen und lokalen Namensräume
`eval(`*`code`*[, *`globaldict`* [, *`localdict`*]])	Evaluiert den spezifizierten Ausdruck (String oder kompiliertes Code-Objekt) in den optional spezifizierten globalen und lokalen Namensräumen

Es ist einfach, Programme zu schreiben, die andere Programme starten. Wir werden in Kürze über Möglichkeiten, ein Programm von innerhalb eines anderen Programms aus zu starten, sprechen. Und wir haben die `import`-Anweisung kennengelernt, die Code in über den Python-Pfad erreichbaren Dateien ausführt. Es gibt mehrere Mechanismen, mit denen Sie irgendwelchen Python-Code ausführen können. Der erste verwendet `exec` – eine Anweisung, keine Funktion. Hier ist die `exec`-Syntax:

```
exec code [ in globaldict [, localdict]]
```

Wie Sie sehen können, akzeptiert exec bis zu drei Parameter. Der erste Parameter muß Python-Code enthalten, entweder in einem String wie im folgenden Beispiel, in einem offenen Datei-Objekt oder in einem kompilierten Code-Objekt (mehr dazu später). Beispiel:

```
>>> code = "x = 'Etwas'"
>>> x = "Garnix"                        # setzt den Wert von x
>>> exec code                           # modifiziert den Wert von x!
>>> print x
'Etwas'
```

exec kann folgende optionale Parameter annehmen: Wenn ein einzelner Dictionary-Parameter übergeben wird (hinter dem dann erforderlichen in-Wort), wird er sowohl als lokaler als auch als globaler Namensraum für die Ausführung des Codes benutzt. Mit zwei Dictionary-Parametern wird der erste als globaler und der zweite als lokaler Namensraum benutzt. Werden beide Parameter wie im vorigen Beispiel weggelassen, werden die aktuellen globalen und lokalen Namensräume des aufrufenden Codes benutzt.

Wenn exec aufgerufen wird, muß Python den auszuführenden Code analysieren. Dies kann ein rechenaufwendiger Prozeß sein, insbesondere wenn ein großes Codestück Tausende von Malen ausgeführt werden muß. In solchen Fällen ist es besser, den Code zunächst (einmal) zu kompilieren und ihn dann nur so oft wie nötig auszuführen. Die compile-Funktion nimmt einen String mit Code und gibt ein kompiliertes Code-Objekt zurück, das dann von der exec-Anweisung effizient verarbeitet werden kann.

compile besitzt drei Parameter. Der erste ist der Code-String. Der zweite ist der Name der Quelldatei (oder '<*string*>', wenn der Code nicht von einer Datei stammt), er wird in der Rückverfolgung benutzt, wenn beim Ausführen des Codes eine Ausnahme auftritt. Der dritte Parameter muß einer aus 'single', 'exec' oder 'eval' sein. Dies gibt an, ob der Code eine einzelne Anweisung ist, deren Ergebnis ausgegeben werden würde (ganz genauso wie im interaktiven Interpreter), oder eine Reihe von Anweisungen oder ein Ausdruck, der in ein kompiliertes Code-Objekt für die eval-Funktion zu wandeln ist.

Eine mit der exec-Anweisung verwandte Funktion ist die eingebaute execfile-Funktion, die ähnlich wie exec funktioniert, aber ihr erster Parameter muß der Dateiname eines Python-Skripts sein statt eines Datei-Objekts oder eines Strings (erinnern Sie sich, daß das eingebaute open einen Dateinamen übernimmt und ein Datei-Objekt zurückgibt). Wenn Sie also möchten, daß Ihr Skript beim Start seine Parameter als Namen von Python-Skripten auffaßt und diese der Reihe nach startet, können Sie das in etwa folgendermaßen tun:

```
import sys
for argument in sys.argv[1:]:      # nicht uns selber, sonst Endlosschleife!
    execfile(argument)             # tue was auch immer
```

Es können noch zwei weitere Funktionen Code ausführen. Die erste ist die `eval`-Funktion, die einen Code-String (und das schon bekannte optionale Paar von Dictionaries) oder ein kompiliertes Code-Objekt nimmt und das Ergebnis der Auswertung des Ausdrucks zurückgibt. Beispiel:

```
>>> z = eval("'xo'*10")
>>> print z
'xoxoxoxoxoxoxoxoxoxo'
```

Die `eval`-Funktion kann – wie das folgende Beispiel zeigt – nicht mit Anweisungen arbeiten, weil Ausdrücke und Anweisungen zwei verschiedene syntaktische Dinge sind:

```
>>> z = eval("x = 3")
Traceback (innermost last):
  File "<stdin>", line 1, in ?
  File "<string>", line 1
    x = 3
      ^
SyntaxError: invalid syntax
```

Die letzte Funktion, die Code ausführt, ist `apply`. Sie wird mit einem aufrufbaren Objekt, einem optionalen Tupel mit Stellungsparametern und einem optionalen Dictionary mit Schlüsselwortparametern aufgerufen. Ein aufrufbares Objekt ist jede Funktion (Standardfunktionen, -methoden etc.), jedes Klassen-Objekt (das bei seinem Aufruf eine Instanz bildet) oder jede Instanz einer Klasse, die eine `__call__`-Methode definiert. Wenn Sie sich nicht sicher sind, was aufrufbar ist (z.B. ob es ein Parameter oder eine Funktion ist), testen Sie es mit der eingebauten Funktion `callable`, die wahr zurückgibt, wenn das Objekt aufrufbar ist.[3]

```
>>> callable(sys.exit), type(sys.exit)
(1, <type 'builtin_function_or_method'>)
>>> callable(sys.version), type(sys.version)
(0, <type 'string'>)
```

Es gibt noch weitere eingebaute Funktionen, die wir nicht behandelt haben. Wenn Sie mehr darüber wissen möchten, sehen Sie in einer Referenzquelle wie der *Bibliotheksreferenz* (Abschnitt 2.3) nach.

Bibliotheksmodule

Zur Zeit gibt es mehr als 200 Module in der Standarddistribution, die Themen wie String- und Textverarbeitung, Netzwerke und Internet-Werkzeuge, Systemschnittstellen, Datenbankschnittstellen, Serialisierung, Datenstrukturen und Algorithmen, Benutzerschnittstellen, numerische Berechnungen und andere abdecken. Wir erwähnen hier nur

3 Sie können viele Sachen über aufrufbare Objekte herausfinden: wie viele Parameter sie erwarten und die Namen und Standardwerte ihrer Parameter. Suchen Sie diese Details in der *Sprachenreferenz*, insbesondere im Abschnitt 3.2 sind alle Attribute für jeden Typ beschrieben.

die am häufigsten angewendeten und später einige mächtigere und spezialisiertere in Kapitel 9, *Allgemeine Aufgaben in Python*, und in Kapitel 10, *Strukturgerüste und Applikationen*.

Grundlegende String-Operationen: das String-Modul

Das `string`-Modul ist so etwas wie eine historische Anomalie. Würde Python heutzutage entworfen, würden sicher viele der heutigen Funktionen im `string`-Modul als Methoden von String-Objekten implementiert.[4] Das `string`-Modul operiert auf Strings. In Tabelle 8-4 sind die nützlichsten der im `string`-Modul definierten Funktionen mit einer kurzen Beschreibung zusammengefaßt, um Ihnen einen Eindruck vom Zweck dieses Moduls zu geben. Die hier gegebenen Beschreibungen sind nicht komplett, für eine ausführliche Liste nehmen Sie bitte das *Bibliothekshandbuch* oder *Python – kurz & gut* zur Hand. Wenn nicht anders vermerkt, gibt jede der Funktionen einen String zurück.

Tabelle 8-4: Funktionen von String-Modulen

Funktionsname	Verhalten

`atof(string)`	Konvertiert einen String in eine Gleitkommazahl (siehe eingebaute `float`-Funktion):
	`>>> string.atof("1.4")`
	`1.4`

`atoi(string [, base])`	Konvertiert einen String in einen Integer, indem es die spezifizierte Basiszahl benutzt (standardmäßig Basis 10; siehe eingebaute `int`-Funktion):
	`>>> string.atoi("365")`
	`365`

`atol(string [, base])`	Genauso wie `atoi`, aber konvertiert in einen langen Integer (siehe eingebaute `long`-Funktion):
	`>>> string.atol("987654321")`
	`987654321L`

`capitalize(word)`	Schreibt den ersten Buchstaben von *word* groß:
	`>>> string.capitalize("tomate")`
	`'Tomate'`

`capwords(string)`	Schreibt jedes Wort in *string* groß:
	`>>> string.capwords("Es ist an der Zeit")`
	`'Es Ist An Der Zeit'`

`expandtabs( string, tabsize)`	Erweitert die Tab-Zeichen in *string* unter Verwendung der spezifizierten Tab-Größe (ohne Voreinstellung)

4 Für eine detaillierte Diskussion dieses Themas und vieler weiterer häufig gestellter Fragen über Python schauen Sie auf die FAQ-Liste unter *http://www.python.org/doc/FAQ.html*. Siehe dort die Frage 6.4 zum Thema String-Methoden versus String-Funktionen.

Tabelle 8-4: Funktionen von String-Modulen (Fortsetzung)

Funktionsname	Verhalten

`find(s, sub [, start [, end]])`	Gibt den Index von String *s* zurück, der dem ersten Auftreten des Substrings *sub* in *s* entspricht, oder –1, wenn *sub* nicht in *s* vorkommt:
	`>>> string.find("Es ist an der Zeit", 'ist')`
	`3`

`rfind(s, sub [, start [, end]])`	Genauso wie `find`, gibt aber den Index des letzten Auftretens von *sub* in *s* zurück
`index(s, sub [, start [, end]])`	Genauso wie `find`, erzeugt aber eine `ValueError`-Ausnahme, wenn *sub* nicht in *s* gefunden wird
`rindex(s, sub [, start [, end]])`	Genauso wie `rfind`, aber erzeugt eine `ValueError`-Ausnahme, wenn *sub* nicht in *s* gefunden wird

`count(s, sub [, start [, end]])`	Gibt die Anzahl des Auftretens von *sub* in *s* zurück:
	`>>> string.count("Es ist an der Zeit", 'i')`
	`2`

`replace(str, old, new[, maxsplit])`	Gibt einen String wie *str* zurück, außer daß alle (oder einige) aufgetretenen *old* durch *new* ersetzt wurden:
	`>>> string.replace("Es ist an der Zeit", ' ','_')`
	`'Es_ist_an_der_Zeit'`

`lower(string)`, `upper(string)`	Gibt eine Version von *string* in Klein- bzw. Großbuchstaben zurück

`split(s [, sep [, maxsplit]])`	Teilt den String *s* beim spezifizierten Trennzeichen-String *sep* (standardmäßig ein Leerraum-Zeichen) und gibt eine Liste der »geteilten« Substrings zurück:
	`>>> string.split("Es ist an der Zeit")`
	`['Es', 'ist', 'an', 'der', 'Zeit']`

`join(wordlist [, sep [, maxsplit]])`	Fügt eine Sequenz von Strings zusammen und fügt jeweils Kopien von *sep* dazwischen ein (standardmäßig ein einzelnes Leerzeichen):
	`>>> string.join(`
	`...['Es','ist','an','der','Zeit'], '*')`
	`'Es*ist*an*der*Zeit'`
	`>>> string.join("Es ist an der Zeit", '*')`
	`'E*s* *i*s*t* *a*n* *d*e*r* *Z*e*i*t'`
	Erinnern Sie sich, daß ein String selbst eine Sequenz aus Ein-Zeichen-Strings ist!

`lstrip(s)`, `rstrip(s)`, `strip(s)`	Entfernt Leerraum-Zeichen links, rechts oder auf beiden Seiten von *s*:
	`>>> string.strip("  vorher  und  nachher  ")`
	`'vorher  und  nachher'`

`swapcase(s)`	Gibt eine Version von *s* mit durch Großbuchstaben ersetzten Kleinbuchstaben und umgekehrt zurück
`ljust(s, width)`, `rjust(s, width)`, `center(s, width)`	Füllt links, rechts oder zentriert den String *s* mit Leerstellen, so daß der zurückgegebene String mindestens *width* Zeichen hat

Das String-Modul definiert auch eine Reihe nützlicher Konstanten, wie in Tabelle 8-5 dargestellt.

Tabelle 8-5: String-Modul-Konstanten

Konstantenname	Wert
`digits`	`'0123456789'`
`octdigits`	`'01234567'`
`hexdigits`	`'0123456789abcdefABCDEF'`
`lowercase`	`'abcdefghijklmnopqrstuvwxyz'`[a]
`uppercase`	`'ABCDEFGHIJKLMNOPQRSTUVWXYZ'`
`letters`	`lowercase + uppercase`
`whitespace`	`' \t\n\r\v'` (alle Leerraum-Zeichen)

a. Auf den meisten Systemen haben `string.lowercase`, `string.uppercase` und `string.letters` die oben aufgeführten Werte. Wenn man das `locale`-Modul anwendet, um lokale Einstellungen einer anderen Kultur zu spezifizieren, werden sie aktualisiert. Nach Ausführung von `locale.setlocale(locale.LC_ALL, 'fr')` wird das `string.letters`-Attribut auch akzentuierte und andere spezifisch französische Buchstaben enthalten.

Die Konstanten in Tabelle 8-5 testen generell, ob spezifische Zeichen einem Kriterium entsprechen – zum Beispiel gibt `x in string.whitespace` nur dann wahr zurück, wenn `x` eines der Leerraum-Zeichen ist.

Eine typische Anwendung des `string`-Moduls ist es, Benutzereingaben zu bereinigen. Die folgende Zeile entfernt jedes »überzählige« Leerraum-Zeichen, ersetzt also Leerraum-Sequenzen durch ein einzelnes Leerzeichen und löscht führende und anhängende Leerzeichen:

```
thestring = string.strip(string.join(string.split(thestring)))
```

Anspruchsvolle String-Operationen: das re-Modul

Das `string`-Modul definiert grundlegende Operationen mit Strings. Es kommt in fast allen Programmen vor, die mit Dateien oder Anwendern interagieren. Da Python-Strings auch Nullbytes enthalten können, können sie auch binäre Daten verarbeiten – dazu mehr, wenn wir zum `struct`-Modul kommen.

Zusätzlich stellt Python ein spezialisiertes String-Verarbeitungs-Modul zur Verfügung, das mit regulären Ausdrücken angewendet werden kann. Lange konnten sich Pythons reguläre Ausdrücke (verfügbar im `regex`- und `regsub`-Modul) – obwohl sie für einige Aufgaben adäquat waren – nicht mit denen konkurrierender Sprachen wie Perl messen. Seit Python 1.5 gibt es nun ein neues Modul namens `re`, das ein komplett überarbeitetes Paket regulärer Ausdrücke zur Verfügung stellt und Pythons Möglichkeiten der String-Verarbeitung deutlich verbessert.

Reguläre Ausdrücke

Reguläre Ausdrücke sind Strings, mit denen Sie komplizierte Mustersuche und Ersetzungsregeln für Strings definieren können. Diese Strings bestehen aus Symbolen, die die kompakte Notation über den mnemonischen Wert stellen. Das einzelne Zeichen `.` bedeutet zum Beispiel: »Erkenne beliebiges einzelnes Zeichen.« Das Zeichen `*` bedeutet: »Jegliche Anzahl (auch 0) dessen, was mir gerade vorausging.« In Tabelle 8-6 sind die Symbole der am häufigsten benutzten regulären Ausdrücke und ihre Bedeutung aufgeführt.

Tabelle 8-6: Allgemeine Elemente der Syntax regulärer Ausdrücke

Spezielles Zeichen	Bedeutung
`.`	Erkennt standardmäßig jedes Zeichen außer Newline
`^`	Erkennt den Beginn des Strings
`$`	Erkennt das Ende des Strings
`*`	»Jede Anzahl dessen, was mir gerade voranging«
`+`	»Mindestens einmal das, was mir gerade voranging«
`|`	»Entweder das Ding vor mir oder das Ding hinter mir«
`\w`	Erkennt jedes alphanumerische Zeichen
`\d`	Erkennt jedes Dezimalzeichen
`tomato`	Erkennt den String `tomato`

Ein Problem mit regulären Ausdrücken

Nehmen wir an, Sie müßten ein Programm schreiben, das die Strings »grüner Pfeffer« und »roter Pfeffer« durch »runder Pfeffer« ersetzt, wenn – und nur wenn – sie zusammen in einem Absatz vor dem Wort »salat« vorkommen, und nicht, wenn ihnen der String »körner« (ohne Leerzeichen) folgt. Anforderungen von diesem Kaliber sind überraschend häufig in der Computerei. Nehmen wir an, die Datei heißt *Pfeffer.txt*. Hier ist ein dümmliches Beispiel für eine solche Datei:

```
Dies ist ein Absatz, der runden Pfeffer mehrfach erwähnt.
Es gibt da ein Salatrezept für roten Pfeffer und getrocknete Tomate.
Dabei mag ich grünen Pfeffer in meinen Salaten nicht,
weil der Geschmack kratziger ist.

Dieser zweite Absatz erwähnt roten Pfeffer und grünen Pfeffer,
aber nicht das Wort mit "s" (S-a-l-a-t), also sollte sich
kein runder zeigen.

Und dieser dritte Absatz erwähnt rote Pfefferkörner und grüne
Pfefferkörner, die kein Gemüse, sondern Gewürze sind. (Und
übrigens sind runde Pfeffer eigentlich keine Pfeffer, sondern
Chilies, aber würden Sie lieber einen guten Koch oder einen
guten Botaniker Ihren Salat zubereiten lassen?)
```

Die erste Aufgabe besteht darin, die Datei zu öffnen und im Text zu lesen:

```
file = open('Pfeffer.txt')
text = file.read()
```

Wir lesen sofort den gesamten Text und vermeiden es, ihn in Zeilen aufzuteilen, da wir davon ausgehen werden, daß Absätze durch zwei aufeinanderfolgende Newlines definiert werden. Das ist mit der `split`-Funktion des `string`-Moduls ganz einfach auszuführen:

```
import string
paragraphs = string.split(text, '\n\n')
```

Nun haben wir den Text in eine Liste von Absatz-Strings unterteilt, und alles, was jetzt noch zu tun ist, ist die Ersetzungsoperation durchzuführen. Hier kommen die regulären Ausdrücke ins Spiel:

```
import re
matchstr = re.compile(
    r"""\b(rot|grün)         # 'rot' oder 'grün' am Wortanfang
        ((e|er|en)?          # erlaube Anhängsel
         \s+                 # gefolgt von Whitespace
         Pfeffer             # das Wort 'Pfeffer'
         (?!körner)          # wenn nicht unmittelbar von 'körner' gefolgt
         (?=.*salat))""",    # und wenn irgendwann noch 'Salat' auftaucht
      re.IGNORECASE |        # erlaube pfeffer, Pfeffer, PFEFFER usw.
      re.DOTALL |            # erkenne über Newlines hinweg
      re.VERBOSE)            # erlaube obige Umbrüche und Kommentare
for paragraph in paragraphs:
    fixed_paragraph = matchstr.sub(r'rund\2', paragraph)
    print fixed_paragraph+'\n'
```

Die fettgedruckte Zeile ist am schwierigsten – sie erstellt ein Muster kompilierter regulärer Ausdrücke, das wie ein Programm ist. So ein Muster gibt zwei Dinge an: an welchen Teilen des Strings wir interessiert sind und wie sie gruppiert werden sollten. Lassen Sie uns dies der Reihe nach durchgehen.

Die Definition, welche Teile des Strings uns interessieren, erfolgt durch Spezifizierung eines Zeichenmusters, das ein Muster definiert. Dies kann durch Verkettung kleinerer Muster, von denen jedes ein einfaches Übereinstimmungskriterium spezifiziert (z.B. »finde den String `'Pfeffer'`«, »erkenne ein oder mehrere Leerraum-Zeichen«, »finde nicht `'körner'`« etc.), erreicht werden. Wie gesagt, suchen wir nach den Wörtern `rot` oder `grün`, gefolgt vom Wort `Pfeffer`, an das sich wiederum das Wort `Salat` anschließt, solange auf `Pfeffer` nicht direkt `'körner'` folgt. Gehen wir jede Zeile des `re.compile(...)`-Ausdrucks der Reihe nach durch.

Das erste, was beim String im `re.compile()` auffällt, ist, daß es ein »roher« String ist (den Anführungszeichen ist ein `r` vorangestellt). Das Voranstellen eines solchen `r` an einen String (in einfachen oder dreifachen Anführungszeichen) schaltet die Interpretation der

Backslash-Zeichen innerhalb des Strings ab.[5] Wir hätten statt dessen auch einen regulären String anwenden können und hätten `\\b` statt `\b` und `\\s` statt `\s` benutzt. In diesem Fall macht das kaum einen Unterschied, aber bei komplizierten regulären Ausdrücken erlauben rohe Strings eine viel klarere Syntax als entwertete Backslashes.

Die erste Zeile im Muster ist `\b(rot|grün)`. `\b` steht für »den leeren String, aber nur am Anfang oder am Ende eines Wortes«. Es hier zu benutzen verhindert Übereinstimmungen, die `rot` oder `grün` als letzten Teil eines Wortes haben (wie bei »Pfefferschrot«). Das `(rot|grün)`-Muster spezifiziert einen Wechsel: entweder `'rot'` oder `'grün'`. Ignorieren Sie die linke Klammer, die nun folgt. Das anschließende Muster `(e|er|en)?` ist ein Tribut an unsere deutsche Übersetzung dieses Beispiels (bitte Applaus, es funktioniert) und erlaubt es, die üblichen deutschen Wortanhängsel optional zu erkennen. `\s` ist ein spezielles Wort für »jedes Leerraum-Zeichen«, und `+` bedeutet »das ein- oder mehrmalige Auftreten dessen, was vor mir kommt«. Zusammengesetzt bedeutet `\s+` »ein oder mehr Leerraum-Zeichen«. `Pfeffer` bedeutet einfach nur den String `'Pfeffer'`. `(?!körner)` verhindert die Erkennung von `'körner'`, somit verhindern wir die Übereinstimmung mit `'Pfefferkörner'`. Schließlich besagt `(?=.*salat)`, daß eine beliebige Anzahl von Zeichen folgen muß (das ist die Bedeutung von `.*`), gefolgt von dem Wort `salat`. `?=` gibt an, daß es sich um einen vorwärtsschauenden Test handelt, der erkannte Text soll also nicht durch den Erkennungsprozeß »aufgebraucht« werden. Das ist eine spitzfindige Angelegenheit, die wir vorerst ignorieren werden. An diesem Punkt angelangt, haben wir das dem Substring entsprechende Muster definiert.

Sie haben sicher bemerkt, daß es da noch zwei Klammern gibt, die wir noch nicht erklärt haben: die eine vor `\s+` und die letzte. Diese beiden definieren eine »Gruppe«, die nach rot oder grün beginnt und bis zum Ende des Musters reicht. Wir werden diese Gruppe in der nächsten Operation, der tatsächlichen Ersetzung, benutzen. Zuerst müssen wir aber die drei Flags erwähnen, die durch die logische Operation »oder« verbunden wurden. Sie bestimmen die Arbeitsweise der Mustererkennung. Der erste, `re.IGNORECASE`, besagt, daß die Textvergleiche die Groß-/Kleinschreibung des Textes ignorieren sollen. Der zweite, `re.DOTALL`, spezifiziert, daß das Zeichen `.` jedes Zeichen, einschließlich des Newline-Zeichens, akzeptieren soll (was kein Standardverhalten ist). Der dritte schließlich, `re.VERBOSE` , erlaubt es uns, zusätzliche Newline-Zeichen und `#` -Kommentare in den regulären Ausdruck einzufügen, wodurch er besser lesbar und verständlicher wird. Wir hätten die Anweisung auch kompakter schreiben können:

```
matchstr = re.compile(r"\b(rot|grün)((e[rn]?)?\s+Pfeffer(?!körner)(?=.*salat))", re.I | re.S)
```

Die tatsächliche Ersetzungsoperation wird mit folgender Zeile durchgeführt:

```
    fixed_paragraph = matchstr.sub(r'rund\2', paragraph)
```

Zunächst sollte ganz klar sein, daß wir die Methode `sub` des `matchstr`-Objekts aufrufen. Das Objekt ist ein *kompiliertes Regex-Objekt*, was bedeutet, daß ein Teil der Verarbei-

---

5 Rohe Strings können nicht mit einer ungeraden Anzahl von Backslashes enden. Das ist kaum ein Problem, wenn man rohe Strings für reguläre Ausdrücke anwendet, weil reguläre Ausdrücke selbst nicht mit Backslashes enden können.

tung bereits erledigt wurde (in diesem Fall außerhalb der Schleife), so daß die gesamte Programmausführung beschleunigt wird. Wir benutzen wieder einen rohen String, um den ersten Parameter der Methode zu schreiben. Die `\2` ist ein Verweis auf Gruppe 2 des regulären Ausdrucks – die zweite Gruppe von Klammern im regulären Ausdruck. In unserem Fall ist dies alles, was mit `Pfeffer` beginnt bis zu (einschließlich) dem Wort `'salat'`. Diese Zeile bedeutet daher: »Ersetze den übereinstimmenden String durch den String `'rund'`, gefolgt von allem, was mit `'Pfeffer'` beginnt und bis zum Ende des gefundenen Strings im `paragraph` -String reicht.«

Funktioniert es? Die *Pfeffer.txt*-Datei von vorhin hatte drei Absätze: Der erste befriedigte die Anforderungen des Musters zweimal, der zweite gar nicht, weil das Wort »Salat« nicht darin vorkam, und der dritte auch nicht, weil die Wörter `rot` und `grün` vor `Pfefferkörner` und nicht vor `Pfeffer` stehen. Unser Programm (gespeichert in der Datei *Pfeffer.py*) ändert, wie vorgegeben, nur den ersten Absatz:

```
/home/David/book$ python Pfeffer.py
Dies ist ein Absatz, der runden Pfeffer mehrfach erwähnt.
Es gibt da ein Salatrezept für runden Pfeffer und getrocknete Tomate.
Dabei mag ich runden Pfeffer in meinen Salaten nicht,
weil der Geschmack kratziger ist.

Dieser zweite Absatz erwähnt roten Pfeffer und grünen Pfeffer,
aber nicht das Wort mit "s" (S-a-l-a-t), also sollte sich
kein runder zeigen.

Und dieser dritte Absatz erwähnt rote Pfefferkörner und grüne
Pfefferkörner, die kein Gemüse, sondern Gewürze sind. (Und
übrigens sind runde Pfeffer eigentlich keine Pfeffer, sondern
Chilies, aber würden Sie lieber einen guten Koch oder einen
guten Botaniker Ihren Salat zubereiten lassen?)
```

Dieses Beispiel zeigt trotz seiner Künstlichkeit, wie man mit regulären Ausdrücken sehr kompakt komplizierte Musterregeln ausdrücken kann. Wenn Sie bei Ihrer Arbeit häufig mit dieser Art von Problemen zu tun haben, lohnt es sich, Zeit und Mühe zu investieren, um die regulären Ausdrücke zu beherrschen.

Eine ausführlichere Betrachtung von regulären Ausdrücken würde den Rahmen dieses Buches sprengen. Jeffrey Friedl gibt eine exzellente Darstellung der regulären Ausdrücke in seinem Buch *Reguläre Ausdrücke*. Seine Beschreibung der regulären Ausdrücke in Python wendet (zumindest in der ersten Auflage) die altmodische Syntax an, die heute nicht mehr empfohlen wird, so daß diese Beschreibungen zum größten Teil ignoriert werden sollten. Die regulären Ausdrücke, die aktuell in Python angewendet werden, sind denen von Perl sehr ähnlich. Dennoch ist das Buch für jeden, der sich ernsthaft mit Textverarbeitung beschäftigt, ein Muß. Für den gewöhnlichen Anwender (so wie die Autoren dieses Buches) reichen die Beschreibungen im *Bibliothekshandbuch* meistens völlig aus. Wenden Sie das `re`-Modul an, nicht die `regexp`-, `regex`- und `regsub`-Module, die bereits aufs Altenteil gehören.

Betriebssystem-Schnittstellen: das os-Modul

Die Betriebssystem-Schnittstelle definiert den Mechanismus, mit dem Programme Dinge wie Dateien, Prozesse, Anwender und Befehlsfolgen manipulieren sollen.

Die Module os und os.path

Das os-Modul liefert eine allgemeine Schnittstelle zu den grundlegendsten Hilfsmitteln des Betriebssystems. Die spezifische Menge von Aufrufen, die es definiert, ist von der verwendeten Plattform abhängig. (Rechte-bezogene Aufrufe sind zum Beispiel nur auf den Plattformen verfügbar, die sie auch unterstützen, wie etwa Unix und Windows.) Trotzdem empfehlen wir Ihnen, immer das os-Modul statt die plattformspezifischen Versionen des Moduls (`posix`, `nt` und `mac`) zu benutzen. In Tabelle 8-7 sind die am häufigsten benutzten Funktionen des os-Moduls zusammengefaßt. Wenn im Zusammenhang mit dem os-Modul auf Dateien verwiesen wird, sind Dateinamen und keine Datei-Objekte gemeint.

Tabelle 8-7: Die am häufigsten benutzten Funktionen des os-Moduls

Funktionsname	Verhalten

`getcwd()`	Gibt einen String zurück, der auf das aktuelle Arbeitsverzeichnis verweist (`cwd`):
	`>>> print os.getcwd()`
	`h:\David\book`

`listdir(path)`	Gibt eine Liste aller Dateien im angegebenen Verzeichnis zurück:
	`>>> os.listdir(os.getcwd())`
	`['preface.doc', 'part1.doc', 'part2.doc']`

`chown(path, uid, gid)`	Verändert die Inhaber-ID und die Gruppen-ID der angegebenen Datei
`chmod(path, mode)`	Verändert die Berechtigungen der angegebenen Datei mit dem numerischen Modus *mode* (z.B. bedeutet 0644 Lesen/Schreiben für den Inhaber, Lesen für alle anderen)
`rename(src, dest)`	Benennt die Datei namens *src* in *dest* um
`remove(path)` oder `unlink(path)`	Löscht eine angegebene Datei (siehe `rmdir`, um Verzeichnisse zu löschen)
`mkdir(path [, mode])`	Erstellt ein Verzeichnis namens *path* mit dem numerischen Modus *mode* (siehe `os.chmod`): `>>> os.mkdir('newdir')`
`rmdir(path)`	Löscht das Verzeichnis *path*
`system(command)`	Führt das Kommando *command* in einem untergeordneten Prozeß aus; der Rückgabewert ist der Rückgabecode des Befehls
`symlink(src, dest)`	Erstellt einen symbolischen Link von Datei *src* zu Datei *dest*
`link(src, dest)`	Erstellt einen echten Link[a] von Datei *src* zu Datei *dest*

a. Echte Links (oder »hard links«) sind nicht von der Originaldatei zu unterscheiden. Unter Unix verschwindet eine Datei genau dann, wenn sie keine weiteren Links mehr besitzt, daher auch das Kommando »unlink«. – Anm.d.Ü.

Es gibt noch viele weitere Funktionen im os-Modul. Es wird wirklich jede Funktion, die Teil des POSIX-Standards und weithin auf den meisten Unix-Plattformen verfügbar ist, von Python auf Unix unterstützt. Die Schnittstellen zu diesen Routinen folgen den POSIX-Konventionen. Sie können UIDs, PIDs und Prozeßgruppen ermitteln und setzen, Prozeßprioritäten kontrollieren (»nice«), Pipes erzeugen, Dateideskriptoren manipulieren, auf Child-Prozesse warten, Signale an Prozesse senden, die Varianten von execv benutzen usw.

Das os-Modul definiert auch einige wichtige Attribute, die keine Funktionen sind:

- Das os.name-Attribut definiert die aktuelle Version der plattformspezifischen Betriebssystem-Schnittstelle. Registrierte Werte für os.name sind 'posix', 'nt', 'dos' und 'mac'. Dieses Attribut verhält sich anders als sys.platform, das wir weiter vorn in diesem Kapitel besprochen haben.
- os.error definiert eine Klasse, die verwendet wird, wenn Aufrufe im os-Modul Fehler melden. Wenn diese Ausnahme erzeugt wird, enthält der Wert der Ausnahme zwei Variablen. Die erste ist die dem Fehler entsprechende Zahl (bekannt als errno), und die zweite ist eine String-Nachricht, die sie erklärt (bekannt als strerror):

```
>>> os.rmdir('nonexistent_directory')        # wie es sich normalerweise zeigt
Traceback (innermost last):
  File "<stdin>", line 1, in ?
os.error: (2, 'No such file or directory')
>>> try:                                     # wir können den Fehler abfangen
...     os.rmdir('nonexistent directory')    # und einzeln bearbeiten
... except os.error, value:
...     print value[0], value[1]
...
2 No such file or directory
```

- Das os.environ-Dictionary enthält Schlüssel/Wert-Paare, die den Umgebungsvariablen der Oberfläche, von der aus Python gestartet wurde, entsprechen. Da diese Umgebung von den Befehlen, die von os.system aus aufgerufen werden, geerbt wird, verändert eine Modifizierung des os.environ-Dictionaries auch die Umgebung:

```
>>> print os.environ['SHELL']
/bin/sh
>>> os.environ['STARTDIR'] = 'MyStartDir'
>>> os.system('echo $STARTDIR')            # 'echo %STARTDIR%' auf DOS/Win
MyStartDir                                 # von der Shell ausgegeben
0                                          # Rückgabewert von echo
```

Das os-Modul beinhaltet auch eine Reihe von Strings, die portable Möglichkeiten, auf verzeichnisbezogene Operationen zu verweisen, definieren (Tabelle 8-8).

Diese Strings sind insbesondere dann nützlich, wenn sie mit der Funktionalität des os.path-Moduls kombiniert werden, das viele Funktionen zur Manipulation von Verzeichnispfaden bietet (siehe Tabelle 8-9). Beachten Sie, daß das os.path-Modul ein Attribut des os-Moduls ist.

Es wird automatisch importiert, wenn das os-Modul geladen wird, so daß Sie es nicht explizit zu importieren brauchen. Die Ausgaben der Beispiele in Tabelle 8-9 entsprechen dem Ablauf des Codes unter Windows oder DOS. Auf anderen Plattformen sind die entsprechenden Zeichen zum Unterteilen der Pfade zu setzen.

Tabelle 8-8: String-Attribute des os*-Moduls*

Attributname	Bedeutung und Wert
`curdir`	Ein String, der das aktuelle Verzeichnis kennzeichnet: `'.'` auf Unix, DOS und Windows; `':'` auf dem Mac
`pardir`	Ein String, der das übergeordnete Verzeichnis kennzeichnet: `'..'` auf Unix, DOS und Windows; `'::'` auf dem Mac
`sep`	Das Zeichen, das die Komponenten eines Verzeichnispfades unterteilt: `'/'` auf Unix; `'\'` auf DOS, Windows; `':'` auf dem Mac
`altsep`	Ein alternatives Zeichen für `sep`, wenn verfügbar. `None` auf allen Systemen, außer DOS und Windows, wo es `'/'` ist
`pathsep`	Das Trennzeichen, das alle Pfadkomponenten unterteilt: `':'` auf Unix; `';'` auf DOS und Windows

Tabelle 8-9: Die geläufigsten Funktionen des os.path-Moduls

Funktionsname	Verhalten
`split(`*`path`*`)` ist äquivalent zum Tupel: `(dirname(`*`path`*`), basename(`*`path`*`))`	Teilt einen gegebenen Pfad in ein Paar, bestehend aus Kopf und Schwanz: Der Kopf ist der Pfad zum Verzeichnis, der Schwanz ist der Dateiname: `>>> `**`os.path.split("h:/David/book/part2.doc"`** `('h:/David/book', 'part2.doc')`
`join(`*`path, ...`*`)`	Führt Pfadkomponenten intelligent zusammen: `>>> `**`print os.path.join(os.getcwd(),`** `... `**`os.pardir, 'backup', 'part2.doc')`** `h:\David\book\..\backup\part2.doc`
`exists(`*`path`*`)`	Gibt wahr zurück, wenn *path* einem existierenden Pfad entspricht
`expanduser(`*`path`*`)`	Expandiert das Argument, das mit ~ beginnt, optional gefolgt von einem Anwendernamen: `>>> `**`print os.path.expanduser('~/mydir')`** `h:\David\mydir`
`expandvars(`*`path`*`)`	Expandiert im *path*-Argument Variablen aus der Umgebung: `>>> `**`print os.path.expandvars('$TMP')`** `C:\TEMP`
`isfile(`*`path`*`)`, `isdir(`*`path`*`)`, `islink(`*`path`*`)`, `ismount(`*`path`*`)`	Gibt wahr zurück, wenn der angegebene *path* eine Datei, ein Verzeichnis, eine Verknüpfung (symbolic link) oder ein Montagepunkt (Unix mount point) ist

Tabelle 8-9: Die geläufigsten Funktionen des os.path-Moduls (Fortsetzung)

Funktionsname	Verhalten

`normpath(path)`	Normalisiert den vorgegebenen Pfad, indem redundante Trennzeichen und Aufwärtsverweise aufgelöst werden:
	`>>> print os.path.normpath("/foo/bar\\../tmp")`
	`\foo\tmp`

`samefile(p, q)`	Gibt wahr zurück, wenn beide Parameter auf dieselbe Datei verweisen

`walk(p, visit, arg)`	Ruft die Funktion `visit` mit Parametern (`arg`, `dirname`, `names`) für jedes Verzeichnis im Verzeichnisbaum unterhalb `p` auf (inklusive `p` selbst, wenn es ein Verzeichnis ist); der Parameter `dirname` gibt das besuchte Verzeichnis an; der Parameter `names` listet die Dateien in dem Verzeichnis:
	`>>> def test_walk(arg, dirname, names):`
	`... print arg, dirname, names`
	`...`
	`>>> os.path.walk('..', test_walk, 'show')`
	`show ..\logs ['errors.log', 'access.log']`
	`show ..\cgi-bin ['test.cgi']`
	`...`

Kopieren von Dateien und Verzeichnissen: das Modul shutil

Der scharfsichtige Leser mag bemerkt haben, daß das os-Modul zwar viele dateibezogene Funktionen bietet, aber keine copy-Funktion. Unter DOS geht das Kopieren von Dateien grundsätzlich so vonstatten: Öffnen einer Datei im binären Lesemodus, Lesen aller Daten, Öffnen einer zweiten Datei im binären Schreibmodus und Schreiben der Daten in die zweite Datei.

Unter Unix und Windows schlägt bei dieser Art des Kopierens das Kopieren der sogenannten *Statusbits* (Rechte, Modifikationszeiten etc.), die zur Datei gehören, fehl. Auf dem Mac würde die Operation den Resource Fork, der Daten wie Symbole und Dialogboxen enthält, nicht kopieren. Mit anderen Worten: Kopieren ist nicht so einfach. Trotzdem können Sie oft mit einer ziemlich simplen Funktion auskommen, die auf Windows, DOS, Unix und Macs funktioniert, solange Sie nur Dateien ohne Resource Forks manipulieren. Diese Funktion, `copyfile` genannt, finden Sie im `shutil`-Modul. Sie enthält auch einige allgemein nützliche Funktionen, die in Tabelle 8-10 aufgeführt sind.

Tabelle 8-10: Funktionen des shutil-Moduls

Funktionsname	Verhalten
`copyfile(src, dest)`	Macht eine Kopie der Datei *src* und nennt sie *dest* (rein binäre Kopie).
`copymode(src, dest)`	Kopiert Zugriffsrechte von *src* nach *dest*.
`copystat(src, dest)`	Kopiert alle Statusinformationen (Modus, utime) von *src* nach *dest*.
`copy(src, dest)`	Kopiert Daten und Modusinformationen von *src* nach *dest* (ausschließlich des Resource Forks auf Macs).

Tabelle 8-10: Funktionen des shutil-Moduls (Fortsetzung)

Funktionsname	Verhalten
`copy2(`*`src, dest`*`)`	Kopiert Daten und Statusinformationen von *`src`* nach *`dest`* (ausschließlich des Resource Forks auf Macs).
`copytree(`*`src, dest, symlinks=0`*`)`	Kopiert ein Verzeichnis rekursiv mit `copy2`. Der `symlinks`-Schalter gibt an, ob symbolische Links des Quellbaums in symbolischen Links des Zielbaums resultieren müssen oder ob die verknüpften Dateien kopiert werden sollen. Das Zielverzeichnis muß nicht schon vorher existieren.
`rmtree(`*`path, ignore_errors=0, onerror=None`*`)`	Löscht rekursiv das von *`path`* angegebene Verzeichnis. Wenn *`ignore_error`* auf 0 gesetzt wurde (Standardverhalten), werden Fehler ignoriert. Wenn *`onerror`* gesetzt ist, wird es aufgerufen, um den Fehler zu behandeln; wenn nicht, wird bei dem Fehler eine Ausnahme erzeugt.

Internet-bezogene Module

Common Gateway Interface: das cgi-Modul

Python-Programme verarbeiten oft Formulare von Webseiten. Um diese Anwendung zu vereinfachen, enthält Python standardmäßig ein Modul namens `cgi`. Kapitel 10 enthält ein Beispiel für ein Python-Skript, das CGI benutzt.

Manipulieren von URLs: die Module urllib und urlparse

URLs sind Strings wie *http://www.python.org/*, die heutzutage allgegenwärtig sind.[6] Zwei Module, `urllib` und `urlparse`, liefern Werkzeuge zum Verarbeiten von URLs.

`urllib` definiert einige Funktionen für Web-Programme wie Roboter, Agenten usw. Sie sind in Tabelle 8-11 aufgelistet.

Tabelle 8-11: Funktionen des urllib-Moduls

Funktionsname	Verhalten

`urlopen(`*`url`*` [, `*`data`*`])`	Öffnet ein Netzwerk-Objekt, das durch einen URL angegeben wurde, zum Lesen. Kann auch lokale Dateien öffnen:
	`>>> page = urlopen('http://www.python.org')`
	`>>> page.readline()`
	`'<HTML>\012'`
	`>>> page.readline()`
	`'<!-- THIS PAGE IS AUTOMATICALLY GENERATED.`
	`DO NOT EDIT. -->\012'`

6 Die Syntax für URLs wurde in den Anfangstagen des Web unter der Annahme entworfen, daß Anwender sie nur selten sehen, sondern nur auf die mit den URLs verbundenen Hyperlinks klicken würden, die dann von Computerprogrammen verarbeitet werden. Hätte man ihre Zukunft für die Werbung vorausgesehen, hätte man wahrscheinlich eine Syntax gewählt, mit der sie einfacher auszudrücken wären!

Tabelle 8-11: Funktionen des urllib-Moduls (Fortsetzung)

Funktionsname	Verhalten
urlretrieve (*url* [, *filename*] [, *hook*])	Kopiert ein Netzwerk-Objekt, das durch einen URL angegeben wurde, in eine lokale Datei (benutzt den Cache): >>> **urllib.urlretrieve('http://www.python.org/', 'wwwpython.html')**
urlcleanup()	Räumt von urlretrieve benutzten Cache auf
quote(*string* [, *safe*])	Ersetzt spezielle Zeichen im String, indem eine %xx-Entwertung durchgeführt wird. Der optionale Parameter *safe* spezifiziert zusätzliche Zeichen, die nicht entwertet werden sollten; sein Standardwert ist: >>> **quote('this & that @ home')** 'this%20%26%20that%20%40%20home'
quote_plus (*string* [, *safe*])	Wie quote(), aber ersetzt auch Leerstellen durch Pluszeichen
unquote (*string*)	Ersetzt %xx -Entwertungen durch ihr Ein-Zeichen-Äquivalent: >>> **unquote('this%20%26%20that%20%40%20home')** 'this & that @ home'

urlencode
(*dict*)
	Konvertiert ein Dictionary zu einem URL-verschlüsselten String, geeignet, um ihn als optionalen Datenparameter an urlopen() durchzureichen:
	>>> **locals()**
	{'urllib': <module 'urllib'>, '__doc__': None, 'x':
	3, '__name__': '__main__', '__builtins__': <module
	'__builtin__'>}
	>>> **urllib.urlencode(locals())**
	'urllib=%3cmodule+%27urllib%27%3e&__doc__=None&x=3&
	__name__=__main__&__builtins__=%3cmodule+%27
	__builtin__%27%3e'

urlparse definiert einige Funktionen, die das Zerlegen von URLs und das Zusammensetzen neuer URLs vereinfachen. Diese sind in Tabelle 8-12 aufgeführt.

Tabelle 8-12: Funktionen des urlparse-Moduls

Funktionsname	Verhalten
urlparse(*urlstring* [, *default_scheme* [,*allow fragments*]])	Zerlegt einen URL in sechs Komponenten und gibt ein Sechs-Tupel zurück (Adressierungsschema, Netzwerklokalisation, Pfad, Parameter, Suchabfrage, Abschnittsbezeichner): >>> **urlparse('http://www.python.org/FAQ.html')** ('http', 'www.python.org', '/FAQ.html', '', '', '')
urlunparse(*tuple*)	Erstellt einen URL-String aus einem Tupel, wie von urlparse() zurückgegeben
urljoin(*base*, *url* [,*allow fragments*])	Erstellt einen vollen (absoluten) URL durch Kombination eines Basis-URLs (*base*) mit einem relativen URL (*url*): >>> **urljoin('http://www.python.org', 'doc/lib')** 'http://www.python.org/doc/lib'

Spezifische Internet-Protokolle

Die am häufigsten auf TCP/IP aufbauenden Protokolle werden mit Modulen unterstützt, die nach ihnen benannt sind. Dies sind das `httplib`-Modul (zum Verarbeiten von Webseiten mit dem HTTP-Protokoll), das `ftplib`-Modul (zum Transferieren von Dateien mit dem FTP-Protokoll), das `gopherlib`-Modul (zum Durchsuchen von Gopher-Servern), das `poplib`- und das `imaplib`-Modul zum Lesen von Mail-Dateien auf POP3- bzw. IMAP-Servern, das `nntplib`-Modul zum Lesen von Usenet-Nachrichten von NNTP-Servern sowie das `smtplib`-Protokoll zur Kommunikation mit Standard-E-Mail-Servern. Wir werden einige von ihnen in Kapitel 9 anwenden. Weiterhin gibt es Module, die Internet-Server erstellen können, insbesondere einen Socket-basierten Server (`socketserver`), einen einfachen Webserver (`SimpleHTTPServer`) und einen CGI-fähigen HTTP-Server (`CGIHTTPSserver`).

Verarbeitung von Internet-Daten

Wenn Sie ein Internet-Protokoll benutzen, um Dateien aus dem Internet zu laden (oder bevor Sie sie im Internet bereitstellen), müssen Sie diese Dateien verarbeiten. Sie kommen in vielen verschiedenen Formaten vor. In Tabelle 8-13 ist jedes Modul der Standardbibliothek aufgeführt, das eine spezifische Art von Internet-bezogenem Dateiformat verarbeitet. (Es gibt noch weitere Module zum Verarbeiten von Sound- oder Bildformaten; siehe das *Bibliothekshandbuch*.)

Tabelle 8-13: Module zum Verarbeiten von Internet-Dateien

Modulname	Dateiformat
`sgmllib`	Ein einfacher Parser für SGML-Dateien
`htmllib`	Ein Parser für HTML-Dokumente
`xmllib`	Ein Parser für XML-Dokumente
`formatter`	Generischer Ausgabeformatierer und Geräteschnittstelle
`rfc822`	Analysiert E-Mail-Header nach RFC-822 (d.h. `"Subject: he da!"`)
`mimetools`	Werkzeuge zum Analysieren von Nachrichtenkörpern im MIME-Stil (auch bekannt als Dateianhänge)
`multifile`	Unterstützung zum Lesen von Dateien, die verschiedene Teile enthalten
`binhex`	Ver- und entschlüsselt Dateien im BinHex4-Format
`uu`	Ver- und entschlüsselt Dateien im Uuencode-Format
`binascii`	Konvertiert zwischen binären und diversen ASCII-verschlüsselten Darstellungen
`xdrlib`	Ver- und entschlüsselt XDR-Daten
`mailcap`	Verarbeitung von Mailcap-Dateien
`mimetypes`	Abbildung von Dateinnamens-Erweiterungen auf MIME-Typen
`base64`	Ver- und entschlüsselt gemäß MIME-Methode Base64
`quopri`	Ver- und entschlüsselt gemäß MIME-Methode »quoted-printable«
`mailbox`	Liest diverse Mailbox-Formate
`mimify`	Konvertiert Mail-Nachrichten in und vom MIME-Format

Verarbeitung von Binärdaten: das struct-Modul

Eine häufige Frage zur Dateimanipulation ist folgende: »Wie verarbeite ich binäre Daten in Python?« Die Antwort auf diese Frage beinhaltet normalerweise das `struct`-Modul. Es hat eine simple Schnittstelle, da es nur drei Funktionen exportiert: `pack`, `unpack` und `calcsize`.

Lassen Sie uns mit der Aufgabe beginnen, eine binäre Datei zu entschlüsseln. Stellen Sie sich eine binäre Datei *bindat.dat* vor, die Daten in einem spezifischen Format enthält: Zuerst haben wir eine Gleitkommazahl, die einer Versionsnummer entspricht, dann einen langen Integer, der die Größe der Daten anzeigt, und dann die Anzahl von vorzeichenlosen Bytes, die den tatsächlichen Daten entsprechen. Der Schlüssel zur Anwendung des `struct`-Moduls liegt darin: Man baue einen »Format«-String, der mit dem Format der zu lesenden Daten korrespondiert, und finde heraus, welcher Teil der Datei diese Daten enthält. Für unser Beispiel könnten wir folgendermaßen vorgehen:

```
import struct

data = open('bindat.dat').read()
start, stop = 0, struct.calcsize('fl')
version_number, num_bytes = struct.unpack('fl', data[start:stop])
start, stop = stop, start + struct.calcsize('B'*num_bytes)
bytes = struct.unpack('B'*num_bytes, data[start:stop])
```

`'f'` ist ein Format-String für eine einzelne Gleitkommazahl (ein C-Gleitkomma, um präzise zu sein), `'l'` steht für einen langen Integer, und `'B'` ist ein Format-String für ein `unsigned char`. Die verfügbaren Format-Strings zum Entpacken sind in Tabelle 8-14 aufgeführt. Weitere Details schlagen Sie bitte im *Bibliothekshandbuch* nach.

Tabelle 8-14: Vom struct-Modul benutzte Formatcodes

Format	C-Typ	Python
`x`	Füll-Byte	Kein Wert
`c`	`char`	String der Länge 1
`b`	`signed char`	Integer
`B`	`unsigned char`	Integer
`h`	`short`	Integer
`H`	`unsigned short`	Integer
`i`	`int`	Integer
`I`	`unsigned int`	Integer
`l`	`long`	Integer
`L`	`unsigned long`	Integer
`f`	`float`	Gleitkommazahl
`d`	`double`	Gleitkommazahl
`s`	`char[]`	String
`p`	`char[]`	String
`P`	`void *`	Integer

Hier sind Bytes ein Tupel von `num_bytes` Python-Integern. Wenn wir wissen, daß `data` tatsächlich Zeichen enthält, könnten wir auch `chars = map(chr, bytes)` benutzen. Um noch effizienter zu sein, könnten wir das letzte `unpack` so verändern, daß es `'c'` statt `'B'` benutzt, was die Konvertierung für uns erledigen würde und ein Tupel mit `num_bytes` Ein-Zeichen-Strings zurückgeben würde. Noch effizienter wäre es, einen Format-String zu verwenden, der einen String von Zeichen mit einer bestimmten Länge spezifiziert, wie:

```
chars = struct.unpack(str(num_bytes)+'s', data[start:stop])
```

Die Packoperation funktioniert genau umgekehrt: Statt von einem Format- und einem Daten-String auszugehen und ein Tupel nicht gepackter Werte zurückzugeben, nimmt sie einen Format-String und eine variable Anzahl von Parametern und packt diese Parameter durch Anwendung des Format-Strings in einen neuen »gepackten« String.

Beachten Sie, daß das `struct`-Modul Daten verarbeiten kann, die mit jeder der beiden üblichen Byte-Reihenfolgen codiert wurden.[7] Damit erlaubt es Ihnen, plattformunabhängigen Code für die Manipulation von binären Dateien zu schreiben. Für große Dateien sollten Sie übrigens auch das `array`-Modul in Erwägung ziehen.

Debugging, Zeitmessung, Laufzeitprofil

Diese letzten paar Module werden Ihnen helfen, Fehler zu beseitigen, Rechenzeit zu messen und Ihre Python-Programme zu optimieren.

Die erste Aufgabe ist – wer hätte das gedacht – das Debugging. Die Standardinstallation von Python enthält einen Debugger namens `pdb`. Die Anwendung von `pdb` ist ziemlich einfach. Sie importieren das `pdb`-Modul und rufen seine `run`-Methode mit dem Code auf, der unter dem Debugger laufen soll. Wenn Sie zum Beispiel eine Fehlerbeseitigung in dem Programm *spam.py* aus Kapitel 6 durchführen möchten, tun Sie folgendes:

```
>>> import spam                          # importiere das betreffende Modul
>>> import pdb                           # importiere pdb
>>> pdb.run('instance = spam.Spam()')    # starte pdb mit einer Anweisung
> <string>(0)?()
(Pdb) break spam.Spam.__init__                # wir können Haltepunkte setzen
(Pdb) next
> <string>(1)?()
(Pdb) n                                       # 'n' als Abkürzung für 'next'
> spam.py(3)__init__()
-> def __init__(self):
(Pdb) n
> spam.py(4)__init__()
-> Spam.numInstances = Spam.numInstances + 1
```

7 Die Reihenfolge, in der Computer Wörter mit mehreren Bytes listen, ist abhängig vom verwendeten Chip (soviel zu Standards). Intel- und DEC-Systeme benutzen die sogenannte *Little-Endian*-Reihenfolge, während Motorola- und Sun-basierte Systeme die *Big-Endian*-Reihenfolge benutzen. Netzwerkübertragungen wenden auch die Big-Endian-Reihenfolge an, so daß das `struct`-Modul bei Netzwerkeingabe/-ausgabe auf PCs sehr nützlich wird.

```
(Pdb) list                                # zeige Quellcode an
  1    class Spam:
  2        numInstances = 0
  3 B      def __init__(self):            # B für Breakpoint (Haltepunkt)
  4  ->        Spam.numInstances = Spam.numInstances + 1  # wir sind hier
  5        def printNumInstances(self):
  6            print "Number of instances created: ", Spam.numInstances
  7
[EOF]
(Pdb) where                               # zeige den Aufrufstapel
  <string>(1)?()
> spam.py(4)__init__()
-> Spam.numInstances = Spam.numInstances + 1
(Pdb) Spam.numInstances = 10          # wir können Variablen ändern,
(Pdb) print Spam.numInstances         # während das Programm unterbrochen ist
10
(Pdb) continue                        # dies setzt sich fort bis zum nächsten
--Return--                            # Haltepunkt, aber es gibt keinen, und
> <string>(1)?()->None                # das war's
(Pdb) c                               # damit beenden wir Pdb
<spam.Spam instance at 80ee60>        # dies ist die zurückgegebene Instanz
>>> instance.numInstances             # beachte, daß die Änderung von
11                                    # numInstances *vor* dem Hochzählen war
```

Wie die obige Session zeigt, können Sie mit `pdb` den aktuellen Code während des Debugging auflisten (mit einem Pfeil, der auf die nächste auszuführende Zeile zeigt), Variablen untersuchen, Variablen modifizieren und Haltepunkte setzen. Kapitel 9 des *Bibliothekshandbuchs* beschäftigt sich detaillierter mit dem Debugger.

Selbst wenn ein Programm richtig funktioniert, ist es manchmal zu langsam. Wenn Sie wissen, wo die Schwachstelle in Ihrem Programm liegt, und Sie alternative Möglichkeiten kennen, denselben Algorithmus zu codieren, dann möchten Sie die zahlreichen alternativen Methoden vielleicht zeitlich vergleichen, um herauszufinden, welche die schnellste ist. Das `time`-Modul, Bestandteil der Standarddistribution, stellt viele Routinen zur Zeitmanipulation zur Verfügung. Wir werden nur eine davon anwenden, die die Zeit seit einer festgelegten »Epoche« mit der für Ihren Computer höchstmöglichen Präzision wiedergibt. Da wir nur relative Zeiten zum Vergleichen von Algorithmen benutzen, ist absolute Präzision nicht so wichtig. Hier sind zwei Möglichkeiten, eine Liste von 10 000 Nullen zu erstellen:

```
def lots_of_appends():
  zeros = []
  for i in range(10000):
    zeros.append(0)

def one_multiply():
  zeros = [0] * 10000
```

Wie können wir diese beiden Lösungen nun vergleichen? Hier ist eine einfache Möglichkeit:

```
import time, makezeros

def do_timing(num_times, funcs):
    totals = {}
    for func in funcs: totals[func] = 0.0
    for x in range(num_times):
        for func in funcs:
            starttime = time.time()        # merke Startzeit
            apply(func)
            stoptime = time.time()         # und Endezeit
            elapsed = stoptime - starttime   # vergangene Zeit
            totals[func] = totals[func] + elapsed
    for func in funcs:
        print "Ablauf von %s %d mal dauerte %.3f Sekunden" % (func.__name__,
                                                              num_times,
                                                              totals[func])
do_timing(100, (makezeros.lots_of_appends, makezeros.one_multiply))
```

Das Starten dieses Programms ergibt folgende Ausgabe:

```
csh> python timings.py
Ablauf von lots_of_appends 100 mal dauerte 7.891 Sekunden
Ablauf von one_multiply 100 mal dauerte 0.120 Sekunden
```

Wie Sie vielleicht schon vermutet haben, ist eine einzige Listenmultiplikation viel schneller als viele `append`s. Beachten Sie beim Zeitmessen, daß es immer von Vorteil ist, viele Durchläufe von Funktionen zu vergleichen statt nur einen. Sonst hängen Ihre Ergebnisse sehr stark von Dingen ab, die nichts mit dem eigentlichen Algorithmus zu tun haben, wie etwa Netzwerkverkehr auf dem Computer oder GUI-Ereignisse.

Was nun, wenn Sie ein komplexes Programm geschrieben haben, das langsamer läuft, als Sie möchten, und Sie nicht sicher sind, worin das Problem besteht? In solchen Fällen müssen Sie für das Programm ein *Laufzeitprofil* erstellen: Ermitteln Sie, welche Teile Ihres Programms die Zeitfresser sind, und schauen Sie, ob sie optimiert werden können oder ob die Programmstruktur modifiziert werden kann, um die Engpässe auszugleichen. Python enthält genau das richtige Werkzeug dafür: das `profile`-Modul, dokumentiert im *Bibliothekshandbuch*. Wenn Sie ein Profil für eine Funktion im akuellen Namensraum erstellen möchten, dann geht das folgendermaßen:

```
>>> from timings import *
>>> from makezeros import *
>>> profile.run('do_timing(100, (lots_of_appends, one_multiply))')
Ablauf von lots_of_appends 100 mal dauerte 8.773 Sekunden
Ablauf von one_multiply 100 mal dauerte 0.090 Sekunden
         203 function calls in 8.823 CPU seconds
```

```
Ordered by: standard name

ncalls  tottime  percall  cumtime  percall filename:lineno(function)
   100    8.574    0.086    8.574   0.086 makezeros.py:1(lots_of_appends)
   100    0.101    0.001    0.101   0.001 makezeros.py:6(one_multiply)
     1    0.001    0.001    8.823   8.823 profile:0(do_timing(100,
                                              (lots_of_appends, one_multiply)))
     0    0.000             0.000           profile:0(profiler)
     1    0.000    0.000    8.821   8.821 python:0(194.C.2)
     1    0.147    0.147    8.821   8.821 timings.py:2(do_timing)
```

Wie Sie sehen können, ergibt dies eine sehr komplizierte Ausgabe, die Dinge wie Verweilzeit pro Aufruf in jeder Funktion und die Anzahl der Aufrufe jeder Funktion beinhaltet. In komplexen Programmen können Sie mit dem Profilwerkzeug (Profiler) überraschende Ineffizienzen finden. Die Optimierung von Python-Programmen sprengt den Rahmen diese Buches, aber wenn Sie interessiert sind, schauen Sie in die Python-Newsgruppe: In regelmäßigen Abständen bittet ein Anwender um Hilfe, sein Programm schneller zu machen, und es beginnt ein spontaner Wettbewerb mit interessanten Ratschlägen von erfahrenen Anwendern.

Übungen

1. *Beschreibung eines Verzeichnisses.* Schreiben Sie eine Funktion, die ein Verzeichnis nimmt und den Inhalt des Verzeichnisses rekursiv beschreibt (mit anderen Worten: Drucken Sie Namen und Größe jedes Verzeichnisses, und fahren Sie so bis zum Ende aller Verzeichnisse fort).
2. *Modifikation der Eingabeaufforderung.* Modifizieren Sie Ihren Interpreter so, daß die Eingabeaufforderung statt des >>>-Strings ein String ist, der das aktuelle Verzeichnis angibt und die Anzahl der in der aktuellen Session eingegebenen Zeilen zählt.
3. *Vermeidung von regulären Ausdrücken.* Schreiben Sie ein Programm, das dieselben Anforderungen wie *pfeffer.py* erfüllt, aber keine regulären Ausdrücke benutzt. Das ist ein bißchen schwierig, aber eine nützliche Übung zum Aufbau von Programmlogik.
4. *Einhüllen einer Textdatei in eine Klasse.* Schreiben Sie eine Klasse, die einen Dateinamen nimmt und die Daten der entsprechenden Datei als Text liest. Machen Sie das so, daß die Klasse drei Methoden hat: `paragraph`, `line`, `word`, wovon jede einen Integer-Parameter akzeptiert. Wenn `mywrapper` eine Instanz dieser Klasse ist, soll das Drucken von `mywrapper.paragraph[0]` den ersten Absatz der Datei ausgeben, `mywrapper.line [-2]` gibt die vorletzte Zeile der Datei aus, und `mywrapper.word[3]` soll das vierte Wort der Datei anzeigen.

5. *Allgemeine Aufgaben.* Für diese Übungen gibt es keine Lösungen in Anhang C, sie sind statt dessen den Beispielen aus Kapitel 9 entnommen. Wenn Sie eine Herausforderung brauchen, versuchen Sie sie zu lösen, ohne vorher Kapitel 9 zu lesen!
   - Wie würden Sie eine Kopie von einem Listen-Objekt machen? Und wie ist es mit einem Dictionary?
   - Wie würden Sie eine Liste sortieren? Und wie die Reihenfolge ihrer Elemente beliebig verändern?
   - Falls Sie schon einmal von einer Stapelstruktur gehört haben, wie würden Sie sie codieren?
   - Schreiben Sie ein Programm, das die Anzahl der Zeilen in einer Datei zählt.
   - Schreiben Sie ein Programm, das alle Zeilen einer Datei ausgibt, die mit einem #-Zeichen beginnen.
   - Schreiben Sie ein Programm, das das vierte Wort jeder Zeile einer Datei ausgibt.
   - Schreiben Sie ein Programm, das zählt, wie oft ein bestimmtes Wort in einer Datei vorkommt.
   - Schreiben Sie ein Programm, das in allen Dateien eines Verzeichnisses nach jedem Vorkommen eines Strings sucht.

In diesem Kapitel:
- *Modifikation von Datenstrukturen*
- *Bearbeiten von Dateien*
- *Bearbeiten von Programmen*
- *Internet-bezogene Aktivitäten*
- *Umfangreichere Beispiele*
- *Übungen*

9 Typische Aufgaben in Python

Wir haben nun die Syntax von Python, die grundlegenden Datentypen und viele unserer Lieblingsfunktionen aus der Python-Bibliothek behandelt. Dieses Kapitel geht davon aus, daß alle grundlegenden Komponenten der Sprache verstanden wurden, und stellt Ihnen einige Anwendungen vor, für die Python nicht nur elegant und »cool«, sondern auch schlichtweg praktisch ist. Wir zeigen Ihnen eine Vielzahl von typischen Aufgaben, mit denen Python-Programmierer konfrontiert werden. Diese Aufgaben sind nach Kategorien geordnet – Modifikation von Datenstrukturen, Bearbeiten von Dateien etc.

Modifikation von Datenstrukturen

Eine der herausragendsten Eigenschaften von Python ist, daß es die eingebauten Typen Liste, Tupel und Dictionary zur Verfügung stellt. Sie sind so flexibel und einfach anzuwenden, daß Sie sich ihrer ganz automatisch bedienen werden, wenn Sie sich erst an sie gewöhnt haben.

Direktes Kopieren von Objekten

Bedingt durch die Art des Verweis-Managements in Python, erstellt die Anweisung `a = b` keine Kopie des von `b` referenzierten Objekts. Statt dessen bildet sie nur eine neue Referenz auf das Objekt. Manchmal wird aber eine neue Kopie eines Objekts benötigt, nicht nur eine weitere Referenz. Wie man das macht, ist vom Typ des jeweiligen Objekts abhängig. Die einfachste Methode, Kopien von Listen und upeln zu machen, ist ein wenig eigenartig. Wenn `myList` eine Liste ist, können Sie folgendermaßen eine Kopie erstellen:

```
newList = myList[:]
```

Dies können Sie als »Teilbereich von Anfang bis Ende« interpretieren, denn Sie erinnern sich bestimmt noch aus Kapitel 2, *Typen und Operatoren*, daran, daß der voreingestellte Index für den Beginn eines Teilbereichs der Anfang einer Sequenz (0) ist und das Ende eines Teilbereichs mit dem Ende der Sequenz vorbelegt ist. Da Tupel dieselben Teilbereichsoperationen wie Listen unterstützen, kann diese Technik auch Tupel kopieren. Dictionaries hingegen unterstützen dies nicht. Das Dictionary `myDict` können Sie etwa so kopieren:

```
newDict = {}
for key in myDict.keys():
    newDict[key] = myDict[key]
```

Diese Aufgabe kommt so oft vor, daß das Dictionary-Objekt in Python 1.5 dafür eine neue Methode `copy()` bekam. Der obige Code kann so durch eine einzige Anweisung ersetzt werden:

```
newDict = myDict.copy()
```

Eine weitere verbreitete Dictionary-Operation ist nun ebenfalls ein Standard-Dictionary-Feature: Wenn Sie ein Dictionary `oneDict` haben und es mit dem Inhalt eines anderen Dictionaries `otherDict` aktualisieren möchten, geht das jetzt ganz einfach mit `oneDict.update(otherDict)`. Das ist gleichbedeutend mit:

```
for key in otherDict.keys():
    oneDict[key] = otherDict[key]
```

Wenn `oneDict` schon vor der `update()`-Operation Schlüssel mit `otherDict` geteilt hat, werden die alten, mit den Schlüsseln in `oneDict` verbundenen Werte durch die Aktualisierung freigegeben. Das wird meistens auch genau das sein, was Sie möchten, deshalb wurde dieses Verhalten ja auch »update« genannt. Wenn dem nicht so ist, können Sie Beschwerde einlegen (eine Ausnahme erzeugen) wie in:

```
def mergeWithoutOverlap(oneDict, otherDict):
    newDict = oneDict.copy()
    for key in otherDict.keys():
        if key in oneDict.keys():
            raise ValueError, "Die zwei Dict's haben gemeinsame Schlüssel!"
        newDict[key] = otherDict[key]
    return newDict
```

oder die Werte beider Dictionaries mit einem Tupel verbinden, zum Beispiel so:

```
def mergeWithOverlap(oneDict, otherDict):
    newDict = oneDict.copy()
    for key in otherDict.keys():
        if key in oneDict.keys():
            newDict[key] = oneDict[key], otherDict[key]
        else:
            newDict[key] = otherDict[key]
    return newDict
```

Zur Verdeutlichung der Unterschiede dieser drei Algorithmen betrachten Sie die folgenden beiden Dictionaries:

```
phoneBook1 = {'michael': '555-1212', 'mark': '554-1121', 'emily': '556-0091'}
phoneBook2 = {'latoya': '555-1255', 'emily': '667-1234'}
```

Wenn `phoneBook1` vielleicht nicht mehr aktuell und `phoneBook2` zwar aktueller, aber nicht vollständig ist, benutzt man wahrscheinlich am besten `phoneBook1.update(phoneBook2)`. Wenn Sie jedoch davon ausgehen, daß die beiden phoneBooks keine sich überschneidenden Schlüssel haben dürfen, wird Ihnen `newBook = mergeWithoutOverlap(phoneBook1, phoneBook2)` mitteilen, ob diese Annahme zutrifft. Und wenn eines private und das andere berufliche Telefonnummern enthält, kann es durchaus sein, daß `newBook = mergeWithOverlap(phoneBook1, phoneBook2)` die passende Vorgehensweise ist, vorausgesetzt der auf `newBook` basierende, nachfolgende Code kann damit umgehen, daß `newBook['emily']` das Tupel `('556-0091', '667-1234')` ergibt.

Kopieren: das copy-Modul

Zurück zum Erstellen von Kopien: Die Tricks mit `[:]` und `.copy()` erledigen 90% der anfallenden Kopien. Wenn Sie Funktionen schreiben, die – im wahrsten Sinne von Python – mit jedem Parametertyp umgehen können, ist es manchmal notwendig, Kopien von X zu erstellen, ohne etwas über X zu wissen. Hier tritt das `copy`-Modul auf den Plan. Es bietet zwei Funktionen: `copy` und `deepcopy`. Die erste wirkt genauso wie die `[:]`-Sequenz-Teilbereich-Operation oder die `copy`-Methode von Dictionaries. Die zweite ist subtiler und hat mit tief verschachtelten Strukturen zu tun (daher die Bezeichnung *deepcopy*). Nehmen Sie als Beispiel wieder das Kopieren einer Liste `listOne`, und kopieren Sie einen Teilbereich von Anfang bis Ende mit Hilfe des `[:]`-Konstrukts. Diese Technik erstellt eine neue Liste, die Verweise auf die Objekte der Originalliste enthält. Wenn die Originalliste unveränderliche Objekte wie Zahlen und Strings enthält, ist diese Kopie genausogut wie eine »richtige« Kopie. Aber nehmen wir einmal an, das erste Element von `listOne` ist selbst ein Dictionary (oder irgendein anderes veränderliches Objekt). Das erste Element der Kopie von `listOne` ist nun eine neue Referenz auf *dasselbe* Dictionary. Wenn Sie dann das Dictionary verändern, erscheint diese Veränderung sowohl in `listOne` als auch in der Kopie von `listOne`. Ein Beispiel macht dies klarer:

```
>>> import copy
>>> listOne = [{"name": "Willie", "city": "Providence, RI"}, 1, "tomato", 3.0]
>>> listTwo = listOne[:]                   # oder listTwo=copy.copy(listOne)
>>> listThree = copy.deepcopy(listOne)
>>> listOne.append("kid")
>>> listOne[0]["city"] = "San Francisco, CA"
>>> print listOne, listTwo, listThree
[{'name': 'Willie', 'city': 'San Francisco, CA'}, 1, 'tomato', 3.0, 'kid']
[{'name': 'Willie', 'city': 'San Francisco, CA'}, 1, 'tomato', 3.0]
[{'name': 'Willie', 'city': 'Providence, RI'}, 1, 'tomato', 3.0]
```

Wie Sie sehen können, wird durch direktes Ändern von `listOne` auch nur `listOne` modifiziert. Die Modifikation des ersten Eintrags der Liste, auf die `listOne` *verweist*, führt zu Änderungen in `listTwo`, aber nicht in `listThree`. Das ist der Unterschied zwischen einer flachen Kopie ([:]) und einer tiefen. Die Funktionen des copy-Moduls können alle eingebauten Typen kopieren, bei denen Kopieren Sinn macht,[1] einschließlich Klassen und Instanzen.

Sortieren

In Kapitel 2 haben Sie gesehen, daß Listen eine sort-Methode haben, die eine Sortierung der Liste selbst durchführt. Nun kann es sein, daß Sie über den sortierten Inhalt einer Liste iterieren möchten, ohne den Inhalt dieser Liste zu beeinträchtigen. Oder Sie möchten den sortierten Inhalt eines Tupels auflisten. Weil Tupel unveränderlich sind, ist eine Operation wie sort, die an Ort und Stelle verändert, nicht erlaubt. Die einzige Lösung ist, eine Listenkopie der Elemente zu machen, die Listenkopie zu sortieren und mit der sortierten Kopie zu arbeiten, wie in:

```
listCopy = list(myTuple)
listCopy.sort()
for item in listCopy:
    print item                        # oder was auch immer getan werden soll
```

Diese Lösung ist auch die richtige Art und Weise, mit Datenstrukturen umzugehen, die keine inhärente Reihenfolge haben, wie z.B. Dictionaries. Einer der Gründe, weshalb Dictionaries so schnell sind, liegt darin, daß die Implementierung sich das Recht zur Veränderung der Schlüsselreihenfolge vorbehält. Das ist aber in Anbetracht der Tatsache, daß Sie über eine sortierte Zwischenkopie der Schlüssel des Dictionaries iterieren können, kein wirkliches Problem:

```
keys = myDict.keys()                  # ergibt eine unsortierte Liste
                                      # der Schlüssel im Dictionary
keys.sort()
for key in keys:                      # gib Schlüssel und Wertpaare aus
    print key, myDict[key]            # nach Schlüssel sortiert
```

Die sort-Methode für Listen wendet das Standard-Vergleichsschema von Python an. Manchmal ist das aber nicht das, was gebraucht wird, und Sie müssen nach einem anderen Verfahren sortieren. Wenn Sie beispielsweise eine Liste von Wörtern sortieren wollen, mögen Groß- und Kleinbuchstaben (kleiner vs. GRÖSSER) ohne Bedeutung sein. Der Standardvergleich von Text-Strings sieht aber vor, daß alle Großbuchstaben »vor« allen Kleinbuchstaben kommen, so daß 'Baby' »kleiner als« 'apple', aber 'baby' »größer als« 'apple' ist. Um eine von Groß- und Kleinbuchstaben unabhängige Sortierung durchzuführen, müssen Sie eine Vergleichsfunktion definieren, die zwei Parameter nimmt und -1, 0 oder 1 zurückgibt, abhängig davon, ob der erste Parameter kleiner, gleich oder größer als der zweite Parameter ist. Für unser Beispiel können Sie folgendes anwenden:

```
>>> def caseIndependentSort(something, other):
...     something, other = string.lower(something), string.lower(other)
```

1 Einige Objekte, wie Module, Datei-Objekte und Sockets, sind nicht »vernünftig kopierbar«. Denken Sie daran, daß Datei-Objekte etwas anderes sind als Dateien auf der Festplatte.

```
...     return cmp(something, other)
...
>>> testList = ['this', 'is', 'A', 'sorted', 'List']
>>> testList.sort()
>>> print testList
['A', 'List', 'is', 'sorted', 'this']
>>> testList.sort(caseIndependentSort)
>>> print testList
['A', 'is', 'List', 'sorted', 'this']
```

Wir benutzen hier die eingebaute Funktion cmp, die den schwierigen Teil übernimmt, herauszufinden, daß 'a' vor 'b' kommt, 'b'vor 'c' usw. Unsere sort-Funktion wandelt einfach beide Elemente in Kleinbuchstaben um und sortiert dann die kleingeschriebenen Versionen. Dies ist nur eine Möglichkeit, einen Vergleich schreibweisenunabhängig duchzuführen. Beachten Sie auch, daß die Konvertierung in Kleinschreibung lokal für die Vergleichsfunktion ist, so daß die Bestandteile der Liste durch die Sortierung nicht verändert werden.

Zufallsverfahren: das random-Modul

Wie erreicht man nun eine willkürliche Sortierung einer Sequenz, wie etwa einer Liste von Zeilen? Die einfachste Art ist das wiederholte Anwenden der choice-Funktion im random-Modul, die ein Element der als Argument übergebenen Sequenz per Zufall auswählt.[2] Denken Sie daran, das gewählte Element zu entfernen, um zu verhindern, daß Sie dieselbe Zeile mehrfach erhalten. Wenn Sie ein Listen-Objekt verändern, nehmen Sie die remove-Methode:

```
while myList:                        # Schleife endet, wenn myList leer ist
    element = random.choice(myList)
    myList.remove(element)
    print element,
```

Wenn Sie ein Nicht-Listen-Objekt willkürlich sortieren wollen, ist es normalerweise einfacher, das Objekt zu einer Liste zu konvertieren und die Listenversion derselben Daten zu permutieren, als jedesmal eine neue Strategie für jeden Datentyp zu suchen. Dies mag aufwendig erscheinen, wenn man bedenkt, daß es immer das Erstellen von (mitunter ziemlich großen) Zwischenlisten beinhaltet. Im allgemeinen ist das, was Ihnen groß vorkommt, für den Computer überhaupt nicht so groß, dank des Verweissystems. Bedenken Sie auch die gesparte Zeit, wenn Sie nicht für jeden Datentyp eine andere Strategie entwickeln müssen. Python ist so konzipiert, daß Sie Zeit sparen – wenn das bedeutet, daß Sie ein etwas langsameres oder größeres Programm bekommen, dann ist das eben so. Erst wenn Sie enorm große Datenmengen bearbeiten, kann eine Optimierung wirklich etwas bringen. Aber optimieren Sie niemals, bevor die Notwendigkeit für eine Optimierung ganz klar gegeben ist – *das* wäre sonst Zeitverschwendung *und nicht optimal*.

2 Das random-Modul bietet noch viele weitere nützliche Funktionen wie die random-Funktion, die eine Zufalls-Gleitkommazahl zwischen 0 und 1 zurückgibt. Ziehen Sie für weitere Details eine Referenzquelle zu Rate.

Neue Datenstrukturen erstellen

Der letzte Punkt (erfinde nicht dauernd das Rad neu) wird besonders deutlich, wenn es um Datenstrukturen geht. Die Listen und Dictionaries in Python sind unter Umständen nicht so beschaffen wie die Listen, Dictionaries oder Abbildungen, die Sie gewöhnt sind. Dennoch sollten Sie es vermeiden, Ihre eigenen Datenstrukturen zu konstruieren, wenn die Python-Strukturen bereits ausreichend sind. Ihre zugrundeliegenden Algorithmen wurden unter einer Vielzahl von Bedingungen getestet und sind schnell und stabil. Manchmal paßt nur die Schnittstelle dieser Algorithmen für eine bestimmte Aufgabe nicht so besonders.

Informatik-Lehrbücher beschreiben manche Algorithmen zum Beispiel gern mit Hilfe von anderen Datenstrukturen wie Warteschlangen (queues) und Stapeln (stacks). Um diese Algorithmen anzuwenden, kann es Sinn machen, eine Datenstruktur mit denselben Methoden wie diese zu verwenden, also etwa `pop` und `push` für Stapel oder `enqueue`/`dequeue` für Warteschlangen. Es macht aber gleichermaßen Sinn, bei der Implementierung eines Stapels (Stack) den eingebauten Listentyp wiederzuverwenden. Anders ausgedrückt, brauchen Sie etwas, das sich wie ein Stapel verhält, aber auf einer Liste basiert. Die einfachste Lösung ist, eine Klasse über eine Liste zu stülpen. Für eine minimale Stapel-Implementierung können Sie zum Beispiel so vorgehen:

```
class Stack:
    def __init__(self, data):
        self._data = list(data)
    def push(self, item):
        self._data.append(item)
    def pop(self):
        item = self._data[-1]
        del self._data[-1]
        return item
```

Das nächste ist einfach zu schreiben, zu verstehen, zu lesen und anzuwenden:

```
>>> thingsToDo = Stack(['schreib an Mama', 'Freund einladen', 'das Kind baden'])
>>> thingsToDo.push('mach den Abwasch')
>>> print thingsToDo.pop()
mach den Abwasch
>>> print thingsToDo.pop()
das Kind baden
```

In der obigen `Stack`-Klasse werden zwei in Python typische Namenskonventionen benutzt. Die erste ist, daß Klassennamen mit einem Großbuchstaben beginnen, um sie von Funktionen zu unterscheiden. Die andere ist, daß das `_data`-Attribut mit einem Unterstrich beginnt. Dies liegt auf halber Strecke zwischen öffentlichen Attributen (die nicht mit einem Unterstrich beginnen), privaten Attributen (die mit zwei Unterstrichen beginnen; siehe Kapitel 6, *Klassen*) und von Python reservierten Feldnamen (die mit jeweils zwei Unterstrichen beginnen und enden). Gemeint ist, daß `_data` ein Attribut der Klasse ist, das von den Anwendern der Klasse nicht benötigt werden sollte. Der Klassendesigner geht davon aus, daß solche »pseudo-privaten« Attribute nur von den Klassenmethoden und von den Methoden eventueller Subklassen benutzt werden.

Erstellen neuer Listen und Dictionaries: die UserList- und UserDict-Module

Die eben vorgestellte `Stack`-Klasse erledigt ihren grundlegenden Job recht ordentlich. Sie geht von einer ziemlich minimalen Definition dessen aus, was ein Stack ist, nämlich etwas, das nur zwei Operationen unterstützt: `push` und `pop`. Sie werden jedoch sehr bald feststellen, daß einige der Merkmale von Listen wirklich nützlich sind, wie etwa die Fähigkeit, mit dem `for...in...`-Konstrukt über alle Elemente zu iterieren. Dies kann man durch Wiederverwendung existierenden Codes tun. In diesem Fall sollten Sie die im `UserList`-Modul definierte `UserList`-Klasse als Basisklasse einsetzen und `Stack` davon ableiten. Die Bibliothek enthält auch ein `UserDict`-Modul, das eine Klassenhülle (Wrapper) um ein Dictionary herum ist. In allgemeinen sind sie dazu da, durch Subklassifizierung spezialisiert zu werden. In unserem Fall:

```
# importiere die Klasse UserList aus dem Modul UserList
from UserList import UserList

# ableiten von der Klasse UserList
class Stack(UserList):
    push = UserList.append
    def pop(self):
        item = self[-1]                    # benutzt __getitem__
        del self[-1]
        return item
```

Diese Version von `Stack` ist eine Subklasse der `UserList`-Klasse. Die `UserList`-Klasse implementiert das Verhalten der `[]`-Klammern durch die Definition der speziellen Methoden `__getitem__` und `__delitem__` (unter anderen) – deswegen funktioniert der Code für `pop`. Sie brauchen keine eigene `__init__`-Methode definieren, weil `UserList` eine perfekte Vorgabe definiert. Die `push`-Methode schließlich wird einfach dadurch definiert, daß man sagt, sie ist dasselbe wie die `append`-Methode von `UserList`. Nun können wir listenähnliche und stapelähnliche Dinge tun:

```
>>> thingsToDo = Stack(['schreib an Mama', 'Freund einladen', 'das Kind baden'])
>>> print thingsToDo          # ererbt von UserList
['schreib an Mama', 'Freund einladen', 'das Kind baden']
>>> thingsToDo.pop()
'das Kind baden'
>>> thingsToDo.push('Ölwechsel machen')
>>> for chore in thingsToDo:  # wir können auch über den Inhalt iterieren
...     print chore           # weil "for .. in .." __getitem__ benutzt
...
schreib an Mama
Freund einladen
Ölwechsel machen
```

Als dieses Buch geschrieben wurde, kündigte Guido van Rossum an, daß ab Python 1.5.2 (und folgenden Versionen) Listenobjekte eine zusätzliche Methode namens `pop` haben werden, die sich genauso verhält wie diese hier. Sie hat auch einen optionalen Parameter, der spezifiziert, welcher Index benutzt wird, um pop auszuführen (wobei der Default das letzte Element der Liste ist).

Bearbeiten von Dateien

Skriptsprachen wurden zum Teil dafür konstruiert, sich wiederholende Aufgaben schnell und einfach zu erledigen. Eine der häufigen Arbeiten, die Webmaster, Systemadministratoren und Programmierer erledigen müssen, ist, eine Reihe von Dateien zu nehmen, eine Teilmenge davon zu selektieren, irgendwelche Veränderungen daran vorzunehmen und die Ausgabe in eine oder mehrere Ergebnisdateien zu schreiben. (Zum Beispiel in jeder Datei eines Verzeichnisses das letzte Wort jeder zweiten Zeile zu finden, das mit etwas anderem als dem #-Zeichen beginnt, und es zusammen mit dem Dateinamen auszugeben.) Dies ist eine der Aufgaben, für die spezielle Werkzeuge wie *sed* und *awk* entwickelt wurden. Wir finden, daß Python das mit sehr simplen Werkzeugen genausogut macht.

Etwas in jeder Zeile einer Datei tun

Das `sys`-Modul ist äußerst hilfreich, wenn Sie mit einer Eingabedatei umgehen und ihren Text analysieren und bearbeiten müssen. Unter ihren Attributen befinden sich drei Datei-Objekte: `sys.stdin`, `sys.stdout` und `sys.stderr`. Die Namen kommen von der Idee der drei *Ströme* Standardeingabe, Standardausgabe und Standardfehler, mit deren Hilfe Kommandozeilen-Werkzeuge verbunden werden. Standardausgabe (`stdout`) wird für jede `print`-Anweisung benutzt. Es handelt sich um ein Datei-Objekt mit allen Ausgabemethoden von Datei-Objekten, die im Schreibmodus geöffnet wurden, wie `write` und `writelines`. Der andere häufig benutzte Strom ist Standardeingabe (`stdin`), der ebenfalls ein Datei-Objekt ist, aber mit Eingabemethoden wie `read`, `readline` und `readlines`. Das folgende Skript zählt zum Beispiel alle Zeilen der hineingeleiteten Datei:

```
import sys
data = sys.stdin.readlines()
print "Habe", len(data), "Zeilen gezählt."
```

Unter Unix könnten Sie es auf diese Weise testen:

```
% cat countlines.py | python countlines.py
Habe 3 Zeilen gezählt.
```

Unter Windows oder DOS schreiben Sie:

```
C:\> type countlines.py | python countlines.py
Habe 3 Zeilen gezählt.
```

Die readlines-Funktion ist nützlich, wenn Sie simple Filteroperationen implementieren wollen. Hier sind einige Beispiele dafür:

Finden aller Zeilen, die mit einem # beginnen

```
import sys
for line in sys.stdin.readlines():
    if line[0] == '#':
        print line,
```

Beachten Sie, daß ein abschließendes Komma hinter der print-Anweisung benötigt wird, weil der line-String bereits das Newline-Zeichen am Ende hat.

Extrahieren der vierten Spalte einer Datei (wobei Spalten durch Leerraum-Zeichen definiert sind)

```
import sys, string
for line in sys.stdin.readlines():
    words = string.split(line)
    if len(words) >= 4:
        print words[3]
```

Wir schauen uns die Länge der Wortliste an, um zu sehen, ob es tatsächlich mindestens vier Wörter gibt. Die letzten beiden Zeilen könnten auch durch das try/except-Idiom, das man in Python ziemlich häufig sieht, ersetzt werden:

```
try:
    print words[3]
except IndexError:                  # es gibt nicht genug Wörter
    pass
```

Extrahieren der vierten Spalte einer Datei, Doppelpunkte als Trennzeichen, in Kleinschreibung wandeln

```
import sys, string
for line in sys.stdin.readlines():
    words = string.split(line, ':')
    if len(words) >= 4:
        print string.lower(words[3])
```

Ausgeben der ersten 10 Zeilen, der letzten 10 Zeilen und jeder zweiten Zeile

```
import sys, string
lines = sys.stdin.readlines()
sys.stdout.writelines(lines[:10])      # die ersten zehn Zeilen
sys.stdout.writelines(lines[-10:])     # die letzten zehn Zeilen
for lineIndex in range(0, len(lines), 2): # nimm 0, 2, 4, ...
    sys.stdout.write(lines[lineIndex])   # nimm indizierte Zeile
```

Zählen, wie oft das Wort »Python« in einer Datei vorkommt

```
import string
text = open(fname).read()
print string.count(text, 'Python')
```

Umwandlung einer Liste von Spalten in eine Liste von Zeilen

In diesem etwas komplizierteren Beispiel besteht die Aufgabe darin, eine Datei zu »transponieren«. Stellen Sie sich vor, Sie haben eine Datei, die so aussieht:

```
Name:    Willie   Mark   Guido   Mary  Rachel   Ahmed
Level:     5       4       3       1     6        4
Tag#:     1234   4451   5515    5124   1881    5132
```

Wenn Sie wirklich möchten, daß sie statt dessen folgendermaßen aussieht:

```
Name:  Level:  Tag#:
Willie 5       1234
Mark   4       4451
...
```

könnten Sie Code wie den folgenden einsetzen:

```
import sys, string
lines = sys.stdin.readlines()
wordlists = []
for line in lines:
    words = string.split(line)
    wordlists.append(words)
for row in range(len(wordlists[0])):
    for col in range(len(wordlists)):
        print wordlists[col][row] + '\t',
    print
```

Natürlich sollten Sie viel defensivere Programmiertechniken anwenden, um den Fall, daß nicht alle Zeilen dieselbe Anzahl von Wörtern haben oder daß Daten fehlen könnten etc., zu behandeln. Diese Techniken sind aufgabenspezifisch und seien dem Leser als Übungsaufgabe überlassen.

Wahl der Blockgröße

Bei allen vorangegangenen Beispielen wurde davon ausgegangen, daß Sie die ganze Datei in einem Stück lesen können (das ist auch, was der `readlines`-Aufruf erwartet). In einigen Fällen ist das jedoch nicht möglich, zum Beispiel wenn richtig große Dateien auf einem Computer mit kleiner Speicherkapazität bearbeitet werden sollen oder wenn Sie mit Dateien arbeiten, die ständig fortgeschrieben werden (wie etwa Protokolldateien). In diesem Fall können Sie eine `while`/`readline`-Kombination anwenden, bei der eine Datei Stück für Stück gelesen wird. Wenn Dateien nicht zeilenorientiert sind, muß man sie Zeichen für Zeichen lesen:[3]

```
# lies Zeichen für Zeichen
while 1:
    next = sys.stdin.read(1)      # lies String der Länge 1
    if not next:                  # oder einen Leer-String bei EOF
        break
    Verarbeite Zeichen 'next'
```

Bedenken Sie, daß die `read()`-Methode bei Datei-Objekten einen leeren String am Dateiende zurückgibt, der aus der `while`-Schleife ausbricht. Meistens basieren die Dateien, mit denen Sie zu tun haben, aber auf Zeilen und werden Zeile für Zeile bearbeitet:

3 Zumindest im Prinzip. Effizienter ist es, ganze Stücke mit `read(n)` zu lesen und dann jedes Stück zeichenweise zu durchlaufen und zu verarbeiten. – Anm.d.Ü.

```
# lies Zeile für Zeile
while 1:
    next = sys.stdin.readline()    # lies eine Zeile als String
    if not next:                   # oder einen Leer-String bei EOF
        break
    Verarbeite Zeile 'next'
```

Etwas mit mehreren auf der Befehlszeile angegebenen Dateien tun

In der Lage zu sein, `stdin` zu lesen, ist ein großartiges Feature; es ist das Fundament der Unix-Werkzeuge. Allerdings ist eine Eingabe nicht immer ausreichend: Viele Aufgaben müssen für eine Reihe von Dateien ausgeführt werden. Das wird normalerweise gemacht, indem man das Python-Programm die als Kommandozeilenoptionen übergebenen Argumente analysieren läßt. Wenn Sie beispielsweise schreiben

```
% python myScript.py input1.txt input2.txt input3.txt output.txt
```

könnten Sie annehmen, daß *myScript.py* etwas mit den ersten drei Eingabedateien tun wird und eine neue Datei namens *output.txt* schreibt. Lassen Sie uns sehen, wie der Anfang eines solchen Programms aussehen könnte:

```
import sys
inputfilenames, outputfilename = sys.argv[1:-1], sys.argv[-1]
for inputfilename in inputfilenames:
    inputfile = open(inputfilename, "r")
    do_something_with_input(inputfile)
outputfile = open(outputfilename, "w")
write_results(outputfile)
```

Die zweite Zeile extrahiert Teile des `argv`-Attributs des `sys`-Moduls. Erinnern Sie sich daran, daß dies eine Liste der Wörter auf der Befehlszeile ist, die das aktuelle Programm aufgerufen hat. Sie beginnt mit dem Namen des Skripts. Im obigen Beispiel ist daher der Wert von `sys.argv` folgender:

```
['myScript.py', 'input1.txt', 'input2.txt', 'input3.txt', 'output.txt'].
```

Das Skript geht davon aus, daß die Befehlszeile eine oder mehrere Eingabedateien und eine Ausgabedatei angibt. Also beginnt das Ausschneiden der Eingabe-Dateinamen bei 1 (um den Namen des Skripts auszulassen, der meistens keine Eingabe für das Skript sein soll) und endet vor dem letzten Wort der Befehlszeile (das ist der Name der Ausgabedatei). Der Rest des Skripts sollte ziemlich einfach zu verstehen sein (funktioniert aber nicht, bis Sie die Funktionen `do_something_with_input()` und `write_results()` nachgereicht haben).

Dieses Skript liest nicht wirklich die Daten aus den Dateien, sondern reicht das Datei-Objekt an eine Funktion weiter, die dann die eigentliche Arbeit erledigt. So eine Funktion wendet oft die `readlines()`-Methode auf Datei-Objekte an, die eine Liste der Zeilen der Datei zurückgibt. Eine allgemeine Version von `do_something_with_input()` ist:

```
def do_something_with_input(inputfile):
    for line in inputfile.readlines()
        process(line)
```

Bearbeiten jeder Zeile einer oder mehrerer Dateien: das fileinput-Modul

Die Kombination dieses Idioms mit dem vorangegangenen zum Öffnen jeder Datei in der `sys.argv[1:]`-Liste ist so geläufig, daß mit Python 1.5 ein neues Modul speziell für diese Aufgabe eingeführt wurde. Es heißt `fileinput` und funktioniert folgendermaßen:

```
import fileinput
for line in fileinput.input():
    process(line)
```

Der `fileinput.input()`-Aufruf analysiert die Parameter auf der Befehlszeile oder benutzt `sys.stdin`, wenn es auf der Befehlszeile keine Parameter für das Skript gibt. Es bietet auch etliche nützliche Funktionen, mit denen Sie feststellen können, welche Datei und welche Zeilennummer Sie gerade bearbeiten:

```
import fileinput, sys, string
# nimm das erste Argument aus sys.argv, und weise es searchterm zu
searchterm, sys.argv[1:] = sys.argv[1], sys.argv[2:]
for line in fileinput.input():
   num_matches = string.count(line, searchterm)
   if num_matches:                     # Anzahl ungleich null heißt, da war was
       print "Fand '%s' %d mal in %s bei Zeile %d." % (searchterm, num_matches,
           fileinput.filename(), fileinput.filelineno())
```

Hieße dieses Skript *mygrep.py*, könnte es folgendermaßen benutzt werden:

```
% python mygrep.py in *.py
Fand 'in' 2mal in countlines.py bei Zeile 2.
Fand 'in' 2mal in countlines.py bei Zeile 3.
Fand 'in' 2mal in mygrep.py bei Zeile 1.
Fand 'in' 4mal in mygrep.py bei Zeile 4.
Fand 'in' 2mal in mygrep.py bei Zeile 5.
Fand 'in' 2mal in mygrep.py bei Zeile 7.
Fand 'in' 3mal in mygrep.py bei Zeile 8.
Fand 'in' 3mal in mygrep.py bei Zeile 12.
```

Dateinamen und Verzeichnisse

Wir haben nun auch das Lesen existierender Dateien behandelt, und wenn Sie sich an die Erläuterung der eingebauten Funktion `open` in Kapitel 2 erinnern, wissen Sie bereits, wie man neue Dateien erstellt. Es gibt jedoch zahlreiche Aufgaben, die andere Arten der Dateibearbeitung erfordern, wie das Verzeichnis- und Pfad-Management und das Entfernen von Dateien. In solchen Fällen sind die Module `os` und `os.path`, die wir in Kapitel 8, *Eingebaute Werkzeuge*, beschrieben haben, Ihre besten Freunde.

Lassen Sie uns ein typisches Beispiel betrachten: Sie haben eine Menge Dateien, die alle ein Leerzeichen in ihrem Namen haben (wie lästig), und Sie möchten es durch einen Unterstrich ersetzen. Alles, was Sie dazu brauchen, ist das `os.curdir`-Attribut (das einen betriebssystemspezifischen, dem aktuellen Verzeichnis entsprechenden String zurückgibt), die `os.listdir`-Funktion (die eine Liste der Dateinamen im spezifizierten Verzeichnis zurückgibt) und die `os.rename`-Funktion:

```
import os, string
if len(sys.argv) == 1:                     # wenn keine Dateinamen angegeben sind,
    filenames = os.listdir(os.curdir)      # nimm das aktuelle Verzeichnis
else:                                      # ansonsten die angegebenen Dateien
    filenames = sys.argv[1:]               # aus der Kommandozeile
for filename in filenames:
    if ' ' in filename:
        newfilename = string.replace(filename, ' ', '_')
        print "Umbenennen von", filename, "in", newfilename, "..."
        os.rename(filename, newfilename)
```

Dieses Programm funktioniert prima, ist aber ein wenig Unix-zentrisch. Das heißt, wenn man es mit Wildcards (auch Joker[4] genannt) wie

```
python despacify.py *.txt
```

aufruft, werden Sie feststellen, daß es auf Unix-Rechnern alle Dateien umbenennt, deren Namen Leerzeichen enthalten und mit *.txt* enden. Auf einer DOS-Benutzeroberfläche funktioniert das leider nicht, da die in DOS und Windows benutzte Standard-Shell **.txt* nicht selbsttätig in eine Liste von Dateinamen expandiert – sie erwartet, daß das Programm dies tut. (Das wird *Globbing* genannt, da das * für ein *Glob*[5] von Zeichen steht.)

Mustersuche in Dateinamen: das glob-Modul

Das `glob`-Modul exportiert eine einzelne Funktion, ebenfalls namens `glob`, die ein Dateinamenmuster annimmt und eine Liste aller mit diesem Muster übereinstimmenden Dateinamen zurückgibt (im aktuellen Arbeitsverzeichnis):

```
import sys, glob, operator
print sys.argv[1:]
sys.argv = reduce(operator.add, map(glob.glob, sys.argv))
print sys.argv[1:]
```

Läßt man dies unter Unix und unter DOS laufen, zeigt sich, daß Pythons `glob` unter Unix gar nichts getan hat, weil die Expansion schon vor dem Aufruf Pythons von der Unix-Benutzeroberfläche erledigt wurde. Unter DOS übernimmt dies Python und kommt auf dieselbe Antwort:

```
/usr/python/book$ python showglob.py *.py
['countlines.py', 'mygrep.py', 'retest.py', 'showglob.py', 'testglob.py']
['countlines.py', 'mygrep.py', 'retest.py', 'showglob.py', 'testglob.py']

C:\python\book> python showglob.py *.py
['*.py']
['countlines.py', 'mygrep.py', 'retest.py', 'showglob.py', 'testglob.py']
```

4 Wie der Joker im Skat-Spiel, jedoch nur bei Dateinamen. Nicht zu verwechseln mit Batmans Gegenspieler. – A.d.Ü.

5 Unübersetzbar. Im Englischen hat dies auch schon nicht mehr die Bedeutung eines »Klümpchens«. – A.d.Ü.

Dieses Skript ist nicht trivial, weil es zwei konzeptionell schwierige Operationen anwendet: `map`, gefolgt von `reduce`. `map`, wurde schon in Kapitel 4, *Funktionen*, erwähnt, aber `reduce` ist neu für Sie (es sei denn, Sie haben Erfahrung mit LISP-artigen Sprachen). Die Funktion `map` erwartet ein aufrufbares Objekt (in aller Regel eine Funktion) und eine Sequenz und ruft das aufrufbare Objekt der Reihe nach mit jedem Element der Sequenz auf. Das Ergebnis ist eine Liste aller zurückgegebenen Funktionswerte. In Abbildung 9-1 sehen Sie eine graphische Darstellung dessen, was `map` tut.[6]

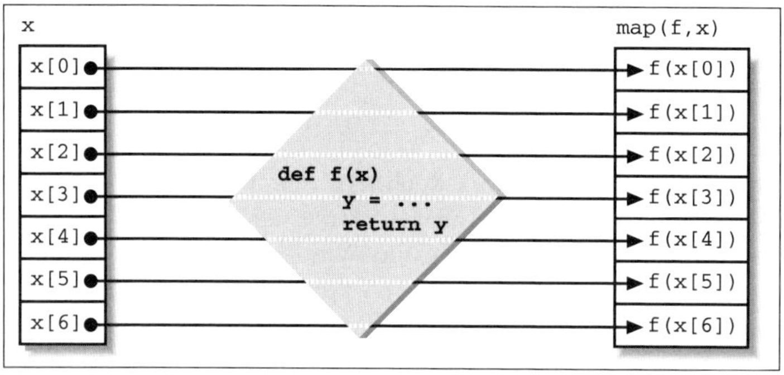

Abbildung 9-1: Graphische Darstellung des Verhaltens der eingebauten map-Funktion

`map` (oder etwas Äquivalentes) wird hier benötigt, weil Sie nicht wissen, wie viele Parameter auf der Befehlszeile eingegeben wurden (es könnten z.B. `*.py *.txt *.doc` gewesen sein). So wird die `glob.glob`-Funktion der Reihe nach mit jedem Parameter aufgerufen. Jeder Aufruf von `glob.glob` gibt eine Liste der Dateinamen zurück, die mit dem Muster übereinstimmen. Die `map`-Operation gibt dann eine Liste von Listen zurück, die Sie zu einer einzigen Liste konvertieren müssen – die Kombination aller Listen in dieser Liste aus Listen. Das bedeutet, man muß folgendes tun: `list1 + list2 + ... + listN`. Dies ist genau die Situation, in der die `reduce`-Funktion sehr nützlich wird.

Genauso wie `map` akzeptiert `reduce` eine Funktion als erstes Argument und wendet sie auf die ersten zwei Elemente der Sequenz an, die sie als zweites Argument erhält. Sie nimmt dann das Ergebnis dieses Aufrufs und ruft wieder die Funktion mit diesem Ergebnis und dem nächsten Element der Sequenz auf usw. (Siehe Abbildung 9-2 für eine graphische Darstellung von `reduce`.) Aber halt: Sie müssen ja `+` auf eine Reihe von Dingen anwenden, und `+` sieht gar nicht wie eine Funktion aus (ist auch keine). Es wird also eine Funktion benötigt, die genauso funktioniert wie `+`. Hier ist eine:

```
define myAdd(something, other):
    return something + other
```

6 Es zeigt sich, daß `map` noch mehr kann. Zum Beispiel: Wenn der erste Parameter `None` ist, konvertiert `map` die Sequenz im zweiten Parameter zu einer Liste. Es kann auch mehr als eine Sequenz gleichzeitig bearbeiten. Weitere Details entnehmen Sie bitte einer Referenzquelle.

Sie würden also `reduce(myAdd, map(...))` benutzen. Das funktioniert prima, aber noch besser geht es mit der `add`-Funktion, die im `operator`-Modul definiert ist und dasselbe tut. Das `operator`-Modul definiert Funktionen für jede syntaktische Operation in Python (inklusive Attributzugriff und Teilbereichsbildung), und Sie sollten diese aus zwei Gründen den selbstgemachten vorziehen. Erstens wurden sie von Guido[7] geschrieben, auf Fehler geprüft und getestet – und Guido hat eine ziemlich gute Statistik, was das Schreiben von fehlerfreiem Code angeht. Zweitens sind sie tatsächlich C-Funktionen, und die Anwendung von `reduce` (oder `map` oder `filter`) auf C-Funktionen ergibt immer eine viel schnellere Ausführung, als wenn man sie auf Python-Funktionen anwendet. Das spielt natürlich alles keine Rolle, wenn Sie nur einmal durch ein paar Hundert Dateien zu gehen brauchen. Aber wenn Sie ständig Tausende Globbings ausführen, kann Geschwindigkeit schon ein Thema sein – und nun wissen Sie ja auch, wie es schneller geht.

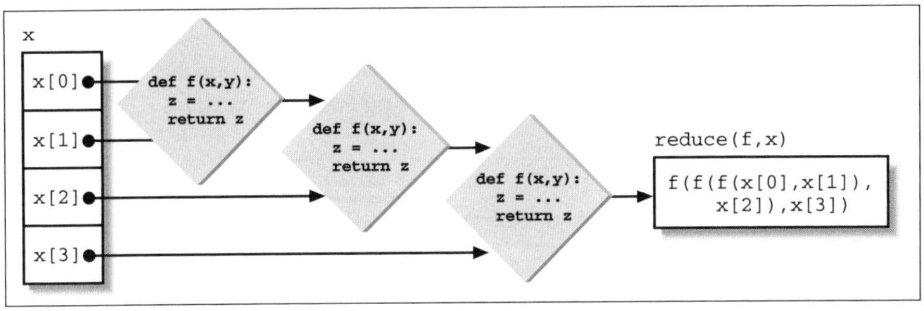

Abbildung 9-2: Graphische Darstellung des Verhaltens der eingebauten reduce-Funktion

Die eingebaute `filter`-Funktion benötigt – wie `map` und `reduce` – eine Funktion und eine Sequenz als Argumente. Sie gibt eine Untermenge der Elemente der Sequenz zurück, für die die spezifizierte Funktion wahr zurückgibt. Um etwa alle geraden Zahlen in einer Menge zu finden, schreiben Sie folgendes:

```
>>> numbers = range(30)
>>> def even(x):
...     return x % 2 == 0
...
>>> print numbers
[0, 1, 2, 3, 4, 5, 6, 7, 8, 9, 10, 11, 12, 13, 14, 15, 16, 17, 18, 19, 20, 21,
22, 23, 24, 25, 26, 27, 28, 29]
>>> print filter(even, numbers)
[0, 2, 4, 6, 8, 10, 12, 14, 16, 18, 20, 22, 24, 26, 28]
```

Oder wenn Sie in einer Datei alle Wörter finden möchten, die mindestens 10 Zeichen lang sind, können Sie folgendes benutzen:

```
import string
words = string.split(open('myfile.txt').read())          # nimm alle Wörter
```

7 Eigentlich war es wohl Jim Fulton, der sie geschrieben hat. Was der Qualität absolut keinen Abbruch tut. – Anm.d.Ü.

```
def at_least_ten(word):
    return len(word) >= 10

longwords = filter(at_least_ten, words)
```

Eine graphische Darstellung dessen, was `filter` tut, sehen Sie in Abbildung 9-3. Ein nettes spezielles Merkmal von `filter` ist, daß es alle Einträge mit dem Wahrheitswert »falsch« in der Sequenz herausfiltert, wenn man `None` als ersten Parameter durchreicht. Um also alle nichtleeren Zeilen in einer Datei namens *myfile.txt* zu finden, geben Sie folgendes ein:

```
lines = open('myfile.txt').readlines()
lines = filter(None, lines)            # beachte: der Leer-String ergibt falsch
```

`map`, `filter` und `reduce` sind drei starke Konstrukte, die man kennen sollte. Trotzdem sind sie nicht unbedingt erforderlich, denn es ist ganz einfach, sie durch eine selbstgeschriebene Python-Funktion zu ersetzen, die dasselbe tut. Die eingebauten Versionen sind jedoch mindestens so schnell, insbesondere wenn sie auf in C geschriebene eingebaute Funktionen, wie die aus dem `operator`-Modul, angewendet werden.

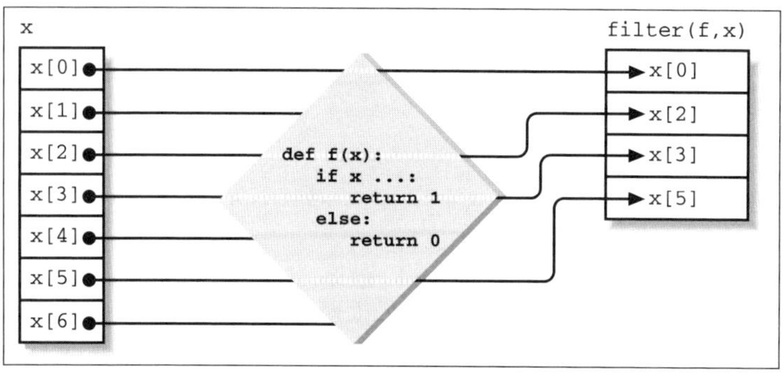

Abbildung 9-3: Graphische Darstellung des Verhaltens der eingebauten filter-Funktion

Temporäre Dateien

Wenn Sie jemals ein Shell-Skript geschrieben haben und Hilfsdateien zum Speichern der Zwischenergebnisse Ihrer Arbeitsschritte erstellen mußten, hatten Sie wahrscheinlich am Ende Probleme mit all dem Abfall in Ihrem Verzeichnis. Sie haben mit 20 Dateien namens *log_001.txt*, *log_002.txt* etc. angefangen, und alles, was Sie wollten, war eine zusammenfassende Datei namens *log_sum.txt*. Zusätzlich hatten Sie dann noch einen Haufen von Dateien herumliegen wie *log_001.tmp*, *log_001.tm2*, die nur als temporär gedacht waren. Das haben wir zumindest immer wieder erlebt. Um wieder Ordnung in Ihre Verzeichnisse zu bekommen, benutzen Sie temporäre Dateien in Extra-Verzeichnissen und räumen Sie sie hinterher auf.

Zur Unterstützung bei diesem Problem, die temporären Dateien zu handhaben, liefert Python ein nettes, kleines Modul namens `tempfile`, das zwei Funktionen zur Verfügung stellt: `mktemp()` und `TemporaryFile()`. Die erste generiert einen Dateinamen, der in Ihrem für temporäre Dateien reservierten Verzeichnis gerade nicht in Benutzung ist (wie */tmp* unter Unix oder *C:\TMP* unter Windows). Die zweite gibt direkt ein neues Datei-Objekt zurück. Zum Beispiel:

```
# Eingabedatei lesen
inputFile = open('input.txt', 'r')

import tempfile
# temporäre Datei erzeugen
tempFile = tempfile.TemporaryFile()                    # wir müssen nicht einmal
first_process(input = inputFile, output = tempFile)   # den Dateinamen wissen...

# Ausgabedatei erzeugen
outputFile = open('output.txt', 'w')
second_process(input = tempFile, output = outputFile)
```

`tempfile.TemporaryFile()` funktioniert in solchen Fällen gut, in denen die Zwischenschritte Datei-Objekte modifizieren. Eine nette Eigenschaft ist, daß es – wenn es gelöscht wird – automatisch die zugehörige Datei löscht, die es erstellt hat, und quasi hinter sich selbst aufräumt. Eine wichtige Anwendung für temporäre Dateien steht übrigens im Zusammenhang mit dem `os.system`-Aufruf, wobei eine System-Shell mit Dateinamen aufgerufen wird. Lassen Sie uns als Beispiel ein Programm ansehen, das Formbriefe erstellt und diese an eine Liste von E-Mail-Adressen sendet (nur unter Unix):

```
formletter = """Dear %s,\nI'm writing to you to suggest that ..."""    # etc.
myDatabase = [('Bill Clinton', 'bill@whitehouse.gov.us'),
              ('Bill Gates', 'bill@microsoft.com'),
              ('Bob', 'bob@subgenius.org')]
for name, email in myDatabase:
    specificLetter = formletter % name
    tempfilename = tempfile.mktemp()
    tempfile = open(tempfilename, 'w')
    tempfile.write(specificLetter)
    tempfile.close()
    os.system('/usr/bin/mail %(email)s -s "Urgent!" <
                              %(tempfilename)s' % vars())
    os.remove(tempfilename)
```

Die erste Zeile in der `for`-Schleife ergibt eine angepaßte Version des Formbriefes, basierend auf dem aktuellen Namen. Der Text wird dann in eine temporäre Datei geschrieben, die mit Hilfe eines `os.system`-Aufrufs (den wir später in diesem Kapitel behandeln werden) an die entsprechende E-Mail-Adresse geschickt wird. Zum Schluß wird die temporäre Datei wieder entfernt. Wenn Sie vergessen haben, wie die Sache mit dem `%` funktioniert, sehen Sie bitte in Kapitel 2 nach, denn es lohnt sich, dies zu wissen. Die `vars()`-Funktion ist eine eingebaute Funktion, die ein Dictionary mit den im aktuellen lokalen Namensraum definierten Variablen zurückgibt. Die Schlüssel dieses Dictionaries sind die Variablennamen, und seine Werte sind die Variablenwerte. `vars()` kann man ziemlich gut zum Untersuchen von Namensräumen gebrauchen. Sie erlaubt ebenfalls ein Objekt als Argument (ein Modul, eine Klasse oder eine Instanz) und gibt dann den Namensraum des Objekts zurück. Zwei weitere eingebaute Funktionen, `locals()`

und `globals()`, geben die lokalen bzw. die globalen Namensräume zurück. In allen drei Fällen ist es nicht garantiert, daß eine Veränderung der zurückgegebenen Dictionaries sich auch auf den fraglichen Namensraum auswirkt. Betrachten Sie daher die Dictionaries lieber als »Nur-Lesen«, und Sie vermeiden dadurch Überraschungen. Wie Sie im Beispiel sehen, erstellt der `vars()`-Aufruf ein Dictionary, das mit der String-Formatierungsmethode benutzt wird. Es ist daher wichtig, daß die Namen innerhalb der `%(...)s`-Platzhalter im String mit den Namen der Variablen aus dem Programm übereinstimmen.

Absuchen von Textdateien

Angenommen, Sie haben ein Programm gestartet, das seine Ausgabe in einer Textdatei speichert, die Sie laden müssen. Das Programm erstellt eine Datei mit einer Reihe von Zeilen mit je einem Wert und einem Schlüssel, die durch ein Leerraum-Zeichen (Whitespace) getrennt sind:

```
Wert Schlüssel
Wert Schlüssel
Wert Schlüssel
und so weiter...
```

Ein Schlüssel kann in mehr als einer Zeile der Datei vorkommen, und wahrscheinlich möchten Sie alle Werte sammeln, die für jeden gegebenen Schlüssel vorkommen, während Sie durch die Datei lesen. Hier ist eine Möglichkeit, dieses Problem anzugehen:

```
#!/usr/bin/env python
import sys, string

entries = {}
for line in open(sys.argv[1], 'r').readlines():
    left, right = string.split(line)
    try:
        entries[right].append(left)       # erweitere Liste
    except KeyError:
        entries[right] = [left]           # erstmalig aufgetaucht

for (right, lefts) in entries.items():
  print "%04d '%s'\titems => %s" % (len(lefts), right, lefts)
```

Dieses Skript benutzt die `readlines`-Methode, um den Text Zeile für Zeile abzutasten, und ruft die eingebaute `string.split`-Funktion auf, um die Zeile in eine Liste von Substrings zu zerlegen – eine Liste, die den Wert und die Schlüssel-Strings getrennt durch Leerzeichen oder Tabulatoren der Datei enthält. Zum Speichern jedes Auftretens eines Schlüssels benutzt das Skript ein Dictionary namens `entries`. Die `try`-Anweisung in der Schleife versucht nun, einem existierenden Eintrag neue Werte als Schlüssel anzufügen, und wenn es für einen Schlüssel keinen Eintrag gibt, erstellt sie einen. Beachten Sie, daß `try` hier auch durch `if` ersetzt werden könnte:

```
if entries.has_key(right):          # ist es bereits im Dictionary?
    entries[right].append(left)     # dann füge an die Liste aktueller Werte an
else:
    entries[right] = [left]         # initialisiere Werteliste für Schlüssel
```

Direktes Testen, ob ein Dictionary einen Schlüsssel enthält, ist manchmal schneller als das Abfangen einer Ausnahme mit der try-Technik. Das hängt davon ab, wie oft der Test letztlich wahr ist. Hier ist ein Beispiel dieses Skripts in Aktion. Der Dateiname der Eingabe wird als Befehlszeilenargument übergeben (sys.argv[1]):

```
% cat data.txt
1       one
2       one
3       two
7       three
8       two
10      one
14      three
19      three
20      three
30      three

% python collector1.py data.txt
0003 'one'      items => ['1', '2', '10']
0005 'three'    items => ['7', '14', '19', '20', '30']
0002 'two'      items => ['3', '8']
```

Sie können diesen Code nützlicher machen, indem Sie die Abfragelogik in eine Funktion packen, die als Ergebnis das entries-Dictionary zurückgibt, und die Druckschleifenlogik am Ende in ein if stecken:

```
#!/usr/bin/env python
import sys, string

def collect(file):
    entries = {}
    for line in file.readlines():
        left, right = string.split(line)
        try:
            entries[right].append(left)          # erweitere Liste
        except KeyError:
            entries[right] = [left]              # erstmalig gesehen
    return entries

if __name__ == "__main__":                       # wenn als Skript gestartet
    if len(sys.argv) == 1:
        result = collect(sys.stdin)              # lies vom stdin-Strom
    else:
        result = collect(open(sys.argv[1], 'r')) # benutze Dateinamen
    for (right, lefts) in result.items():
        print "%04d '%s'\titems => %s" % (len(lefts), right, lefts)
```

Auf diese Weise wird das Programm ein wenig flexibler. Durch Anwendung des if __name__ == "__main__"-Tricks können Sie es immer noch als eigenständiges Skript starten (und eine Ausgabe des Ergebnisses erhalten) oder die darin definierte Funktion importieren und das Ergebnis-Dictionary explizit bearbeiten:

```
# laufe als Skriptdatei
% collector2.py < data.txt
# hier käme die Anzeige des Ergebnisses...

# Benutzung in einer anderen Komponente (oder interaktiv)
from collector2 import collect
result = collect(open("spam.txt", "r"))
# Verarbeite result hier...
```

Da die `collect`-Funktion ein offenes Datei-Objekt akzeptiert, funktioniert sie auch mit jedem Objekt, das dieselben Methoden zur Verfügung stellt (d.h. Schnittstellen) wie die eingebauten Dateien. Wenn Sie beispielsweise Text von einem einfachen String lesen möchten, wickeln Sie ihn in eine Klasse, die die gewünschte Schnittstelle implementiert, und reichen Sie eine Instanz der Klasse zur `collect`-Funktion durch:

```
>>> from collector2 import collect
>>> from StringIO import StringIO
>>>
>>> str = StringIO("1 one\n2 one\n3 two")
>>> result = collect(str)                    # analysiert eingewickelten String
>>> print result                          # {'one':['1','2'],'two':['3']}
```

Dieser Code benutzt die `StringIO`-Klasse der Python-Standardbibliothek, um den String in eine Instanz zu wickeln, die alle Methoden von Datei-Objekten aufweist. Für weitere Details zu `StringIO` schlagen Sie bitte im *Bibliothekshandbuch* nach. Sie könnten auch eine andere Klasse oder Subklasse von `StringIO` schreiben, wenn Sie ihr Verhalten verändern müssen. Trotzdem liest die `collect`-Funktion problemlos Text vom Objekt `str`, das zufälligerweise ein Objekt im Speicher ist und keine Datei.

Der Hauptgrund, weshalb dies alles funktioniert, ist, daß die `collect`-Funktion unter Vermeidung von Annahmen über den Objekttyp ihres `file`-Parameters entworfen wurde. Solange das Objekt eine `readlines`-Methode exportiert, die eine Liste von Strings zurückgibt, ist es `collect` egal, welche Art von Objekt es bearbeitet. Die Schnittstelle ist das einzige, was zählt. Diese Laufzeitbindung[8] ist ein wichtiges Charakteristikum von Pythons Objektsystem und erlaubt es Ihnen, auf einfache Weise Programmkomponenten zu schreiben, die mit anderen Komponenten kommunizieren. Stellen Sie sich ein Programm vor, das Satelliten-Telemetriedaten liest und schreibt und dazu die Standard-Dateischnittstelle benutzt. Durch das Einstöpseln eines Objekts mit der richtigen Art Schnittstelle können Sie seine Ströme in Sockets zur Live-Übertragung, GUI-Elemente, Web-Schnittstellen oder Datenbanken umlenken, ohne das Programm als solches zu ändern oder neu zu kompilieren.

8 Laufzeitbindung bedeutet, daß Python – bis das Programm läuft – nicht weiß, welche Art von Objekt eine Schnittstelle implementiert. Dieses Verhalten geht auf das Fehlen von Typendeklaration in Python zurück und führt zu der Idee des Polymorphismus. In Python ist die Bedeutung einer Objektoperation (wie Indizierung, Teilbereichsbildung etc.) abhängig von dem Objekt, das bearbeitet werden soll.

Bearbeiten von Programmen

Andere Programme aufrufen

Python kann wie eine Shell-Skriptsprache benutzt werden, um andere Werkzeuge zu steuern, indem man sie mit Parametern aufruft, die das Python-Programm zur Laufzeit bestimmt. Wenn Sie also ein bestimmtes Programm (nennen wir es `analyzeData`) mit einer Vielzahl von Dateien und Parametern, die auf der Befehlszeile spezifiziert wurden, starten müssen, können Sie den `os.system()`-Aufruf verwenden, der einen String mit einem Programmaufruf für einen Unterprozeß akzeptiert. Genauer gesagt:

```
for datafname in ['data.001', 'data.002', 'data.003']:
  for parameter1 in range(1, 10):
    os.system("analyzeData -in %(datafname)s -param1 %(paramter1)d" % vars())
```

Wenn `analyzeData` ein Python-Programm ist, sind Sie besser bedient, wenn Sie dies ohne einen Extra-Prozeß tun. Benutzen Sie einfach als erstes die `import`-Anweisung und einen Funktionsaufruf in der Schleife. Nicht alle nützlichen Programme da draußen sind Python-Programme.

Im vorigen Beispiel ist die Ausgabe von `analyzeData` höchstwahrscheinlich eine Datei oder die Standardausgabe. Wenn es letztere ist, dann wäre es schön, wenn man seine Ausgabe abfangen könnte. Der Aufruf der `popen()`-Funktion ist nahezu eine Standardmethode, dies zu tun. Wir werden sie Ihnen in einer Aufgabe aus dem richtigen Leben vorführen.

Als wir dieses Buch geschrieben haben, wurden wir gebeten, Tabulatoren in Quellcode-Listings zu vermeiden und statt dessen Leerstellen zu benutzen. Tabulatoren können beim Buchsatz verheerenden Schaden anrichten, und da Einrückungen bei Python eine Rolle spielen, kann inkorrekter Satz die ganzen Beispiele zerstören. Aber da alte Gewohnheiten nur schwer abzulegen sind (mindestens einer von uns benutzt Tabulatoren, um seinen eigenen Python-Code einzurücken), wollten wir lieber ein Werkzeug, das jeden Tabulator, der sich in unseren Code eingeschlichen haben könnte, findet, bevor das Ganze in Druck ging. Das folgende Skript *findtabs.py* erledigt dies:

```
#!/usr/bin/env python
# find files, search for tabs

import string, os
cmd = 'find . -name "*.py" -print'    # find ist ein Standardwerkzeug in Unix

for file in os.popen(cmd).readlines():     # führe find-Kommando aus
    num  = 1
    name = file[:-1]                       # '\n' abstreifen
    for line in open(name).readlines():    # durchsuche die Datei
        pos = string.find(line, "\t")
```

```
    if  pos >= 0:
        print name, num, pos           # berichte über gefundenen Tab
        print '....', line[:-1]        # [:-1] streift letztes \n ab
        print '....', ' '*pos + '*', '\n'
    num = num+1
```

Dieses Skript verwendet zwei verschachtelte `for`-Schleifen. Die äußere Schleife verwendet `os.popen`, um einen `find`-Steuerbefehl zu starten, der eine Liste aller im aktuellen Verzeichnis und seinen Unterverzeichnissen erreichbaren Quelldateinamen zurückgibt. Die innere Schleife liest jede Zeile der aktuellen Datei und benutzt `string.find`, um nach Tabulatoren zu suchen. Aber die echte Magie dieses Skripts liegt in den eingebauten Werkzeugen:

`os.popen`
: Nimmt einen Shell-Steuerbefehl in Form eines Strings (im Beispiel `cmd` genannt) und gibt ein dateiähnliches Objekt zurück, das mit den Standard-Eingabe- oder -Ausgabeströmen des Befehls verbunden ist. Ausgabe ist der Default, wenn Sie nicht explizit einen Modusparameter `"r"` oder `"w"` angeben. Indem Sie das dateiähnliche Objekt lesen, können Sie die Ausgabe des Befehls abfangen, so wie wir es hier getan haben – das Ergebnis von `find`. Es stellt sich nun heraus, daß es in der Standardbibliothek ein Modul namens `find.py` gibt, mit einer ganz ähnlichen Funktion wie unsere Anwendung von `popen` mit dem Unix-Befehl `find`. Als Übung könnten Sie versuchen, *findtabs.py* entsprechend umzuschreiben.

`string.find`
: Gibt den Index des ersten Auftretens eines Strings in einem anderen zurück, wobei es von links nach rechts sucht. Im Skript benutzen wir es, um nach einem Tabulator zu suchen, der als ein (entwerteter) Ein-Zeichen-String (`'\t'`) übergeben wurde.

Wird ein Tabulator gefunden, druckt das Skript die entsprechende Zeile zusammen mit einem Zeiger auf die Stelle, wo der Tabulator auftaucht. Beachten Sie hier die Anwendung der String-Wiederholung: Der Ausdruck `' '*pos` bewegt den Druck-Cursor nach rechts bis zum Index des ersten Tabulators. Verwenden Sie doppelte Anführungszeichen innerhalb eines Strings in einfachen Anführungszeichen ohne Backslash-Entwertung in `cmd`. Hier ist das Skript bei der Arbeit, illegale Tabulatoren – in der unglücklicherweise *happyfingers.py* genannten Datei – aufspürend:

```
C:\python\book-examples> python findtabs.py
./happyfingers.py 2 0
....   for i in range(10):
.... *

./happyfingers.py 3 0
....           print "oops..."
.... *

./happyfingers.py 5 5
.... print      "bad style"
....      *
```

Eine Anmerkung zur Portabilität: Der in dem Skript *findtabs* angewendete Shell-Befehl find ist ein Unix-Befehl, der nicht unbedingt auf anderen Plattformen verfügbar ist (er lief in der obigen Liste unter Windows, weil ein Hilfsprogramm find installiert war). Die os.popen-Funktionalität ist als win32pipe.popen in Pythons win32-Erweiterungen für Windows verfügbar.[9] Wenn Sie Code schreiben wollen, der die Ausgabe von Shell-Befehlen portabel umlenkt, dann benutzen Sie schon frühzeitig so etwas wie den folgenden Code in Ihrem Skript:

```
import sys
if sys.platform == "win32":                    # auf einer Windows-Portierung
    try:
        import win32pipe
        popen = win32pipe.popen
    except ImportError:
        raise ImportError, "Das win32pipe-Modul konnte nicht gefunden werden"
else:                                          # auf einer POSIX-Büchse
    import os
    popen = os.popen
... Und benutze popen, frech die Plattform ignorierend
```

Das sys.platform-Attribut ist immer mit einem String besetzt, der die zugrundeliegende Plattform identifiziert (und somit die Python-Portierung, die Sie benutzen). Obwohl Python nicht plattformabhängig ist, können es doch einige der Bibliotheken sein. Das Prüfen von sys.platform ist die Standardmethode, Fälle dieser Art zu behandeln. Beachten Sie hier die verschachtelten import-Anweisungen: Wie wir gesehen haben, ist import nur eine ausführbare Anweisung, die einen Variablennamen zuweist.

Internet-bezogene Aktivitäten

Das Internet ist eine Fundgrube an Informationen, aber sein exponentielles Wachstum kann es schwierig machen, damit umzugehen. Darüber hinaus sind die meisten heute verfügbaren Werkzeuge zum »Websurfen« nicht programmierbar. Viele der Web-bezogenen Aufgaben können aber ziemlich einfach mit den Standardwerkzeugen von Python automatisiert werden.

Webseiten programmgesteuert herunterladen

Wenn Sie herausfinden möchten, wie das Wetter in einer bestimmten Region über einen Zeitraum von mehreren Monaten ist, ist es viel einfacher, ein automatisiertes Programm einzusetzen, um die entsprechenden Informationen zu bekommen, als immer daran denken zu müssen, es von Hand zu tun.

---

9 Zwei wichtige Kommentare zur Kompatibilität: Das win32pipe-Modul hat auch einen popen2-Aufruf, der genauso funktioniert wie der popen2-Aufruf unter Unix, außer daß er die Lese- und Schreib-Pipes in vertauschter Reihenfolge zurückgibt (siehe die Dokumentation für popen2 im posix-Modul für Details zu seiner Schnittstelle). Es gibt kein Äquivalent zu popen auf Macs, da es auf diesem Betriebssystem keine Pipes gibt.

Hier ist ein Programm, das Wetterinformationen für einige Städte und Staaten besorgt, indem es die Seiten der *weather.com*-Website benutzt:

```
import urllib, urlparse, string, time

def get_temperature(country, state, city):
    url = urlparse.urljoin('http://www.weather.com/weather/cities/',
                           string.lower(country)+'_' + \
                           string.lower(state) + '_' + \
                           string.replace(string.lower(city), ' ',
                                          '_') + '.html')
    data = urllib.urlopen(url).read()
    start = string.index(data, 'current temp: ') + len('current temp: ')
    stop = string.index(data, '&deg;F', start-1)
    temp = int(data[start:stop])
    localtime = time.asctime(time.localtime(time.time()))
    print ("On %(localtime)s, the temperature in %(city)s, " +\
           "%(state)s %(country)s is %(temp)s F.") % vars()

get_temperature('FR', '', 'Paris')
get_temperature('US', 'RI', 'Providence')
get_temperature('US', 'CA', 'San Francisco')
```

Das Programm produziert eine Ausgabe wie:

```
~/book:> python get_temperature.py
On Wed Nov 25 16:22:25 1998, the temperature in Paris,  FR is 39 F.
On Wed Nov 25 16:22:30 1998, the temperature in Providence, RI US is 39 F.
On Wed Nov 25 16:22:35 1998, the temperature in San Francisco, CA US is 58 F.
```

Der Code in *get_temperature.py* leidet unter einem Mangel: Die Logik der URL-Erstellung und der Temperaturermittlung sind abhängig von dem spezifischen HTML, das die benutzte Website produziert. An dem Tag, an dem der Graphikdesigner der Website entscheidet, daß »current temp:« mit Großbuchstaben geschrieben werden soll, funktioniert das Skript nicht mehr. Dies ist ein Problem beim programmgesteuerten Analysieren von Websites, das nur zu beseitigen ist, wenn strukturiertere Formate (wie XML) zur Erstellung von Webseiten benutzt werden.[10]

Überprüfen der Gültigkeit von Verknüpfungen und Spiegelung von Websites: webchecker.py und Kollegen

Viel Mühe bei der Pflege einer Website wird dadurch verursacht, daß mit der Anzahl der Verknüpfungen auch die Chancen steigen, daß einige davon nicht mehr gültig sind. Eine gute Pflege der Websites beinhaltet daher auch das regelmäßige Überprüfen auf solche zerbrochenen Verknüpfungen. Python stellt gerade dafür ein Werkzeug zur Verfügung. Es befindet sich im Verzeichnis *Tools/webchecker* und heißt *webchecker.py*.

10 XML (eXtensible Markup Language) ist eine Sprache zum Auszeichnen strukturierter Textdateien, die die Struktur des Dokuments in den Vordergrund stellt, nicht seine graphische Gestalt. XML-Verarbeitung ist ein völlig anderer Bereich der Textverarbeitung in Python, in dem gerade viele Entwicklungen im Gange sind. In Anhang A, *Python-Ressourcen*, finden Sie einige Hinweise auf Diskussionsgruppen und Software.

Ein Begleitprogramm namens *websucker.py* im selben Verzeichnis wendet eine ähnliche Logik an, um eine lokale Kopie einer Website zu erstellen. Seien Sie aber vorsichtig, wenn Sie es ausprobieren, weil es sonst versucht, das gesamte Internet auf Ihren Computer herunterzuladen! Das Verzeichnis enthält auch die Programme *wsgui.py* und *webgui.py*, zwei auf Tkinter basierende Oberflächen zu *websucker* bzw. *webchecker*. Wir möchten Sie dazu ermuntern, sich den Quellcode dieser Programme anzuschauen, um zu sehen, wie man mit Pythons Standard-Werkzeugkiste ausgefeilte Systeme für das Webmanagement schreiben kann.

Im *Tools/Scripts*-Verzeichnis finden Sie noch viele andere kleine und mittelgroße Skripten, die interessant sein könnten, wie z.B. ein Äquivalent von *websucker.py* für FTP-Server namens *ftpmirror.py*.

E-Mail

Elektronische Post (E-Mail) ist heute wahrscheinlich das wichtigste Medium im Internet. Es ist sicherlich das Protokoll, mit dem die meiste Information zwischen Menschen ausgetauscht wird. Python enthält einige Bibliotheken zur Bearbeitung von Mail. Welche Sie anwenden, hängt davon ab, welche Art von Mail-Server Sie einsetzen. Module für die Interaktion mit POP3-Servern (`poplib`) und IMAP-Servern (`imaplib`) sind eingeschlossen. Wenn Sie einen Microsoft-Exchange-Server ansprechen wollen, brauchen Sie einige der Werkzeuge aus der *win32*-Distribution (siehe Kapitel B, *Plattformspezifische Themen*, für Hinweise auf die Webseite für *win32*-Erweiterungen).

Hier ist ein einfacher Test des `poplib`-Moduls, das man braucht, wenn man das POP-Protokoll anwendet:

```
>>> from poplib import *
>>> server = POP3('mailserver.spam.org')
>>> print server.getwelcome()
+OK QUALCOMM Pop server derived from UCB (version 2.1.4-R3) at spam starting.
>>> server.user('da')
'+OK Password required for da.'
>>> server.pass_('youllneverguess')
'+OK da has 153 message(s) (458167 octets).'
>>> header, msg, octets = server.retr(152) # wir holen die letzten Mails
>>> import string
>>> print string.join(msg[:3], '\n')   # und lesen die ersten drei Zeilen
Return-Path: <jim@bigbad.com>
Received: from gator.bigbad.com by mailserver.spam.org (4.1/SMI-4.1)
        id AA29605; Wed, 25 Nov 98 15:59:24 PST
```

In einer realen Anwendung würden Sie ein spezielles Modul wie `rfc822` verwenden, um die Header zu analysieren, und vielleicht das `mimetools`- und das `mimify`-Modul, um die Daten aus dem Nachrichtenkörper zu holen (z.B. um angehängte Dateien zu bearbeiten).

Umfangreichere Beispiele

Ihr Zinseszins

Die meisten von uns hoffen, eines Tages ein wenig Geld auf dem Sparkonto zu haben (davon ausgehend, daß die Studentendarlehen irgendwann abbezahlt sind). Die Banken hoffen das auch, und zwar so sehr, daß sie Sie sogar für das Privileg bezahlen, auf Ihr Geld aufpassen zu dürfen. Bei einem typischen Sparkonto zahlt Ihnen die Bank Zinsen auf Ihr Kapital. Außerdem wird der jährliche Zinsbetrag immer gleich Ihrem Kapital zugeschlagen, so daß Ihr Kontostand jedes Jahr ein bißchen wächst. Das Ergebnis ist, daß Sie auf einer jährlichen Basis planen müssen, wenn Sie das Wachstum Ihrer Ersparnisse verfolgen wollen. Das Programm *interest.py* bietet eine einfache Möglichkeit, das in Python zu erledigen:

```
trace = 1  # drucke jedes Jahr?

def calc(principal, interest, years):
    for y in range(years):
        principal = principal * (1.00 + (interest / 100.0))
        if trace: print y+1, '=> %.2f' % principal
    return principal
```

Diese Funktion geht einfach in einer Schleife über die Anzahl der Jahre, die Sie eingeben, und akkumuliert so das Kapital (also die ursprüngliche Einzahlung plus alle bis dahin dazugekommenen Zinszahlungen) für jedes Jahr. Sie geht davon aus, daß Sie kein Geld abheben. Nehmen wir nun an, wir hätten 65 000 DM auf einem Konto, das 5,5% Zinsen bringt, und wollen nun sehen, wie das Kapitel über die nächsten 10 Jahre wächst. Wir nehmen unsere Zinsfunktion und geben das Startkapital, den Zinssatz und die Anzahl der Jahre ein:

```
% python
>>> from interest import calc
>>> calc(65000, 5.5, 10)
1 => 68575.00
2 => 72346.63
3 => 76325.69
4 => 80523.60
5 => 84952.40
6 => 89624.78
7 => 94554.15
8 => 99754.62
9 => 105241.13
10 => 111029.39
111029.389793
```

Damit enden wir bei 111 029 DM. Wenn man nur den endgültigen Kontostand sehen möchte, kann man die globale `trace`-Variable (Modulebene) in `interest` auf 0 setzen, bevor man die `calc`-Funktion aufruft:

```
>>> import interest
>>> interest.trace = 0
>>> calc(65000, 5.5, 10)
111029.389793
```

Natürlich gibt es viele Möglichkeiten, den Zinseszins zu berechnen. Die nachfolgende Variante des Zinsrechners addiert ausdrücklich zum Kapital und gibt sowohl die eingenommenen Zinsen (earnings) als auch den aktuellen Kontostand (principal) für die einzelnen Jahre aus:

```
def calc(principal, interest, years):
    interest = interest / 100.0
    for y in range(years):
        earnings  = principal * interest
        principal = principal + earnings
        if trace: print y+1, '(+%d)' % earnings, '=> %.2f' % principal
    return principal
```

Wir erhalten damit dasselbe Ergebnis, aber noch mehr Informationen:

```
>>> interest.trace = 1
>>> calc(65000, 5.5, 10)
1 (+3575) => 68575.00
2 (+3771) => 72346.63
3 (+3979) => 76325.69
4 (+4197) => 80523.60
5 (+4428) => 84952.40
6 (+4672) => 89624.78
7 (+4929) => 94554.15
8 (+5200) => 99754.62
9 (+5486) => 105241.13
10 (+5788) => 111029.39
111029.389793
```

Zum Schluß sei noch angemerkt, daß Sie mit diesem Skript unter Umständen nicht dieselben Zahlen bekommen wie von Ihrer Bank. Die Bankprogramme neigen dazu, regelmäßig alles nach unten abzurunden. Unser Programm tut dies auch, wenn es die Ergebnisse ausgibt (dafür ist %.2f zuständig; siehe Kapitel 2 für Details), aber es behält die ganze vom Computer geleistete Präzision in den Zwischenberechnungen bei (wie in der letzte Zeile dargestellt).

Ein automatisches Anwählprogramm

Es war einmal ein Koautor eines Buches in einer Firma ohne Internet-Anschluß. Die Systemadministratoren installierten jedoch ein lokales Modem, so daß jeder mit einer persönlichen Internet-Adresse und ein bißchen Ahnung von Unix sich einwählen und seine persönlichen Internet-Sachen im Büro erledigen konnte. Das Anwählen funktionierte mit dem Kermit-Dateiübertragungs-Programm.

Ein Nachteil dieser Modemeinrichtung war, daß Leute, die sich einwählen wollten, immer 10 verschiedene Modems ausprobieren mußten, bis eins frei war (eins anwählen; das nächste probieren, wenn es besetzt war, usw.). Da Modems unter Unix mit dem Dateinamenschema */dev/modem** adressierbar und mit */var/spool/locks/LCK*modem** zu blockieren sind, reicht ein simples Python-Skript aus, um automatisch ein freies Modem zu finden. Das folgende Programm *dokermit* benutzt eine Liste von Integern, um zu verfolgen, welche Modems blockiert sind, `glob.glob`, um Dateinamen zu expandieren, und `os.system`, um einen Kermit-Befehl zu starten, wenn ein freies Modem gefunden wurde:

```
#!/usr/bin/env python
# Finde ein freies Modem, um damit hinauszuwählen

import glob, os, string
LOCKS = "/var/spool/locks/"

locked = [0] * 10
for lockname in glob.glob(LOCKS + "LCK*modem*"):     # finde gesperrte Modems
    print "Found lock:", lockname
    locked[string.atoi(lockname[-1])] = 1             # 0..9 am Ende des Namens

print 'free: ',
for i in range(10):                                   # Anzeigen, Hinauswählen
    if not locked[i]: print i,
print

for i in range(10):
    if not locked[i]:
        if raw_input("Versuche %d? " % i) == 'j':
            os.system("kermit -m hayes -l /dev/modem%d -b 19200 -S" % i)
            if raw_input("Weitere? ") != 'j': break
```

Per Konvention haben die Blockierdateien die Nummer des Modems am Ende ihrer Namen. Wir nutzen diesen Dreh, um im Kermit-Befehl einen Modem-Gerätenamen aufzubauen. Beachten Sie, daß dieses Skript eine Liste von 10 Integer-Flags hat, um zu kennzeichnen, welche Modems frei sind (1 bedeutet: blockiert). Das Programm funktioniert daher nur mit bis zu 10 Modems. Wenn es mehr sind, müssen Sie größere Listen und Schleifen verwenden und den Anschluß-Dateinamen analysieren und nicht einfach nur sein letztes Zeichen betrachten.

Ein interaktiver Rolodex

Obgleich die meisten der vorangegangenen Beispiele Listen als primäre Datenstrukturen benutzen, sind Dictionaries in vielerlei Hinsicht stärker und netter anzuwenden. Ihr Vorhandensein als eingebauter Datentyp ist Teil dessen, was Python zu einer High-level-Sprache macht, was grundsätzlich bedeutet: »einfach in der Anwendung bei komplexen Aufgaben«. Komplettiert wird diese umfangreiche Reihe von eingebauten Datentypen durch eine umfangreiche Standardbibliothek. Ein starkes Modul in dieser Bibliothek ist das `cmd`-Modul, das die Klasse `Cmd` liefert, die Sie in Subklassen unterteilen können, um einen simplen Kommandozeilen-Interpreter zu erhalten. Das folgende Beispiel ist zwar ziemlich lang, aber nicht sehr kompliziert, und illustriert sehr gut die Stärke von Dictionaries und der Wiederverwendung von Standardmodulen.

Die Aufgabe besteht darin, Namen und Telefonnummern zu verwalten und dem Anwender zu gestatten, diese Liste mit einer interaktiven Schnittstelle zu bearbeiten, inklusive Fehlersuche und anderen anwenderfreundlichen Merkmalen wie etwa einem Hilfeprogramm. Das folgende Beispiel zeigt die Art von Interaktion, die unser Programm erlaubt:

```
% python rolo.py
Monty's Friends: help

Documented commands (type help <topic>):
========================================
EOF             add             find            list            load
save

Undocumented commands:
======================
help
```

Wir können zu spezifischen Befehlen Hilfe-Informationen bekommen:

```
Monty's Friends: help find            # siehe die Methode help_find()
Find an entry (specify a name)
```

Wir können ganz einfach die Einträge im Rolodex bearbeiten:

```
Monty's Friends: add larry                # wir können Einträge hinzufügen
Enter Phone Number for larry: 555-1216
Monty's Friends: add                      # Wenn der Name fehlt...
Enter Name: tom                           # ...fragt das Programm danach
Enter Phone Number for tom: 555-1000
Monty's Friends: list
=========================================
               larry : 555-1216
                 tom : 555-1000
=========================================
Monty's Friends: find larry
The number for larry is 555-1216.
Monty's Friends: save myNames           # speichere unsere Arbeit
Monty's Friends: ^D                     # beende das Programm (Windows: ^Z)
```

Und das beste ist, daß wir die Daten wiederfinden, wenn wir das Programm neu starten, weil sie gespeichert wurden:

```
% python rolo.py                      # Neustart
Monty's Friends: list                 # zunächst wird niemand gelistet
Monty's Friends: load myNames         # das hier reicht schon zum Laden
Monty's Friends: list
=========================================
               larry : 555-1216
                 tom : 555-1000
=========================================
```

Wie funktioniert die Cmd-Klasse eigentlich?

Um zu verstehen, wie die Cmd-Klasse funktioniert, lesen Sie das cmd-Modul in der Standardbibliothek von Python, die Sie bereits auf Ihrem Computer installiert haben.

Der Cmd-Interpreter erledigt die meisten Sachen, die uns interessieren, in seiner onecmd()-Methode, die jedesmal, wenn eine Zeile von einem Anwender eingegeben wird, aufgerufen wird. Diese Methode findet heraus, welches das erste Wort der Zeile ist, das einem Befehl (z.B. help, find, save, load etc.) entspricht. Dann schaut sie, ob die Instanz der Cmd-Subklasse ein Attribut mit dem richtigen Namen enthält (war der Befehl "find tom", sucht sie nach einem Attribut namens do_find). Findet sie dieses Attribut, dann ruft sie es mit den Parametern des Befehls (in diesem Fall 'tom') auf und gibt das Ergebnis zurück. Eine ähnliche Zauberei vollbringt die do_help()-Methode, die von denselben Mechanismen ausgelöst wird – deshalb heißt sie ja auch do_help()! Der Code für die onecmd()-Methode sah einmal so aus (Ihre Version mag schon zusätzliche Features enthalten):

```
# onecmd-Methode der Klasse Cmd, siehe Lib/cmd.py
def onecmd(self, line):          # Zeile ist so etwas wie "find tom"
    line = string.strip(line)    # werde Whitespace los
    if not line:                 # wenn nichts übrig ist,
        line = self.lastcmd      # wiederhole letztes Kommando
    else:
        self.lastcmd = line      # speichern fürs nächste Mal
    i, n = 0, len(line)
                                # nächste Zeile findet Ende des ersten Wortes
    while i < n and line[i] in self.identchars: i = i+1
                                # spalte line in Kommando + Argumente
    cmd, arg = line[:i], string.strip(line[i:])
    if cmd == '':               # passiert, wenn line nicht mit A-z anfängt
        return self.default(line)
    else:                       # cmd ist 'find', line ist 'tom'
        try:
            func = getattr(self, 'do_' + cmd)  # nach Methode suchen
        except AttributeError:
            return self.default(line)
        return func(arg)         # rufe Methode mit dem Rest von line
```

Der Großteil der Funktionalität des interaktiven Interpreters wird von der Cmd-Klasse im cmd-Modul zur Verfügung gestellt, die nur etwas individuelle Anpassung braucht, um zu funktionieren. Genauer gesagt, müssen Sie das prompt-Attribut setzen und einige Methoden, die mit do_ und help_ beginnen, hinzufügen. Die do_-Methoden müssen einen einzelnen Parameter annehmen, und der Teil hinter do_ ist der Name des Befehls. Nachdem Sie die cmdloop()-Methode einmal aufgerufen haben, erledigt die Cmd-Klasse den Rest. Lesen Sie im folgenden Code eine Methode nach der anderen, und vergleichen Sie sie immer mit der vorangegangenen Ausgabe:

```
#!/usr/bin/env python
# Ein interaktiver Rolodex

import string, sys, pickle, cmd

class Rolodex(cmd.Cmd):

    def __init__(self):
        cmd.Cmd.__init__(self)              # Initialisiere die Basisklasse
        self.prompt = "Monty's Friends: "   # Passe den Prompt an
        self.people = {}                    # Zunächst kennen wir niemanden

    def help_add(self):
        print "Adds an entry (specify a name)"
    def do_add(self, name):
        if name == "": name = raw_input("Enter Name: ")
        phone = raw_input("Enter Phone Number for "+ name+": ")
        self.people[name] = phone            # Füge Telefonnummer zum Namen hinzu

    def help_find(self):
        print "Find an entry (specify a name)"
    def do_find(self, name):
        if name == "": name = raw_input("Enter Name: ")
        if self.people.has_key(name):
            print "The number for %s is %s." % (name, self.people[name])
        else:
            print "We have no record for %s." % (name,)

    def help_list(self):
        print "Prints the contents of the directory"
    def do_list(self, line):
        names = self.people.keys()  # Die Schlüssel sind die Namen
        if names == []: return      # Wenn keine da sind, Programm verlassen
        names.sort()                # Wir wollen sie alphabetisch sortiert
        print '='*41
        for name in names:
          print string.rjust(name, 20), ":", string.ljust(self.people[name], 20)
        print '='*41

    def help_EOF(self):
        print "Quits the program"
    def do_EOF(self, line):
        sys.exit()

    def help_save(self):
        print "save the current state of affairs"
    def do_save(self, filename):
        if filename == "": filename = raw_input("Enter filename: ")
        saveFile = open(filename, 'w')
        pickle.dump(self.people, saveFile)

    def help_load(self):
        print "load a directory"
```

```
    def do_load(self, filename):
        if filename == "": filename = raw_input("Enter filename: ")
        saveFile = open(filename, 'r')
        self.people = pickle.load(saveFile) # Beachte, daß dies jegliches
                                            # existierende Verzeichnis people überschreibt

if __name__ == '__main__':              # Auf diese Weise kann das Modul auch
    rolo = Rolodex()                    # von anderen Programmen importiert werden
    rolo.cmdloop()
```

Die Instanzvariable `people` ist also eine einfache Abbildung von Namen und Telefonnummern, die von den `add`- und `find`-Befehlen benutzt wird. Befehle sind die Methoden, die mit `do_` beginnen, und ihre Hilfe kommt von den entsprechenden `help_`-Methoden. Die `load`- und `save`-Befehle schließlich benutzen das `pickle`-Modul, das in Kapitel 10, *Strukturgerüste und Applikationen*, detailliert beschrieben wird.

Dieses Beispiel demonstriert die Stärke, die Python durch die Erweiterung existierender Module erhält. Das `cmd`-Modul kümmert sich um die Eingabeaufforderung, um Hilfemöglichkeiten und die Analyse der Eingaben. Das `pickle`-Modul erledigt das Laden und Speichern, das in schwächeren Sprachen so schwierig sein kann. Alles was wir selbst erledigen mußten, waren die aufgabenspezifischen Teile. Der allgemeine Aspekt, nämlich ein interaktiver Interpreter, war umsonst.

Übungen

Dieses Kapitel ist voll von Programmen, und wir möchten Sie dazu ermuntern, mit ihnen herumzuspielen. Wenn Sie nun aber wirklich Übungen wollen, sind hier ein paar reizvolle:

1. *Umlenkung von stdout.* Verändern Sie das *mygrep.py*-Skript so, daß es seine Ausgabe zu der letzten auf der Befehlszeile angegebenen Datei gibt und nicht zur Konsole.
2. *Schreiben einer Shell.* Schreiben Sie eine kleine Shell, die die folgenden Standard-Unix-Befehle (oder auch DOS-Befehle, wenn Ihnen das lieber ist) akzeptiert: `ls` (`dir`), um das aktuelle Verzeichnis anzuzeigen, `cd`, um das Verzeichnis zu wechseln, `mv` (oder `ren`) zum Verschieben/Umbenennen einer Datei und `cp` (`copy`) zum Kopieren einer Datei. Benutzen Sie dazu die `Cmd`-Klasse im `cmd`-Modul und die Funktionen, die wir in Kapitel 8 zum Bearbeiten von Dateien und Verzeichnissen aufgeführt haben.
3. *map, reduce und filter.* Die Funktionen `map`, `reduce` und `filter` sind schwierig zu verstehen, wenn Sie diesem Typ Funktion zum erstenmal begegnen. Das liegt zum Teil daran, daß sie das Übergeben von Funktionen als Parameter beinhalten, und zum Teil daran, daß sie ziemlich viel tun, obwohl sie so unscheinbare Namen haben. Eine gute Möglichkeit, um festzustellen, ob Sie wissen, wie sie funktionieren, ist, sie neu zu schreiben. Für diese Übung schreiben Sie bitte drei Funktionen (`map2`, `reduce2`, `filter2`), die dasselbe tun wie `map`, `filter` und `reduce`, zumindest soweit wir ihre Funktion beschrieben haben:

- `map2` akzeptiert zwei Parameter. Der erste sollte eine Funktion mit zwei Parametern sein oder `None`. Der zweite sollte eine Sequenz sein. Wenn der erste Parameter eine Funktion ist, wird diese mit jedem Element der Sequenz aufgerufen, und die resultierenden Werte werden in einer Liste zurückgegeben. Wenn der erste Parameter `None` ist, wird die Sequenz in eine Liste konvertiert, und diese Liste wird zurückgegeben.
- `reduce2` akzeptiert zwei Parameter. Der erste muß eine Funktion mit zwei Parametern sein, und der zweite muß eine Sequenz sein. Die ersten beiden Parameter der Sequenz werden als Parameter zu der Funktion benutzt, und das Ergebnis des Aufrufs wird wieder als erster Parameter zu der Funktion geschickt, mit dem dritten Element zu der Sequenz als zweiten Parameter usw., bis alle Elemente der Sequenz als Parameter der Funktion benutzt worden sind. Der letzte von der Funktion zurückgegebene Wert ist dann der Rückgabewert für den gesamten `reduce2`-Aufruf.
- `filter2` akzeptiert zwei Parameter. Der erste kann `None` oder eine Funktion mit zwei Parametern sein. Der zweite muß eine Sequenz sein. Wenn der erste Parameter `None` ist, gibt `filter2` alle Elemente der Sequenz zurück, die wahr ergeben. Wenn der erste Parameter eine Funktion ist, wird `filter2` der Reihe nach mit jedem Element dieser Sequenz aufgerufen, und nur jene Elemente, für die der Wiedergabewert der angewendeten Funktion »wahr« ist, werden von `filter2` zurückgegeben.

In diesem Kapitel:
- *Ein automatisches Beschwerdesystem*
- *Verbindung mit COM: billige Öffentlichkeitsar beit*
- *Ein auf Tkinter basierender GUI-Editor zum Bearbeiten von Formulardaten*
- *Designüberlegungen*
- *JPython: die glückliche Ehe zwischen Python und Java*
- *Andere Strukturgerüste und Applikationen*
- *Übungen*

10 *Strukturgerüste und Applikationen*

Bis hierher waren alle Beispiele in diesem Buch ziemlich klein und erscheinen – verglichen mit richtigen Applikationen – vielleicht eher wie Spielzeuge. In diesem Kapitel zeigen wir Ihnen einige der Strukturgerüste, die Programmierern für bestimmte Bereiche zur Verfügung stehen. Ein Strukturgerüst kann man sich als bereichsspezifischen Satz von Klassen mit vorgezeichneten Mustern von Interaktionen zwischen diesen Klassen vorstellen. Wir erwähnen hier nur drei: das COM-Strukturgerüst, um mit Microsofts allgemeinem Objektmodell (**C**ommon **O**bject **M**odel, COM) zu interagieren, die graphische Benutzeroberfläche Tkinter und das Swing Java GUI-Toolkit. Im Verlauf des Kapitels werden wir auch einige der Internet-bezogenen Module der Standardbibliothek anwenden.

Wir illustrieren die Stärke von Strukturgerüsten anhand des folgenden hypothetischen Szenarios: die Website einer kleinen Firma und die Notwendigkeit, Eingaben von Kunden bezüglich des Produkts über ein Web-Formular zu sammeln, zu verwalten und zu beantworten. In diesem Szenario beschreiben wir drei Programme. Das erste ist ein Web-basiertes Dateneingabeformular, das die Anwender auffordert, einige Daten in ihrem Webbrowser einzugeben, und diese dann auf der Festplatte speichert. Das zweite Programm nimmt diese Daten und druckt mit Hilfe von Microsoft Word einen auf diesen Informationen basierenden kundenspezifischen Formbrief. Das letzte Beispiel ist ein simples, mit dem Tkinter-Modul erstelltes Suchprogramm für die gespeicherten Daten, welches das Tk GUI anwendet – ein starkes, portables Werkzeugset zur Handhabung von Fenstern, Schaltflächen, Menüs etc. Wir hoffen, Ihnen mit diesen Beispielen zu verdeutlichen, wie Sie mit dieser Art von Werkzeugsammlungen, kombiniert mit Pythons Stärke bei der Entwicklung, äußerst schnell wirkliche Applikationen aufbauen können. Da jedes Programm auf dem vorangegangenen basiert, empfehlen wir Ihnen dringend, jedes Programm durchzulesen, auch wenn Sie es auf Ihrem PC nicht zum Laufen bringen (können oder wollen).

Der letzte Abschnitt dieses Kapitels behandelt JPython, die Java-Schnittstelle von Python. Das Kapitel endet mit einem mittelgroßen JPython-Programm, mit dem man mathematische Funktionen unter Verwendung des Swing-Toolkits graphisch bearbeiten kann.

Ein automatisches Beschwerdesystem

Für dieses Beispiel nehmen wir das Szenario einer neuen Firma – Joe's Zahnpasta GmbH –, die die neueste 100% biodynamische, auf Tofu-Grundlage und ohne irgendwelche Gemeinheiten hergestellte Zahnpasta verkauft. Da es nur einen einzigen Angestellten gibt, der vor allem damit beschäftigt ist, das beste Tofu einzukaufen, steht auf der Tube nicht: »Für Fragen oder Beschwerden wählen Sie bitte die Telefonnummer 1-800-1-800-TOFTOOT«, sondern »Sollten Sie Fragen haben oder uns etwas mitteilen möchten, besuchen Sie bitte unsere Website *www.toftoot.com*«. Diese Website hat die üblichen Hochglanzbilder und einen Bereich, wo der Benutzer Beschwerden oder Kommentare eingeben kann. Sie sehen die Seite in Abbildung 10-1.

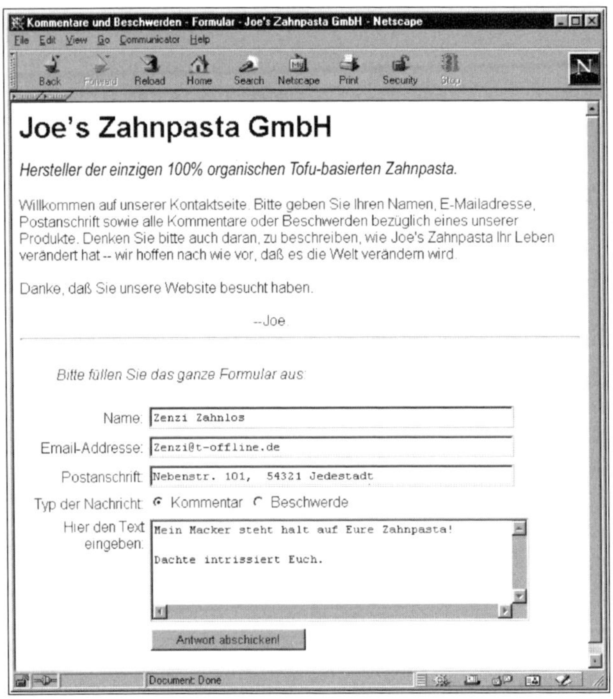

Abbildung 10-1: Die Webseite mit Eingabeformular

Die Schlüsselteile des HTML-Codes, der diese Seite generiert hat, sind in dem Kasten »Auszüge aus der HTML-Datei« dargestellt. Da dies kein Buch über CGI, HTML oder dergleichen ist,[1] setzen wir einfach voraus, daß Sie genug über diese Technologien wissen, um den Erläuterungen folgen zu können. Die wichtigen Teile des HTML-Codes im Kasten sind fett gedruckt – hier ist eine kurze Beschreibung:

- Die `FORM`-Zeile gibt an, welches CGI-Programm aufgerufen werden soll, wenn das Formular abgeschickt wird. Genauer gesagt, zeigt der URL auf ein Skript namens *feedback.py*, das wir noch detailliert behandeln werden.
- Die `INPUT`-Tags zeigen die Namen der Felder im Formular an (`name`, `address`, `email` und `text` sowie `type`). Die Werte dieser Felder bestehen aus dem, was der Benutzer einträgt, außer bei `type`, das entweder den Wert `'comment'` oder `'complaint'` hat, je nachdem, was der Benutzer angeklickt hat.
- Der `INPUT TYPE=SUBMIT`-Tag schließlich ist für den Absende-Button, bei dessen Betätigung letztlich das CGI-Skript aufgerufen wird.

Auszug aus der HTML-Datei

Dies ist der wichtige Teil des Codes, der die Webseite in Abbildung 10-1 erzeugt:

```
<FORM METHOD=POST ACTION="http://toftoot.com/cgi-bin/feedback.py">
<UL><I>Bitte f&uuml;llen Sie das ganze Formular aus:</I></UL>
<CENTER><TABLE WIDTH="100%" >
<TR><TD ALIGN=RIGHT WIDTH="20%">Name:</TD>
    <TD><INPUT TYPE=text NAME=name SIZE=50 VALUE=""></TD></TR>
<TR><TD ALIGN=RIGHT>E-Mail-Adresse:</TD>
    <TD><INPUT TYPE=text NAME=email SIZE=50 VALUE=""></TD></TR>
<TR><TD ALIGN=RIGHT>Postanschrift:</TD>
    <TD><INPUT TYPE=text NAME=address SIZE=50 VALUE=""></TD></TR>
<TR><TD ALIGN=RIGHT>Typ der Nachricht:</TD>
<TD><INPUT TYPE=radio NAME=type CHECKED VALUE=comment>Kommentar 
    <INPUT TYPE=radio NAME=type VALUE=complaint>Beschwerde</TD></TR>
<TR><TD ALIGN=RIGHT VALIGN=TOP>Hier den Text eingeben:</TD>
    <TD><TEXTAREA NAME=text ROWS=3, COLS=50  VALUE="">
        </TEXTAREA></TD></TR>
<TR><TD></TD>
<TD><INPUT type=submit name=send value="Antwort abschicken!"></TD></TR>
</TABLE></CENTER>
</FORM>
```

1 Falls Sie diese Akronyme noch nie gehört haben: CGI steht für Common Gateway Interface und ist ein Protokoll, mit dem Webbrowser Programme auf Internet-Servern aufrufen, HTML steht für Hyper Text Markup Language, das Format, in dem Webseiten codiert werden.

Nun kommen wir zum interessanten Teil, was Python angeht: die Bearbeitung der Anfrage. Hier ist das vollständige *feedback.py*-Programm:

```
#!/usr/bin/python
import cgi, os, sys, string

def schnurr(data):
    print "Content-type: text/html\n"
    print "<h3>Danke, %(name)s!</h3>" % vars(data)
    print "Die Kommentare unserer Kunden sind stets gern gesehen,"
    print "sie bestimmen unsere Gesch&auml;ftsausrichtung,"
    print "und sie helfen uns mit unserem Karma."
    print "<p>Danke nochmals f&uuml;r Ihren konstruktiven Kommentar!<p>"
    print "Und seien Sie zu weiteren Kommentaren eingeladen."
    print "<p>"+10*" "+"- Joe."

def jammer(data):
    print "Content-type: text/html\n"
    print "<h3>Wie schade, %(name)s!</h3>" % vars(data)
    print "Wir bedauern zutiefst, da&szlig; Sie eine Beschwerde wegen"
    print "unseres Produkts haben__Wir werden Ihre Kommentare"
    print "sorgsam lesen und uns bei Ihnen melden."
    print "<p>Nichtsdestotrotz, danke f&uuml;r die Rückmeldung.<p>"
    print "<p>"+10*" "+"--Joe."

def rueckzug():
    print "<H3>Fehler beim Ausf&uuml;llen des Formulars</H3>"
    print "Bitte f&uuml;llen Sie alle Felder im Formular aus.<P>"
    print '<a href="http://localhost/comment.html">'
    print 'Zur&uuml;ck zum Formular</a>'
    sys.exit()

class FormData:
    """ Eine Aufbewahrung für Informationen aus einem CGI-Formular """
    def __init__(self, form):
        for fieldname in self.fieldnames:
            if not form.has_key(fieldname) or form[fieldname].value == "":
                rueckzug()
            else:
                setattr(self, fieldname, form[fieldname].value)

class FeedbackData(FormData):
    """ FormData, durch das Formular comment.html generiert. """
    fieldnames = ('name', 'address', 'email', 'type', 'text')
    def __repr__(self):
        return "%(type)s von %(name)s um %(time)s" % vars(self)

DIRECTORY = r'C:\complaintdir'

if __name__ == '__main__':
    sys.stderr = sys.stdout
    form = cgi.FieldStorage()
    data = FeedbackData(form)
```

```
    if data.type == 'comment':
        schnurr(data)
    else:
        jammer(data)
    # speichere die Daten in einer Datei
    import tempfile, pickle, time
    tempfile.tempdir = DIRECTORY
    data.time = time.asctime(time.localtime(time.time()))
    pickle.dump(data, open(tempfile.mktemp(), 'w'))
```

Die Ausgabe dieses Skripts ist zweifelsohne von der Eingabe abhängig – die Ausgabe auf das ausgefüllte Formblatt aus Abbildung 10-1 ist in Abbildung 10-2 dargestellt.

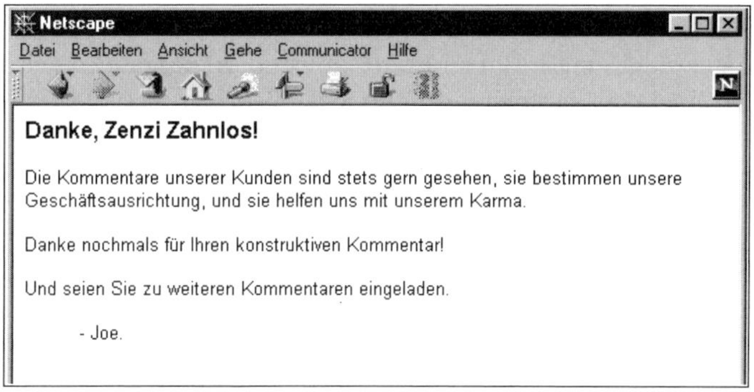

Abbildung 10-2: Was der Kunde sieht, nachdem er auf »Antwort abschicken« geklickt hat

Wie funktioniert das *feedback.py*-Skript nun? Es gibt einige Aspekte, die allen CGI-Programmen gemein sind – diese haben wir fett gedruckt. Um gestartet zu werden, muß die erste Zeile des Programms auf den Python-Interpreter verweisen. (Das ist eine Anforderung des hier benutzten Webservers, für Ihren Webserver trifft dies vielleicht nicht zu. Und auch wenn es zutrifft, ist die Adresse Ihres Python-Interpreters möglicherweise verschieden von der hier verwendeten.) Die zweite Zeile enthält `import cgi`, das zweckmäßigerweise ein Modul namens `cgi` lädt, das den schwierigen Teil von CGI, wie das Analysieren der Umgebungsvariablen und die Behandlung von entwerteten Zeichen, erledigt. (Seien Sie glücklich, wenn Sie das noch nie von Hand machen mußten!) Die Dokumentation des `cgi`-Moduls beschreibt eine sehr direkte und einfache Art seiner Anwendung. Dieses Beispiel ist allerdings etwas komplizierter als unbedingt nötig, weil wir später darauf aufbauen wollen.

Lassen Sie uns einfach Anweisung für Anweisung durch den Code im `if __name__ == '__main__'`-Block gehen.[2] Die erste Anweisung leitet den `sys.stderr`-Strom dahin, was gerade die Standardausgabe ist. Dies wird zur Fehlerbeseitigung gemacht, weil die Aus-

2 Sie werden sich erinnern, daß diese `if`-Anweisung nur dann wahr ist, wenn das Programm als Skript gestartet wurde, und nicht, wenn es importiert wurde. CGI-Programme qualifizieren sich als Skripten, so daß der Code im `if`-Block läuft, wenn dieses Programm vom Webserver aufgerufen wird. Wir benutzen es später als importiertes Skript, also bleiben Sie wachsam.

gabe des stdout-Stroms in einem CGI-Programm zum Webbrowser zurückgeht, und der stderr-Strom geht zum Fehlerprotokoll des Servers. Es ist meistens schwieriger, dies zu lesen, als einfach auf die Webseite zu schauen. Auf diese Weise kann man auf der Webseite sehen, wenn eine Laufzeitausnahme auftritt, und muß nicht raten, was passiert ist. Die zweite Zeile ist entscheidend, denn sie erledigt die ganze schwierige CGI-Arbeit: Sie gibt ein Dictionary-ähnliches Objekt (ein sogenanntes FieldStorage-Objekt) zurück, dessen Schlüssel die Namen der ausgefüllten Variablen im Formular sind und dessen Werte man über das value-Attribut der Einträge im FieldStorage-Objekt abfragt. Das hört sich kompliziert an, bedeutet aber nichts weiter, als daß das form-Objekt unseres Formulars die Schlüssel 'name', 'type', 'email', 'address' und 'text' hat und wir nur form['name'].value anzusehen brauchen, um zu wissen, was der Kunde im Namensfeld eingetragen hat.

Die dritte Zeile des if-Blocks erzeugt eine Instanz unserer anwenderdefinierten Klasse FeedbackData, die ihr das form-Objekt als Parameter durchreicht. Wenn Sie sich die Definition der FeedbackData-Klasse ansehen, werden Sie feststellen, daß sie eine ganz einfache Subklasse von FormData – auch eine anwenderdefinierte Klasse – ist. Alles, was wir in der FeedbackData-Subklasse definiert haben, ist ein Klassenattribut fieldnames und eine __repr__-Funktion, die neben anderen von der print-Anweisung benutzt wird. Es ist klar, daß die __init__-Methode der FormData-Klasse etwas mit dem FieldStorage-Argument machen muß. In der Tat betrachtet sie jeden der im fieldnames-Klassenattribut der Instanz definierten Namen (darauf verweist self.fieldnames) und überprüft für jeden Feldnamen, ob das FieldStorage-Objekt einen entsprechenden nichtleeren Schlüssel hat. Hat es einen, setzt sie ein Attribut mit demselben Namen wie im Feld der Instanz und gibt ihm als Wert den Text, der vom Anwender eingegeben wurde. Wenn es keinen hat, ruft sie die rueckzug-Funktion auf.

Wir sehen uns rueckzug gleich an, aber lassen Sie uns zunächst den Normalfall betrachten, bei dem der Anwender pflichtbewußt alle erbetenen Daten eingegeben hat. In diesen Fällen hat FieldStorage alle Schlüssel ('name', 'type' etc.), die es laut der FeedbackData-Klasse haben soll. Die __init__-Methode der FormData-Klasse setzt der Reihe nach Attribute für jeden Feldnamen in der Instanz. Wenn nun der data = FeedbackData(form)-Aufruf zurückkehrt, ist data garantiert eine Instanz von FeedbackData, die eine Subklasse von FormData ist, und data hat die Attribute name, type, email usw., mit den entsprechenden vom Anwender eingegebenen Werten.

Einen ähnlichen Effekt hätte man mit einem Code wie diesem erhalten können:

```
form = cgi.FieldStorage()
form_ok = 1
if not form.has_key("name") or form["name"].value == "":
    form_ok = 0
else:
    data_name = form["name"].value
if not form.has_key("email") or form["email"].value == "":
    form_ok = 0
else:
    data_email = form["email"].value
...
```

Es sollte aber klar sein, daß diese Art zu Programmieren sehr langweilig, gleichförmig und – dank dem Fluch von Ausschneiden und Einfügen – fehlerbehaftet sein kann. Wenn Joe die Feldnamen in der Webseite ändert, brauchen wir mit unserem Schema nur das `fieldnames`-Attribut der `FeedbackData`-Klasse zu ändern. Weiterhin können wir dieselbe `FormData`-Klasse in jedem anderen CGI-Skript benutzen und damit den gesamten Code wiederverwenden.

Was, wenn der Anwender nicht ordentlich alle Felder ausgefüllt hat? Entweder fehlt dem `FieldStorage`-Dictionary ein Schlüssel, oder sein Wert wird der leere String sein. Die Methode `FormData.__init__` ruft dann die `rueckzug`-Funktion auf, die eine freundliche Fehlermeldung zeigt und das Skript beendet. Die Kontrolle kommt nie zum Hauptprogramm zurück, so daß keine Notwendigkeit besteht, die Validität der Variable `data` zu testen – wenn wir überhaupt etwas von `FeedbackData()` zurückbekommen, ist es eine gültige Instanz.

Mit der `data`-Instanz prüfen wir, ob die Rückmeldung ein Kommentar war – in diesem Fall danken wir dem Kunden für seine Mitteilung. War die Rückmeldung eine Beschwerde, entschuldigen wir uns vielmals und versprechen, darauf zurückzukommen (pah!).

Nun haben wie die grundlegende CGI-Infrastruktur beisammen. Die Daten nun in einer Datei zu speichern ist bemerkenswert einfach. Zuerst definieren wir die Variable `DIRECTORY` außerhalb des `if`-Tests, weil wir sie von einem anderen Skript aus, das diese importiert, benutzen werden. Daher möchten wir, daß sie auch dann definiert ist, wenn dieses Skript nicht als eingenständiges Programm gestartet wird.

Gehen wir die letzten paar Zeilen von *feedback.py* durch:

- Import der Module `tempfile`, `pickle` und `time`. Das `tempfile`-Modul versorgt uns, wie wir schon in früheren Kapiteln gesehen haben, mit Dateinamen, die aktuell nicht benutzt werden. Auf diese Weise brauchen wir uns keine Sorgen um »Kollisionen« bei der Dateinamenserzeugung zu machen. Das `pickle`-Modul erlaubt Serialisierung oder Speicherung jedes Python-Objekts. Mit dem `time`-Modul finden wir die aktuelle Zeit, die – wie Joe findet – ein wichtiger Aspekt der Rückmeldungen ist.
- Die nächste Zeile setzt das `tempdir`-Attribut des `tempfile`-Moduls auf den Wert der Variable `DIRECTORY`, wo unsere Daten gespeichert werden sollen. Dies ist ein Beispiel für die Anpassung eines existierenden Moduls durch direktes Verändern seines Namensraumes – ganz ähnlich, wie wir vorher das `stderr`-Attribut des `sys`-Moduls verändert haben.
- Die nächste Zeile wendet mehrere Funktionen des `time`-Moduls an, um eine String-Darstellung des aktuellen Datums und der Uhrzeit zur Verfügung zu stellen (so etwas wie `'Sat Jul 04 18:09:00 1998'`, was für Joe's Ansprüche präzise genug ist), und erzeugt ein neues Attribut namens `time` in der `data`-Instanz. Es wird daher zusammen mit `data` gespeichert.
- Die letzte Zeile erledigt das tatsächliche Speichern. Sie öffnet die Datei mit einem vom `tempfile`-Modul erstellten Namen im Schreibmodus und kippt die Instanzdaten hinein. Das war's! Nun enthält die Datei eine sogenannte »gepickelte« Instanz.

Verbindung mit COM: billige Öffentlichkeitsarbeit

Wir benutzen die Daten für zwei Dinge. Zuerst schreiben wir ein Programm, das in regelmäßigen Abständen gestartet wird (sagen wir, jede Nacht um 2.00 Uhr),[3] die gespeicherten Daten durchgeht und herausfindet, welche der »gepickelten« Dateien eine Beschwerde darstellen, und einen kundenspezifischen Brief an den Beschwerdeführer druckt. Das klingt raffiniert, aber Sie werden erstaunt sein, wie einfach das zu bewerkstelligen ist, wenn man die richtigen Werkzeuge benutzt. Joe's Website befindet sich auf einem Windows-Rechner, was wir somit für dieses Programm zugrunde legen – auf anderen Plattformen funktioniert es jedoch ähnlich.

Bevor wir Ihnen nun erzählen, wie man dieses Programm schreibt, noch ein Wort zu der Technologie, die es benutzt, nämlich Microsofts Common Object Model (COM). COM ist ein Standard für die Interaktion zwischen Programmen (ein Object Request Broker (ORB) Dienst, um es technisch auszudrücken), der es jedem COM-tauglichen Programm ermöglicht, mit jedem anderen COM-tauglichen Programm zu kommunizieren, auf dessen Daten zuzugreifen und darin Befehle auszuführen. Grob ausgedrückt, wird das Programm, das den Aufruf ausführt, COM-Client genannt und das ausführende Programm COM-Server. Wie man bei dem gegebenen Ursprung von COM schon vermuten könnte, berücksichtigen alle Microsoft-Produkte COM, und die meisten können auch als Server fungieren. Microsoft Word 8 ist eines von ihnen und das, welches wir hier benutzen werden. Microsoft Word ist wirklich gut, um Briefe zu schreiben, was wir hier ja tun wollen. Zu unserem Glück kann Python auch COM-tauglich gemacht werden – zumindest unter Windows 95, Windows 98 und Windows NT. Mark Hammond und Greg Stein haben eine Reihe von Python-Erweiterungen für Windows zur Verfügung gestellt, *win32com* genannt, die es Python-Programmen erlauben, nahezu alles zu tun, was man mit COM in jeder anderen Sprache tun kann. Sie können COM-Clients, -Server, ActiveX-Skript-Maschinen, Debugger und mehr schreiben, alles in Python. Wir brauchen hier nur den ersten, der auch am einfachsten ist. Im wesentlichen muß unser Formbrief-Programm folgendes können:

1. Öffne alle »gepickelten« Dateien im entsprechenden Verzeichnis und »entpickle« sie.
2. Überprüfe jede »entpickelte« Instanzdatei, ob es sich um eine Beschwerde handelt. Wenn ja, Namen und Adresse des Absenders herausfinden und mit Schritt 3 fortfahren. Wenn nein, die Datei überspringen.
3. Öffne ein Word-Dokument, das die Briefvorlage enthält, und ergänze die entsprechenden Teile mit den kundenspezifischen Informationen.
4. Drucke das Dokument und schließe die Datei.

---

3 Das Installieren eines solchen automatischen Programms wird einem auf den meisten Plattformen einfach gemacht, indem man z.B. `cron` unter Unix oder den `AT`-Zeitplaner unter Windows NT benutzt.

In Python ist es mit *win32com* fast genauso einfach. Hier ist ein kleines Programm namens *formletter.py*:

```
from win32com.client import constants, Dispatch
WORD = 'Word.Application.8'
False, True = 0, -1
import string

class Word:
    def __init__(self):
        self.app = Dispatch(WORD)
    def open(self, doc):
        self.app.Documents.Open(FileName=doc)
    def replace(self, source, target):
        self.app.Selection.HomeKey(Unit=constants.wdLine)
        find = self.app.Selection.Find
        find.Text = "%"+source+"%"
        self.app.Selection.Find.Execute()
        self.app.Selection.TypeText(Text=target)
    def printdoc(self):
        self.app.Application.PrintOut()
    def close(self):
        self.app.ActiveDocument.Close(SaveChanges=False)

def print_formletter(data):
    word.open(r"h:\David\Book\tofutemplate.doc")
    word.replace("name", data.name)
    word.replace("address", data.address)
    word.replace("firstname", string.split(data.name)[0])
    word.printdoc()
    word.close()

if __name__ == '__main__':
    import os, pickle
    from feedback import DIRECTORY, FormData, FeedbackData
    word = Word()
    for filename in os.listdir(DIRECTORY):
        data = pickle.load(open(os.path.join(DIRECTORY, filename)))
        if data.type == 'complaint':
            print "Drucke Brief für %(name)s." % vars(data)
            print_formletter(data)
        else:
            print "Kommentar von %(name)s, Drucken unterdrückt." % vars(data)
```

Die ersten Zeilen zeigen die Stärke eines gut gestalteten Strukturgerüsts. Die erste Zeile ist eine Standard-Importanweisung, außer daß man beachten sollte, daß *win32com* ein Paket ist, kein Modul. Tatsächlich ist es eine Sammlung von Unterpaketen, Modulen und Funktionen. Wir benötigen zwei Dinge vom *win32com*-Paket: die `Dispatch`-Funktion im `client`-Modul, die es uns ermöglicht, Funktionen an andere Objekte (in diesem Fall an den COM-Server) »abzuschicken«, und das `constants`-Submodul desselben Moduls, das die definierten Konstanten der COM-Objekte enthält, mit denen wir kommunizieren wollen.

Die zweite Zeile definiert einfach eine Variable mit dem Namen des COM-Servers, der uns interessiert. Sie heißt `Word.Application.8`, wie Sie auch herausfinden können, wenn Sie einen COM-Browser benutzen oder Words API lesen (siehe auch den Kasten »COM-Schnittstellen untersuchen«).

Wir wollen uns nun auf den Block `if __name__ == '__main__'` konzentrieren, der die nächste Anweisung hinter der Klasse und den Funktionsdefinitionen bildet.

Die erste Aufgabe besteht darin, die Daten zu lesen. Wir importieren die Module `os` und `pickle` aus recht naheliegenden Gründen und noch drei Verweise vom `feedback`-Modul, das wir gerade geschrieben haben: `DIRECTORY`, wo die Daten gespeichert sind (auf diese Weise zeigt das Modul Veränderungen, die wir in *feedback.py* vornehmen, wenn es das nächste Mal gestartet wird), und die Klassen `FormData` und `FeedbackData`. Die nächste Zeile erzeugt eine Instanz der `Word`-Klasse – dies öffnet eine Verbindung zu dem Word-COM-Server und startet ihn, wenn benötigt.

Die `for`-Schleife ist eine einfache Iteration über die Dateien des Verzeichnisses mit all den gespeicherten Dateien. Es ist wichtig, daß dieses Verzeichnis nur die »gepickelten« Instanzen enthält, da wir keine Fehlerprüfung durchführen. Wie üblich sollten wir den Code robuster machen, aber der Einfachheit halber haben wir die Stabilität hier ignoriert.

Die erste Zeile der `for`-Schleife erledigt das »Entpickeln«. Sie benutzt die `load`-Funktion des `pickle`-Moduls, die einen einzelnen Parameter benötigt: die zu »entpickelnde« Datei. Sie gibt so viele Verweise zurück, wie in der Datei gespeichert wurden – in unserem Fall nur einer. Nun waren die gespeicherten Daten nur eine Instanz der `FeedbackData`-Klasse. Die Definition der Klasse selbst ist nicht in der »gepickelten« Datei gespeichert, nur die Instanzwerte und ein Verweis auf die Klasse.[4]

Die `if`-Anweisung innerhalb der Schleife ist einfach. Was noch zu erklären bleibt, ist die `print_formletter`-Funktion und natürlich die `Word`-Klasse.

Die `print_formletter`-Funktion ruft einfach einige Methoden der `word`-Instanz der `Word`-Klasse mit den von der `data`-Instanz extrahierten Daten auf. Beachten Sie, daß wir hier die `string.split`-Funktion anwenden, um auch den Vornamen des Kunden zu extrahieren – einfach nur, um unseren Brief freundlicher zu gestalten. Aber das birgt auch das Risiko eines ziemlich merkwürdigen Verhaltens bei unüblichen Namen.

In der `Word`-Klasse erscheint die `__init__`-Methode ganz simpel, sie leistet aber jede Menge Arbeit. Sie erzeugt eine Verbindung mit dem COM-Server und speichert Verweise zu diesem in der Instanzvariable `app`. Nun gibt es zwei Möglichkeiten, wie der nachfolgende Code diesen Server nutzen könnte: *dynamische Verteilung* und *nichtdynamische Verteilung*. Bei der dynamischen Verteilung »weiß« Python, wenn das Programm läuft, noch nicht, was die Schnittstelle zum COM-Server ist (in diesem Fall Microsoft Word). Das macht auch nichts, denn COM erlaubt es Python, den Server zu

4 Es gibt sehr gute Gründe für dieses Verhalten: Zunächst wird dadurch die Anzahl der »gepickelten« Objekte reduziert, und – was noch wichtiger ist – es erlaubt Ihnen, Instanzen vorheriger Versionen einer Klasse zu »entpickeln« und sie automatisch zu Definitionen der neueren Klasse anzuheben.

befragen und das Protokoll festzustellen – z.B. die Anzahl und Art der Parameter, die von jeder Funktion erwartet wird. Diese Herangehensweise kann aber recht langsam sein. Eine Möglichkeit, dies zu beschleunigen, besteht darin, das *makepy.py*-Programm zu starten, das dies einmal für jeden Server macht und die Informationen dann speichert. Wenn ein Programm dann diesen spezifischen Server benutzt, nimmt die Verteilerroutine lieber die voreingestellte Information, als eine dynamische Verteilung durchzuführen. Das Programm funktioniert für beide Fälle. Wurde *makepy.py* in der Vergangenheit auf Word angewendet, wird die schnelle Verteilermethode angewendet; wenn nicht, wird die dynamische Verteilermethode benutzt. Weitere Informationen zu diesem Thema finden Sie bei den *win32*-Erweiterungen unter *http://www.python.org/windows/win32all/*.

Das »Entpickeln« von Instanzen verursacht automatisch den Import des Moduls, in dem die Klasse definiert wurde. Weshalb mußten wir dann die Klassen ausdrücklich importieren? In Kapitel 5, *Module*, sagten wir, der Name des aktuell laufenden Moduls ist `__main__`. Genauer ausgedrückt, ist der Name des Moduls, in dem die Klasse definiert ist, `__main__` (obwohl der Name der Datei *feedback.py* ist). Leider beinhaltet der Import von `__main__` beim »Entpickeln« den Import des aktuell laufenden Moduls (das in *formletter.py*), das eben nicht die Definition der Klassen der »entpickelten« Instanz enthält. Deshalb müssen wir die Klassendefinitionen ausdrücklich vom `feedback`-Modul importieren. Wenn sie dem Code `pickle.load` nicht zur Verfügung stehen (entweder im lokalen oder im globalen Namensraum), schlägt das »Entpickeln« fehl. Alternativ könnten wir auch die Quelle der Klasse in einer Datei abspeichern und diese vor den Instanzen importieren oder – noch einfacher – die Klasseninformationen in ein separates Modul stellen, das explizit durch *feedback.py* und implizit durch das »Entpickeln« in *formletter.py* importiert wird. Da letzteres üblicherweise der Fall ist, brauchen Sie in den meisten Fällen die Klassendefinitionen nicht ausdrücklich zu importieren – es geschieht beim »Entpickeln« der Instanz »wie durch Zauberhand«.[5]

Um die `Word`-Klassenmethoden zu erklären, lassen Sie uns mit einer möglichen Dokumentvorlage beginnen, so daß wir sehen können, was getan werden muß, damit sie kundenspezifisch wird. Sie sehen das Dokument in Abbildung 10-3.

Wie Sie sehen, ist es ein völlig durchschnittliches Dokument, mit der Ausnahme, daß ein Teil des Textes in `%`-Zeichen steht. Wir haben diese Notation einfach nur deshalb benutzt, um es dem Programm einfach zu machen, die Stellen zu finden, die angepaßt werden müssen. Man könnte auch irgendeine andere Technik nehmen. Um diese Vorlage zu benutzen, müssen wir das Dokument öffnen, es anpassen, drucken und wieder schließen. Das Öffnen erfolgt mit der `open`-Methode der `Word`-Klasse.

5 Dieser Punkt über das »Pickeln« von Klassen der obersten Ebene ist spitzfindig und übersteigt das Niveau dieses Buches bei weitem. Wir erwähnen es hier, weil 1) der Code, den wir benutzen, von uns erklärt werden sollte und 2) dieses ungefähr so komplex ist, wie Python nur sein kann. In mancherlei Hinsicht sollte dies beruhigen – es gibt hier wirklich keine »Zauberei«. Das scheinbar spezielle Verhalten von `pickle` ist tatsächlich eine natürliche Konsequenz, wenn man versteht, was das `__main__`-Modul darstellt.

JOE'S ZAHNPASTA GMBH

24. September 1999

%name%
%address%

Liebe(r) %firstname%,

Danke sehr, daß Sie das Antwortformular auf unserer Website (www.toftoot.com) ausgefüllt haben. Wir bedauern, von Ihrer Beschwerde hören zu müssen, und wir werden unser Bestes tun, dies in Zukunft wieder gutzumachen. Als ein Zeichen unserer tiefsten Zerknirschung möchten wir Sie bitten, einen Gutschein für eine kostenlose Tube unserer neuesten Zahnpasta als Geschenk anzunehmen: die "Dauerhafte Tofu Plus Zahnpasta", angereichert mit Vitamin A, B und Z12.

Herzliche Grüße,

Joe Plaque

GUTSCHEIN

Coupon für 1 (eine) kostenlose Tube Dauerhafte Tofu Plus Zahnpasta (5g)

Erhältlich in allen Wule-Läden

gültig bis: Dezember 99

Garage 101, Hauptstr. 22, 42815 Tofudorf/Torfstetten
Telefon: 07891-555-TOFU-1 Fax: 07891-555-TOFU-2

Abbildung 10-3: Joe's Formbrief

Drucken und Schließen werden auf ähnliche Weise bewerkstelligt. Zum Anpassen ersetzen wir `%name%`, `%firstname%` und `%address%` durch die entsprechenden Strings. Das erledigt die `replace`-Methode der `Word`-Klasse (wir wollen hier nicht erläutern, wie wir die exakte Sequenz der Aufrufe herausgefunden haben. Details finden Sie im Kasten »COM-Schnittstellen untersuchen«).

All dies zusammen ergibt etwa folgenden Text:

```
C:\Programs> python formletter.py
Drucke Brief für John Doe.
Kommentar von Deine Mutter, Drucken unterdrückt.
Drucke Brief für Susan B. Anthony.
```

und druckt zwei kundenspezifische, versandfertige Briefe. Beachten Sie, daß das Word-Programm nicht auf dem Bildschirm auftaucht. Da COM-Server standardmäßig unsichtbar sind, agiert Word im Hintergrund. Ist Word geöffnet, ist jeder Schritt für den Anwender sichtbar (ein Grund mehr, dies erst nach Feierabend zu erledigen).

COM-Schnittstellen untersuchen

Wie können Sie herausfinden, was die vielfältigen Methoden und Attribute der COM-Objekte sind? Im Prinzip sind COM-Objekte genau wie jedes andere Programm und sollten ihre Dokumentation mitbringen. Im Fall der COM-Objekte ist es allerdings gut möglich, daß die Software keine Dokumentation hat, einfach nur, weil es – wie bei Word auch – möglich ist, Word anzuwenden, ohne es zu programmieren. Es gibt drei Möglichkeiten, eine COM-Schnittstelle zu untersuchen:

- Finden oder kaufen Sie die Dokumentation; für einige COM-Programme steht sie im Internet zu Verfügung, für andere in gedruckter Form.
- Verwenden Sie einen COM-Browser. Pythonwin (Teil der *win32all*-Erweiterungen von Python auf Windows; siehe Anhang B, *Plattformspezifische Themen*) beispielsweise hat einen COM-Browser als Werkzeug eingebaut, mit dem Sie die komplexe Hierarchie von COM-Objekten untersuchen können. Es ist nicht viel mehr als eine Auflistung verfügbarer Objekte und Funktionen, aber manchmal ist das schon alles, was Sie brauchen. Auch Entwicklungs-Werkzeuge wie Microsofts Visual Studio enthalten COM-Browser.
- Benutzen Sie ein anderes Werkzeug, um herauszufinden, was es alles gibt. Für das obige Beispiel haben wir einfach die »macro recorder«-Einrichtung von Microsoft Word genommen, um ein VBA-(Visual Basic für Applikationen-)Skript zu erzeugen, das ziemlich einfach nach Python zu übersetzen ist. Makros sind meistens ziemlich dumme Programme, womit wir meinen, daß die Makro-Aufzeichnungseinrichtung nicht erfassen kann, daß Sie etwas 10mal tun möchten, und sie daher einfach nur dieselbe Aktion mehrfach aufzeichnet. Aber sie funktionieren gut, um etwa herauszufinden, daß das Äquivalent zum Anklicken des Druckbefehls im Dateimenü `ActiveDocument.PrintOut()` ist.

Ein auf Tkinter basierender GUI-Editor zum Bearbeiten von Formulardaten

Lassen Sie uns rekapitulieren: Wir haben ein CGI-Programm (*feedback.py*) geschrieben, das Eingaben aus einem Web-Formular entgegennimmt und die Informationen speichert. Dann haben wir ein Programm (*formletter.py*) geschrieben, das einige dieser Dateien nimmt und Entschuldigungsbriefe an diejenigen erstellt, die sich beschwert haben. Die nächste Aufgabe besteht darin, unter Verwendung des Tkinter-Toolkits einen GUI-Browser für diese Dateien zu konstruieren, mit dem man die Kommentare und Beschwerden durchsehen kann.

Das Tkinter-Toolkit ist eine Python-spezifische Schnittstelle zu einer Nicht-Python-GUI-Bibliothek, die Tk heißt. Tk ist de facto *die* Wahl für die meisten Python-Anwender, weil es professionell aussehende GUIs in einem einfach zu benutzenden System zur Verfügung stellt. Die von ihr generierten Schnittstellen sehen nicht genauso aus wie die Toolkits von Windows, Mac oder Unix, sind ihnen aber ziemlich ähnlich. Dasselbe Python-Programm funktioniert auf all diesen Plattformen, was mit einem plattformspezifischen Toolkit grundsätzlich unmöglich ist. Ein anderes erwähnenswertes portables Toolkit ist wxPython (*http://www.alldunn.com/wxPython*).

Wir werden in diesem Beispiel Tk benutzen. Es ist ein von John Ousterhout ursprünglich als Begleiter zu Tcl (einer anderen Skriptsprache) entwickeltes Toolkit. Von da an wurde Tk von vielen anderen Skriptsprachen, inklusive Python und Perl, adoptiert.

Die Ziele dieses Programms sind einfach: die Darstellung aller Datenelemente von Rückmeldungen als Liste in einem Fenster, so daß der Anwender eine auswählen und sich genauer ansehen kann (z.B. um den Inhalt des Textkästchens zu sehen). Darüber hinaus möchte Joe gerne die erledigten Dinge aussortieren können, um nicht mit einer immer länger werdenden Liste arbeiten zu müssen. Abbildung 10-4 zeigt, was mit dem fertigen Programm auf dem Bildschirm zu sehen ist.

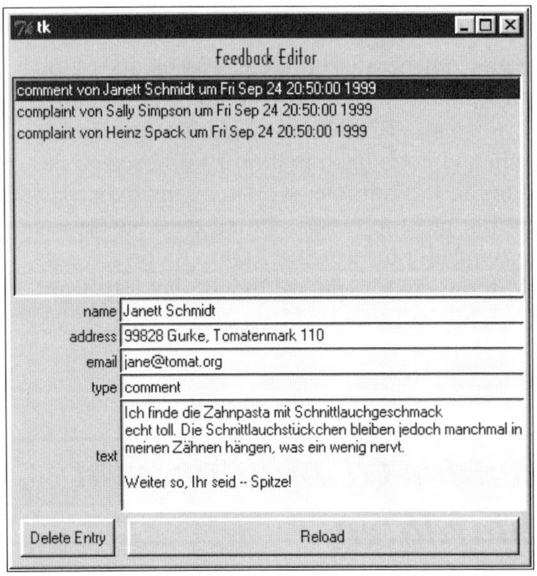

Abbildung 10-4: Bildschirmausdruck des feedbackeditor.py-Programms

Wir werden uns eine der Möglichkeiten, es zu schreiben, ansehen. Das ganze Programm namens *feedbackeditor.py* sieht folgendermaßen aus:

```
from FormEditor import FormEditor
from feedback import FeedbackData, FormData
from Tkinter import mainloop
FormEditor("Feedback Editor", FeedbackData, r"c:\Complaintdir")
mainloop()
```

Dies ist trügerisch, solange wir Ihnen nicht verraten, was alles in *FormEditor* steckt – aber wir werden es tun. Der Hauptgrund, diese vier Zeilen in eine einzelne Datei aufzubrechen, liegt darin, daß wir all das, was formularspezifisch ist, herausgebrochen haben. Wie wir sehen werden, ist das *FormEditor*-Programm vollkommen unabhängig von dem speziellen CGI-Formular. Ein weiterer Punkt, der durch dieses Mikroprogramm klar wird, ist, wie man mit Tkinter interagiert: Sie können Kontrollelemente (Widgets) und Fenster erzeugen und dann die *mainloop*-Funktion aufrufen, die das GUI zum Laufen bringt. Jede Veränderung des nun folgenden Programms erfolgt als Resultat von GUI-Aktionen. Bei *formletter.py* importiert dieses Programm aus denselben Gründen (»Entpickeln«) die Klassen-Objekte vom `feedback`-Modul. Dann wird eine Instanz der `FormEditor`-Klasse erzeugt, die zu ihrer Initialisierungsfunktion den Namen des Editors, die Klasse der »entpickelten« Objekte und die Position der »gepickelten« Instanzen durchreicht.

Der Code für `FormEditor` ist nur eine Klassendefinition, die wir stückweise beschreiben werden, immer eine Methode nach der anderen. Zuerst die Importanweisungen und die Initialisierungsmethode:

```
from Tkinter import *
import string, os, pickle

class FormEditor:
    def __init__(self, name, dataclass, storagedir):
        self.storagedir = storagedir   # ein paar Verweise wegstecken
        self.dataclass = dataclass
        self.row = 0
        self.current = None

        self.root = root = Tk()        # Fenster erzeugen und Größe setzen
        root.minsize(300,200)

        root.rowconfigure(0, weight=1) # Skalierung von Zeilen und Spalten
        root.columnconfigure(0, weight=1) # bei Änderungen der Fenstergröße
        root.columnconfigure(1, weight=2)

        # Erzeuge die Titelbeschriftung
        Label(root, text=name, font='bold').grid(columnspan=2)
        self.row = self.row + 1
        # Erzeuge die Haupt-Listbox und konfiguriere sie
        self.listbox = Listbox(root, selectmode=SINGLE)
        self.listbox.grid(columnspan=2,sticky=E+W+N+S)
        # Verbinde das Loslassen der Maustaste mit self.select
        self.listbox.bind('<ButtonRelease-1>', self.select)
        self.row = self.row + 1

    # Rufe self.add_variable für jede Variable in Klassenvariable fieldnames
        for fieldname in dataclass.fieldnames:
            setattr(self, fieldname, self.add_variable(root, fieldname))

    # Erzeuge eine Reihe von Buttons mit angehängten Kommandos
        self.add_button(self.root, self.row, 0, 'Delete Entry', self.delentry)
```

```
        self.add_button(self.root, self.row, 1, 'Reload', self.load_data)

        self.load_data()
```

Wir benutzen hier das manchmal gefährliche Konstrukt `from ... import *`, vor dem wir Sie bereits gewarnt hatten. In Tkinter-Programmen ist es aber meistens recht sicher, da Tkinter nur Variablen exportiert, die ganz offensichtlich GUI-bezogen sind (`Label`, `Widget` etc.), und diese beginnen alle mit Großbuchstaben.

Die `__init__`-Methode kann man am besten verstehen, indem man die Codestruktur mit dem Bildschirmauszug des Fensters vergleicht. Wenn Sie die Zeilen der `__init__`-Methode durchgehen, sollten Sie in der Lage sein, die graphische Auswirkung vieler der Anweisungen zu erraten.

Die ersten Zeilen lassen einfach ein paar Sachen in Instanzvariablen verschwinden und weisen Variablen Standardwerte zu. Die nächsten Zeilen greifen auf ein sogenanntes `Toplevel`-Widget zu (eigentlich ein Fenster – der `Tk()`-Aufruf gibt das aktuell definierte Top-level-Widget zurück), setzen eine Minimalgröße und einige Eigenschaften. Die Optionen zur Reihen- und Spaltenkonfiguration erlauben es den Kontrollelementen im Fenster zu skalieren, wenn der Anwender das Fenster vergrößert und die relative Breite der zwei Spalten interner Kontrollelemente bestimmt.

Der nächste Aufruf erzeugt ein `Label`-Widget, das im Modul `Tkinter` definiert ist und das, wie Sie im Bildschirmauszug sehen können, nur ein Beschriftungsfeld ist. Es umfaßt beide Spalten der Kontrollelemente, was bedeutet, daß es von der äußersten linken Ecke des Fensters bis zur äußersten rechten Ecke des Fensters reicht. Durch den großen Spielraum an möglichen Anordnungen sind Positionsangaben für die meisten der GUI-Aufrufe erforderlich.

Als nächstes wird das Widget `Listbox` erstellt. Es besteht aus einer Liste von Textzeilen, die mit Pfeiltasten und mit der Maus vom Anwender ausgewählt werden können. Diese spezifische Listbox erlaubt nur, eine einzige Zeile zur Zeit auszuwählen (`selectmode=SINGLE`), die dann ihren gesamten verfügbaren Platz einnimmt (die `sticky`-Option).

Der Block der `for`-Schleife ist das interessanteste Stückchen Code in dieser Methode. Durch Iteration über das `fieldnames`-Attribut der `dataclass`-Variable (in unserem Beispiel: die Klasse `fieldnames` der `FeedbackData`-Klasse) findet er heraus, welche Variablen in Instanzdaten sind, ruft für jede die `add_variable`-Methode der `FormEditor`-Klasse auf und nimmt den zurückgegebenen Wert, um ihn dann in eine Instanzvariable zu stekken. In unserem Fall entspricht dies:

```
    ...
self.name = self.add_variable(root, 'name')
self.email = self.add_variable(root, 'email')
self.address = self.add_variable(root, 'address')
self.type = self.add_variable(root, 'type')
self.text = self.add_variable(root, 'text')
```

Die Version in dem Codebeispiel ist allerdings besser, weil die Liste der Feldnamen bereits für das Programm verfügbar ist – irgend etwas nochmals eingeben zu müssen ist meistens ein Zeichen für schlechtes Design. Darüber hinaus gibt es nichts in `FormData`, das ausschließlich für unsere spezifischen Formulare gilt: Es kann zum Durchsuchen jeder Instanz einer Klasse, die eine Variable `fieldnames` definiert, verwendet werden. Eine solche generische Gestaltung eines Programms macht es für andere Aufgaben in anderen Zusammenhängen wiederverwendbar.

Am Ende der `__init__`-Methode sehen wir, daß die graphische Darstellung mit zwei Schaltflächen endet, die jeweils mit einem Befehl verbunden sind. Sie werden beim Anklicken ausgeführt. Der eine ist die `delentry`-Methode, die den aktuellen Eintrag löscht, und der andere ist eine Funktion zum Neuladen, die Daten aus dem Speicherverzeichnis noch einmal liest.

Schließlich werden die Daten durch einen Aufruf der `load_data`-Methode aufgerufen. Wir beschreiben sie, sobald wir mit den Aufrufen für die Kontrollelemente – nämlich `add_variable` und `add_button` – fertig sind.

`add_variable` erzeugt ein `Label`-Widget, das Feldnamen anzeigt, und plaziert auf derselben Zeile ein `Label`-Widget, das dann den Wert des entsprechenden im Listenfeld ausgewählten Eintrags enthält:

```
def add_variable(self, root, varname):
    Label(root, text=varname).grid(row=self.row, column=0, sticky=E)
    value = Label(root, text='', background='gray90',
                  relief=SUNKEN, anchor=W, justify=LEFT)
    value.grid(row=self.row, column=1, sticky=E+W)
    self.row = self.row + 1
    return value
```

`add_button` ist einfacher, weil es nur ein einziges Kontrollelement erzeugen muß:

```
def add_button(self, root, row, column, text, command):
    button = Button(root, text=text, command=command)
    button.grid(row=row, column=column, sticky=E+W, padx=5, pady=5)
```

Die `load_data`-Funktion räumt den Inhalt des Listenfelds auf und setzt das `items`-Attribut (eine Python-Liste, die Verweise auf die tatsächlichen Dateninstanzen enthält) zurück. Diese Schleife ist der, die wir für *printcomplaints.py* benutzt haben, sehr ähnlich, außer daß:

- Der Name der Datei, in der eine Instanz gespeichert wird, dieser Instanz als Attribut hinzugefügt wird (wir sehen gleich, weshalb)
- Die Instanz dem Instanzattribut `items` hinzugefügt wird
- Die String-Darstellung des Elements (beachten Sie die Anwendung des Rückwärtsapostrophs `) dem Listenfeld hinzugefügt wird
- Schließlich wird das erste Element des Listenfelds ausgewählt:

```
def load_data(self):
    self.listbox.delete(0,END)
    self.items = []
    for filename in os.listdir(self.storagedir):
        item = pickle.load(open(os.path.join(self.storagedir, filename)))
```

```
            item._filename = filename
            self.items.append(item)
            self.listbox.insert('end', `item`)
        self.listbox.select_set(0)
        self.select(None)
```

Wir kommen nun zu der bereits erwähnten `select`-Methode. Sie wird in einem von zwei Fällen aufgerufen. Der erste ist – wie wir gerade gezeigt haben – der letzte Schritt beim Laden der Daten. Der zweite ist eine Konsequenz aus der Verknüpfungsoperation in der `__init__`-Methode:

```
self.listbox.bind('<ButtonRelease-1>', self.select)
```

Dieser Aufruf bindet das Auftreten eines bestimmten Ereignisses (`'<ButtonRelease-1>'`) in einem spezifischen Kontrollelement (`self.listbox`) an eine Aktion, die `self.select` aufruft. Mit anderen Worten: Immer wenn Sie mit der linken Maustaste ein Element im Listenfeld anklicken, wird die `select`-Methode Ihres Editors aufgerufen. Sie wird mit einem Parameter des Typs `Event` aufgerufen, mit dem wir Dinge wie das Vorkommen eines Mausklicks erkennen können – aber da wir darüber nichts weiter zu wissen brauchen, als daß sie eben passieren, ignorieren wir dies hier. Was muß bei einer Auswahl geschehen? Zuerst muß die Instanz, die dem im GUI-Element ausgewählten Punkt entspricht, identifiziert werden, und dann müssen die Felder, die den Werten dieser Instanz entsprechen, aktualisiert werden. Dies geschieht durch Iteration über jeden Feldnamen (nochmals auf die Klassenvariable `fieldnames` zurückblickend), wobei der Wert des Feldes in der ausgewählten Instanz gefunden und das entsprechende Beschriftungsfeld zur Darstellung des richtigen Textes konfiguriert wird:[6]

```
def select(self, event):
    selection = self.listbox.curselection()
    self.selection = self.items[int(selection[0])]
    for fieldname in self.dataclass.fieldnames:
        label = getattr(self, fieldname)              # GUI-Feld
        labelstr = getattr(self.selection, fieldname)  # Instanzattribut
        labelstr = string.replace(labelstr,'\r', '')
        label.config(text=labelstr)
```

Die hier benötigte Funktionalität zum Neuladen ist genau die der `load_data`-Methode, weshalb wir sie als aufzurufenden Befehl beim Anklicken des »Reload«-Buttons übergeben. Das Löschen eines Eintrags ist allerdings etwas schwieriger. Wie bereits erwähnt, wird einer Instanz, wenn sie geladen wird, als erstes ein Attribut übergeben, das dem Namen ihrer Herkunftsdatei entspricht. Wir nutzen diese Information, um eine Datei zu löschen, bevor wir ein Neuladen anfordern. Das Listenfeld wird dabei automatisch aktualisiert:

```
def delentry(self):
    os.remove(os.path.join(self.storagedir,self.selection._filename))
    self.load_data()
```

6 Die `replace`-Operation wird benötigt, weil Tk die `\r\n` -Sequenz, die unter Windows auftritt, wie zwei Zeilenenden behandelt, nicht als eines.

Dieses Programm ist womöglich in diesem Buch das am schwersten zu verstehende, einfach weil es die komplexe und mächtige Tkinter-Bibliothek so extensiv nutzt. Es gibt sowohl für Tkinter als auch für Tk als solches eine entsprechende Dokumentation (siehe Kasten »Tkinter-Dokumentation«).

Tkinter-Dokumentation

Die Dokumentation für Tkinter ist genauso schwer zu erfassen, wie sie dringend benötigt wird – aber sie wird zumindest immer besser. Tkinter wurde ursprünglich von jemandem (Steen Lumholdt) geschrieben, der für seine Arbeit mit Python ein GUI benötigte. Leider schrieb er nicht sehr viel Dokumentation dazu. Tkinter wurde seitdem viele Male erweitert, zum großen Teil von Guido van Rossum. Die Dokumentation für Tkinter ist leider immer noch unvollständig, aber ein Teil ist bereits verfügbar, und zu dem Zeitpunkt, wenn Sie dieses Buch lesen, wird es noch viel mehr sein.

- Die vollständigste Dokumentation ist die von Fredrik Lundh, im Internet zu finden unter:
  http://www.pythonware.com/library/tkinter/introduction/index.htm.
- Ein älteres, aber immer noch sehr nützliches Dokument namens *Matt Conway's life preserver* ist verfügbar unter:
  http://www.python.org/doc/life-preserver/index.html.
- *Programming Python* enthält auch Dokumentation über Tkinter, insbesondere die Kapitel 11, 12 und 16.
- Weitere Informationen gibt es unter *http://www.python.org/topics/tkinter/.*

Designüberlegungen

Betrachten Sie das CGI-Skript *feedback.py* und das GUI-Programm *FormEditor.py* als zwei unterschiedliche Möglichkeiten, eine gewöhnliche Datei (die »gepickelte« Instanz auf der Platte) zu bearbeiten. Wann sollte man eine Web-basierte Schnittstelle und wann ein GUI benutzen? Für die Auswahl sollten etliche Faktoren in Betracht gezogen werden:

- Wie schwer ist es, die benötigte Funktionalität in einem gegebenen Strukturgerüst zu implementieren ?
- Welche Softwareinstallation ist dem Anwender zuzumuten, um auf die Daten zuzugreifen bzw. sie zu bearbeiten?

Die Web-Oberfläche ist daher sehr gut für Fälle geeignet, in denen keine großen Anforderungen hinsichtlich der Datenbearbeitung gestellt werden und es wichtiger ist, daß Anwender »mit dem Programm arbeiten« können, als daß es alles Mögliche enthält. Das Erstellen eines »richtigen« Programms mit dem GUI-Werkzeugkasten erlaubt andererseits ein Maximum an Flexibilität, auf Kosten eines größeren Aufwands, um dem Anwender zu erklären, wie das Programm anzuwenden und was alles zu installieren ist. Ein Grund für Pythons Erfolg bei erfahrenen Programmierern ist, daß es ihnen die Freiheit läßt, ihre Programme auf solchen Überlegungen basierend zu gestalten, statt sie zu zwingen, ein bestimmtes Strukturgerüst, das gerade mal dem Designer der Programmiersprache gefiel, zu benutzen. Es ist auch möglich, voll ausgestattete Applikationen zu entwickeln, die vielleicht Webbrowser als ihren GUI verwenden. Zope ist ein Strukturgerüst zum Schreiben solcher Applikationen und ist bei Digital Creations unter einer Open Source-Lizenz frei erhältlich. Wenn Sie daran interessiert sind, waschechte Web-basierte Applikationen zu entwickeln, werfen Sie mal einen Blick auf Zope (siehe Anhang A, *Python-Ressourcen*, für weitere Hinweise).

JPython: die glückliche Ehe zwischen Python und Java

JPython ist eine kürzlich herausgegebene, von Jim Hugunin komplett in Java verfaßte Version von Python. JPython ist sowohl für die Python- als auch für die Java-Gemeinde eine aufregende Entwicklung. Python-Anwender sind glücklich, ihr Python-Wissen nun auf Entwicklungsumgebungen, die auf Java basieren, anwenden zu können, und Java-Programmierer sind glücklich, daß sie die Python-Skriptsprache anwenden können, um ihre Java-Systeme und Test-Bibliotheken zu steuern und aus einer interpretierten Umgebung auf die Java-Bibliotheken blicken zu können.

JPython ist unter *http://www.jpython.org/* erhältlich. Die Lizenz- und Vertriebsbedingungen ähneln denen von CPython (so wird die Referenz-Implementierung von Python in Abgrenzung zu JPython genannt).

Die Installation von JPython umfaßt mehrere Schritte:

- `jpython`: das Äquivalent zu dem in diesem Buch verwendeten Python-Programm.
- `jpythonc`: nimmt ein JPython-Programm und kompiliert es in Java-Klassendateien, die wie jede andere Java-Klassendatei benutzt werden können, z.B. als Applets, Servlets oder als Beans.
- Eine Reihe von Modulen, die den JPython-Anwender mit der großen Mehrheit der Module aus der Standardbibliothek von Python versorgen.
- Einige Programme zur Demonstration verschiedener Aspekte der JPython-Programmierung.

Die Anwendung von JPython ist der von Python sehr ähnlich:

```
~/book> jpython
JPython 1.0.3 on java1.2beta4
Copyright 1997-1998 Corporation for National Research Initiatives
>>> 2 + 3
5
```

Tatsächlich funktioniert JPython nahezu genauso wie CPython. Eine aktuelle Liste der Unterschiede finden Sie unter *http://www.jpython.org/docs/differences.html*. Die wichtigsten Unterschiede sind:

- JPython ist derzeit langsamer als CPython. Um wieviel langsamer, hängt vom verwendeten Testcode und von der virtuellen Java-Maschine ab. Der Autor von JPython hat aber bereits vielversprechende Optimierungen gefunden, die zukünftige Versionen von JPython genauso schnell oder sogar noch schneller als CPython machen könnten.
- Einige der eingebauten Objekte oder Bibliotheksmodule sind in JPython nicht verfügbar. Der `os.system()`-Aufruf ist zum Beispiel noch nicht implementiert, was im Hinblick auf Javas Interaktion mit dem zugrundeliegenden Betriebssystem auch schwierig ist. Ebenso sind einige der größten Erweiterungsmodule, wie das Tkinter-GUI-Strukturgerüst, nicht verfügbar, weil die zugrundeliegenden Werkzeuge (das Tk/Tcl-Werkzeugset im Fall von Tkinter) in Java nicht zur Verfügung stehen.

JPython ermöglicht Python-Programmierern Zugang zu Java-Bibliotheken

Der wichtigste Unterschied zwischen JPython und CPython ist jedoch, daß JPython dem Python-Programmierer einen nahtlosen Zugang zu Java-Bibliotheken bietet. Nehmen Sie zum Beispiel das folgende Programm *jpythondemo.py,* dessen Ergebnis in Abbildung 10-5 dargestellt ist.

Abbildung 10-5: Das Ergebnis von jpythondemo.py

```
from pawt import swing
import java

def exit(e): java.lang.System.exit(0)

frame = swing.JFrame('Swing-Beispiel', visible=1)
button = swing.JButton('Dies ist ein Swingender Knopf!',actionPerformed=exit)
frame.contentPane.add(button)
frame.pack()
```

Dieses einfache Programm demonstriert, wie einfach es ist, ein Python-Programm zu schreiben, das das Strukturgerüst Swing Java GUI benutzt.[7] Die erste Zeile importiert das Java-Paket `swing` (das `pawt`-Modul ermittelt die exakte Lage von Swing, das in `java.awt.swing`, in `com.sun.java.swing` oder vielleicht auch in `javax.swing` sein kann). Die

7 Dokumentation für Swing und die Java Foundation Classes ist online verfügbar unter *http://java.sun.com/products/jfc/index.html*. Zudem hat O'Reilly & Associates einen umfassenden Überblick über das Swing-Toolkit für Java, *Java Swing*, verfaßt von Robert Eckstein, Marc Loy und Dave Wood, herausgebracht.

zweite Zeile importiert das `java`-Paket, das wir für den `java.lang.System.exit()`-Aufruf benötigen. Die vierte Zeile erzeugt einen `JFrame`, wobei es seine Bean-Eigenschaft `visible` auf wahr setzt. Die fünfte Zeile erstellt einen `JButton` mit einer Beschriftung und spezifiziert, welche Funktion aufgerufen werden soll, wenn er angeklickt wird. Die letzten beiden Zeilen schließlich setzen den `JButton` in den `JFrame` und machen beide sichtbar.

Erfahrene Java-Programmierer könnten über einige Teile des Codes in *jpythondemo.py* ein wenig überrascht sein, da er einige Unterschiede zum äquivalenten Java-Programm aufweist. Um die Benutzung von Java-Bibliotheken für den Python-Anwender so einfach wie möglich zu machen, führt JPython einen Großteil der Arbeit hinter den Kulissen aus. Wenn JPython zum Beispiel ein Java-Paket importiert, macht es aktiv das entsprechende Paket ausfindig und findet dann – unter Verwendung der Java Reflection API – den Inhalt des Pakets und die Signaturen von Klassen und Methoden. Ebenso konvertiert JPython im Vorbeigehen Python-Typen zu Java-Typen. So ist der Text der Schaltfläche (`'Dies ist ein Swingender Knopf!'`) in *jpythondemo.py* ein Python-String. Bereits bevor der Konstruktor für `JButton` aufgerufen wird, findet JPython heraus, welche Variante des Konstruktors benutzt werden kann (z.B. durch Ablehnen der Version, die ein `Icon` als ersten Parameter akzeptiert), und konvertiert den Python-String automatisch in ein Java-String-Objekt. Der `actionPerformed=exit`-Schlüsselparameter gestattet noch ausgeklügeltere Mechanismen für den `JButton`-Konstruktor. Dieses Idiom ist in Java nicht möglich, da Java keine Funktionen (oder Methoden) als eigenständige Objekte bearbeiten kann. JPython macht es unnötig, eine `ActionListener`-Klasse mit einer einzelnen `actionPerformed`-Methode zu erzeugen, aber Sie können auch die etwas weitschweifige Form verwenden, wenn Sie möchten.

JPython als Java-Skriptsprache

JPython wir immer beliebter, weil es Programmierern ermöglicht, die unzähligen Java-Bibliotheken zu erkunden, die in einer interaktiven Umgebung mit schneller Fertigstellungszeit verfügbar werden. Es erweist sich auch als nützlich zum Einbetten von Python als Skriptsprache in Java-Strukturgerüste sowie für Anpassung, Testen und andere Programmieraufgaben von Endanwendern (im Gegensatz zu Systementwicklern). Ein Beispiel für einen in ein Java-Programm eingebetteten Python-Interpreter finden Sie im *demo/embed*-Verzeichnis der JPython-Distribution.

Eine richtige JPython/Swing-Applikation: grapher.py

Mit dem *grapher.py*-Programm (dessen Ausgabe in Abbildung 10-6 dargestellt ist) können Anwender das Verhalten mathematischer Funktionen graphisch untersuchen. Es basiert auch auf dem Swing-GUI-Toolkit. Es gibt zwei Texteingabe-Elemente, in die Python-Code eingegeben werden sollte. Das erste ist ein passendes Python-Programm, das schon vor dem Zeichnen der Funktion aufgerufen wird. Es importiert die benötigten Module und definiert alle Funktionen, die zur Berechnung des Funktionswertes benötigt werden könnten. Das zweite Textfeld (mit `Ausdruck:` beschriftet) sollte ein Python-Ausdruck sein (wie in `sin(x)`), keine Anweisung. Er wird für jeden Datenpunkt aufgerufen, wobei der Wert der Variable `x` der horizontalen Koordinate entspricht.

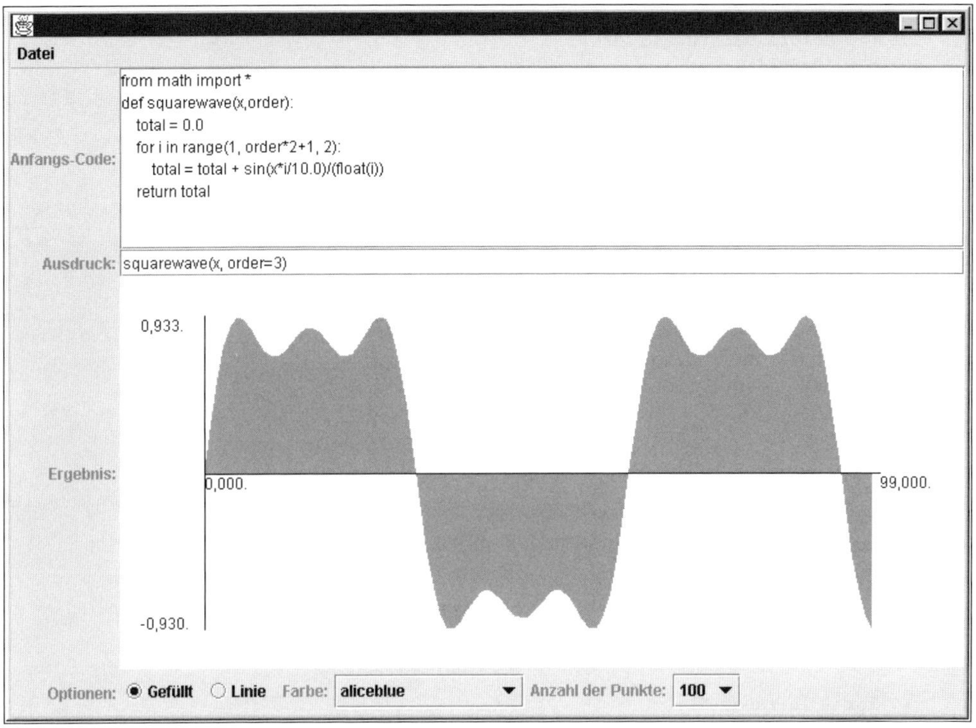

Abbildung 10-6: Ausgabe von grapher.py

Der Anwender kann bestimmen, ob eine Liniengraphik oder eine gefüllte Graphik gezeichnet werden soll, ebenso die Anzahl der zu zeichnenden Punkte und welche Farbe die Graphik haben sollte. Schließlich kann er die Konfigurationen speichern und sie später wieder laden (dank dem `pickle`-Modul). Hier ist nun das *grapher.py*-Programm:

```
from pawt import swing, awt, colors, GridBag
RIGHT = swing.JLabel.RIGHT
APPROVE_OPTION = swing.JFileChooser.APPROVE_OPTION
import java.io
import pickle, os

default_setup = """from math import *
def squarewave(x,order):
    total = 0.0
    for i in range(1, order*2+1, 2):
        total = total + sin(x*i/10.0)/(float(i))
    return total
"""
default_expression = "squarewave(x, order=3)"
```

```
class Chart(awt.Canvas):
    color = colors.darkturquoise
    style = 'Gefüllt'

    def getPreferredSize(self):
        return awt.Dimension(600,300)

    def paint(self, graphics):
        clip = self.bounds
        graphics.color = colors.white
        graphics.fillRect(0, 0, clip.width, clip.height)

        width = int(clip.width * .8)
        height = int(clip.height * .8)
        x_offset = int(clip.width * .1)
        y_offset = clip.height - int(clip.height * .1)

        N = len(self.data); xs = [0]*N; ys = [0]*N

        xmin, xmax = 0, N-1
        ymax = max(self.data)
        ymin = min(self.data)

        zero_y = y_offset - int(-ymin/(ymax-ymin)*height)
        zero_x = x_offset + int(-xmin/(xmax-xmin)*width)

        for i in range(N):
            xs[i] = int(float(i)*width/N) + x_offset
            ys[i] = y_offset - int((self.data[i]-ymin)/(ymax-ymin)*height)
        graphics.color = self.color
        if self.style == "Linie":
            graphics.drawPolyline(xs, ys, len(xs))
        else:
            xs.insert(0, xs[0]); ys.insert(0, zero_y)
            xs.append(xs[-1]); ys.append(zero_y)
            graphics.fillPolygon(xs, ys, len(xs))

        # zeichne Achsen
        graphics.color = colors.black
        graphics.drawLine(x_offset,zero_y, x_offset+width, zero_y)
        graphics.drawLine(zero_x, y_offset, zero_x, y_offset-height)

        # zeichne Beschriftungen
        leading = graphics.font.size
        graphics.drawString("%.3f" % xmin, x_offset, zero_y+leading)
        graphics.drawString("%.3f" % xmax, x_offset+width, zero_y+leading)
        graphics.drawString("%.3f" % ymin, zero_x-50, y_offset)
        graphics.drawString("%.3f" % ymax, zero_x-50, y_offset-height+leading)

class GUI:
    def __init__(self):
        self.numelements = 100
        self.frame = swing.JFrame(windowClosing=self.do_quit)
```

```
        # baue Menüleiste
        menubar = swing.JMenuBar()
        file = swing.JMenu("Datei")
        file.add(swing.JMenuItem("Laden", actionPerformed = self.do_load))
        file.add(swing.JMenuItem("Speichern", actionPerformed = self.do_save))
        file.add(swing.JMenuItem("Ende", actionPerformed = self.do_quit))
        menubar.add(file)
        self.frame.JMenuBar = menubar

        # erzeuge Kontrollelemente
        self.chart = Chart(visible=1)
        self.execentry = swing.JTextArea(default_setup, 8, 60)
        self.evalentry = swing.JTextField(default_expression,
                                          actionPerformed = self.update)

        # erzeuge Optionen-Tafel
        optionsPanel = swing.JPanel(awt.FlowLayout(alignment=awt.FlowLayout.LEFT))

        # ob die Zeichnung eine Liniengraphik oder eine gefüllte Graphik ist
        self.filled = swing.JRadioButton("Gefüllt",
                                         actionPerformed=self.set_filled)
        optionsPanel.add(self.filled)
        self.line = swing.JRadioButton("Linie",
                                       actionPerformed=self.set_line)
        optionsPanel.add(self.line)
        styleGroup = swing.ButtonGroup()
        styleGroup.add(self.filled)
        styleGroup.add(self.line)

        # Auswahl der Farbe(n)
        optionsPanel.add(swing.JLabel("Farbe:", RIGHT))
        colorlist = filter(lambda x: x[0] != '_', dir(colors))
        self.colorname = swing.JComboBox(colorlist)
        self.colorname.itemStateChanged = self.set_color
        optionsPanel.add(self.colorname)

        # Anzahl der Punkte
        optionsPanel.add(swing.JLabel("Anzahl der Punkte:", RIGHT))
        self.sizes = [50, 100, 200, 500]
        self.numpoints = swing.JComboBox(self.sizes)
        self.numpoints.selectedIndex = self.sizes.index(self.numelements)
        self.numpoints.itemStateChanged = self.set_numpoints
        optionsPanel.add(self.numpoints)

        # erledige den Rest des Layouts in einem GridBag
        self.do_layout(optionsPanel)

    def do_layout(self, optionsPanel):
        bag = GridBag(self.frame.contentPane, fill='BOTH',
                      weightx=1.0, weighty=1.0)
        bag.add(swing.JLabel("Anfangs-Code: ", RIGHT))
        bag.addRow(swing.JScrollPane(self.execentry), weighty=10.0)
        bag.add(swing.JLabel("Ausdruck: ", RIGHT))
        bag.addRow(self.evalentry, weighty=2.0)
```

```
        bag.add(swing.JLabel("Ergebnis: ", RIGHT))
        bag.addRow(self.chart, weighty=20.0)
        bag.add(swing.JLabel("Optionen: ", RIGHT))
        bag.addRow(optionsPanel, weighty=2.0)
        self.update(None)
        self.frame.visible = 1
        self.frame.size = self.frame.getPreferredSize()

        self.chooser = swing.JFileChooser()
        self.chooser.currentDirectory = java.io.File(os.getcwd())

    def do_save(self, event=None):
        self.chooser.rescanCurrentDirectory()
        returnVal = self.chooser.showSaveDialog(self.frame)
        if returnVal == APPROVE_OPTION:
            object = (self.execentry.text,  self.evalentry.text,
                      self.chart.style,
                      self.chart.color.RGB,
                      self.colorname.selectedIndex,
                      self.numelements)
            file = open(os.path.join(self.chooser.currentDirectory.path,
                        self.chooser.selectedFile.name), 'w')
            pickle.dump(object, file)
            file.close()

    def do_load(self, event=None):
        self.chooser.rescanCurrentDirectory()
        returnVal = self.chooser.showOpenDialog(self.frame)
        if returnVal == APPROVE_OPTION:
            file = open(os.path.join(self.chooser.currentDirectory.path,
                     self.chooser.selectedFile.name))
            (setup, each, style, color,
             colorname, self.numelements) = pickle.load(file)
            file.close()
            self.chart.color = java.awt.Color(color)
            self.colorname.selectedIndex = colorname
            self.chart.style = style
            self.execentry.text = setup
            self.numpoints.selectedIndex = self.sizes.index(self.numelements)
            self.evalentry.text = each
            self.update(None)

    def do_quit(self, event=None):
        import sys
        sys.exit(0)

    def set_color(self, event):
        self.chart.color = getattr(colors, event.item)
        self.chart.repaint()

    def set_numpoints(self, event):
        self.numelements = event.item
        self.update(None)
```

```
    def set_filled(self, event):
        self.chart.style = 'Gefüllt'
        self.chart.repaint()

    def set_line(self, event):
        self.chart.style = 'Linie'
        self.chart.repaint()

    def update(self, event):
        context = {}
        exec self.execentry.text in context
        each = compile(self.evalentry.text, '<input>', 'eval')
        numbers = [0]*self.numelements
        for x in xrange(self.numelements):
            context['x'] = float(x)
            numbers[x] = eval(each, context)
        self.chart.data = numbers
        if self.chart.style == 'Line':
            self.line.setSelected(1)
        else:
            self.filled.setSelected(1)
        self.chart.repaint()

GUI()
```

Die Logik dieses Programms ist ziemlich simpel, und die Namen der Klassen und Methoden machen es einfach, dem Kontrollfluß zu folgen. Der Großteil dieses Programms hätte fast analog zum Java-Code geschrieben werden können (aber ein gutes Stück länger). Die fettgedruckten Passagen zeigen den Vorteil, Python zur Verfügung zu haben: Am Anfang des Moduls werden die Werte für die Textelemente `Anfangs-Code` und `Ausdruck` definiert. Das erstere importiert die Funktionen im `math`-Modul und definiert eine Funktion namens `squarewave`. Das letztere spezifiziert einen Aufruf dieser Funktion mit einem speziellen `order`-Parameter (da der Parameter anwächst, sieht der resultierende Graph mehr und mehr wie eine Rechteck-Welle aus – daher der Name der Funktion). Wenn Sie Java, Swing und JPython installiert haben, experimentieren Sie ruhig ein wenig mit anderen Möglichkeiten sowohl für das Textelement `Anfangs-Code` als auch für `Ausdruck`.

Der Hauptgrund für die Verwendung von JPython anstelle von Java in diesem Beispiel liegt in der `update`-Methode begründet: Sie ruft einfach die Standardanweisung `exec` von Python mit dem `Anfangs`-Code als Parameter auf und anschließend `eval` mit der kompilierten Version des `Ausdruck`-Codes für beide Koordinaten. Dem Anwender steht es frei, jeden Teil von Python in diesen Textelementen zu benutzen!

JPython befindet sich noch immer in der Entwicklung. Jim Hugunin verfeinert und verbessert ständig die Schnittstelle zwischen Python und Java. JPython, als zweite Implementierung von Python, zwingt zudem Guido van Rossum zu einer Entscheidung, welche Aspekte von Python zur Kernsprache gehören und welche als Features einer Implementierung gelten sollen. Glücklicherweise scheinen Jim und Guido miteinander auszukommen und sich über die meisten Punkte zu einigen.

Andere Strukturgerüste und Applikationen

Auf diesem begrenzten Raum konnten wir nur einige wenige der bekanntesten Strukturgerüste, die zur Zeit mit Python angewendet werden, behandeln. Es gibt noch einige weitere, die es ebenso Wert sind, erwähnt zu werden, und die genau das sein könnten, was Sie brauchen. Wir beschreiben hier einige in aller Kürze.

Python Imaging Library (PIL)

Die Python Imaging Library ist ein umfassendes, von Fredrik Lundh geschriebenes Strukturgerüst zum Erstellen, Bearbeiten, Konvertieren und Speichern von pixelbasierten Bildern in einer Vielzahl von Formaten (wie GIF, JPEG und PNG). Sie hat Schnittstellen zu Tk und Pythonwin, so daß man entweder Tk-Kontrollelemente oder Pythonwin-Code anwenden kann, um von PIL erzeugte Bilder anzuzeigen. Alternativ können die Bilder auch in einer Vielzahl von Formaten auf der Festplatte gespeichert werden. Sie finden PIL unter *http://www.pythonware.com*.

Numerisches Python (NumPy)

Numerisches Python besteht aus einer Reihe von Python-Erweiterungen, die zum eleganten Bearbeiten von großen Zahlenfeldern entworfen wurden. Es wurde von Jim Huguning (dem Autor von JPython) mit der Unterstützung der Teilnehmer der Matrix-SIG geschrieben (mehr zu SIGs in Anhang A). Seitdem Jim anfing, an JPython zu arbeiten, haben die Leute am Lawrence Livermore National Laboratory die Verantwortung für das Numerische Python übernommen. NumPy ist ein bemerkenswert mächtiges Werkzeug für Wissenschaftler und Ingenieure und liegt als solches einem der Autoren sehr am Herzen. Weitere Informationen zu diesem Thema finden Sie unter *http://www.python.org/topics/scicomp/*.

Hier folgt ein Beispiel eines typischen NumPy-Codes, *numpytest.py*, und eine Darstellung der von ihm generierten Daten:

```
from Numeric import *
coords = arange(-6, 6, .02)                # erzeuge einen Koordinatenbereich
xs = sin(coords)                            # nimm den Sinus aller x
ys = cos(coords)*exp(-coords*coords/18.0) # und eine komplexe Funktion von y
zx = xs * ys[:,NewAxis]                     # multipliziere x-Zeile mit y-Spalte
```

Wenn Sie sich an Ihren Mathe-Unterricht erinnern, könnten Sie darauf kommen, daß `xs` ein Sinus-Feld der Zahlen zwischen -6 und 6 und `ys` ein Kosinus-Feld derselben Zahlen ist, die durch eine bei 0 zentrierte Exponentialfunktion skaliert werden. `zs` ist einfach das äußere Produkt dieser zwei Zahlenbereiche. Wenn Sie wissen möchten, wie das aussieht, könnten Sie das Feld `zs` in eine Graphik umwandeln (mit Hilfe der vorher erwähnten PIL zum Beispiel) und ein Bild wie in Abbildung 10-7 erhalten.

Mit NumPy können Sie sehr große Zahlenfelder sehr effizient bearbeiten. Der vorangegangene Code läuft um einiges schneller als vergleichbarer Code, der lange Zahlenlisten verwendet, und benutzt nur einen Bruchteil des Speichers.

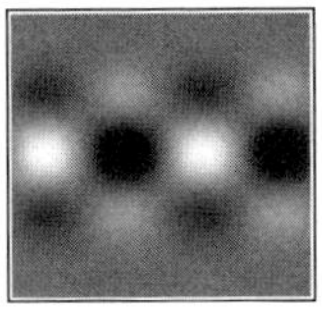

Abbildung 10-7: Graphische Darstellung des zs-Bereichs in numpytest.py

Viele Python-Anwender haben mit Aufgaben dieser Art wenig zu tun, aber Wissenschaftler und Ingenieure brauchen solche Fähigkeiten täglich.

SWIG

Erweiterungsmodule für Python können auch in C oder C++ geschrieben werden. Solche Module erlauben eine einfache Erweiterung von Python um Funktionen und neue Typen. Die Richtlinien zum Schreiben solcher Erweiterungsmodule sind als Teil des Bibliothekshandbuchs von Python verfügbar und werden auch recht ausführlich in *Programming Python* beschrieben. Eine geläufige Anwendung von Erweiterungsmodulen besteht darin, Schnittstellen zwischen Python und existierenden Bibliotheken, die Hunderte oder gar Tausende einzelner Funktionen enthalten können, zu schreiben. Wenn dies der Fall ist, sind die automatisierten Werkzeuge Lebensretter. David Beazleys SWIG, der »Simple Wrapper Interface Generator«, ist das bekannteste Werkzeug dieser Art. Es ist unter *http://www.swig.org* erhältlich und sehr gut dokumentiert. Mit SWIG können Sie einfache Schnittstellen-Definitionen schreiben, die SWIG dann benutzt, um die C-Programme zu generieren, die den Python/C-Erweiterungsrichtlinien entsprechen. Ein sehr nettes Feature von SWIG ist, daß es, wenn es zum Einschließen von C++-Bibliotheken benutzt wird, automatisch sogenannte *shadow classes* in Python erzeugt, durch die der Benutzer die C++-Klassen bearbeiten kann, als wären sie Python-Klassen. SWIG kann auch Erweiterungen für andere Sprachen, inklusive Perl und Tcl, erzeugen.

Python MegaWidgets (Pmw)

Jeder, der ernsthaft mit GUIs und Tkinter arbeitet, sollte Pmw ausprobieren – ein 100%iges Python-Strukturgerüst, das auf der Basis von Tkinter zum Erzeugen von 'Megawidgets' (zusammengesetzte Kontrollelemente) erstellt wurde. Pmw, geschrieben von Greg McFarlane, ist der nächste Schritt nach Tkinter, und es zu lernen kann sich langfristig lohnen. Sie finden die Homepage von Pmw unter *http://www.dscpl.com.au/pmw/*.

ILU und Fnorb

Wenn die Idee von Programmen, die mit Programmen kommunizieren, interessant für Sie ist, Sie aber eine Lösung suchen, die auf Plattformen ohne COM-Unterstützung funktioniert, gibt es viele andere Pakete mit ähnlicher Funktionalität. Zwei der besten sind ILU und Fnorb.

ILU steht für das Inter Language Unification-Projekt von Xerox PARC. Es ist umsonst, gut unterstützt, stabil und effizient und unterstützt außer Python auch C, C++, Java, Common Lisp, Modula-3 und Perl 5. Es ist unter *ftp://ftp.parc.xerox.com/pub/ilu/ilu.html* erhältlich.

Anders als ILU wurde Fnorb in Python geschrieben und unterstützt nur Python. Es ist besonders hilfreich, wenn man mehr über CORBA-Systeme lernen möchte, da es einfach einzurichten und zu handhaben ist, wenn man Python beherrscht. Fnorb erhalten Sie unter *http://www.dstc.edu.au/Fnorb/*.

Übungen

Zu den meisten Themen dieses Kapitels kann man keine Übungen machen, ohne auch die zugrundeliegenden Strukturgerüste zu behandeln. Aber einige Dinge kann man auch mit dem Wissen, das Sie schon haben, üben:

1. *Wir imitieren das Web.* Es kann sein, daß Sie keinen Webserver haben, was die Anwendung von *formletter.py* und *FormEditor.py* erschwert, da sie von einem CGI-Skript generierte Daten benutzen. Als Übung schreiben Sie ein Programm, das Dateien mit denselben Eigenschaften wie die vom CGI-Skript generierten erzeugt.
2. *Aufräumen.* Es gibt ein ernstzunehmendes Problem mit dem *formletter.py*-Programm: Wenn es nämlich, so wie wir es beschrieben haben, allnächtlich läuft, verursacht jede eingegangene Beschwerde einen zu druckenden Brief. Das passiert dann jede Nacht, weil es keinen Mechanismus gibt, der anzeigt, daß bereits ein Brief generiert wurde und keine weiteren zu dieser speziellen Beschwerde erzeugt zu werden brauchen. Lösen Sie dieses Problem.
3. *Das Hinzufügen parametrischer Zeichen zu grapher.py.* Verändern Sie *grapher.py* so, daß der Anwender Ausdrücke spezifizieren kann, die sowohl x- als auch y-Werte zurückgeben, statt der aktuellen »nur y«-Lösung. Es sollte z.B. möglich sein, `sin(x/3.1),cos(x/6.15)` (beachten Sie das Komma; es ist ein Tupel!) in das `Expression`-Element zu schreiben und ein Bild wie in Abbildung 10-8 zu erhalten.

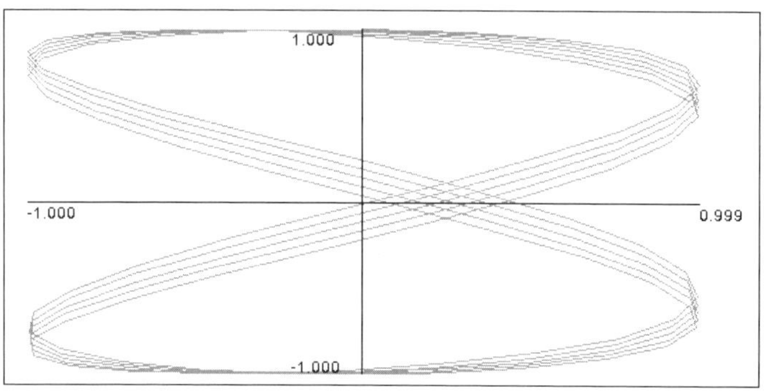

Abbildung 10-8: Ergebnis von Übung 3

III

Anhänge

Dieser letzte Teil des Buches besteht aus drei Anhängen, die zum größten Teil Hinweise auf andere Informationsquellen beinhalten.

- Anhang A, *Python-Ressourcen*, stellt generelle Python-Ressourcen, wie verschiedene Quellen zur Dokumentation, Ratgeber und Software, vor.
- Anhang B, *Plattformspezifische Themen*, behandelt jene Ressourcen, die spezifisch für bestimmte Betriebssysteme sind.
- In Anhang C, *Lösungen der Übungen*, finden Sie die Antworten zu den Übungen am Ende der Kapitel aus Teil I und II.

A

Python-Ressourcen

Dieser Anhang ist eine Zusammenfassung der nützlichsten Ressourcen für Python-Programmierer, die auch einige Dinge umfaßt, die nicht Bestandteil der Standarddistribution sind. Dazu gehören Software (Python-Module und Erweiterungsmodule) sowie Dokumentation, Diskussionsgruppen und Quellen kommerzieller Unterstützung.

Die Website von Python

Die allerwichtigste Informationsquelle ist *http://www.python.org*. Diese Website ist der Treffpunkt der Python-Gemeinde. Die gesamte Python-Software, die Dokumentation und andere Informationen sind entweder direkt auf dieser Website oder bei den dort angegebenen Stellen verfügbar. Wir möchten Sie ausdrücklich anregen, hier etwas Zeit zu investieren – die Site ist ziemlich groß und umfassend.

Python-Software

Die Standarddistribution von Python

Der wesentlichste Teil der Python-Software ist ganz eindeutig der Python-Interpreter selbst. Er ist in vielen Formaten für eine Vielzahl von Plattformen verfügbar. Wir verschieben die Erläuterung der plattformspezifischen Fragen auf Anhang B, *Plattformspezifische Themen*. Im allgemeinen ist der sicherste Weg, eine aktuelle Distribution zu erhalten, sie von der Website von Python (*http://www.python.org*) herunterzuladen. Sie wird freiwillig von Mitgliedern der Python Software Association (siehe nächster Kasten »Die Python Software Association (PSA) und das Python-Konsortium«), einer Gruppe, die sich dem langfristigen Erfolg von Python verschrieben hat, gepflegt.

Abbildung A-1: Die Website python.org

Wenn Sie Python lieber auf CD haben möchten, können Sie bei Walnut Creek eine Python-CD-ROM erhalten, die Binärversionen für alle gebräuchlichen Plattformen (Windows, MacOS, viele Versionen von Unix, BeOS und VMS) enthält. Der URL für die aktuellste Distribution zu dem Zeitpunkt, als dieses Buch geschrieben wurde, ist *http://www.cdrom.com/titles/prog/python.phtml*, aber schauen Sie lieber im Katalog von Walnut Creek nach, ob es neuere Ausgaben gibt. Wie in Kapitel B beschrieben, enthalten die meisten Linux-Distributionen Python. Sowohl *Programming Python* als auch *Internet Programming with Python* (siehe Abschnitt »Andere Bücher«) enthalten Python auf ihren beiliegenden CDs.

Die Standarddistribution enthält Hunderte von Modulen in C und in Python. Diese Module werden offiziell von Guido und seiner Mannschaft unterhalten (wenn nicht anders angegeben. Wenn Module durch neuere Werkzeuge ersetzt werden, werden die alten Module noch für einige Jahre beibehalten, um den Anwendern genügend Zeit zu geben, ihre Software zu aktualisieren; aber ihre Unterstützung reduziert sich nach und nach). Der Interpreter, die Standardbibliothek und die Standarddokumentation stellen das Minimum der Werkzeuge dar, die Python-Anwendern zur Verfügung stehen.

Zusätzlich zur Standarddistribution gibt es noch Hunderte von Paketen und Modulen im Web, von denen die meisten kostenlos sind. Wir werden einige speziell erwähnen und angeben, wo man sie erhält.

Die Python Software Association (PSA) und das Python-Konsortium

Während Guido van Rossum der eigentliche Schöpfer von Python ist, hat er mittlerweile einige Hilfe bekommen, insbesondere hinsichtlich der vielen Aspekte der Öffentlichkeitsarbeit für Python. Die Python Software Association ist ein Verband von Firmen und Einzelpersonen, die daran interessiert sind, Python als freie, sich entwickelnde und gut unterstützte Sprache zu erhalten. Der Unterhalt der Website *python.org*, die Organisation von Python-Konferenzen und die Verwaltung der Mitgliedsbeiträge, die erhoben werden, um die Kosten für diese Aktivitäten zu decken, wird auf freiwilliger Basis von PSA-Mitgliedern geleistet. Wenn Sie oder Ihre Firma daran interessiert sind, PSA-Mitglied zu werden, besuchen Sie die PSA-Website unter *http://www.python.org/psa/*.

Einer der Vorteile einer PSA-Mitgliedschaft ist, daß Sie damit ein Anrecht auf eine freie Koje auf dem »Starship Python« haben, einer Website, die ursprünglich von einem dankbaren Python-Anwender, Christian Tismer, als öffentlicher Service für die Python-Gemeinde gestiftet und unterhalten wurde. Mittlerweile wurde eine Sammlung für eine neue Website durchgeführt, und viele Python-Anhänger haben Planken für das neue Schiff unter *http://starship.python.net* gespendet, das somit ganz der Python-Gemeinde gehört.[a]

Das Python-Konsortium enstand erst kürzlich und hat sich der langfristigen Unterstützung der Entwicklung von Python verschrieben. CNRI (Guido van Rossums Arbeitgeber) schlägt vor, ein Konsortium von Firmen, die durch Mitgliedsbeiträge die weitere Entwicklung von Python und JPython unterstützen wollen, zu unterhalten. Weitere Informationen über das Python-Konsortium finden Sie unter *http://www.python.org/consortium/*.

a. Das alte *http://starship.skyport.net* gibt es noch, wir fahren teilweise noch immer zweigleisig, aber die meiste Arbeit machen jetzt Freiwillige. Hiermit möchte ich allen danken, die meiner Idee so viel Erfolg beschert haben. – Anm.d.Ü.

Geschenke von Guido

Als ob Python und seine Standardbibliotheken noch nicht genug wären, schickt Guido noch einige andere Programme als Teil der Standarddistribution auf die Reise. Sie befinden sich im Tools-Verzeichnis auf dem Quellbaum von Python (oder dem Installationsverzeichnis von Python unter Windows und auf dem Mac).

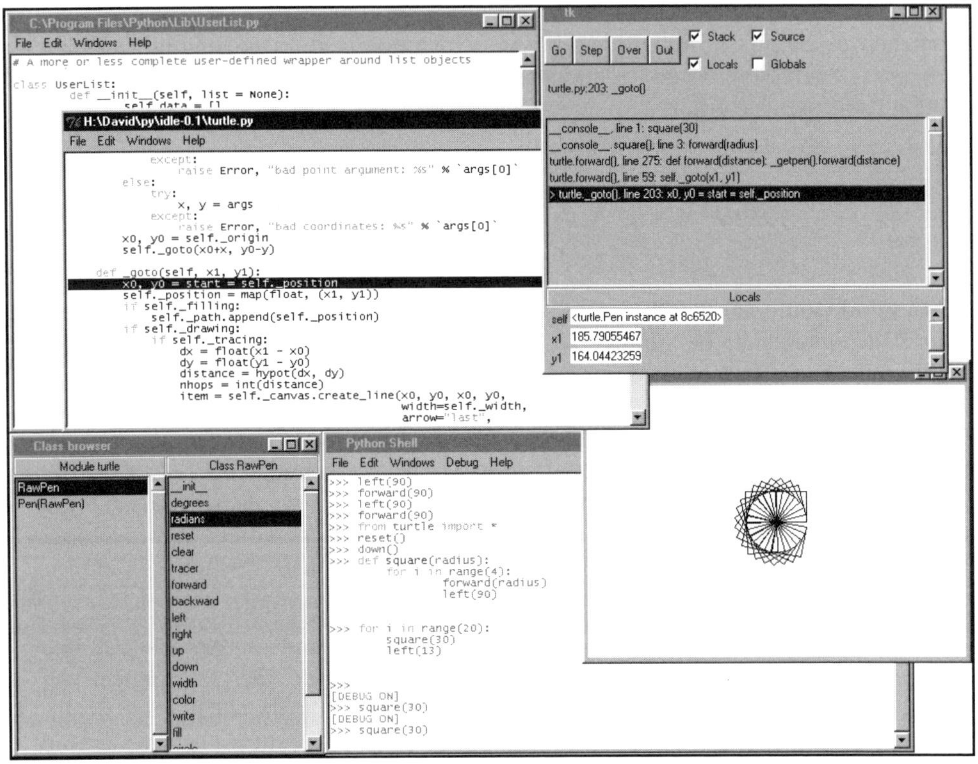

Abbildung A-2: Die idle IDE in Aktion

Seit Python 1.5.2 gibt es hier einen ersten Einschnitt bei der integrierten Entwicklungsumgebung für Python, genannt *idle*. Wie in Abbildung A-2 gezeigt, ist es ein auf Tkinter basierendes GUI, was bedeutet, daß Sie Tk/Tcl installiert haben müssen. *idle* steckt noch in den Kinderschuhen[1], verspricht aber schon ein paar ziemlich hübsche Features, die es zu einer für Python-Neulinge idealen Entwicklungsumgebung machen:[2]

1 Inzwischen nicht mehr, es hat sich erheblich entwickelt, und Tcl/Tk ist Teil der Installation geworden. – Anm.d.Ü.

2 Unterdessen war auch Mark Hammond nicht faul und hat weite Teile von IDLE in seine Profiversion von Pythonwin integriert, wobei er mit zusätzlichen Bubble-Help-Texten bereits in die Visual-Basic-Domäne einbricht. – Anm.d.Ü.

- Eine Python-Oberfläche, noch raffinierter als die standardmäßige, die wir die ganze Zeit benutzt haben.
- Einen Editor, der Python erkennt und Python-Code automatisch »koloriert«: Anweisungen werden in einer Farbe, Kommentare in einer anderen angezeigt etc. Dies ist ein Charakteristikum, das auch bei Emacs funktioniert und das man schnell lieben lernt.
- Ein Klassen-Suchprogramm, mit dem Sie die Klassen eines Moduls durchsuchen und direkt zu den Methodendefinitionen im Quellcode springen können.
- Einen interaktiven Debugger.

Kommerzielle Angebote

Wir erwähnen in diesem Abschnitt einige kommerzielle Softwarefirmen. Das mag bei einer Sprache, die üblicherweise »umsonst« ist, merkwürdig erscheinen, aber es gibt in der Python-Gemeinde keinen Widerspruch dagegen, sowohl auf Python basierende Projekte als auch »Geschäftsmodelle« zu haben. Die Lizenz von Python wurde extra so gestaltet, daß Softwareverkäufer Python ohne Einschränkungen benutzen können. Die meisten Python-Anwender sind glücklich zu hören, daß erfolgreiche, auf Python basierende Firmen aufgebaut werden. Es gibt durchaus einige Python-bezogene Erfolgsgeschichten, die die Verantwortlichen mehr oder weniger freizügig bekanntgeben.[3] Wir erwähnen hier aber nur solche Firmen, die Code speziell für Python-Programmierer vertreiben, nicht solche, deren Produkte Python einfach nur enthalten.

Tcl/Tk-Toolkits von Scriptics Corporation

Das Tkinter-GUI-Strukturgerüst, auf das wir in diesem Buch verwiesen haben, wurde auf Basis des Tk-GUI-Toolkits erstellt, das selbst wiederum die Tcl-Sprache benutzt. Sie sind in Binär- oder Quellform auf der Website von Scriptics Corporation (*http://www.scriptics.com/*) erhältlich. Für Informationen über die Ressourcen in Zusammenhang mit Tkinter gehen Sie bitte zum Tkinter-Themenkatalog unter *http://www.python.org/topics/tkinter/*.

Kostenlose Releases von Digital Creation

Digital Creation ist eine Softwarefirma, die vor kurzem dazu übergegangen ist, auf Python basierende Softwarepakete kostenlos unter der Open Source-Lizenz zu vertreiben, statt sie zu verkaufen. Sie haben einige wichtige Beiträge zur Python-Gemeinde geleistet, indem sie für Teile der Standarddistribution (wie das `cPickle`- und das

3 Guido van Rossum ist manchmal frustriert zu hören, daß Firmen zwar inoffiziell sagen, daß sie Python benutzen, dies aber nicht publik machen wollen, weil sie ihre Entscheidung, Python zu benutzen, als »strategischen Vorteil« ansehen. (Auch dieser Aspekt verschwindet derzeit mehr und mehr zugunsten eines offenen »Ja«s zu Python. – Anm.d.Ü.)

`cStringIO`-Modul) verantwortlich zeichnen, sowie durch vielfältige Unterstützung der Python Software Association. Darüber hinaus vertreiben sie kostenlos zwei sehr starke Python-Werkzeuge, nämlich:

ExtensionClass
: Ein C-Erweiterungsmodul, mit dem man Erweiterungstypen erzeugen kann, die sich wie Python-Klassen verhalten können. Zusätzlich können Sie mit ExtensionClasses die Art und Weise, wie diese neuen Typen funktionieren, modifizieren, inklusive der Unterstützung für Acquisition. Acquisition ist ein Mechanismus, mit dem Objekte Attribute von Objekten, deren Teil sie sind, bekommen können, ganz ähnlich wie Instanzen Attribute ihrer Klassen oder von ihren auf Klassen basierenden Klassen bekommen können.

Zope
: Eine Struktur zur Veröffentlichung von Python-Objekthierarchien im Web. Mit Zope ist es einfach, mächtige Schnittstellen zu einer Datenbank mit Python-Objekten zu erstellen. Es gibt mehrere Erweiterungen zu Zope, die Skalierung von Web-basierten Applikationen erlauben, indem sie Unterstützung für Schablonen (Templates), Schnittstellen für Datenbankrechner usw. zur Verfügung stellen. Wenn Sie ausgeklügelte Internet-Applikationen erstellen möchten (nicht nur so einfache Bearbeitungsmöglichkeiten, wie wir sie in Kapitel 10, *Strukturgerüste und Applikationen*, gezeigt haben), sollten Sie sich eingehend mit diesen Werkzeugen auseinandersetzen.

Die Adresse der Website von Digital Creations ist *http://www.digicool.com*, ihre kostenlosen Werkzeuge finden Sie unter *http://www.digicool.com/site/Free/* und Zope unter *http://www.zope.org*.

Pythonware

Pythonware ist eine schwedische Python-Werkzeugschmiede, die derzeit einige Projekte entwickelt, unter anderem eine integrierte Entwicklungsumgebung für Python, einen Leichtgewichtsersatz für Tk auf Windows-Plattformen und ein Bildbearbeitungs-Stukturgerüst. Der Grund, weshalb wir hier etwas erwähnen, was eigentlich noch ein »Luftschloß« ist, ist der, daß die Leute von Pythonware bereits andere sehr nützliche Werkzeuge kostenlos herausgebracht haben und wir daraus schließen, daß man durchaus auf diese Produkte warten sollte. Die wichtigsten unter ihren kostenlosen Veröffentlichungen sind die Python Imaging Library (PIL), die wir in Kapitel 10 erwähnt haben, sowie die umfassendste Dokumentation für Tkinter weit und breit. PIL und andere Werkzeuge von Pythonware finden Sie auf deren Website unter *http://www.pythonware.com*.

Andere Module und Pakete

Es sind noch viele weitere Module und Pakete im Web erhältlich. Sie können sie an vielen Stellen finden:

- Im Abschnitt »Contributed Modules« unter *http://www.python.org/download/Contributed.html* sind Hunderte von Modulen zu unterschiedlichen Themen aufgelistet, inklusive Netzwerkwerkzeuge, Schnittstellen für Graphiken und Datenbanken sowie Systemschnittstellen.
- Die PyModule-FAQ ist eine sich immer weiterentwickelnde Liste von Modulen. Auch sie ist nach Kategorien geordnet und einsehbar unter *http://starship.python.net/crew/aaron_watters/faqwiz/contrib.cgi*.
- Die Starship-Crew stellt viele ihrer Werkzeuge zur Verfügung. Das Starship-Projekt ist eine Website, auf der jedes Mitglied der Python Software Association kostenlos eine Benutzerkennung, Platz für Webseiten und eigene Programme sowie Unterstützung durch andere Crew-Mitglieder erhalten kann. Details dazu finden Sie im letzten Kasten.

Einige Werkzeuge, die Sie in diesen drei Verzeichnissen finden, verdienen es, hervorgehoben zu werden, weil sie bemerkenswert nützlich sind.

Gadfly
: Eine SQL-Datenbankmaschine, die von Aaron Watters komplett in Python geschrieben wurde. Obwohl ihre Geschwindigkeit nicht mit der kommerziellen Hochleistungssoftware von kommerziellen Datenbankmaschinen-Anbietern vergleichbar ist, so schneidet sie doch im Vergleich mit Microsofts Access ganz gut ab. Gadfly ist unter *http://www.chordate.com/gadfly.html* zu finden.

Medusa
: Ein Strukturgerüst für Hochleistungs-Webserver, das von Sam Rushing ebenfalls komplett in Python geschrieben wurde. Durch den Einsatz eines Einzelprozeß-Multiplex-Ein-/Ausgabe-Servers bietet es hohe Performance für HTTP, FTP und andere IP-Dienste. Während es für nichtkommerzielle Nutzung kostenlos ist, sind kommerzielle Lizenzen etwas teurer.[4] Medusa ist unter *http://www.nightmare.com/medusa/* zu finden.

Wenn Sie nach Werkzeugen suchen, die Sie verwenden können, um Python-Programmierung zu unterrichten, sollten Sie die folgenden beiden Werkzeuge in Erwägung ziehen:

turtle.py
: Ein von Guido van Rossum geschriebenes Python-Modul, das seit Python 1.5.2 Teil der Standarddistribution ist. Es stellt einfache »Schildkrötengraphik« in einem Tk-Fenster zur Verfügung. Schidkrötengraphiken wurden häufig eingesetzt, um Kindern das Programmieren unter Verwendung der Logo-Sprache beizubringen.

4 Eigentlich nicht allzu sehr, und es lohnt sich. Reden Sie mal mit Sam :-) – Anm.d.Ü.

Alice
: Ein Programm für Laien zum Bearbeiten von interaktiven 3-D-Graphiken. Es wurde ursprünglich von einer Gruppe an der University of Virginia entwickelt, steht nun aber unter der Schirmherrschaft der Abteilung für Computerwissenschaften an der Carnegie-Mellon University. Siehe *http://alice.cs.cmu.edu/*.

Unterstützung für Emacs

Obgleich dies nicht wirklich Python-Software ist, gibt es doch sehr gute Unterstützung zum Editieren von Python-Code innerhalb des Emacs-Editors (auf allen Plattformen, für die Emacs verfügbar ist). Von Emacs aus können Sie syntaxgefärbten Python-Code editieren, die Funktionen, Klassen und Methoden innerhalb eines Puffers durchsuchen sowie den Python-Interpreter oder den Pdb-Python-Debugger starten – alles innerhalb eines der populärsten und stärksten verfügbaren Editoren. Informationen zum Python-Support in Emacs finden sich unter *http://www.python.org/emacs/*.

Python-Dokumentation und -Bücher

Es gibt drei Arten von publizierten Informationsquellen zu Python: die Standarddokumentation zu Python, publizierte Bücher und das Online-Material.

Die Standarddokumentation zu Python

Die Standarddokumentation umfaßt fünf einzelne Dokumente. Sie sind in zahlreichen Formaten (unter anderem HTML, PDF und PostScript) erhältlich unter *http://www.python.org/doc/*. Es handelt sich dabei um folgende fünf Teile:

Das Tutorial
: Eine »Schnelleinführung« in die Sprache, mit der die meisten Python-Programmierer Python gelernt haben. Sie setzt durchaus einiges an Programmierwissen voraus, so daß Neulinge sich stellenweise überrollt fühlen, und die objektorientierten Features werden auch nicht gebührend behandelt.

Das Bibliothekshandbuch
: Das wichtigste der Python-Bücher. In ihm sind alle eingebauten Funktionen, inklusive Methoden und Semantik der eingebauten Typen, aufgeführt, und es beschreibt nahezu alle Module, die die Standarddistribution ausmachen. Es lohnt sich, es auf der lokalen Festplatte zu haben und es zu Rate zu ziehen, wann immer Sie über eine Schnittstelle oder die Semantik einer Funktion im Zweifel sind oder sich gerade nicht an spezielle Methodennamen für die eingebauten Objekte erinnern.

Das Sprachhandbuch
: Die formalste Beschreibung der Sprache als solche. Es enthält eine präzise Definition der syntaktischen Operationen, der Vorrangsregeln usw. Die meisten Anwender ignorieren es einfach, aber es hat das letzte Wort bei komplizierten Details der Sprache.

Erweitern und Einbetten (Extending and Embedding)
In diesem Dokument werden die genauen Regeln für die Interaktion zwischen Python und C-Erweiterungen präzise beschrieben (und auch der einfachere Fall des Einbettens, wenn Python durch ein existierendes C- oder C++-Programm aufgerufen wird). Wenn Sie ein Erweiterungsmodul für Python schreiben möchten, definiert dieser Teil, was zu tun ist. Der Abschnitt über die Verfolgung von Referenzen ist besonders wichtig zum Aufspüren von Fehlern in solchen Modulen.

Das Python/C-API
Eine Beschreibung der internen Routinen, die Python verwendet. Sie können diese Routinen auch benutzen, um Python-Objekte aus C/C++-Programmen heraus zu bearbeiten, üblicherweise in Erweiterungsmodulen.

Die FAQ

Wie es bei vielen interessanten Themen im Internet der Fall ist, hat auch Python eine Liste häufig gestellter Fragen (Frequently Asked Questions) entwickelt. Sie ist unter *http://www.python.org/doc/FAQ.html* verfügbar und behandelt alles – von allgemeinen Informationen über Python (Name, Ursprünge, Designentscheidungen usw.) bis zu Problemen, die bei der Kompilierung oder Installation von Python auftreten, Programmierfragen und mehr. Die FAQ wird zum großen Teil von der Python-Gemeinde unterhalten. Jedes PSA-Mitglied kann sich bei einem Web-basierten Programm anmelden (ein CGI-Programm wie das, das wir in Kapitel 10 gesehen haben) und existierende Einträge aktualisieren oder neue hinzufügen. Daher ist die FAQ sowohl recht groß als auch sehr aktuell.

Andere Bücher

Es sind neben dem Buch, das Sie gerade in Händen halten, mindestens drei weitere Bücher im Handel erhältlich. Diese sind:

- *Programming Python* von Mark Lutz, erschienen bei O'Reilly & Associates. Dieses 860 Seiten starke Buch ist der logische, nächste Schritt nach diesem. Es behandelt das ganze hier besprochene Material noch eingehender und noch einiges mehr. Fast alle Aspekte von Python werden – unterlegt mit immer anspruchsvolleren Beispielen – besprochen. In *Programming Python* werden auch die Python/C-Integration und anspruchsvollere Applikationen wie Tkinter GUIs und Persistenz erläutert.
- *Internet Programming with Python* von Aaron Watters, Guido van Rossum und James Ahlstrom, erschienen bei M&T Books. Dieses 477 Seiten starke Buch gibt eine Einführung in fast alle Aspekte von Python, aber mit dem Schwerpunkt Schreiben von Programmen zum Erstellen von Webseiten.
- *Python – kurz & gut* von Mark Lutz, erschienen im O'Reilly Verlag. In diesem Büchlein von 75 Seiten werden die Kernaspekte der Syntax sowie die am häufigsten benutzten Module und ihre Funktionssignaturen aufgeführt. Es behandelt auch Python 1.5.1.

Andere Dokumentationsquellen

Die immense Anzahl der Webseiten, die Python-Module, Tips, Ratschläge für Anfänger, allgemeine Aufgaben usw. enthalten, macht es unmöglich, sie hier alle aufzuzählen. Statt dessen raten wir Ihnen, einfach im Web zu suchen, wobei Sie am besten auf der Website von Python anfangen. Einige PSA-Mitglieder (Ken Manheimer, Andrew Kuchling, Barry Warsaw und Guido van Rossum, um genau zu sein) verwenden ausgesprochen viel Mühe darauf, daß die Website immer vollständig und gut organisiert ist, so daß Sie keine Probleme haben sollten, zu finden, was Sie suchen. Für die meisten wichtigen Pakete und Module gibt es Webseiten und entsprechende Dokumentation.

Newsgruppen, Diskussionsgruppen und Hilfe per E-Mail

Python verdankt einen großen Anteil seines Wachstums einer weltweiten Gemeinde von Anwendern, die Informationen über Python per Internet austauschen. Das meiste des täglichen Austausches erfolgt in zahlreichen elektronischen Foren, die spezielle Ziele und Themen haben.

comp.lang.python/python-list

Der größte »öffentliche Raum« für Diskussionen über Python ist die Usenet-Newsgruppe *comp.lang.python*, die bidirektional als die Mailing-Liste *python-list@cwi.nl* weitergeleitet wird (allerdings gibt es Pläne, sie bei *python-list@python.org* anzugliedern). Wenn Sie noch keinen Zugang zu Usenet-Newsgruppen haben, können Sie *comp.lang.python* unter Verwendung des Dejanews-Services (*www.dejanews.com*) lesen oder die äquivalente Mailing-Liste *python-list* direkt abonnieren oder via eGroups-Service (*http://www.egroups.com/list/python-list/*) einsehen. Diese Mailing-Liste/Newsgruppe ist das richtige Forum, um Fragen zu stellen, spezielle Python-Probleme zu diskutieren, Jobs auszuschreiben etc.

comp.lang.python.announce/python-list-announce

Kürzlich entstand eine neue Newsgruppe mit dem Ziel, eine verkehrsberuhigte Liste nur für wichtige Python-bezogene Ankündigungen zu erstellen. Diese *comp.lang.python.announce*-Newsgruppe (ebenso als *python-list-announce@cwi.nl* umgelenkt) ist ein moderiertes Forum, so daß nur solche Beiträge, die angemessen erscheinen, durchgelassen werden.

python-help@python.org

Ein Charakteristikum dieser Usenet-Newsgruppe/Mailing-Liste ist, daß sie automatisch zu Zehntausenden von Lesern in der ganzen Welt gesendet wird. Während dies einerseits in fast allen Fällen eine schnelle Erwiderung ermöglicht (egal, zu welcher Uhrzeit, irgendwo auf der Welt liest gerade jemand die Python-Newsgruppe), kann gerade dies auch etwas einschüchternd sein, insbesondere für Neulinge. Ein privaterer Ort, Fragen zu stellen, ist die *python-help*-Adresse, die als Hilfetelefon fungiert. Wenn Sie an diese Liste schreiben, ist es immer gut, wenn Sie exakt angeben, welche Konfiguration Sie verwenden (Python-Version, Betriebssystem usw.), und Ihr Problem oder Ihre Frage präzise formulieren. Das hilft sehr, Ihr Problem zu verstehen und es hoffentlich schnell zu lösen.

Die SIGs

Eine weitere Reihe von Mailing-Listen sollte hier erwähnt werden. Die Hauptliste ist wegen ihres Themenumfangs besonders bemerkenswert. Manchmal jedoch entscheiden sich betroffene Einzelpersonen, gemeinsam an einem speziellen Problem, wie der Entwicklung einer wichtigen Erweiterung oder der Formalisierung einer Standardschnittstelle für ein Werkzeug oder eine Reihe von Werkzeugen, zu arbeiten. Diese Gruppen werden *special interest groups*, oder SIGs, genannt. Sie haben ihre eigenen Mailing-Listen, die Sie gerne durchblättern und an denen Sie aktiv teilnehmen können, wenn Sie das Thema interessiert. Erfolgreiche SIGs enthalten auch die Matrix-SIG, die Jim Hugunin dabei half, die numerischen Python-Erweiterungen zu entwickeln, die String-SIG, die unter anderem die Maschine für reguläre Ausdrücke hervorbrachte, und die XML-SIG, die Werkzeuge zum Analysieren und Bearbeiten von XML-Dokumenten (eXtensible Markup Language) entwickelt. Eine aktuelle Liste der derzeitig existierenden SIGs (sie lösen sich auf, wenn die Aufgabe gelöst ist, und neue Gruppen werden nach Bedarf gegründet) finden Sie unter *http://www.python.org/sigs/*. Jede SIG hat neben ihrer eigenen Mailing-Liste eine eigene Archiv-Seite und eine eigene Beschreibung.

JPython-interest

Es gibt auch eine Mailing-Liste, um spezifische Fragen zu JPython zu diskutieren. Es lohnt sich, sie zu lesen, wenn Sie an JPython interessiert sind – nicht zuletzt deshalb, weil sie ein Forum ist, in dem Jim Hugunin und Barry Warsaw Informationen zu JPython verbreiten und erbetenes Feedback geben. Informationen zu der Liste gibt es unter *http://www.python.org/mailman/listinfo/jpython-interest*.

Konferenzen

Obwohl vornehmlich elektronisch kommuniziert wird, organisiert die PSA auch regelmäßig Konferenzen. Diese Konferenzen sind für viele Leute das einzige Forum, bei dem sie ihre E-Mail-Kollegen einmal persönlich treffen.[5] Sie sind auch ein wichtiges Forum, um neue Arbeiten zu präsentieren, durch die Teilnahme an Tutorien und

5 Bisher haben sich Ihre beiden Autoren und Ihr Übersetzer nur auf Python-Konferenzen persönlich getroffen!

Gesprächen neue Aspekte von Python kennenzulernen, und ein Ort, um die zukünftige Richtung von Python zu diskutieren. Informationen zu den Konferenzen werden regelmäßig in der Newsgruppe veröffentlicht, wie auch auf der Website von Python angekündigt. Die letzten Konferenzen fanden unter anderem in Washington, San Jose, Livermore und in Houston statt; im Jahre 2000 wird es wieder Washington sein.

Support - Firmen, Berater, Training

Die letzte Gruppe von Ressourcen für Python-Anwender besteht aus Support-Firmen, Beratern und Trainern.

Python Professional Services, Inc., ist eine Firma, die ein breites Spektrum an technischem Support für Python und die verwandten Module anbietet. Ihr URL ist *http://www.pythonpros.com*.

Obwohl es derzeit noch keine Online-Liste von Python-Beratern gibt, stehen doch einige erfahrene Python-Anwender für kurz- und langfristige Berateraufgaben zur Verfügung. Suchen Sie bei *www.python.org* nach Informationen, und plazieren Sie gerne eine Anfrage bei einer der Python-Newsgruppen. Wenn Sie Ihre Anfragen eher privat halten wollen, schreiben Sie eine E-Mail an *python-help@python.org*.

Schließlich gibt es etliche Trainingsprogramme für Firmen, die ihre Angestellten am Rechner schulen möchten. Auch dazu gibt es derzeit keine allgemeine Liste, aber vielleicht schon zu dem Zeitpunkt, wenn Sie dieses Buch lesen. Auch hierfür schauen Sie bitte unter *http://www.python.org*, der Newsgruppe oder *python-help@python.org* nach.

Tim Peters

Er wird wirklich nicht dafür bezahlt – aber ein Typ namens Tim Peters ist bekannt dafür, daß er mehr Fragen zu Python in der Newsgruppe beantwortet, als für einen Normalsterblichen gut sein sollte. Seine Kommentare sind nicht nur klug und hilfreich, sondern manchmal auch unglaublich komisch. Es wird gesagt, daß er tatsächlich ein lebender Mensch ist, aber wir haben ihn noch nie persönlich getroffen – es besteht also immer noch die Möglichkeit, daß er nur ein nett zusammengeschustertes Python-Programm ist! Uns ist bisher nur ein einziger Mensch begegnet, der behauptet, Tim tatsächlich *getroffen* zu haben, und das ist Guido.[6] Ist schon merkwürdig....

6 Was auch immer Uncle Timmy sein mag, ganz sicher ist es *nicht* Guido <0.9 wink> – meint der Übersetzer, aber wer weiß ...

B

Plattformspezifische Themen

Dieser Anhang behandelt plattformspezifische Fragen: wo man die entsprechenden Distributionen von Python für jede einzelne Plattform (d.h. die Kombination aus Hardware und Betriebssystem) bekommt sowie alle wichtigen Hinweise bezüglich Kompatibilität oder Verfügbarkeit von Werkzeugen für Ihre Plattform.

Unix

Derzeit benutzen die meisten Anwender von Python Unix, wenngleich die Zahl der Windows-Benutzer stetig wächst. Es gibt mehrere Distributionen für Unix. Die übliche Methode, Python zu bekommen, ist, die Quelldistribution aus dem Web herunterzuladen (*http://www.python.org/download/download_source.html*) und Python selbst zu konfigurieren, zu erstellen und zu installieren. Vor einer Weile gab es den Versuch, auf der Website von Python eine Reihe vorkompilierter Binärdateien für die meisten Unix-Plattformen zur Verfügung zu stellen. Dieser Ansatz wurde jedoch wieder fallengelassen, weil er unmöglich zu unterhalten war: Es gibt einfach zu viele verschiedene Unix-Versionen und auf jeder der Versionen zu viele Möglichkeiten, Python zu konfigurieren.

Wir haben in diesem Buch die Python-Konfigurationen nicht erwähnt, weil wir zum größten Teil nur die Standarddistribution von Python behandelten. Jemand, der die Quelldistribution herunterlädt, wird jedoch schnell auf Verweise zu einer Datei namens *Setup* im *Modules*-Verzeichnis aufmerksam werden. Mit Hilfe dieser Datei können Sie festlegen, welche Module kompiliert werden sollen, für statisches oder dynamisches Binden. Die Reihe dieser optionalen Module verändert sich mit jeder Ausgabe und kann durch das Herunterladen von Erweiterungen Dritter noch umfangreicher werden.

Es gibt eine Ausnahme von der Regel »Keine binären Distributionen«, nämlich Linux. Bei den meisten Linux-Versionen ist Python bereits installiert, und einige benutzen es intensiv in ihrem Konfigurations-Verwaltungssystem. Hier ist es möglich, daß nicht immer die neueste Python-Version in der Linux-Auslieferung dabei ist. Oliver Andrich unterhält eine Reihe von RPMs (das sind Pakete in einem Standardformat für Red Hat Linux) der neuesten Python-Distributionen, inklusive der beliebtesten Erweiterungen. Sie sind verfügbar unter *http://www.python.org/download/download_linux.html.*

Unix-spezifische Erweiterungen

Für die meisten, wenn nicht gar für alle Unix-Versionen gibt es etliche Erweiterungen, unter anderem diese:

Standarddistribution

Es gibt Schnittstellen zu den wichtigsten Dienstleistungen unter Unix. Beispielsweise gibt es ein `pwd`-Modul, um mit der Paßwortdatei zu interagieren, ein `grp`-Modul, um die Unix-Gruppendatenbank zu bearbeiten, sowie Module, um zu den folgenden Funktionen Schnittstellen zu erzeugen: *crypt*-Bibliothek (`crypt`), *dbm/ndbm/gdbm*-Datenbank-Bibliotheken (`dbm` und `gdbm`), tty-I/O-Kontrollaufrufe (`termios`), Dateideskriptoren-E/A-Schnittstelle (`fcntl`), ein Modul, um Systemressourcen zu messen und zu kontrollieren (`resources`), ein Modul zum Verbinden mit den Systemprotokoll-Werkzeugen (`syslog`), ein Modul zum Einschließen des popen-Aufrufs, der das Verbinden mit Shell-Befehlen vereinfacht (`commands`), und schließlich ein Modul, das den Zugang zum stat-System ermöglicht, um solche Dinge wie die Modifikationszeit von Dateien zu finden (`stat`).

Die Standardbibliothek enthält auch Module, die auf speziellen Unix-Derivaten operieren, wie SGI und SunOS/Solaris:

SGI-spezifische Erweiterungen

Auf Systemen von Silicon Graphics enthält die Standarddistribution Module zur Erstellung von Schnittstellen mit der AL-Audio-Bibliothek (`al` und `AL`), der CD-Bibliothek (`cd`), der FORMS-Bibliothek von Mark Overmas (`fl`, `flp` und `FL`), dem Font-Manager (`fm`), der alten IRIX GL-Bibliothek (`gl`, `GL` und `DEVICE`)[1] und zum `imglib`-Bilddateiformat (`imgfile`).

SunOS-spezifische Erweiterungen

Auf SunOS/Solaris enthält die Standarddistribution ein Modul, das eine Schnittstelle zum Audiogerät ermöglicht, nämlich `sunaudiodev`.

Andere Unix-Ressourcen

Es wurden viele Module zur Unterstützung von Unix-Werkzeugen veröffentlicht oder auf Unix getestet. Darunter unter anderem Schnittstellen zu Audio-Subsystemen, Scannern und Kameras, die Schnittstelle zum X Window System und ihre abgestuften Tool-

1 Die OpenGL-Schnittstelle wird über alle Plattformen hinweg von einer Reihe von Modulen unterstützt, die derzeit von einem unserer Autoren (David Ascher) unterhalten wird. Sie ist unter *http://starship.python.net/~da/PyOpenGL/* erhältlich. Sie funktioniert zur Zeit auf SGI-Systemen sowie auf anderen Unix-Plattformen und unter Windows, und sie kann mit der OpenGL oder dem kompatiblen Mesa-Toolkit gebunden werden.

kits und viele andere. Am besten schauen Sie auf der Website von Python nach, wenn Sie nach einer speziellen Erweiterung suchen, von der Sie annehmen, daß sie bereits angekoppelt (interfaced) sein könnte.

Windows-spezifische Informationen

Die Windows-Plattform (Windows 95, 98 und NT) stellt den größten Wachstumsbereich für Python dar, sowohl, was die Anzahl der Anwender betrifft, als auch hinsichtlich der Anzahl der Erweiterungen. Auch wenn die Standarddistribution von *www.python.org* unter Windows ziemlich gut funktioniert, gibt es eine Reihe von Windows-spezifischen Erweiterungen als Teil des *win32all*-Pakets von Mark Hammond. Das *win32all*-Paket finden Sie unter *http://www.python.org/windows/win32all/*, es enthält einige mächtige Programme und Erweiterungen.

Am häufigsten sieht man das *Pythonwin*-Programm, das eine integrierte Entwicklungsumgebung für Python darstellt. Es liefert eine Schnittstelle zum interaktiven Interpreter (mit Tastatur-Kürzeln, Zeichensatz-Färbung, Tooltips usw.), einen Editor und einen Objekt-Browser (siehe Abbildung B-2). *Pythonwin* wendet in der Tat einige große Pakete an, mit denen Python viele der unter Windows verfügbaren Bibliotheken laufen lassen kann, wie die Microsoft Foundation Classes, die Schnittstelle zu ODBC-Datenbanken, NT-spezifische Dienste wie Protokollierung, Durchsatzkontrolle, speicherabgebildete Dateien, Kanäle, Zeitgeber und – was am wichtigsten ist – alles mit COM, Microsofts Common Object Model. Dies bedeutet, daß – wie wir schon in Kapitel 10, *Strukturgerüste und Applikationen*, erwähnten – jede moderne, für Windows geschriebene Software für Python skriptfähig sein sollte, wenn sie Skripting überhaupt unterstützt. Im allgemeinen können Sie fast alles, was Sie in weitverbreiteten Skriptsprachen tun, mit dem COM-Support in Python mindestens ebensogut tun. Python kann in Programmen wie dem Internet Explorer auch als ActiveX-Skriptmaschine benutzt werden.

Macintosh-spezifische Informationen

Die Macintosh-Plattform unterstützt Python auch vollständig, zum größten Teil dank Jack Jansen. Es gibt nur wenige Mac-spezifische Features, die man kennen muß. Zum einen können Sie aus Skripten Applets machen, so daß das Werfen einer Datei auf ein Skript dasselbe ist wie das Starten des Skripts mit dem Namen der Datei in *sys.argv*. Auch hat Just van Rossum (ja, er ist es: Guidos Bruder) eine integrierte Entwicklungsumgebung für Python auf dem Mac geschrieben. Sie ist in der Distribution enthalten, aber die neueste Version kann man immer unter *http://www.python.org/download/download_mac.html* finden. Abbildung B-2 zeigt Justs Debugger bei der Arbeit.

Es gibt auch einige Module, die Schnittstellen zu Mac-spezifischen Diensten liefern und als Teil der MacPython-Distribution zur Verfügung stehen. Darunter sind Schnittstellen zu Apple Events, zu den Managern für Komponenten, Kontrolle, Dialoge, Ereignisse, Fonts, Listen und Menüs, QuickDraw, QuickTime, den Resource-, Scrap- und Sound-Managern, TextEdit und dem Fenstermanager.

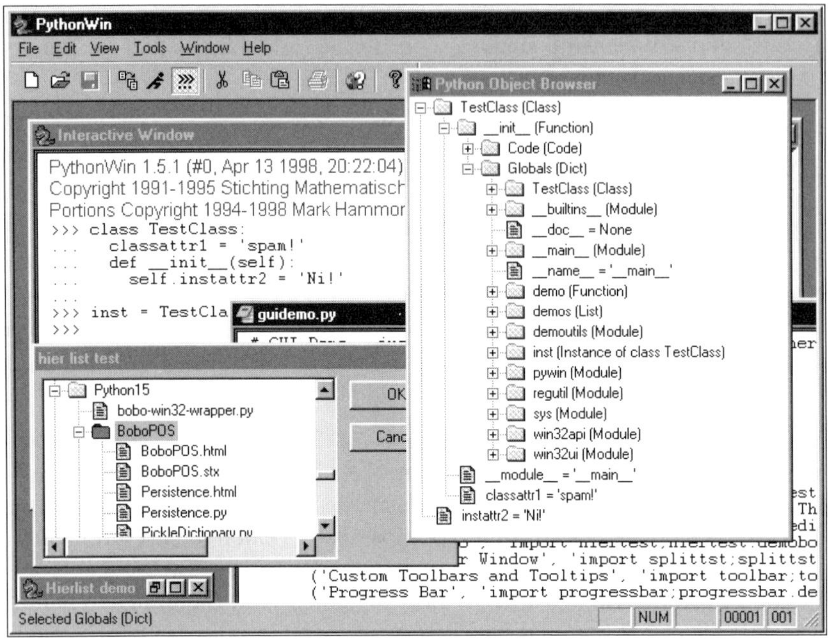

Abbildung B-1: Pythonwin in Aktion

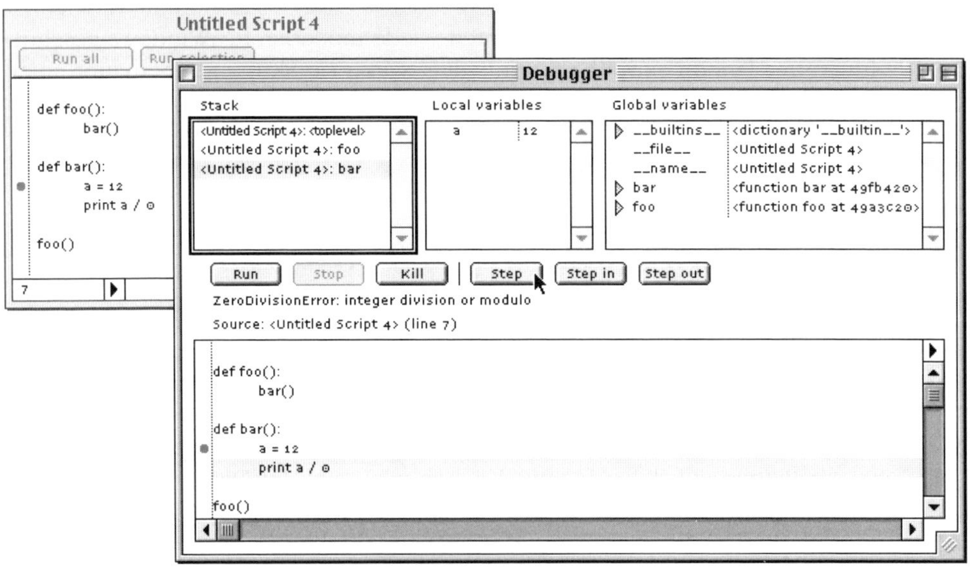

Abbildung B-2: Macintosh IDEs Debugger in Aktion

Ebenso enthalten (und dokumentiert in einem Anhang zum Bibliothekshandbuch, erhältlich unter *http://www.python.org/doc/mac/*) sind Schnittstellen, die die Module `os` und `os.path` implementieren, Schnittstellen zur Communications Tool Box, DNS, FSSpec, Alias Manager, Finder-Aliase und das Standard File-Paket, Internet Config, MacTCP, der Speech Manager und mehr.

Java

Wie wir in Kapitel 10 bereits erläutert haben, ist JPython eine vollständige Implementierung von Python für Java von Jim Hugunin. Von allen in diesem Anhang beschriebenen Portierungen bildet diese eine Ausnahme, da sie nichts von der C-Codebasis (aber nahezu alles von der Python-Codebasis) der Referenz-Implementierung von Python teilt. Die Homepage für JPython ist *http://www.python.org/jpython/*. Die Erweiterungen zu JPython sind dieselben wie die der verfügbaren Java-Bibliotheken. Mit anderen Worten, es ist eine lange Liste. Die Website von Sun bietet dazu umfangreiche Informationen (*http://java.sun.com*).

Andere Plattformen

Viele erfindungsreiche Geister haben Python mehr oder weniger komplett auf eine Vielzahl anderer Plattformen portiert. In Tabelle B-1 sind alle möglichen Portierungen, jede Plattform, der Autor oder derjenige, der die Portierung unterhält, und der URL, wo Sie weitere Informationen finden können, aufgeführt.

Tabelle B-1: Informationsquellen

Plattform	Autor/Sorgetragender	URL
Amiga	Irmen De Jong	*http://www.geocities.com/ResearchTriangle/Lab/3172/python.html*
BeOS	Chris Herborth	*http://www.qnx.com/~chrish/Be/software/#programming*
Windows CE	Brian Lloyd	*http://www.digicool.com/~brian/PythonCE/index.html*
DOS/Windows 3.1	Hans Novak	*http://www.cuci.nl/~hnowak/python/python.htm*
QNX	Chris Herborth	*ftp://ftp.qnx.com/usr/free/qnx4/os/language/python-1.5.tgz*
Psion Series 5	Duncan Booth	*http://dales.rmplc.co.uk/Duncan/PyPsion.htm*
OpenVMS	Uwe Zessin	*http://decus.decus.de/~zessin/*
VxWorks	Jeff Stearns	*mailto:jeffstearns@home.com*

C

Lösungen der Übungen

Kapitel 1, Einleitung

1. *Interaktion.* Angenommen, Ihr Python ist ordentlich konfiguriert, dann sollten Sie an einer Interaktion wie dieser teilnehmen:

```
% python
Copyright-Informationszeilen...
>>> "Hallo Welt!"
'Hallo Welt!'
>>>                         # <STRG-D oder STRG-Z zum Beenden>
```

2. *Programme.* So sollten Ihre Interaktionen mit Code (d.h. Modul), Datei und Systemeingabe in etwa aussehen:

```
% cat  module1.py
print 'Hallo Modulwelt!'

% python module1.py
Hallo Modulwelt!
```

3. *Module.* Die folgende Sitzung illustriert das Ablaufenlassen eines Moduls durch Import. Beachten Sie, daß Sie es neu laden müssen, wenn Sie den Interpreter nicht stoppen und erneut starten möchten. Die Sache mit dem Verschieben der Datei in ein anderes Verzeichnis und ihrem erneuten Importieren ist eine Fangfrage: Wenn Python eine Datei *module1.pyc* im Originalverzeichnis erzeugt, benutzt es diese auch, wenn Sie das Modul importieren, auch wenn die Quelldatei (*.py*) in ein Verzeichnis außerhalb des Suchpfads von Python verschoben wurde. Die *.pyc*-Datei wird automatisch geschrieben, wenn Python Schreibzugriff auf das Verzeichnis der Quelldatei hat, und sie enthält die kompilierte Bytecode-Version des Moduls. Wir sehen uns diesen Mechanismus in Kapitel 6, *Module*, genauer an.

```
% python
>>> import  module1
Hallo Modulwelt!
>>>
```

4. *Skripten*. Angenommen, Ihre Plattform unterstützt den Trick mit `#!`, so wird Ihre Lösung wie folgt aussehen (obwohl Ihre `#!` -Zeile einen anderen Pfad auf Ihrem Rechner anzeigen könnte):

```
% cat  module1.py
#!/usr/local/bin/python            (oder #!/usr/bin/env python)
print 'Hallo Modulwelt!'

% chmod +x module1.py

% module1.py
Hallo Modulwelt!
```

5. *Fehler*. Die untenstehende Sitzung demonstriert die Art von Fehlermeldung, die Sie beim Vervollständigen der Übung erhalten. Sie lösen in der Tat Python-*Ausnahmen* aus. Das Standardverhalten bei Fehlern beendet das laufende Python-Programm und zeigt eine Fehlermeldung und den Stapelspeicher am Bildschirm an. Der Stapelauszug sagt Ihnen, an welcher Stelle im Programm Sie gerade waren, als der Fehler auftrat (dies ist hier nicht sehr interessant, weil die Ausnahme in der interaktiven Eingabe auftrat und keine Funktionsaufrufe in Bearbeitung waren). In Kapitel 7, *Ausnahmen*, werden Sie sehen, daß man Ausnahmen auffangen und gebührend behandeln kann. Ebenso werden Sie Pythons ausgereiften Quellcode-Debugger kennenlernen, für besondere Anforderungen bei der Fehlersuche. Im Moment merken Sie sich nur, daß Python sinnvolle Meldungen ausgibt, wenn Programmfehler auftreten (anstatt still und leise abzustürzen):

```
% python
>>> 1 / 0
Traceback (innermost last):
  File "<stdin>", line 1, in ?
ZeroDivisionError: integer division or modulo
>>>
>>> x
Traceback (innermost last):
  File "<stdin>", line 1, in ?
NameError: x
```

6. *Unterbrechungen*. Wenn Sie diesen Code eingeben

```
L = [1, 2]
L.append(L)
```

erzeugen Sie eine *kreisförmige* Struktur in Python. In Python-Versionen vor 1.5.1 war der »Drucker« nicht schlau genug, um Kreise in Objekten zu erkennen, und er würde eine unendliche Folge von `[1, 2, [1, 2, [1, 2, [1, 2,` und so weiter ausgeben, bis Sie die Unterbrechungs-Tastenkombination Ihres Rechners betätigen (die technisch gesehen eine Tastatur-Unterbrechungsausnahme auslöst, die eine Standardmeldung auf oberer Ebene ausgibt, sofern Sie dies nicht in einem Programm abfangen). Seit Python Version 1.5.1 ist der »Drucker« schlau genug, Zyklen zu entdecken und statt dessen `[[...]]` auszugeben.

Der Grund, warum ein Zyklus entsteht, ist sehr schwer zu erklären und erfordert Informationen aus Kapitel 2, *Typen und Operatoren*. Aber kurz gesagt, erzeugt Zuweisung bei Python immer Verweise auf Objekte (was Sie sich als implizites Zeigerverfolgen vorstellen können). Wenn Sie die erste Zuweisung von oben ausführen, dann wird der Name `L` zu einer benannten Referenz auf ein zweielementiges Listen-Objekt. Nun sind Python-Listen eigentlich Felder aus Objektreferenzen mit einer `append`-Methode, die das Feld an Ort und Stelle durch Anhängen einer neuen Objektreferenz ändert. In unserem Fall fügt der `append`-Aufruf einen Verweis auf den Anfang von L an das Ende von L an, was zu dem in Abbildung C-1 dargestellten Zyklus führt. Ob Sie es glauben oder nicht, manchmal können zyklische Datenstrukturen nützlich sein (beim Drucken allerdings eher weniger!).

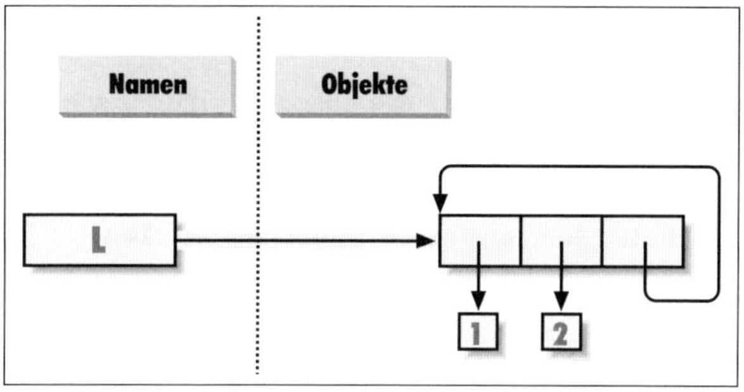

Abbildung C-1: Eine zyklische Liste

Kapitel 2, Typen und Operatoren

1. *Die Grundlagen*. Hier ist die Art Ausgabe, die Sie erhalten sollten, und dazu ein paar Kommentare über deren Bedeutung:

Zahlen

```
>>> 2 ** 16              # 2 hoch 16
65536
>>> 2 / 5, 2 / 5.0       # Integer /schneidet ab, float / schneidet nicht ab
(0, 0.4)
```

Strings

```
>>> "spam" + "eggs"      # Aneinanderhängen
'spameggs'
>>> S = "ham"
>>> "eggs " + S
'eggs ham'
>>> S * 5                # Wiederholung
'hamhamhamhamham'
>>> S[:0]                # ein leerer Teilbereich am Anfang -- [0:0]
''
```

```
>>> "green %s and %s" % ("eggs", S)  # Formatierung
'green eggs and ham'
```

Tupel

```
>>> ('x',)[0]             # Indizierung eines einelementigen Tupels
'x'
>>> ('x', 'y')[1]         # Indizierung eines zweielementigen Tupels
'y'
```

Listen

```
>>> L = [1,2,3] + [4,5,6]              # Listenoperationen
>>> L, L[:], L[:0], L[-2], L[-2:]
([1, 2, 3, 4, 5, 6], [1, 2, 3, 4, 5, 6], [], 5, [5, 6])
>>> ([1,2,3]+[4,5,6])[2:4]
[3, 4]
>>> [L[2], L[3]]          # Holen durch Versatz, speichern in einer Liste
[3, 4]
>>> L.reverse(); L        # Methode: Kehre Liste an Ort und Stelle um
[6, 5, 4, 3, 2, 1]
>>> L.sort(); L           # Methode: Sortiere Liste an Ort und Stelle
[1, 2, 3, 4, 5, 6]
>>> L.index(4)            # Methode: Position der ersten 4 (Suche)
3
```

Dictionaries

```
>>> {'a':1, 'b':2}['b']  # Indiziere Dictionary mit Schlüssel
2
>>> D = {'x':1, 'y':2, 'z':3}
>>> D['w'] = 0            # Erzeuge neuen Eintrag
>>> D['x'] + D['w']
1
>>> D[(1,2,3)] = 4        # Hier ein Tupel als Schlüssel (unveränderlich)
>>> D
{'w': 0, 'z': 3, 'y': 2, (1, 2, 3): 4, 'x': 1}
>>> D.keys(), D.values(), D.has_key((1,2,3))          # Methoden
(['w', 'z', 'y', (1, 2, 3), 'x'], [0, 3, 2, 4, 1], 1)
```

Leere

```
>>> [[]], ["",[],(),{},None]          # Jede Menge Garnichts
([[]], ['', [], (), {}, None])
```

2. *Indizierung und Slicing.*

   a. Indizierung außerhalb der Grenzen (etwa `L[4]`) erzeugt einen Fehler. Python prüft dies immer, um sicherzustellen, daß alle Indizes innerhalb der Grenzen einer Sequenz liegen (anders als in C, wo falsche Indizes fröhlich Ihr System zusammenbrechen lassen können).

   b. Andererseits funktioniert »Slicing« (Teilbereiche bilden) außerhalb der Grenzen (wie `L[-1000:100]`), weil Python Teilbereiche außerhalb der Grenzen so skaliert, daß sie immer passen (sie werden auf null und die Sequenzlänge gesetzt, wenn nötig).

c. Das Rückwärts-Extrahieren einer Sequenz – mit Untergrenze > Obergrenze (z.B. `L[3:1]`) – funktioniert nicht wirklich. Sie erhalten einen leeren Teilbereich zurück (`[]`), weil Python die Grenzen immer so skaliert, daß die Untergrenze kleiner oder gleich der Obergrenze ist (`L[3:1]` wird etwa zu `L[3:3]` skaliert, dem leeren Einfügepunkt hinter Versatz 3). Python-Teilbereiche werden immer von links nach rechts extrahiert, auch wenn Sie negative Indizes benutzen (sie werden zunächst durch Addition der Länge zu positiven Indizes konvertiert).

```
>>> L = [1, 2, 3, 4]
>>> L[4]
Traceback (innermost last):
  File "<stdin>", line 1, in ?
IndexError: list index out of range
>>> L[-1000:100]
[1, 2, 3, 4]
>>> L[3:1]
[]
>>> L
[1, 2, 3, 4]
>>> L[3:1] = ['?']
>>> L
[1, 2, 3, '?', 4]
```

3. *Indizierung, Slicing und die del-Anweisung.* Ihre interaktive Sitzung sollte in etwa wie unten aussehen. Beachten Sie, daß das Zuweisen einer leeren Liste an einen Index dort eine leere Liste speichert, während Zuweisung an einen Teilbereich diesen löscht. Teilbereich-Zuweisung erwartet eine weitere Sequenz, oder Sie werden einen Fehler erhalten.

```
>>> L = [1,2,3,4]
>>> L[2] = []
>>> L
[1, 2, [], 4]
>>> L[2:3] = []
>>> L
[1, 2, 4]
>>> del L[0]
>>> L
[2, 4]
>>> del L[1:]
>>> L
[2]
>>> L[1:2] = 1
Traceback (innermost last):
  File "<stdin>", line 1, in ?
TypeError: illegal argument type for built-in operation
```

4. *Tupel-Zuordnung*. Die Werte von X und Y werden vertauscht. Wenn auf der linken und rechten Seite eines Zuweisungsoperators (=) Tupel auftauchen, weist Python Objekte auf der rechten Seite an Ziele auf der linken zu, in der Reihenfolge, wie sie kommen. Dies ist wahrscheinlich am einfachsten zu verstehen, wenn man weiß, daß Ziele auf der linken Seite gar kein richtiges Tupel sind, auch wenn es so aussieht. Sie sind einfach nur eine Menge von unabhängigen Zuweisungszielen. Die Dinge auf der rechten Seite *sind* ein Tupel, das während der Zuweisung entpackt wird (das Tupel liefert die temporäre Zuweisung, die für den Vertauschungseffekt benötigt wird).

```
>>> X = 'spam'
>>> Y = 'eggs'
>>> X, Y = Y, X
>>> X
'eggs'
>>> Y
'spam'
```

5. *Dictionary-Schlüssel*. Jedes unveränderliche Objekt kann als Dictionary-Schlüssel dienen – Integer, Tupel, Strings und so weiter. Das hier ist wirklich ein Dictionary, obwohl einige seiner Schlüssel wie Integer-Indizes aussehen. Schlüssel gemischten Typs funktionieren ebenso ohne Probleme.

```
>>> D = {}
>>> D[1] = 'a'
>>> D[2] = 'b'
>>> D[(1, 2, 3)] = 'c'
>>> D
{1: 'a', 2: 'b', (1, 2, 3): 'c'}
```

6. *Dictionary-Indizierung*. Während Indizierung mit einem nicht vorhandenen Schlüssel (D['d']) einen Fehler auslöst, erzeugt das Zuweisen an einen unbekannten Schlüssel (D['d'] = 'spam') einen neuen Eintrag im Dictionary. Andererseits ergibt auch das Indizieren in Listen außerhalb der Grenzen einen Fehler, auch beim Zuweisen. Variablennamen verhalten sich wie Dictionary-Schlüssel: Sie müssen bereits zugewiesen worden sein, bevor sie referenziert werden, aber beim ersten Zuweisen werden sie angelegt. Tatsächlich können Sie Variablennamen in Form von Dictionary-Schlüsseln verarbeiten (sie sind in Dictionaries für Modul-Namensräume oder Stapel-Rahmen sichtbar).

```
>>> D = {'a':1, 'b':2, 'c':3}
>>> D['a']
1
>>> D['d']
Traceback (innermost last):
  File "<stdin>", line 1, in ?
KeyError: d
>>> D['d'] = 4
>>> D
{'b': 2, 'd': 4, 'a': 1, 'c': 3}
>>>
>>> L = [0,1]
>>> L[2]
```

```
Traceback (innermost last):
  File "<stdin>", line 1, in ?
IndexError: list index out of range
>>> L[2] = 3
Traceback (innermost last):
  File "<stdin>", line 1, in ?
IndexError: list assignment index out of range
```

7. *Generische Operationen.*

   a. Der +-Operator funktioniert nicht mit verschiedenen/gemischten Typen (z.B. String + Liste, Liste + Tupel).

   b. + funktioniert bei Dictionaries überhaupt nicht, da sie keine Sequenzen sind.

   c. Die append-Methode funktioniert nur bei Listen, nicht bei Strings, und keys funktioniert nur bei Dictionaries. append geht davon aus, daß sein Ziel veränderlich ist, weil es eine Erweiterung an Ort und Stelle ist; Strings sind aber unveränderlich.

   d. Teilbereichsbildung und Verkettung geben immer ein neues Objekt des gleichen Typs wie die verarbeiteten Objekte zurück.

```
>>> "x" + 1
Traceback (innermost last):
  File "<stdin>", line 1, in ?
TypeError: illegal argument type for built-in operation
>>>
>>> {} + {}
Traceback (innermost last):
  File "<stdin>", line 1, in ?
TypeError: bad operand type(s) for +
>>>
>>> [].append(9)
>>> "".append('s')
Traceback (innermost last):
  File "<stdin>", line 1, in ?
AttributeError: attribute-less object
>>>
>>> {}.keys()
[]
>>> [].keys()
Traceback (innermost last):
  File "<stdin>", line 1, in ?
AttributeError: keys
>>>
>>> [][:]
[]
>>> ""[:]
''
```

8. *String-Indizierung.* Da Strings Aneinanderreihungen von Einzelzeichen-Strings sind, bekommen Sie beim Indizieren von Strings immer wieder Strings zurück, die wiederum indiziert werden können. `S[0][0][0][0][0]` indiziert nur immer wieder und wieder den ersten Buchstaben. Dies funktioniert im allgemeinen nicht bei Listen (die wer weiß was für Elemente enthalten können), außer die Liste enthält Strings.

```
>>> S = "spam"
>>> S[0][0][0][0][0]
's'
>>> L = ['s', 'p']
>>> L[0][0][0]
's'
```

9. *Unveränderliche Typen.* Jede der folgenden Lösungen funktioniert. Indizierte Zuweisung funktioniert nicht, weil Strings nun mal unveränderlich sind.

```
>>> S = "spam"
>>> S = S[0] + 'l' + S[2:]
>>> S
'slam'
>>> S = S[0] + 'l' + S[2] + S[3]
>>> S
'slam'
```

10. *Verschachteln.* Sie werden unterschiedlich weit kommen.

```
>>> me = {'name':('mark', 'e', 'lutz'), 'age':'?', 'job':'engineer'}
>>> me['job']
'engineer'
>>> me['name'][2]
'lutz'
```

11. *Dateien.*

```
% cat maker.py
file = open('myfile.txt', 'w')
file.write('Hello file world!\n')
file.close()                          # close ist nicht immer nötig

% cat reader.py
file = open('myfile.txt', 'r')
print file.read()

% python maker.py
% python reader.py
Hello file world!

% ls -l myfile.txt
-rwxrwxrwa   1 0        0              19 Apr 13 16:33 myfile.txt
```

12. *Die dir-Funktion.* Folgendes bekommen Sie bei Listen. Dictionaries tun dasselbe (aber mit anderen Methodennamen).

```
>>> [].__methods__
['append', 'count', 'index', 'insert', 'remove', 'reverse', 'sort']
>>> dir([])
['append', 'count', 'index', 'insert', 'remove', 'reverse', 'sort']
```

Kapitel 3, Elementare Anweisungen

1. *Das Codieren einfacher Schleifen.* Wenn Sie sich durch diese Übung arbeiten, werden Sie bei Code landen, der in etwa so aussieht:

```
>>> S = 'spam'
>>> for c in S:
...     print ord(c)
...
115
112
97
109

>>> x = 0
>>> for c in S: x = x + ord(c)
...
>>> x
433

>>> x = []
>>> for c in S: x.append(ord(c))
...
>>> x
[115, 112, 97, 109]

>>> map(ord, S)
[115, 112, 97, 109]
```

2. *Backslash-Zeichen.* Das Beispiel gibt 50mal das »Bell«-Zeichen[1] aus. Vorausgesetzt, Ihr Rechner kommt damit klar, werden Sie eine Serie von Pieptönen hören (oder einen sehr langen Ton, wenn Ihr Rechner schnell ist). Ja nun – wir hatten Sie gewarnt.

3. *Sortieren von Dictionaries.* Hier ist ein möglicher Lösungsweg für diese Übung. Schlagen Sie in Kapitel 2 nach, wenn dies unklar ist:

```
>>> D = {'a':1, 'b':2, 'c':3, 'd':4, 'e':5, 'f':6, 'g':7}
>>> D
{'f': 6, 'c': 3, 'a': 1, 'g': 7, 'e': 5, 'd': 4, 'b': 2}
>>>
>>> keys = D.keys()
>>> keys.sort()
>>> for key in keys:
...     print key, '=>', D[key]
...
a => 1
b => 2
c => 3
d => 4
```

1 Signalton, nicht etwa »Wuff« :-)

```
e => 5
f => 6
g => 7
```

4. *Programmlogik-Alternativen.* So haben wir das programmiert. Ihre Lösung kann sich durchaus etwas unterscheiden.

a.

```
L = [1, 2, 4, 8, 16, 32, 64]
X = 5

i = 0
while i < len(L):
    if 2 ** X == L[i]:
        print 'bei index', i
        break
    i = i+1
else:
    print X, 'nicht gefunden'
```

b.

```
L = [1, 2, 4, 8, 16, 32, 64]
X = 5

for p in L:
    if (2 ** X) == p:
        print (2 ** X), 'wurde gefunden bei', L.index(p)
        break
else:
    print X, 'nicht gefunden'
```

c.

```
L = [1, 2, 4, 8, 16, 32, 64]
X = 5

if (2 ** X) in L:
    print (2 ** X), 'wurde gefunden bei', L.index(2 ** X)
else:
    print X, 'nicht gefunden'
```

d.

```
X = 5
L = []
for i in range(7): L.append(2 ** i)
print L

if (2 ** X) in L:
    print (2 ** X), 'wurde gefunden bei', L.index(2 ** X)
else:
    print X, 'nicht gefunden'
```

e.

```
X = 5
L = map(lambda x: 2**x, range(7))
print L

if (2 ** X) in L:
    print (2 ** X), 'wurde gefunden bei', L.index(2 ** X)
else:
    print X, 'nicht gefunden'
```

Kapitel 4, Funktionen

1. *Grundlagen.*

```
% python
>>> def  func(x): print x
...
>>> func("spam")
spam
>>> func(42)
42
>>> func([1, 2, 3])
[1, 2, 3]
>>> func({'food': 'spam'})
{'food': 'spam'}
```

2. *Argumente.* So könnte eine Lösung aussehen. Sie müssen `print` benutzen, um in den Testaufrufen Ergebnisse zu sehen, weil eine Datei etwas anderes ist als interaktiv eingegebener Code: Python erzeugt kein Echo von Ergebnissen von Ausdrükken in Dateien.

```
% cat mod.py
def adder(x, y):
    return x + y

print adder(2, 3)
print adder('spam', 'eggs')
print adder(['a', 'b'], ['c', 'd'])

% python mod.py
5
spameggs
['a', 'b', 'c', 'd']
```

3. *Variable Argumente.* Der folgende Code zeigt zwei Varianten der `adder`-Funktion. Die Schwierigkeit liegt hier darin, wie man einen Akkumulator mit einem leeren Wert jedweden Typs initialisieren soll. In der ersten Lösung benutzen wir einen manuellen Typtest, um entweder ein Integer oder einen leeren Teilbereich des ersten Arguments zur Initialisierung zu benutzen (unter der Annahme, daß es eine Sequenz ist). In der zweiten Lösung benutzen wir hingegen einfach das erste Element und bearbeiten dann Element 2 und folgende. Die zweite Lösung ist besser

(und stammt zugegebenermaßen von Studenten in einem Python-Kurs, die sich mit der ersten Lösung schwer taten). Beide setzen voraus, daß alle Argumente den gleichen Typ haben, und beide funktionieren nicht mit Dictionaries. Wie in Kapitel 2 gesehen, funktioniert + nicht mit gemischten Typen oder Dictionaries. Wir könnten eine Typprüfung und speziellen Code zur Addition von Dictionaries hinzufügen, aber das würde an dieser Stelle zu weit führen.

```
% cat adders.py

def adder1(*args):
    print 'adder1',
    if type(args[0]) == type(0):    # Integer?
         sum = 0                    # setze auf null
    else:                           # else: eine Sequenz
         sum = args[0][:0]          # benutze leeren Ausschnitt von arg1
    for arg in args:
        sum = sum + arg
    return sum

def adder2(*args):
    print 'adder2',
    sum = args[0]                # initialisiere mit arg1
    for next in args[1:]:
        sum = sum + next         # addiere Argumente 2..N
    return sum

for func in (adder1, adder2):
    print func(2, 3, 4)
    print func('spam', 'eggs', 'toast')
    print func(['a', 'b'], ['c', 'd'], ['e', 'f'])

% python adders.py
adder1 9
adder1 spameggstoast
adder1 ['a', 'b', 'c', 'd', 'e', 'f']
adder2 9
adder2 spameggstoast
adder2 ['a', 'b', 'c', 'd', 'e', 'f']
```

4. *Schlüsselwörter.* Hier unsere Lösung für den ersten Teil. Um über eine Reihe von Schlüsselwort-Argumenten zu iterieren, benutzt man im Funktionskopf eine Variable wie `**args` und schreibt dann eine Schleife wie `for x in args.keys(): use args[x]`

```
% cat mod.py
def adder(good=1, bad=2, ugly=3):
    return good + bad + ugly

print adder()
print adder(5)
print adder(5, 6)
print adder(5, 6, 7)
print adder(ugly=7, good=6, bad=5)
```

```
% python mod.py
6
10
14
18
18
```

5. und 6. Das sind unsere Lösungen für Übung 5 und 6, aber Guido hat sie bereits überflüssig gemacht. Python 1.5 enthält neue Dictionary-Methoden, mit denen man Dinge wie Kopieren und Addieren (Mischen) von Dictionaries erledigen kann. Schauen Sie für weitere Details in das Bibliothekshandbuch von Python oder in *Python – kurz & gut*. `X[:]` funktioniert nicht bei Dictionaries, weil es keine Sequenzen sind (siehe Kapitel 2). Beachten Sie, daß – wenn wir zuweisen (`e = d`), statt zu kopieren – eine Referenz zu einem gemeinsam genutzten Dictionary-Objekt entsteht, und Änderungen von `d` betreffen dann auch `e`.

```
% cat dict.py

def copyDict(old):
    new = {}
    for key in old.keys():
        new[key] = old[key]
    return new

def addDict(d1, d2):
    new = {}
    for key in d1.keys():
        new[key] = d1[key]
    for key in d2.keys():
        new[key] = d2[key]
    return new

% python
>>> from dict import *
>>> d = {1:1, 2:2}
>>> e = copyDict(d)
>>> d[2] = '?'
>>> d
{1: 1, 2: '?'}
>>> e
{1: 1, 2: 2}

>>> x = {1:1}
>>> y = {2:2}
>>> z = addDict(x, y)
>>> z
{1: 1, 2: 2}
```

7. *Mehr Beispiele zum Abgleich von Argumenten*. Hier ist in etwa die Interaktion, zu der Sie gelangen sollten, und ein paar Kommentare dazu:

```
def f1(a, b): print a, b            # normale Argumente

def f2(a, *b): print a, b           # variable Positionsargumente
```

```
def f3(a, **b): print a, b             # variable Schlüsselwortargumente

def f4(a, *b, **c): print a, b, c      # gemischter Modus

def f5(a, b=2, c=3): print a, b, c     # Voreinstellungen

def f6(a, b=2, *c): print a, b, c      # ... auch mit Positionsargumenten


% python
>>> f1(1, 2)                 # Vergleich per Position (Reihenfolge wichtig)
1 2
>>> f1(b=2, a=1)             # Vergleich per Name (Reihenfolge egal)
1 2

>>> f2(1, 2, 3)              # Positions-Extras in einem Tupel
1 (2, 3)

>>> f3(1, x=2, y=3)          # Schlüssel-Extras in einem Dictionary
1 {'x': 2, 'y': 3}

>>> f4(1, 2, 3, x=2, y=3)    # hier haben wir beides
1 (2, 3) {'x': 2, 'y': 3}

>>> f5(1)                    # beide Defaults werden genommen
1 2 3
>>> f5(1, 4)                 # hier wird nur einer benutzt
1 4 3

>>> f6(1)                    # ein Argument: paßt auf "a"
1 2 ()
>>> f6(1, 3, 4)              # weitere Positions-Extras dabei
1 3 (4,)
```

Kapitel 5, Module

1. *Grundlagen, Import.* Das ist einfacher, als Sie vielleicht denken. Wenn Sie fertig sind, sollten Ihre Datei und Ihre Sitzung ähnlich dem folgenden Code sein. Erinnern Sie sich, daß Python eine ganze Datei in einen String oder eine Zeilenliste einlesen kann, und das eingebaute `len` gibt die Länge von Strings und Listen zurück:

```
% cat mymod.py

def countLines(name):
    file = open(name, 'r')
    return len(file.readlines())

def countChars(name):
    return len(open(name, 'r').read())

def test(name):             # Alternative: offene Datei als Parameter?
    return countLines(name), countChars(name)
```

```
    # Und wenn Sie wollen, das Ergebnis als Dictionary? Wie?

% python
>>> import mymod
>>> mymod.test('mymod.py')
(10, 291)
```

Unter Unix können Sie Ihr Ergebnis mit einem `wc` -Kommando (word count) überprüfen. Es trifft sich, daß Sie die `seek`-Methode des eingebauten Datei-Objekts benötigen, wenn Sie den »ambitionierten« Teil erledigen wollen (ein Datei-Objekt übergeben, so daß die Datei nur einmal geöffnet werden muß). Wir haben es im Text nicht erwähnt, aber es geht genauso wie mit dem `fseek` -Aufruf von C (und eben dieser tut es auch, im Hintergrund). `seek` setzt die aktuelle Position in der Datei auf einen übergebenen Versatz. Um ohne neuerliches Öffnen und Schließen an den Anfang der Datei zu gelangen, rufen Sie *file.seek(0)*auf. Die Lesemethoden der Datei setzen alle bei der aktuellen Position auf, also müssen Sie die Datei vor dem erneuten Lesen zurückspulen. Hier sehen Sie, wie diese Variante aussehen könnte:

```
% cat mymod2.py
def countLines(file):
    file.seek(0)                        # an den Dateianfang zurückspulen
    return len(file.readlines())

def countChars(file):
    file.seek(0)                        # ebenso (zurück, wenn nötig)
    return len(file.read())

def test(name):
    file = open(name, 'r')                        # Datei-Objekt
    return countLines(file), countChars(file)     # nur einmal geöffnet

>>> import mymod2
>>> mymod2.test("mymod2.py")
(11, 392)
```

2. *from/from**. Dies ist der `from*`-Teil. Ersetzen Sie `*` durch `countChars`, und das war's:

```
% python
>>> from mymod import *
>>> countChars("mymod.py")
291
```

3. *__main__*. Wenn Sie es ordentlich programmieren, funktioniert es immer (beim Programmstart oder Modulimport):

```
% cat mymod.py
def countLines(name):
    file = open(name, 'r')
    return len(file.readlines())

def countChars(name):
    return len(open(name, 'r').read())

def test(name):              # Alternative: offene Datei als Parameter?
```

```
    return countLines(name), countChars(name)
    # Und wenn Sie wollen, das Ergebnis als Dictionary? Wie?

if __name__ == '__main__':
    print test('mymod.py')
```

```
% python mymod.py
(13, 346)
```

4. *Verschachtelte Importe.* Unsere Lösung dafür erscheint unten:

```
% cat myclient.py
from mymod import countLines
from mymod import countChars
print countLines('mymod.py'), countChars('mymod.py')

% python myclient.py
13 346
```

Für den Rest sei gesagt: Die Funktionen von *mymod* sind erreichbar (also importierbar) von der Hauptebene von myclient, weil from einfach nur an Namen des Importierers zuweist (es ist so, als ob `defs` von `mymod` in *myclient* auftauchten). Hätte *myclient* Import benutzt, dann würden Sie einen Pfad benötigen, um von *myclient* an die Funktionen in `mymod` zu gelangen (so etwas wie `myclient.mymod.countLines`). In der Tat können Sie *Collector*-Module definieren, die alle Namen anderer Module importieren, einfach nur, damit sie in einem einzigen, bequemen Modul vorhanden sind. Mit folgendem Code läuft es schließlich auf drei verschiedene Kopien des Namens `somename` hinaus: `mod1.somename`, `collector.somename` und `__main__.somename` teilen sich alle drei das gleiche ursprüngliche Integer-Objekt.

```
% cat mod1.py
somename = 42

% cat collector.py
from mod1 import *          # sammle hier jede Menge Namen
from mod2 import *          # from weist in meinem Namensraum zu
from mod3 import *

>>> from collector import somename
```

5. *Reload.* Diese Übung bittet Sie lediglich, mit Änderungen an dem *changer.py*-Beispiel zu experimentieren, so daß wir hier nicht viel zu zeigen brauchen. Wenn Sie dabei etwas Spaß hatten, geben Sie sich ein paar Extrapunkte.

6. *Zirkuläre Importe.* Die Kurzversion ist folgende: Es funktioniert, wenn Sie `recur2` zuerst importieren, weil der *rekursive* Import dann beim Import in `recur1` stattfindet und nicht beim `from` in `recur2`. Die lange Version hört sich so an: Wenn Sie `recur2` zuerst importieren, dann funktioniert es, weil der rekursive Import von `recur1` nach `recur2` das `recur2` am Stück einfährt, statt sich spezifische Namen zu holen. `recur2` ist nach dem Import durch `recur1` unvollständig, aber weil es `import` benutzt statt `from`, kann Ihnen nichts passieren: Python findet das bereits erzeugte `recur2`-Modul-Objekt und gibt es zurück, und der Rest von `recur1` läuft weiter,

ohne zu stolpern. Wenn der Import von `recur2` weitergeht, findet das zweite `from` den Namen `Y` in `recur1` (es ist schon komplett abgelaufen), und es gibt keinen Fehler. Eine Datei als Skript ablaufen zu lassen ist nicht dasselbe, wie sie als Modul zu importieren. Diese Fälle sind das gleiche wie die interaktive Ausführung des ersten `import` oder `from` im Skript. Beispielsweise ist die Ausführung von `recur1` als Skript das gleiche, wie interaktiv `recur2` zu importieren, weil `recur2` das erste in `recur1` importierte Modul ist. (Ja, das war heftig!)

Kapitel 6, Klassen

1. *Die Grundlagen.* Hier ist die Lösung, die wir für diese Übung zusammengebaut haben, mit ein paar interaktiven Tests inklusive. Das Überladen von `__add__` muß dabei nur einmal in der Superklasse geschehen. Beachten Sie, daß Sie einen Fehler bekommen, wenn Ausdrücke eine Klasseninstanz auf der rechten Seite eines `+` haben. Um das zu reparieren, benutzen Sie zusätzlich die `__radd__`-Methoden (ein fortgeschrittenes Thema, das wir weggelassen haben; andere Python-Bücher und/oder die Python-Referenzhandbücher geben genauere Auskünfte). Sie könnten die `add`-Methode auch so schreiben, daß sie gerade zwei Argumente nimmt, wie in den Beispielen des Kapitels gezeigt.

```
% cat adder.py

class Adder:
    def add(self, x, y):
        print 'nicht implementiert!'
    def __init__(self, start=[]):
        self.data = start
    def __add__(self, other):
        return self.add(self.data, other)    # oder in Subklassen
                                              # Rückgabe-Typ?

class ListAdder(Adder):
    def add(self, x, y):
        return x + y

class DictAdder(Adder):
    def add(self, x, y):
        new = {}
        for k in x.keys(): new[k] = x[k]
        for k in y.keys(): new[k] = y[k]
        return new

% python
>>> from adder import *
>>> x = Adder()
>>> x.add(1, 2)
nicht implementiert!
>>> x = ListAdder()
>>> x.add([1], [2])
```

```
[1, 2]
>>> x = DictAdder()
>>> x.add({1:1}, {2:2})
{1: 1, 2: 2}

>>> x = Adder([1])
>>> x + [2]
nicht implementiert!
>>>
>>> x = ListAdder([1])
>>> x + [2]
[1, 2]
>>> [2] + x
Traceback (innermost last):
  File "<stdin>", line 1, in ?
TypeError: __add__ nor __radd__ defined for these operands
```

2. *Operatorenüberladung*. Das ist unser Ansatz für dieses Beispiel. Er benutzt einige Methoden der Operatorenüberladung, über die wir wenig gesagt haben, aber es sollte relativ klar zu verstehen sein. Wichtig ist, den Anfangswert zu kopieren, der ja veränderlich sein könnte. Sicher wollen Sie diesen nicht modifizieren oder eine Referenz auf ein eventuell mehrfach genutztes Objekt außerhalb der Klasse haben. Die Umleitungsmethode `__getattr__` leitet an die eingeschachtelte Liste weiter:

```
% cat mylist.py

class MyList:
    def __init__(self, start):
        #self.wrapped = start[:]  # kopiere start ohne Nebeneffekte
        self.wrapped = []         # besser so: immer eine Liste
        for x in start: self.wrapped.append(x)
    def __add__(self, other):
        return MyList(self.wrapped + other)
    def __mul__(self, time):
        return MyList(self.wrapped * time)
    def __getitem__(self, offset):
        return self.wrapped[offset]
    def __len__(self):
        return len(self.wrapped)
    def __getslice__(self, low, high):
        return MyList(self.wrapped[low:high])
    def append(self, node):
        self.wrapped.append(node)
    def __getattr__(self, name):    # für andere Mitglieder wie
                                    # sort, reverse usw.
        return getattr(self.wrapped, name)
    def __repr__(self):
        return `self.wrapped`

if __name__ == '__main__':
    x = MyList('spam')
    print x
    print x[2]
    print x[1:]
```

```
    print x + ['eggs']
    print x * 3
    x.append('a')
    x.sort()
    for c in x: print c,
```

```
% python mylist.py
['s', 'p', 'a', 'm']
a
['p', 'a', 'm']
['s', 'p', 'a', 'm', 'eggs']
['s', 'p', 'a', 'm', 's', 'p', 'a', 'm', 's', 'p', 'a', 'm']
a a m p s
```

3. *Subklassen*. Unsere Lösung steht unten. Ihre sollte ähnlich aussehen.

```
% cat mysub.py

from mylist import MyList

class MyListSub(MyList):
    calls = 0                                   # gemeinsam für Instanzen

    def __init__(self, start):
        self.adds = 0                           # in jeder Instanz anders
        MyList.__init__(self, start)

    def __add__(self, other):
        MyListSub.calls = MyListSub.calls + 1   # klassenweiter Zähler
        self.adds = self.adds + 1               # Zähler pro Instanz
        return MyList.__add__(self, other)

    def stats(self):
        return self.calls, self.adds            # alle adds, meine adds

if __name__ == '__main__':
    x = MyListSub('spam')
    y = MyListSub('foo')
    print x[2]
    print x[1:]
    print x + ['eggs']
    print x + ['toast']
    print y + ['bar']
    print x.stats()

% python mysub.py
a
['p', 'a', 'm']
['s', 'p', 'a', 'm', 'eggs']
['s', 'p', 'a', 'm', 'toast']
['f', 'o', 'o', 'bar']
(3, 2)
```

4. *Metaklassenmethoden.* Wir haben diese Übung wie folgt bearbeitet. Beachten Sie, daß Operatoren auch versuchen, über `__getattr__` an Attribute zu gelangen. Sie müssen einen Wert zurückgeben, damit diese funktionieren.

```
>>> class Meta:
...     def __getattr__(self, name):        print 'hole', name
...     def __setattr__(self, name, value): print 'setze', name, value
...
>>> x = Meta()
>>> x.append
hole append
>>> x.spam = "pork"
setze spam pork
>>>
>>> x + 2
hole __coerce__
Traceback (innermost last):
  File "<stdin>", line 1, in ?
TypeError: call of non-function
>>>
>>> x[1]
hole __getitem__
Traceback (innermost last):
  File "<stdin>", line 1, in ?
TypeError: call of non-function

>>> x[1:5]
hole __len__
Traceback (innermost last):
  File "<stdin>", line 1, in ?
TypeError: call of non-function
```

5. *Mengenobjekte.* So in etwa sollte Ihre Interaktion aussehen. Die Kommentare erläutern, welche Methoden aufgerufen werden.

```
% python
>>> from set import Set
>>> x = Set([1,2,3,4])          # startet __init__
>>> y = Set([3,4,5])

>>> x & y                       # __and__, intersect, dann __repr__
Set:[3, 4]
>>> x | y                       # __or__, union, dann __repr__
Set:[1, 2, 3, 4, 5]

>>> z = Set("hello")            # __init__ entfernt Duplikate
>>> z[0], z[-1]                 # __getitem__
('h', 'o')

>>> for c in z: print c,        # __getitem__
...
h e l o
>>> len(z), z                   # __len__, __repr__
(4, Set:['h', 'e', 'l', 'o'])

>>> z & "mello", z | "mello"
(Set:['e', 'l', 'o'], Set:['h', 'e', 'l', 'o', 'm'])
```

Unsere Lösung für die Mehrfach-Operanden-Erweiterungssubklasse sieht in etwa so aus. Sie muß lediglich zwei Methoden der originalen Menge ersetzen. Der Dokumentationsstring der Klasse erklärt, wie es funktioniert:

```
from set import Set

class MultiSet(Set):
    """
    Erbt alle Namen von Set, aber erweitert intersect
    und union, um mehrfache Operanden zu unterstützen. Beachte,
    daß "self" immer noch das erste Argument ist (jetzt im
    *args-Argument gespeichert). Ferner rufen die ererbten
    Operatoren & und | die neuen Methoden hier mit 2 Argumenten
    auf, aber Verarbeitung von mehr als zweien erfordert einen
    Methodenaufruf, keinen Ausdruck:
    """

    def intersect(self, *others):
        res = []
        for x in self:                      # taste erste Sequenz ab
            for other in others:            # alle anderen Argumente:
                if x not in other: break    # Eintrag in jedem?
            else:                           # nein: Schleife verlassen
                res.append(x)               # ja: Eintrag ans Ende
        return Set(res)

    def union(*args):                       # self ist args[0]
        res = []
        for seq in args:                    # für alle args
            for x in seq:                   # für alle Knoten
                if not x in res:
                    res.append(x)           # neue Elemente ans Ergebnis
        return Set(res)
```

Unter der Annahme, daß das neue Set in einem Modul namens *multiset.py* gespeichert ist, könnte Ihre Sitzung in etwa wie diese aussehen. Beachten Sie, daß Sie durch `&` oder durch Aufruf von `intersect` Schnittmengen bilden können, aber für drei oder mehr Operanden muß immer `intersect` verwendet werden, weil `&` ein binärer (zweiseitiger) Operator ist:

```
>>> from multiset import *
>>> x = MultiSet([1,2,3,4])
>>> y = MultiSet([3,4,5])
>>> z = MultiSet([0,1,2])

>>> x & y, x | y                            # 2 Operanden
(Set:[3, 4], Set:[1, 2, 3, 4, 5])

>>> x.intersect(y, z)                       # 3 Operanden
Set:[]
>>> x.union(y, z)
Set:[1, 2, 3, 4, 5, 0]
```

```
>>> x.intersect([1,2,3], [2,3,4], [1,2,3])    # 4 Operanden
Set:[2, 3]
>>> x.union(range(10))              # Nicht-MultiSets funktionieren auch
Set:[1, 2, 3, 4, 0, 5, 6, 7, 8, 9]
```

6. *Klassenbaum-Verknüpfungen.* Auf diese Weise erweitern wir die `Lister`-Klasse und zeigen einen erneuten Lauf des Tests. Um ebenfalls Klassenattribute anzuzeigen, müßten Sie so etwas tun, was die `attrnames`-Methode gerade macht, jedoch rekursiv, indem Sie für jede erreichte Klasse durch die `__bases__`-Verknüpfungen klettern.

```
class Lister:
    def __repr__(self):
        return ("<Instance of %s(%s), address %s:\n%s>" %
                        (self.__class__.__name__, # mein Klassenname
                         self.supers(),            # meine Superklassen
                         id(self),                 # meine Adresse
                         self.attrnames()) )       # Name=Wert-Liste
    def attrnames(self):
        Unverändert...
    def supers(self):
        result = ""
        first = 1
        for super in self.__class__.__bases__:     # eine Stufe höher
            if not first:
                result = result + ", "
            first = 0
            result = result + super.__name__
        return result

C:\python\examples> python testmixin.py
<Instance of Sub(Super, Lister), address 7841200:
        name data3=42
        name data2=eggs
        name data1=spam
>
```

7. *Komposition.* Unsere Lösung folgt, mit beschreibenden Kommentaren im Code. Dies ist ein Fall, bei dem es wahrscheinlich einfacher ist, ein Problem in Python auszudrücken als in Deutsch:

```
class Lunch:
    def __init__(self):
        # erzeuge Kunden und Angestellte, und bette sie ein
        self.cust = Customer()
        self.empl = Employee()
    def order(self, foodName):
        # simuliere Bestellung eines Kunden
        self.cust.placeOrder(foodName, self.empl)
    def result(self):
        # frage den Kunden, welches Essen er hat
        self.cust.printFood()
```

```
class Customer:
    def __init__(self):
        # besetze mein Essen mit None
        self.food = None
    def placeOrder(self, foodName, employee):
        # Bestellung bei einem Angestellten aufgeben
        self.food = employee.takeOrder(foodName)
    def printFood(self):
        # gib den Namen meines Essens aus
        print self.food.name

class Employee:
    def takeOrder(self, foodName):
        # ein Essen mit dem geforderten Namen abliefern
        return Food(foodName)

class Food:
    def __init__(self, name):
        # speichere den Namen des Essens
        self.name = name

if __name__ == '__main__':
    x = Lunch()
    x.order('burritos')
    x.result()
    x.order('pizza')
    x.result()
```

```
% python lunch.py
burritos
pizza
```

Kapitel 7, Ausnahmen

1. *try/except.* Es folgt unsere Version der oops-Funktion. Zu den nicht codebezogenen Fragen: Wenn wir oops dahingehend ändern, daß es KeyError statt IndexError auslöst, dann wird die Ausnahme nicht durch unsere Behandlung aufgefangen (sie »trudelt« in Richtung Hauptebene und löst die Standardfehlermeldung aus). Die Namen KeyError und IndexError kommen vom äußersten eingebauten Namensbereich. Wenn Sie uns nicht glauben, importieren Sie __builtin__ und übergeben Sie es als Argument an die dir -Funktion, dann sehen Sie es selbst.

```
% cat oops.py

def oops():
    raise IndexError

def doomed():
    try:
        oops()
    except IndexError:
        print 'Habe einen Index-Fehler erwischt!'
```

```
    else:
        print 'Keinen Fehler gefangen...'

if __name__ == '__main__': doomed()
```

```
% python oops.py
Habe einen Index-Fehler erwischt!
```

2. *Ausnahmenlisten.* So haben wir das Modul für unsere eigene Ausnahme erweitert:

```
% cat oops.py
MyError = 'hallo'

def oops():
    raise MyError, 'Welt'

def doomed():
    try:
        oops()
    except IndexError:
        print 'Habe einen Index-Fehler erwischt!'
    except MyError, data:
        print 'Fehler gefangen:', MyError, data
    else:
        print 'Keinen Fehler gefangen...'

if __name__ == '__main__':
    doomed()

% python oops.py
Fehler gefangen: hallo Welt
```

3. *Fehlerbehandlung.* Wir haben uns entschieden, unsere Tests in einer Datei statt interaktiv durchzuführen, aber die Ergebnisse sind in etwa dieselben.

```
% cat safe2.py
import sys, traceback

def safe(entry, *args):
    try:
        apply(entry, args)                  # fange alles weitere
    except:
        traceback.print_exc()
        print 'Bekam', sys.exc_type, sys.exc_value

import oops
safe(oops.oops)

% python safe2.py
Traceback (innermost last):
  File "safe2.py", line 5, in safe
    apply(entry, args)                      # fange alles weitere
  File "oops.py", line 4, in oops
    raise MyError, 'Welt'
hallo: Welt
Bekam hallo Welt
```

Kapitel 8, Eingebaute Werkzeuge

1. *Beschreibung eines Verzeichnisses.* Natürlich gibt es mehrere Lösungen für diese Übung. Eine einfache Lösung sehen Sie hier:

```
import os, sys, stat

def describedir(start):
    def describedir_helper(arg, dirname, files):
        """ Hilfsfunktion zur Beschreibung von Directories """
        print "Directory %s hat Dateien:" % dirname
        for file in files:
            # finde den ganzen Pfad zur Datei (Directory + Dateiname)
            fullname = os.path.join(dirname, file)
            if os.path.isdir(fullname):
                # Wenn es ein Directory ist, sag es.
                # Keine Größenangabe erforderlich.
                print '  '+ file + ' (subdir)'
            else:
                # Finde Größe heraus und gebe die Information aus.
                size = os.stat(fullname)[stat.ST_SIZE]
                print '  '+file+' Länge=' + `size`

    # Starte die 'Wanderung'.
    os.path.walk(start, describedir_helper, None)
```

Diese Lösung benutzt die walk-Funktion im Modul os.path und funktioniert prima:

```
>>> import describedir
>>> describedir.describedir2('testdir')
Directory testdir hat Dateien:
  describedir.py Länge=939
  subdir1 (subdir)
  subdir2 (subdir)
Directory testdir\subdir1 hat Dateien:
  makezeros.py Länge=125
  subdir3 (subdir)
Directory testdir\subdir1\subdir3 hat Dateien:
Directory testdir\subdir2 hat Dateien:
```

Beachten Sie, daß Sie die Größe der Dateien auch durch `len(open(fullname, 'rb').read())` hätten erfahren können, aber das funktioniert nur, wenn Sie Lesezugriff auf alle Dateien haben, und es ist reichlich ineffizient. Der stat-Aufruf im Modul os gibt jede Menge nützlicher Informationen in einem Tupel aus, und das stat-Modul definiert ein paar Namen, die es unnötig machen, sich die Anordnung der Elemente in dem Tupel zu merken. In der *Bibliotheksreferenz* finden Sie weitere Details.

2. *Modifikation der Eingabeaufforderung.* Der Schlüssel für diese Übung liegt darin, sich zu erinnern, daß die Attribute ps1 und ps2 im sys-Modul alles sein können, einschließlich einer Klasseninstanz mit einer `__repr__`- oder `__str__`-Methode. Zum Beispiel:

```
import sys, os
class MyPrompt:
    def __init__(self, subprompt='>>> '):
        self.lineno = 0
        self.subprompt = subprompt
    def __repr__(self):
        self.lineno = self.lineno + 1
        return os.getcwd()+'|%d'%(self.lineno)+self.subprompt

sys.ps1 = MyPrompt()
sys.ps2 = MyPrompt('... ')
```

Dieser Code funktioniert, wie wir im folgenden sehen (benutzen Sie die Option –i des Python-Interpreters, damit Ihr Programm gleich startet und Sie danach eingeben können):

```
h:\David\book> python -i modifyprompt.py
h:\David\book|1>>> x = 3
h:\David\book|2>>> y = 3
h:\David\book|3>>> def foo():
h:\David\book|3...   x = 3            # der Zweitprompt funktioniert auch
h:\David\book|3...
h:\David\book|4>>> import os
h:\David\book|5>>> os.chdir('..')
h:\David|6>>>                         # der Prompt ändert sich!
```

3. *Vermeidung von regulären Ausdrücken.* Dieses Programm ist lang und -weilig, aber nicht besonders kompliziert. Schauen Sie, ob Sie seine Arbeitsweise verstehen können. Ob das hier leichter für Sie ist als reguläre Ausdrücke, hängt von vielen Faktoren ab, etwa wie vertraut Sie mit regulären Ausdrücken sind und wie gut Sie mit den Funktionen des `string`-Moduls zurechtkommen. Benutzen Sie, was Ihnen leichter fällt.[2]

```
import string
file = open('pfeffer.txt')
text = file.read()
paragraphs = string.split(text, '\n\n')

def find_indices_for(big, small):
    indices = []
    cum = 0
    while 1:
        index = string.find(big, small)
        if index == -1:
            return indices
        indices.append(index+cum)
        big = big[index+len(small):]
        cum = cum + index + len(small)
```

2 In manchen Fällen kann eine explizite String-Behandlung allerdings auch effizienter sein, als alles mit regulären Ausdrücken zu machen. Einfache Stringsuche und Ersetzungen sind eindeutig schneller mit String-Operationen. Wenn viel und kompliziert gesucht werden muß, ist der Gewinner schwer vorauszusagen, und es hängt sehr von Ihrem Geschick ab, ob Sie die regulären Ausdrücke übertreffen können. – A.d.Ü.

```
def fix_paragraphs_with_word(paragraphs, word):
    lenword = len(word)
    for par_no in range(len(paragraphs)):
        p = paragraphs[par_no]
        wordpositions = find_indices_for(p, word)
        if wordpositions == []: return
        for start in wordpositions:
            # schaue vor nach 'Pfeffer'
            indexpepper = string.find(p, 'Pfeffer')
            if indexpepper == -1: return -1
            if string.strip(p[start:indexpepper]) != '':
                # irgendwas anderes als Whitespace dazwischen!
                continue
            where = indexpepper+len('Pfeffer')
            if p[where:where+len('körner')] == 'körner':
                # es wird unmittelbar von 'körner' gefolgt!
                continue
            if string.find(p, 'Salat') < where:
                # es wird nicht von 'Salat' gefolgt
                continue
            # Endlich! Wir dürfen etwas ändern!
            p = p[:start] + 'klingeling' + p[start+lenword:]
            paragraphs[par_no] = p     # ändere veränderliches Argument!

fix_paragraphs_with_word(paragraphs, 'rot')
fix_paragraphs_with_word(paragraphs, 'grün')

for paragraph in paragraphs:
    print paragraph+'\n'
```

Wir wiederholen die Ausgabe hier nicht, denn sie ist dieselbe wie in der Lösung mit regulären Ausdrücken.

4. *Einhüllen einer Textdatei in eine Klasse.* Dies ist überraschend einfach, wenn Sie Klassen und die Funktion `split` im Modul `string` verstanden haben. Folgendes ist eine Version, die einen kleinen Schritt über das Geforderte hinausgeht:

```
import string

class FileStrings:
    def __init__(self, filename=None, data=None):
        if data == None:
            self.data = open(filename).read()
        else:
            self.data = data
        self.paragraphs = string.split(self.data, '\n\n')
        self.lines = string.split(self.data, '\n')
        self.words = string.split(self.data)
    def __repr__(self):
        return self.data
    def paragraph(self, index):
        return FileStrings(data=self.paragraphs[index])
```

```
    def line(self, index):
        return FileStrings(data=self.lines[index])
    def word(self, index):
        return self.words[index]
```

Wenn diese Lösung auf *pfeffer.txt* angewendet wird, ergibt sich folgendes:

```
>>> from FileStrings import FileStrings
>>> bigtext = FileStrings('pfeffer.txt')
>>> print bigtext.paragraph(0)
Dies ist ein Absatz, der runden Pfeffer mehrfach erwähnt.
Es gibt da ein Salatrezept für roten Pfeffer und getrocknete Tomate.
Dabei mag ich grünen Pfeffer in meinen Salaten nicht,
weil der Geschmack kratziger ist.
>>> print bigtext.line(0)
Dieser zweite Absatz erwähnt roten Pfeffer und grünen Pfeffer,
>>> print bigtext.line(-4)
Chilies, aber würden Sie lieber einen guten Koch oder einen
>>> print bigtext.word(-5)
Botaniker
```

Wie funktioniert es? Der Konstruktor liest die Datei einfach in einen großen String (das Instanzattribut `data`) und splittet ihn dann nach den verschiedenen Kriterien, wobei er die Ergebnisse in Listen aus Strings als Instanzattribute speichert. Bei der Rückkehr von einer der Zugriffsmethoden werden die Daten selbst in ein `FileStrings`-Objekt eingefaßt. Dies war zwar nicht verlangt, aber es ist nützlich, weil die Operationen nun verkettet werden können. Wenn Sie also herausfinden wollen, was das letzte Wort der dritten Zeile des dritten Absatzes ist, können Sie einfach schreiben:

```
>>> print bigtext.paragraph(2).line(2).word(-1)
'sondern'
```

Kapitel 9, Typische Aufgaben in Python

1. *Umlenkung von stdout*. Das ist einfach: Alles, was Sie tun müssen, ist, die erste Zeile zu ersetzen durch:

```
import fileinput, sys, string        # hier keine Änderung
sys.stdout = open(sys.argv[-1], 'w') # öffne die Ausgabedatei
del sys.argv[-1]                     # mit dem Argument sind wir fertig
...                                  # weiter wie gehabt
```

2. *Schreiben einer Shell*. Im wesentlichen sollte das folgende Skript, das die Unix-Kommandos implementiert (na ja, ein paar davon), selbsterklärend sein. Dabei haben wir lediglich eine Hilfemeldung für das `ls`-Kommando eingebaut, was man aber für alle anderen Kommandos ebenso tun sollte:

```
import cmd, os, string, sys, shutil

class UnixShell(cmd.Cmd):
    def do_EOF(self, line):
        """ Das do_EOF-Kommando wird bei Eingabe von STRG-D (Unix)
```

```
        oder STRG-Z (PC) aufgerufen. """
    sys.exit()

def help_ls(self):
    print "ls <directory>: Liste Inhalt des angegebenen Directories"
    print "                (voreingestellt: aktuelles Directory)"

def do_ls(self, line):
    # 'ls' allein bedeutet: 'liste aktuelles Directory'
    if line == '': dirs = [os.curdir]
    else: dirs = string.split(line)
    for dirname in dirs:
        print 'Anzeige von %s:' % dirname
        print string.join(os.listdir(dirname), '\n')

def do_cd(self, dirname):
    # 'cd' allein bedeutet: 'gehe zum home-Directory'
    if dirname == '': dirname = os.environ['HOME']
    os.chdir(dirname)

def do_mkdir(self, dirname):
    os.mkdir(dirname)

def do_cp(self, line):
    words = string.split(line)
    sourcefiles,target = words[:-1], words[-1]
    # target könnte ein Directory sein
    for sourcefile in sourcefiles:
        shutil.copy(sourcefile, target)

def do_mv(self, line):
    source, target = string.split(line)
    os.rename(source, target)

def do_rm(self, line):
    map(os.remove, string.split(line))

class DirectoryPrompt:
    def __repr__(self):
        return os.getcwd()+'> '

cmd.PROMPT = DirectoryPrompt()
shell = UnixShell()
shell.cmdloop()
```

Beachten Sie, daß wir den gleichen Trick wie bei Übung 2 in Kapitel 8 angewandt haben, um einen sich mit dem aktuellen Verzeichnis ändernden Prompt zu erhalten, zusammen mit dem Trick, daß wir das Attribut `PROMPT` im Modul `cmd` selbst geändert haben. Das war so nicht in der Aufgabe gefordert, aber es ist schwer, sich zu einer einfachen Lösung zu zwingen, wenn eine tolle Lösung es auch tut. Obendrein funktioniert es!

```
h:\David\book> python -i shell.py
h:\David\book> cd ../tmp
h:\David\tmp> ls
Anzeige von .:
api
ERREUR.DOC
ext
giant_~1.jpg
icons
index.html
lib
pythlp.hhc
pythlp.hhk
ref
tut
h:\David\tmp> cd ..
h:\David> cd tmp
h:\David\tmp> cp index.html backup.html
h:\David\tmp> rm backup.html
h:\David\tmp> ^Z
```

Zugegeben, damit es wirklich nützlich wird, bräuchte dieses Skript noch jede Menge an Fehlerprüfungen und viel mehr Features. Dies alles sei, wie die Mathematik-Bücher zu sagen pflegen, dem geneigten Leser als Übung überlassen.

3. *map, reduce und filter.* Die folgenden Funktionen tun gerade das, was *map*, *reduce* und *filter* können, jedenfalls soweit wir es erklärt haben. Wenn Sie neugierig auf die Unterschiede sind, schauen Sie ins Referenzhandbuch.

```
def map2(function, sequence):
    if function is None: return list(sequence)
    retvals = []
    for element in sequence:
        retvals.append(function(element))
    return retvals

def reduce2(function, sequence):
    arg1 = function(sequence[0])
    for arg2 in sequence[1:]:
        arg1 = function(arg1, arg2)
    return arg1

def filter2(function, sequence):
    retvals = []
    for element in sequence:
        if (function is None and element) or function(element):
            retvals.append(element)
    return retvals
```

Kapitel 10, Strukturgerüste und Applikationen

1. *Wir imitieren das Web.* Sie müssen nichts weiter tun, als Instanzen einer Klasse zu erzeugen, die das `fieldnames`-Attribut sowie passende Instanzvariablen besitzt. Eine mögliche Lösung ist:

```
class FormData:
    def __init__(self, dict):
        for k, v in dict.items():
            setattr(self, k, v)
class FeedbackData(FormData):
    """ FormData, durch das Formular comment.html generiert. """
    fieldnames = ('name', 'address', 'email', 'type', 'text')
    def __repr__(self):
        return "%(type)s von %(name)s um %(time)s" % vars(self)

fake_entries = [
    {'name': "Heinz Spack",
     'address': 'Kalle-Pohl-Strasse 235, 54321 Feldbusch',
     'email': 'heinz@erteel.fr',
     'type': 'comment',
     'text': 'Tolle Zahnpasta! Dat kommt echt gut!'},
    {'name': "Verona Spack",
     'address': 'Kalle-Pohl-Strasse 235, 54321 Feldbusch',
     'email': 'verona@erteel.fr',
     'type': 'complaint',
     'text': "Schmeckt nicht, wenn ich Kalle küsse! Wo ist der Blubb?"},
    ]

DIRECTORY = r'C:\complaintdir'
if __name__ == '__main__':
    import tempfile, pickle, time
    tempfile.tempdir = DIRECTORY
    for fake_entry in fake_entries:
        data = FeedbackData(fake_entry)
        filename = tempfile.mktemp()
        data.time = time.asctime(time.localtime(time.time()))
        pickle.dump(data, open(filename, 'w'))
```

   Wie Sie sehen können, mußten wir lediglich die Arbeitsweise des Konstruktors für `FormData` ändern, da er nun Attribute aus einem Dictionary setzen muß, im Gegensatz zu einem `FieldStorage`-Objekt.

2. *Aufräumen.* Es gibt viele Wege, dieses Problem zu behandeln. Ein einfacher Ansatz besteht darin, das Programm *formletter.py* so zu ändern, daß es eine Liste der Dateinamen aufhebt, die es bereits verarbeitet hat (natürlich in einer »gepickelten« Datei!). Man kann das etwa durch Modifizieren des Tests `if __main__ == '__name__'` erreichen, damit er etwa wie folgt aussieht (neue Zeilen sind **fett** gesetzt):

```
if __name__ == '__main__':
    import os, pickle
    CACHEFILE = 'C:\cache.pik'
```

```
from feedback import DIRECTORY#, FormData, FeedbackData
if os.path.exists(CACHEFILE):
    processed_files = pickle.load(open(CACHEFILE))
else:
    processed_files = []
for filename in os.listdir(DIRECTORY):
    if filename in processed_files: continue  # diesen überspringen
    processed_files.append(filename)
    data = pickle.load(open(os.path.join(DIRECTORY, filename)))
    if data.type == 'complaint':
        print "Drucke Brief für %(name)s." % vars(data)
        print_formletter(data)
    else:
        print "Kommentar von %(name)s, Drucken unterdrückt." % vars(data)
pickle.dump(processed_file, open(CACHEFILE, 'w')
```

Klarer Fall, Sie laden einfach eine Liste vorheriger Dateinamen, sofern sie existiert (und benutzen ansonsten eine leere Liste), und vergleichen die Dateinamen mit den Einträgen der Liste, um herauszubekommen, welche zu überspringen sind. Wenn Sie einen Dateinamen nicht überspringen, muß er zur Liste hinzugefügt werden. Bei Programmende schließlich »pickeln« Sie die neue Liste.

3. *Das Hinzufügen parametrischer Zeichen zu grapher.py.* Dies ist eher eine leichte Übung, denn zu ändern ist nur der Code für das Zeichnen in der Klasse Chart. Insbesondere sollte der Code zwischen `xmin, xmax = 0, N-1` und `graphics.fillPolygon(...)` in einen `if`-Test plaziert werden, so daß der neue Code etwa so aussieht:

```
if not hasattr(self.data[0], '__len__'):  # vermutlich eine Zahl (1D)
       xmin, xmax = 0, N-1
# Code aus existierendem Programm, bis graphics.fillPolygon(xs, ys, len(xs))
elif len(self.data[0]) == 2:              # wir behandeln nur 2-D
       xmin = reduce(min, map(lambda d: d[0], self.data))
       xmax = reduce(max, map(lambda d: d[0], self.data))

       ymin = reduce(min, map(lambda d: d[1], self.data))
       ymax = reduce(max, map(lambda d: d[1], self.data))

       zero_y = y_offset - int(-ymin/(ymax-ymin)*height)
       zero_x = x_offset + int(-xmin/(xmax-xmin)*width)

       for i in range(N):
           xs[i] = x_offset + int((self.data[i][0]-xmin)/(xmax-xmin)*width)
           ys[i] = y_offset - int((self.data[i][1]-ymin)/(ymax-ymin)*height)
       graphics.color = self.color
       if self.style == "Linie":
           graphics.drawPolyline(xs, ys, len(xs))
       else:
           xs.append(xs[0]); ys.append(ys[0])
           graphics.fillPolygon(xs, ys, len(xs))
```

Index

Über die Autoren

Mark Lutz ist Software-Entwickler und Python-Buchautor. Neben dem vorliegenden Buch hat er auch die beiden O'Reilly-Titel *Programming Python* und *Python Desktop Reference* (deutsche Ausgabe: *Python – kurz & gut*) geschrieben. Mark hat eine Vielzahl von Python-Systemen programmiert, gibt Python-Kurse und ist seit 1992 in der Python-Szene aktiv.

David Ascher ist Wissenschaftler, Software-Entwickler und Berater. Tags ist er Zukunftsforscher, nachts verbringt er viel Zeit, Informatik zu studieren. Er gibt außerdem regelmäßig Schulungen zur Programmierung mit Python.

Über die Übersetzer

Christian Tismer arbeitet selbständig als Software-Entwickler und Consultant. Er geht den Dingen gern auf den Grund. Von Hause aus Mathematiker, vergräbt er sich mit Vorliebe in Probleme, die als kaum lösbar oder zu aufwendig gelten und geht dabei unübliche Wege. Letztes Beispiel hierfür ist sein Stackless Python, das zur Zeit der Herstellung dieses Buches die Gemüter erregte. (In den *Linux Weekly News* wurde ihm beispielsweise bescheinigt: »This is very neat, and you are completely dearanged.«) Privat liebt er sehr die Musik und übt zu schwere Klavierstücke. So verbissen das klingt, ist er doch ein sehr vergnügter Zeitgenosse.

Karin Balster ist seit 15 Jahren in verschiedensten Positionen in der Pharmazeutischen Industrie tätig. Aufgrund dieser Erfahrung, dem stetigen Umgang mit wissenschaftlichen Texten in englischer Sprache, mehreren Aufenthalten in den USA und nicht zuletzt wegen ihres Interesses und der Freude am Umgang mit Sprache konnte sie Christian bei der Übersetzung dieses Buches maßgeblich unterstützen.

Kolophon

Das auf dem Cover von *Einführung in Python* dargestellte Tier ist eine Buschratte (Neotoma, Familie der Mäuse, Muridae). Buschratten leben in den unterschiedlichsten Lebensbedingungen (vor allem in Fels-, Gebüsch- und Wüstenregionen) in weiten Teilen Nord- und Mittelamerikas. Meistens halten sie sich etwas vom Menschen fern, obwohl sie gelegentlich auch Ernteschäden verursachen. Als gute Kletterer legen sie ihre Nester in Bäumen und Büschen bis zu sechs Metern über dem Erdboden an; einige Arten graben Erdhöhlen oder bewohnen Felsspalten und verlassene Wohnhöhlen anderer Tiere.

Diese grau-beigen, mittelgroßen Nager sind wahre Packeselchen: Sie tragen wirklich alles mögliche in ihre Behausungen, egal ob es gebraucht wird oder nicht. Ganz besonders verlockend sind dabei leuchtende Objekte wie Blechdosen, Glas oder Silberschmuck.

Der Entwurf des Buchumschlags stammt von Edie Freedman, die hierfür einen Stich aus dem 19. Jahrhundert aus dem *Dover Pictorial Archive* verwendete. Das Umschlaglayout wurde von Ellie Volckhausen und Risa Graziano mit Quark XPress 3.32 und der Schriftart ITC Garamond von Adobe erstellt. Die Illustrationen in diesem Buch wurden von Robert Romano mit Adobe Photoshop 4 und Macromedia Freehand 7 angefertigt. Das Kolophon schrieben Nancy Kotary und Joachim Kurtz.